19 Bamberger Studien zu Literatur,
Kultur und Medien

Bamberger Studien zu Literatur,
Kultur und Medien

hg. von Andrea Bartl, Hans-Peter Ecker, Jörn Glasenapp,
Iris Hermann, Christoph Houswitschka, Friedhelm Marx

Band 19

University
of Bamberg
Press
2017

Heroinen der Technik zwischen 1918 und 1945

Selbstinszenierung – Funktionalisierung –
Einschreibung ins deutsche kulturelle Gedächtnis

Katharina Kellermann

University
of Bamberg
Press
2017

Bibliographische Information der Deutschen Nationalbibliothek
Die Deutsche Nationalbibliothek verzeichnet diese Publikation in der Deutschen Nationalbibliographie; detaillierte bibliographische Informationen sind im Internet über http://dnb.d-nb.de/ abrufbar.

Diese Arbeit hat der Fakultät Geistes- und Kulturwissenschaften der Otto-Friedrich-Universität Bamberg als Dissertation vorgelegen.
1. Gutachter: Prof. Dr. Hans-Peter Ecker
2. Gutachter: Prof. Dr. Jörn Glasenapp
Tag der mündlichen Prüfung: 06. Juli 2016

Dieses Werk ist als freie Onlineversion über den Hochschulschriften-Server (OPUS; http://www.opus-bayern.de/uni-bamberg/) der Universitätsbibliothek Bamberg erreichbar. Kopien und Ausdrucke dürfen nur zum privaten und sonstigen eigenen Gebrauch angefertigt werden.

Herstellung und Druck: Digital Print Group, Nürnberg
Umschlaggestaltung: University of Bamberg Press, Larissa Günther
Umschlagbild: Bundesarchiv, Bild 183-2008-0814-503 / CC-BY-SA 3.0

© University of Bamberg Press Bamberg, 2017
http://www.uni-bamberg.de/ubp/

ISSN: 2192-7901
ISBN: 978-3-86309-515-4 (Druckausgabe)
eISBN: 978-3-86309-516-1 (Online-Ausgabe)
URN: urn:nbn:de:bvb:473-opus4-501003
DOI: http://dx.doi.org/10.20378/irbo-50100

Für meine Familie

Dank

Mein herzlicher Dank gilt Prof. Dr. Hans-Peter Ecker, der diese Dissertation betreut hat. Außerdem danke ich Prof. Dr. Jörn Glasenapp für die Zweitbegutachtung der Arbeit.

Prof. Dr. Klaus van Eickels danke ich für den Vorsitz der Prüfungskommission, Prof. Dr. Helmut Glück für seine Teilnahme an meiner Disputation und Dr. Denise Dumschat-Rehfeldt für die Protokollführung. Roja Dehdarian verdanke ich den reibungslosen Ablauf des Verfahrens seitens des Promotionsbüros.

Weiterer Dank gebührt den Mitarbeiterinnen und Mitarbeitern des Archivs des Deutschen Museums München, des Bundesarchivs-Filmarchiv, des Stadtarchivs Mülheim a. d. Ruhr, der Staatsbibliothek München, der Schweizer Nationalbibliothek sowie der Staats- und Universitätsbibliothek Bamberg, die meine Recherchen für diese Arbeit ermöglicht und begleitet haben.

Ebenso danke ich den Frauenbeauftragten der Universität Bamberg sowie dem Elitenetzwerk Bayern, die mir ein Stipendium gewährt und die Arbeit an meiner Dissertation so finanziell unterstützt haben.

Ich danke Nora, Simona und Heidi für ihre Ermutigung und ihr offenes Ohr, Steffi und Denise für ihre Korrekturen und Anmerkungen.

Weiterer Dank gebührt meiner Mutter Waldeburg Achatz für ihre stete Unterstützung. Ganz besonders danke ich meinem Mann Holger Kellermann, für viele kreative Ideen, kritische Kommentare und seinen Beistand.

Inhalt

1. Einführung 11
Teil I: Zeitgenössische Inszenierung 21
2. Theoretische Vorüberlegungen 21
2.1 Funktionale Aspekte der Mytheninszenierung: Roland Barthes'
Mythen des Alltags 22
2.2 Ästhetische Aspekte der Mytheninszenierung 30
2.2.1 Die Reise des Helden – der Mythos in der Narration 30
2.2.2 Der Mythos in der visuellen Kommunikation 38
2.2.3 Inszenierung von Weiblichkeit und Technik 42
2.3 Träger des Mythos: Medien der Vermittlung und deren Spezifika ..46
2.3.1 Selbstinszenierung im autobiografischen Erzählen 46
2.3.2 Die Inszenierung fremder Lebensläufe in Biografien 50
2.3.3 Fremdinszenierung in journalistischen Texten und Fotografien ..53

3. Kontext 57
3.1 Zeitgeschichtlicher Hintergrund: wirtschaftliche und technische
    Neuerungen nach dem Ersten Weltkrieg sowie die Rolle der
    Frau in der Weimarer Republik und im Dritten Reich 57
3.2 Kultureller Hintergrund: Ästhetik der Neuen Sachlichkeit und
    des Nationalsozialismus 69

4. Analyse der zeitgenössischen medialen Inszenierung 75
4.1 Selbstdarstellung der Technikheroinen: Inszenierung in
    autobiografischen Texten, Reiseberichten und -filmen 75
4.1.1 Clärenore Stinnes: *Im Auto durch zwei Welten* 75
4.1.2 Marga von Etzdorf: *Kiek in die Welt* 90
4.1.3 Leni Riefenstahl: *Kampf in Schnee und Eis* und *Hinter den
      Kulissen des Reichsparteitagsfilms* 99
4.1.4 Annemarie Schwarzenbach: Reisereportagen 110
4.1.5 Zwischenfazit 122
4.2 Inszenierung in zeitgenössischen journalistischen Texten und
    Filmen 125
4.2.1 Mythos und Heroisierung in der zeitgenössischen
      Fremdinszenierung 129

4.2.2 Technik in der zeitgenössischen Fremdinszenierung 150
4.2.3 Geschlecht in der zeitgenössischen Fremdinszenierung 154
4.2.4 Zwischenfazit 174

5. Zwischenspiel: Autobiografien nach 1945 179
5.1 Hanna Reitsch: *Fliegen – mein Leben* 180
5.2 Leni Riefenstahl: *Memoiren* 193
5.3 Zwischenfazit 209

Teil II: Gegenwärtige Inszenierung 211

6. Theoretische Vorüberlegungen zur gegenwärtigen Inszenierung ... 211
6.1 Gedächtnis- und Erinnerungstheorie 211
6.2 Ästhetische Aspekte – Rhetorik des Erinnerns nach Astrid Erll 216

7. Analyse der gegenwärtigen medialen Inszenierung 221
7.1 Journalistische Inszenierung 221
7.2 Biografische Inszenierung 232
7.2.1 Jürgen Trimborn: *Riefenstahl. Eine deutsche Karriere* 233
7.2.2 Alexis Schwarzenbach: *Auf der Schwelle des Fremden. Das Leben der Annemarie Schwarzenbach* 245
7.2.3 Michael Winter: *PferdeStärken. Die Lebensliebe der Clärenore Stinnes* 255
7.2.4 Zwischenfazit 269
7.3 Fiktionale Inszenierung 272
7.3.1 Thea Dorn: *Marleni* 273
7.3.2 Uwe Timm: *Halbschatten* 282
7.3.3 Erica von Moeller: *Fräulein Stinnes fährt um die Welt* 292
7.3.4 Zwischenfazit 299

8. Fazit 301

9. Siglenverzeichnis 311

10. Bibliographie 315
   Primärliteratur 316
   Sekundärliteratur 340

1. Einführung

„Eher wird eine Frau Boxweltmeisterin im Schwergewicht als Lufthansa-Pilotin." – so lautete eine Maxime der Verkehrsfliegerschule Bremen. Obwohl weibliche Piloten mittlerweile normal geworden sind, übt die Kombination ‚Frau und Technik' auch heute noch Faszination und bei manchen Zeitgenossen sogar Unbehagen aus. Zu lange dominierten die Begriffspaare Männlichkeit/Technik bzw. Weiblichkeit/Natur den deutschen Geschlechterdiskurs. Diese Dichotomie scheint auch nach etlichen Jahren Emanzipationsbewegung noch tief im kollektiven Bewusstsein verankert zu sein. Besonders bedeutsam für die Entwicklung der zugrunde liegenden Leitbilder ist der Zeitraum von 1918 bis 1945, auf den auch diese Arbeit ein Schlaglicht wirft: Innerhalb kürzester Zeit entstehen und konkurrieren Idealtypen der Weiblichkeit, die sich diametral gegenüberstehen.

Nach dem Ersten Weltkrieg setzte in Deutschland zunächst eine Emanzipationsbewegung ein, deren Schlagwort ‚Neue Frau' für das radikal veränderte Rollenverständnis steht. Grundlegende rechtliche Neuerungen, etwa die Einführung des Frauenwahlrechts 1919 oder die Zulassung zum Universitätsstudium, eröffneten den Frauen viele bis dahin überwiegend männlich konnotierte Lebensbereiche. Eine ebensolche männliche Domäne war und ist auch die Technik, die im traditionellen Geschlechterverständnis ganz der maskulinen Seite zugerechnet wird. Männer dominierten sowohl naturwissenschaftliche Studiengänge wie Chemie und Physik als auch technische Berufe, die etwa zum Konstruieren und Bedienen bestimmter Maschinen technische oder physikalische Kompetenzen erfordern. Im Zuge der Emanzipationsbewegung in den 1920er Jahren gelang es zunehmend auch Frauen, beruflich in diese Bereiche vorzudringen und etwa als Fliegerinnen, Automobilistinnen oder Regisseurinnen[1] Karriere zu machen.

Der Aufstieg der Nationalsozialisten ab 1930 setzte dem emanzipatorischen Rollenverständnis ein Ende: Das fortschrittliche Frauenbild der Weimarer Republik wurde durch das Frauenbild des Nationalsozialis-

---

1 Ich verwende in meiner Arbeit das generische Maskulinum, die movierte Form nur dann, wenn ich darauf hinweisen will, dass es sich (ausschließlich) um weibliche Personen handelt.

mus gebrochen, die ‚Neue Frau' durch einen neuen ‚Mutterkult' ersetzt. Emanzipation war in der nationalsozialistischen Ideologie nicht vorgesehen. Umso erstaunlicher scheint es, dass es einigen Frauen gelang, ihre Karriere auch nach 1933 fortzusetzen, teilweise sogar mit Unterstützung der Nationalsozialisten.

Schließlich fällt auf, dass das Phänomen ‚Frau und Technik in der ersten Hälfte des 19. Jahrhunderts' die Zeit überdauert hat – zahlreiche Projekte der letzten Jahre belegen das neu erwachte Interesse an den Technikpionierinnen: die Edition der Texte und Briefe Annemarie Schwarzenbachs, verschiedene Dokumentarfilme, etwa über Leni Riefenstahl, Uwe Timms Roman *Halbschatten* oder Erica von Moellers Film *Fräulein Stinnes fährt um die Welt* – um nur einige davon zu nennen. Die historischen Personen werden seit einigen Jahren als Figuren in besonderer Weise ins deutsche kulturelle Gedächtnis eingeschrieben, oft als Ikonen der Emanzipation.

Die bisherigen Beobachtungen werfen die Frage auf, wie die Technikpionierinnen, deren Biografien im zeitgenössischen Kontext auffielen, wahrgenommen wurden. Basis für die öffentliche Wahrnehmung war (und ist) die mediale Inszenierung der Frauen. Auf verschiedene Weise – in Autobiografien, Reiseberichten oder Interviews – problematisierten sie selbst ihre Sonderposition und präsentierten sich in ihrer Rolle als weibliche Technikpionierinnen. Zusätzlich wurde in Zeitungen, Zeitschriften und Wochenschauen der 1920er und 1930er Jahre regelmäßig über solche Ausnahmefrauen berichtet, hinzu kommen zahlreiche gegenwärtige Biografien, Dokumentarfilme, journalistische und fiktionale Texte. Alle diese Zeugnisse der Selbst- und Fremdinszenierung geben Aufschluss darüber, wie die außergewöhnlichen Lebensläufe der Technikpionierinnen in die bestehende Gesellschaftsordnung integriert werden konnten und welche Konsequenzen das emanzipierte Handeln auf dieselbe hatte.

Ziel dieser Arbeit ist es, spezifische Vermittlungsstrategien herauszuarbeiten und zu analysieren, wie sich diese auf die Wahrnehmung der Technikpionierinnen auswirken. Dabei liegt die Hypothese zugrunde, dass Frauenbiografien in den Medien nicht neutral referiert werden; einige der Frauen wurden beispielsweise zu Heroinen der Technik stilisiert und für Propagandazwecke funktionalisiert. Am Anfang dieser Untersuchung steht deshalb die Frage, ob die Pionierinnen in den Medien als Mythen im Sinnes Roland Barthes' inszeniert werden. Der französische Philosoph formuliert in seinem Essay *Der Mythos heute*[2] ein Mythenverständnis, mit dem sich die Bedeutungsaufladung alltäglicher Gegenstände bzw. Phänomene beschreiben lässt. Zugleich erörtert er, wie Mythenbildung zur gesellschaftlichen Kommunikation und zur Festigung bestehender Herrschaftsverhältnisse beiträgt. Erweitert durch neuere systemtheoretische Überlegungen soll mit Barthes' Ansatz die funktionale Dimension der Inszenierung von Technikpionierinnen innerhalb der Gesellschaft erfasst werden. Joseph Campbells Monomythos sowie die Pathosformeln des Bildwissenschaftlers Aby Warburg werden Barthes' Mythentheorie ergänzen und die Basis meiner Analyse ästhetischer Inszenierungsstrategien bilden.

Im zweiten Teil der Arbeit erweitere ich die theoretische Grundlage um eine weitere Dimension, da die Darstellung der Figuren in den verschiedenen Medien heute mit einem erinnernden Zugriff erfolgt. Barthes' Mythenkonzept muss folglich in den Kontext der aktuell in den Sozial- und Kulturwissenschaften viel diskutierten Gedächtnis- und Erinnerungstheorie eingepasst werden. Seit Beginn der 1990er Jahre ist in Deutschland ein „Gedächtnis-Boom"[3] zu beobachten: Unterschiedliche akademische Disziplinen wenden sich zunehmend dem Thema Erinnerung zu und verankern die Begriffe ‚Gedächtnis' und ‚Erinnerung' als zentrale Kategorien im wissenschaftlichen Diskurs. Auslöser dieser Neuorientierung waren verschiedene gesellschaftliche Entwicklungen, vor allem das Verschwinden der Zeugengeneration des Zweiten Weltkriegs sowie die digitale Revolution.[4] Aus kulturwissenschaftlicher Sicht kann der Gedächtnis-Boom zudem als „Folge der postmodernen Geschichtsphilosophie"[5] verstanden werden, die den Blick auf den konstruktivistischen Charakter der Geschichte lenkt und nach alternativen Vergangenheiten fragt. Im Zuge dieser Erinnerungswende erwacht

---

2   Roland Barthes: Mythen des Alltags. Vollständige Ausgabe. Aus dem Französischen von Horst Brühmann. Berlin: Suhrkamp 2010; der Text erschien erstmals 1957 unter dem Titel *Mythologies*.
3   Astrid Erll: Kollektives Gedächtnis und Erinnerungskulturen. Eine Einführung. 2., aktualis. u. erw. Aufl. Stuttgart/Weimar: Metzler 2011, S. 3.
4   Vgl. ebd.
5   Ebd., S. 4.

auch das Interesse an den Technikpionierinnen neu. Nachdem die Weltgeschichte lange Zeit als Geschichte großer Männer geschrieben wurde,[6] setzt nun eine Gegenbewegung ein, die u. a. aus emanzipatorischen Gründen die Historie durch Biografien von Frauen anreichert.

Als Basis meiner Untersuchung dienen in vielerlei Hinsicht die erinnerungstheoretischen Arbeiten Jan und Aleida Assmanns, ergänzt durch verschiedene Impulse aus der Gedächtnisforschung, in der das Verhältnis von Mythos und Erinnerung bereits ausführlich diskutiert wurde. Die Analyse der gegenwärtigen Inszenierung soll Parallelen und Unterschiede zur zeitgenössischen Darstellung der Technikpionierinnen zeigen. Dabei stellt sich vor allem die Frage, wie 50 Jahre Emanzipationsbewegung, eine neue Auffassung von Heldentum sowie ein differenziertes Technikverständnis den Blick auf die Figuren verändert haben.

Insgesamt verfolgt dieses Dissertationsprojekt ein kulturhistorisches Anliegen: Im Zentrum steht nicht die historische Aufarbeitung einzelner Biografien, sondern vielmehr die ästhetisch-medienkritische Analyse verschiedener Inszenierungs- und Reflexionsstile in den 1920er und 1930er Jahren sowie der Gegenwart. Um diese verschiedenen Strategien herauszuarbeiten, wird sich die Arbeit mit mehreren exemplarischen Fällen befassen. Da sich meine Analyse auf die Darstellung der Frauen in Zeitungen, Filmen etc. stützt, muss sich die Auswahl der Fallbeispiele auf Personen beschränken, die in den Medien präsent waren. Das trifft vor allem auf Frauen aus den Berufsgruppen Fliegerei, Automobilismus und Film zu. Technikpionierinnen, die sich in anderen Bereichen wie etwa den Naturwissenschaften oder der Spionage etabliert haben, benötigten für ihre Tätigkeit zwar ebenfalls umfassendes technisches Know-how, wie meine ersten Recherchen vermuten ließen, wurde über sie jedoch nicht bzw. kaum berichtet.

Einigen Ausnahmefrauen gelang es nach dem Ersten Weltkrieg, sich als Pilotinnen einen Namen zu machen – 180 Lebensläufe von Motor- und Segelfliegerinnen hat Evelyn Zegenhagen für ihre Forschungsarbeit

---

6 Vgl. Astrid Erll: Biographie und Gedächtnis. In: Christian Klein (Hg.): Handbuch Biographie. Methoden, Traditionen, Theorien. Stuttgart/Weimar: Metzler 2009, S. 79–86, hier 83.

Schneidige deutsche Mädel[7] rekonstruiert. Die Historikerin hat die meisten Lebensläufe aus der Vergessenheit geholt, nur zu einem Bruchteil der Namen lagen schon vor ihren Recherchen biografische Informationen vor, darunter die bekannten deutschen Fliegerinnen Liesel Bach, Elly Beinhorn, Vera von Bissing, Marga von Etzdorf, Käthe Heidrich, Thea Rasche, Melitta Schiller, Christel-Mariele Schultes, Antonie Straßmann, Hanna Reitsch und Beate Uhse.

Die populärsten Pilotinnen der 1920er und 1930er Jahre waren wohl Beinhorn und von Etzdorf, die vor allem mit ihren spektakulären Langstreckenflügen Aufsehen erregten. Beide veröffentlichten Autobiografien bzw. autobiografisch geprägte Reiseberichte; zusätzlich zogen sie mit ihren Unternehmungen stets große mediale Aufmerksamkeit auf sich, weshalb sich diese Fallbeispiele für eine Analyse verschiedener Inszenierungsmechanismen eignen. Da sich die autobiografischen Texte der Motorsportlerinnen sehr ähneln, konzentriere ich mich hier auf die Inszenierung von Etzdorfs und blicke nur ergänzend bzw. kontrastierend auf Beinhorn. Marga von Etzdorf, geboren 1907, begann 18-jährig mit dem Flugunterricht und bewarb sich bereits im Folgejahr erfolgreich um eine Kopilotenstelle bei Lufthansa. Als Frau war sie von der Deutschen Verkehrsfliegerschule ausgeschlossen und musste sich die nötigen Kenntnisse für die B1/B2-Prüfung selbst erarbeiten. Auf den mühsamen Anfang folgte eine spektakuläre Karriere, besonders von Etzdorfs Rekordflug nach Tokio machte Schlagzeilen. Doch mehrere Bruchlandungen beschädigten das öffentliche Ansehen der Fliegerin; 1931 nahm sie sich nach einem Absturz in Syrien das Leben.

Zusätzlich werde ich die Inszenierung Hanna Reitschs, die 1912 in Schlesien geboren wurde, untersuchen. Auch sie zählt zu den bekanntesten deutschen Fliegerinnen, wurde im Gegensatz zu den Motorsportlerinnen von Etzdorf und Beinhorn als Segelfliegerin und Testpilotin im Zweiten Weltkrieg berühmt. Obwohl sie nie Mitglied in der NSDAP war, zeigte sich Reitsch als begeisterte Anhängerin Hitlers. Die Nationalsozialisten wussten dies zu nutzen und setzten sie für ihre Propagandazwecke ein; auf Vortragsreisen rief sie die Jugend zum Einsatz für

---

7   Evelyn Zegenhagen: „Schneidige deutsche Mädel". Fliegerinnen zwischen 1918 und 1945. Göttingen: Wallstein 2007 (= Deutsches Museum. Abhandlungen und Berichte. Neue Folge 22).

das Vaterland auf. Zudem engagierte sich Hanna Reitsch auch im Kriegsgeschehen – 1943 besuchte sie die Truppen an der Ostfront, später setzte sie sich für die Entwicklung sogenannter „Selbstopfer-Flugzeuge" ein. 1945 flog sie ins besetzte Berlin und hielt sich kurz vor Kriegsende mehrere Tage im Führerbunker auf. Gerade ihr Engagement für das NS-Regime, das auch in der Nachkriegszeit für Diskussionen in den Medien sorgte, macht ihren Fall interessant für diese Arbeit.

Während das Thema Frauen im Flugsport in der Zwischenkriegszeit und im Zweiten Weltkrieg aus historischer Sicht bereits relativ gut aufgearbeitet ist,[8] existieren zu den Automobilistinnen und Rennfahrerinnen derselben Zeit keine längeren Untersuchungen. Nur vereinzelt finden sich Publikationen zu bekannten Auto- und Motorradfahrerinnen wie Clärenore Stinnes, Ilse Thouret, Gertrude Eisenmann, Lilli Sternberg oder Emmy Opel, und auch in allgemeineren Arbeiten zum Motorsport der Weimarer Republik wird meist ohne längere Ausführungen auf die Existenz der Automobilistinnen verwiesen.[9] Die mit Abstand bekannteste Fahrerin der Weimarer Republik ist Clärenore Stinnes, die 1901 in Mülheim geborene Tochter des Großindustriellen Hugo Stinnes. Die Rennfahrerin hatte bereits 17 Siege zu verzeichnen, als sie 1927 zu einer Weltreise im Automobil aufbrach; gemeinsam mit ihrem späteren Ehemann Carl-Axel Söderström war sie über zwei Jahre unterwegs. 1929 kehrten sie als erste Menschen, die mit einem Auto die Welt umrundet hatten, nach Deutschland zurück. Im Gegensatz zu den anderen oben genannten Motorsportlerinnen liegen zu Stinnes verschiedene Inszenierungsdokumente, u. a. ihr Reisebericht *Im Auto durch zwei Wel-*

---

8   Vgl. vor allem die bereits erwähnte Publikation von Evelyn Zegenhagen aus dem Jahr 2007; dies.: Vom Aufwind in den Sturzflug. Rollenbild, Chancen und Beschränkungen deutscher Sportfliegerinnen der Zwischenkriegszeit. In: Wolfgang Meighörner, Zeppelin Museum Friedrichshafen (Hg.): Frau und Flug. Die Schwestern des Ikarus. Marburg: Jonas Verlag für Kunst und Literatur 2004, S. 86–109; Gertrud Pfister: Fliegen – ihr Leben. Die ersten Pilotinnen. Berlin: Orlanda Frauenverlag 1989; dies.: Ikarus' Töchter – Marga von Etzdorf und andere Pilotinnen. In: Sozial- und Zeitgeschichte des Sports (1988), H. 2, S. 86–105.

9   Vgl. z. B. Christoph Maria Merki: Der holprige Siegeszug des Automobils 1895–1930. Zur Motorisierung des Straßenverkehrs in Frankreich, Deutschland und der Schweiz. Wien/Köln/Weimar: Böhlau 2002; Kurt Möser: Geschichte des Autos. Frankfurt a. M./New York: Campus Verlag 2002; Wolfgang Sachs: Die Liebe zum Automobil. Ein Rückblick in die Geschichte unserer Wünsche. Reinbek bei Hamburg: Rowohlt 1984.

ten, sowie der gleichnamige Dokumentarfilm vor. Aus der Riege der Automobilistinnen werde ich folglich ihren Fall eingehend analysieren. Zusätzlich werfe ich einen Blick auf die 1907 in Zürich geborene Annemarie Schwarzenbach, die nicht als Rennfahrerin, sondern als motorisierte Journalistin bekannt wurde. Ab 1933 unternahm sie mehrere lange Autoexpeditionen, unter anderem nach Persien und Afghanistan. Ihre Erfahrungen hat sie in Reiseberichten und Fotografien festgehalten. Zudem war Annemarie Schwarzenbach auch als Schriftstellerin tätig. Da sie das Autofahren nicht hauptberuflich betrieb, sondern eher als Mittel zum Zweck nutzte, liefern ihre Texte einen anderen, mitunter poetischen Blick auf das Thema. Insofern sehe ich ihren Fall als interessante Ergänzung zur Reihe der ausgewählten Technikpionierinnen.[10]

Wie die Motorsportlerinnen sind wohl auch die meisten Regisseurinnen der 1920er und 1930er Jahre in Vergessenheit geraten. Im Vergleich zu den Fliegerinnen kam dieser Berufsgruppe ohnehin nur wenig mediale Aufmerksamkeit zu. Bis heute existiert keine umfassende Aufarbeitung des damaligen weiblichen Filmschaffens. Im Vorwort der Broschüre zur Retrospektive *Frauen – Film – Frauen. Deutsche Dokumentar-, Animations- und Kulturfilme bis 1954* des Bundesarchivs-Filmarchiv heißt es deshalb, dass in „Publikationen und Findmitteln, in Zensurunterlagen, Karteien und Dateien aufwendig ermittelt werden [musste], welche Filme vom Beginn des Filmemachens an bis in die 1950er Jahre hinein überhaupt von Frauen produziert oder mit weiblicher Regie oder Kamerabesetzung gedreht worden sind."[11] Als Ergebnis dieser Recher-

---

10 Zu Annemarie Schwarzenbachs journalistischen und fiktionalen Texten existieren verschiedene, meist literaturwissenschaftliche Arbeiten. Vgl. z. B.: Alfred Opitz: Die gnadenlose Reise. Zur Topik des Schreckens in den Reportagen von Annemarie Schwarzenbach. In: Sofie Decock, Uta Schaffers (Hg.): inside out. Textorientierte Erkundungen des Werks von Annemarie Schwarnebach. Bielefeld: Aisthesis Verlag 2008, S. 173–191; Sofie Decock: Papierfähnchen auf einer imaginären Weltkarte. Mythische Topo- und Tempografien in den Asien- und Afrikaschriften Annemarie Schwarzenbachs. Bielefeld: Aisthesis Verlag 2010; dies., Uta Schaffers: Reise-Schreiben im Fortgang der Moderne. Annemarie Schwarzenbachs Orient- und Afrikaschriften. In: Simon Huber u. a. (Hg.): Das riskante Projekt. Die Moderne und ihre Bewältigung. Bielefeld: Aisthesis Verlag 2011, S. 187–211.
11 Bundesarchiv-Filmarchiv Berlin (Hg.): Frauen – Film – Frauen. Deutsche Dokumentar-, Animations- und Kulturfilme bis 1954. Retrospektive des Bundesarchivs-Filmarchivs während des 45. Internationalen Leipziger Festivals für Dokumentar- und Animationsfilm. Berlin: o. V. 2002, S. 3.

che präsentiert das Filmarchiv neben verschiedenen Schnittmeisterinnen, Kamerafrauen und Produzentinnen die Namen einiger Regisseurinnen der 1920er und 1930er Jahre, die jeweils nur wenige Filmprojekte verwirklicht haben: Olga Tschechowa, Leontine Sagan, Lotte Reiniger, Herta Jülich, Ella Bergmann-Michel, Ursula von Loewenstein, Eva Fritzsche, Gertrud David, Marie M. Harder, Eva Kroll, Clarissa Patrix.

Hinzu kommen die beiden berühmtesten Filmregisseurinnen Thea von Harbou und Leni Riefenstahl. Aufgrund der fehlenden medialen Präsenz der meisten Film-Frauen kommt für die Analyse nur letztere infrage, deren Fall für das Forschungsvorhaben jedoch zugleich besonders interessant erscheint.[12] Leni Riefenstahl ist die wohl bekannteste, durch ihre Nähe zum Nationalsozialismus aber auch die umstrittenste deutsche Regisseurin. Nach einer gescheiterten Karriere als Tänzerin avancierte sie bereits 1932 mit ihrem Regiedebüt *Das blaue Licht* zur Lieblingsregisseurin Hitlers. Ihre späteren Arbeiten, darunter die Propagandafilme *Triumph des Willens*, *Sieg des Glaubens* und *Olympia*, wirkten maßgebend auf die nationalsozialistische Ästhetik. Wie keine andere Technikpionierin wurde Leni Riefenstahl von den Nationalsozialisten inszeniert und funktionalisiert. Die gegenwärtige Rezeption bewegt sich zwischen der Anerkennung Riefenstahls filmischer Leistung und der kritischen Betrachtungen ihres Einsatzes für den Nationalsozialismus.

Die Auswahl der Technikpionierinnen, deren mediale Inszenierung in dieser Arbeit näher betrachtet werden soll, umfasst folglich fünf Per-

---

12 Riefenstahl ist im Rahmen der hier getroffen Auswahl eindeutig die Person, zu der die meisten wissenschaftlichen und nicht-wissenschaftlichen Publikationen erschienen sind. Um nur einige zu nennen: Herbert Heinzelmann: Die Heilige Messe des Reichsparteitags. Zur Zeichensprache von Leni Riefenstahls „Triumph des Willens". In: Bernd Ogan u. Wolfgang W. Weiß (Hg.): Faszination und Gewalt. Zur politischen Ästhetik des Nationalsozialismus. Nürnberg: W. Tümmels Verlag 1992, S. 163–168; Clemens Zimmermann: Die politischen Dokumentarfilme von Leni Riefenstahl. Sieg des Glaubens (1933) – Triumph des Willens (1935) – Tag der Freiheit: Unsere Wehrmacht (1935). In: Markwart Herzog, Mario Leis (Hg.): Kunst und Ästhetik im Werk Leni Riefenstahls. München: edition text + kritik im Richard Boorberg Verlag 2011, S. 59–82; Wulf Kannsteiner: Wonderful, Horrible Lies: Riefenstahl Memory and Riefenstahl History in Germany. In: Neil Christian Pages, Mary Rhiel u. Ingeborg Majer-O'Sickey (Hg.): Riefenstahl Screened. An Anthology of New Criticism. New York/London: continuum 2008, S. 98–129; Markwart Herzog, Mario Leis: Das „Leni-Riefenstahl-Syndrom". Künstlerischer Eigensinn in politischem Kontext. In: Dies. (Hg.): Kunst und Ästhetik im Werk Leni Riefenstahls. München: edition text + kritik 2011, S. 9–22.

sonen aus verschiedenen Berufsgruppen: Die Fliegerinnen Marga von Etzdorf und Hanna Reitsch, die Automobilistinnen Clärenore Stinnes und Annemarie Schwarzenbach sowie die Regisseurin Leni Riefenstahl. Vereinzelt ergänze ich die Analyse durch Seitenblicke auf Elly Beinhorn und Thea von Harbou. Im Zentrum der Arbeit steht die Frage, inwiefern die Pionierinnen als Barthessche Mythen kommuniziert werden. Die Analyse der ausgewählten Texte und Filme soll aufzeigen, ob spezifische Inszenierungsstrategien vorliegen, die die Wahrnehmung der außergewöhnlichen Lebensgeschichten als Mythen auslösen. Zugleich prüfe ich, wie die Texte im jeweiligen Kontext, vor allem im Zusammenhang mit den vorherrschenden Geschlechterbildern sowie dem Technikdiskurs, verankert sind. Darauf aufbauend kann validiert werden, ob die Inszenierung der Technikpionierinnen herrschaftsstabilisierende Wirkung entfaltet und damit das jeweilige gesellschaftliche System stärkt.

Die Arbeit gliedert sich in zwei große Abschnitte: die zeitgenössische und die gegenwärtige Präsentation der ausgewählten Technikpionierinnen. In Teil I untersuche ich die Selbst- und Fremdinszenierung zwischen 1918 und 1945, also dem Zeitraum, in dem sich das Faszinosum ‚Frau und Technik' in Deutschland etablierte. Im Vorfeld der Textanalyse werden die theoretischen Grundlagen umrissen, vor allem Roland Barthes' Mythentheorie und deren Einbettung in einen sozial- und kommunikationswissenschaftlichen Kontext (Kapitel 2.1). Darüber hinaus gehe ich kurz auf die Basis meiner Analyse ästhetischer Inszenierungsstrategien ein: Joseph Campbells Monomythos, ergänzt durch Richard Dawkins' Konzept der Meme (2.2.1), die Pathosformeln des Bildwissenschaftlers Aby Warburg (2.2.2) sowie allgemeine Überlegungen zur Inszenierung von Weiblichkeit und Technik (Kapitel 2.2.3). In Kapitel 2.3 werden die für die Untersuchung relevanten nicht-fiktiven Textsorten – Autobiografie, Biografie und journalistische Texte – eingeführt und theoretische und definitorische Grundannahmen im Hinblick auf ihre jeweilige mythenkonstituierende Funktion aufgezeigt. Da Barthes' Mythen des Alltags kontextgebunden entstehen, informiert Kapitel 3 über wichtige historische, sozialpolitische und kulturelle Aspekte der Weimarer Republik und des Dritten Reiches.

Basierend auf den in Kapitel 2 und 3 dargestellten Grundlagen analysiere ich in den folgenden Abschnitten die zeitgenössische Selbst- und Fremdinszenierung der Technikpionierinnen. Kapitel 4 befasst sich mit den autobiografischen Texten von Clärenore Stinnes (4.1.1), Marga von Etzdorf (4.1.2), Leni Riefenstahl (4.1.3) und Annemarie Schwarzenbach (4.1.4). Hanna Reitschs Autobiografie sowie Leni Riefenstahls *Memoiren* untersuche ich in einem Zwischenkapitel, da sie nicht in den abgesteckten Zeitrahmen von 1918 bis 1945 fallen (Kapitel 5). Die zeitgenössische Fremdinszenierung erfolgte fast ausschließlich in journalistischen Texten und Filmen, die ich unter 4.2 näher betrachte.

In Teil II untersuche ich die Rezeption weiblicher Technikpionierinnen vom Beginn des Gedächtnis-Booms 1990 bis in die Gegenwart. Auf der Basis erinnerungstheoretischer Vorüberlegungen (Kapitel 6) analysiere ich nach 1990 veröffentlichte Texte und Filme zu den ausgewählten Technikpionierinnen (Kapitel 7). Die gegenwärtige Fremdinszenierung findet in journalistischen Texten (7.1), Biografien (7.2) und fiktionalen Texten (7.3) statt. Ein abschließendes Fazit fasst die Ergebnisse der Untersuchung zusammen (Kapitel 8).

Teil I: Zeitgenössische Inszenierung

2. Theoretische Vorüberlegungen

Bei der folgenden Analyse der zeitgenössischen Dokumente zur Inszenierung von Frauen, die in den 1920er und 1930er Jahren technische Berufe ausübten, werden zwei wesentliche Aspekte in den Blick genommen: die funktionale und die ästhetische Seite der medialen Präsentation. Die Untersuchung fragt also einerseits nach der gesellschaftlichen Funktion der medialen Inszenierung von Technikpionierinnen, andererseits nach spezifischen gestalterischen Strategien zur Vermittlung des Phänomens ‚Frau und Technik'. Entsprechend dem kulturtheoretischen Ansatz dieser Arbeit liegt es nahe, neben literaturwissenschaftlichen Theorien auch Grundgedanken anderer wissenschaftlicher Disziplinen, etwa der Kommunikationswissenschaft, Soziologie oder Psychologie, heranzuziehen. Diese argumentieren zwar auf unterschiedlicher methodischer Basis, beschreiben aber von ihren jeweiligen Standpunkten aus ähnliche Phänomene. Eben diese Aspekte sollen im folgenden Kapitel gesichtet und als theoretische Grundlagen für die anschließenden Analysen zusammengeführt werden.

Ausgangspunkt meiner Vorüberlegungen ist Roland Barthes' Mythentheorie: In seinen 1957 erstmals erschienenen *Mythologies*[1] entwickelt der französische Philosoph ein Mythenverständnis, mit dem sich die Bedeutungsaufladung alltäglicher Gegenstände bzw. Phänomene beschreiben lässt. Zugleich erörtert er, wie Mythenbildung zur gesellschaftlichen Kommunikation und zur Festigung bestehender Herrschaftsverhältnisse beiträgt. Erweitert durch neuere systemtheoretische Überlegungen soll mit Barthes' Ansatz die funktionale Dimension der Inszenierung von Technikpionierinnen innerhalb der Gesellschaft erfasst werden. Joseph Campbells Monomythos sowie die Pathosformeln des Bildwissenschaftlers Aby Warburg werden Barthes' Mythentheorie

---

1 Auf Deutsch erschien der Text erstmals 1964 in Auszügen; im Folgenden wird nach der vollständigen deutschen Ausgabe aus dem Jahr 2010 zitiert: Roland Barthes: Mythen des Alltags. Vollständige Ausgabe. Aus dem Französischen von Horst Brühmann. Frankfurt a. M.: Suhrkamp 2010.

ergänzen und die Basis meiner Analyse ästhetischer Inszenierungsstrategien bilden.

2.1 Funktionale Aspekte der Mytheninszenierung: Roland Barthes' *Mythen des Alltags*

Nahezu alles, was uns in den Massenmedien begegnet, ist mit zusätzlicher Bedeutung über den Buchstabensinn hinaus aufgeladen. Doch dieses Phänomen entspricht nicht der einfachen, aus der Semiologie bekannten Verknüpfung von Signifikant und Signifikat, vielmehr handelt es sich um eine doppelte Kodierung: Das Zeichen als Kombination aus Signifikant und Signifikat wird im Zuge einer weiteren Semantisierung erneut zum Signifikanten und damit zum Träger weiterer Bedeutung(en).[2] Roland Barthes zufolge konstituiert eben dieser Prozess den Mythos.[3] Gleich zu Beginn seines Essays *Der Mythos heute*[4] definiert er: „Der Mythos ist eine Rede. [...] Der Mythos ist ein System der Kommunikation, eine Botschaft."[5] Barthes versteht den Mythos also nicht als Gegenstand, sondern als „eine Weise des Bedeutens, eine Form."[6] Im Zentrum seiner Mythendefinition steht folglich auch nicht das ‚Was', sondern das ‚Wie'. Alles – „[d]er schriftliche Diskurs, aber auch die Photographie, der Film, die Reportage, der Sport, Schauspiele, Werbung"[7] – ist potenzieller Gegenstand des Mythos; sobald etwas als Thema im öffentlichen Diskurs kommuniziert wird und damit als Zeichen gedeutet

---

2   Aus linguistischer Perspektive ließe sich dieses Phänomen unter den Begriff Konnotation subsumieren; diese Kategorie umfasst allerdings neben der hier geschilderten doppelten Bedeutungsaufladung auch weitere Phänomene, wie etwa die Verknüpfung bestimmter Begriffe mit regionalen Konnotationen (vgl. Ansgar Nünning (Hg.): Metzler Lexikon Literatur- und Kulturtheorie. 4., aktualis. u. erw. Aufl. Stuttgart: Metzler 2010, S. 376).
3   Der Barthessche Mythosbegriff unterscheidet sich erheblich vom klassischen Begriffsverständnis, wie etwa bei Hans Blumenberg, der den Mythos als „ein erzählerisch-ästhetisches Verfahren zur Selbstbehauptung des Menschen gegenüber der ihn umgebenden Wirklichkeit" definiert (vgl. Stefan Matuschek: Mythos. In: Dieter Burdorf u. a. (Hg.): Metzler Lexikon Literatur. Begriffe und Definitionen. 3., völlig neu bearb. Aufl. Stuttgart/Weimar: Metzler 2007, S. 524 f.).
4   Vgl. Barthes 2010, S. 249–316.
5   Ebd., S. 251.
6   Ebd.
7   Entsprechend wird auch in der folgenden Analyse ein weiter Textbegriff verwendet, der neben literarischen Texten auch ‚Gebrauchstexte', wie z. B. (Auto-)Biografien, journalistische Texte, Fotografien und Filme umfasst.

und mit Bedeutung aufgeladen werden kann, erlangt es mythisches Potenzial. Als Beispiel zieht Barthes das Cover einer Ausgabe der *Paris-Match* heran, auf dem ein schwarzer Soldat in Uniform abgebildet ist, der die französische Flagge grüßt. Auf der ersten Bedeutungsebene zeigt das Bild schlicht einen Soldaten in Uniform, doch auf der Metaebene ist in dem Bild mehr zu sehen, nämlich „daß Frankreich ein großes Imperium ist, daß seine Söhne, ungeachtet der Hautfarbe, treu unter seiner Fahne dienen und daß es keine bessere Antwort auf die Gegner eines angeblichen Kolonialismus gibt, als den Eifer, mit dem dieser Schwarze seinen angeblichen Unterdrückern dient."[8]

Die ursprüngliche Bedeutung wird demzufolge durch den Vorgang der Mythisierung deformiert, da die eigentliche Beobachtung nicht für sich steht, sondern auf andere, in der Gesellschaft etablierte Diskurse verweist, die einer ‚neutralen' Rezeption des Themas – also der einfachen Verknüpfung von Signifikant und Signifikat – im Wege stehen. Die gesellschaftlichen Umstände – in diesem Fall der Imperialismus Frankreichs – wirken auf die Wahrnehmung ein und lenken diese in eine bestimmte Richtung.

Barthes' Beispiel illustriert auch, dass der für die Aufladung notwendige kommunikative Vorgang nicht zeitlos und unveränderlich abläuft – Mythen entstehen (und vergehen) in historischen und gesellschaftlichen Kontexten, „[s]ie können sich bilden, sich wandeln, zerfallen, vollständig verschwinden."[9] Jeder Mythos besitzt also „eine eigene Geschichte und Geographie",[10] das heißt, er entsteht situationsbedingt und durchläuft verschiedene Stadien der Mythisierung und der Verbreitung. Während manche Mythen noch Teil der schöpferischen Kultur, also noch relativ neu und medial nur wenigen zugänglich sind, gehören andere bereits zur Konsumkultur, werden getragen von der Massenpresse und sind gesellschaftlich gewissermaßen als ‚Natur' anerkannt.

Trotz dieser Variabilität handle es sich beim Mythos nicht um ein diffuses, schwer greifbares Phänomen: „[S]eine Einheit und sein Zusammenhang sind vor allem funktional bedingt."[11] Im Gegensatz zum

---

8   Barthes 2010, S. 260.
9   Ebd., S. 266.
10 Ebd., S. 304.
11 Ebd., S. 264.

sprachlichen Zeichen, das auf einer arbiträren Verknüpfung basiert, sei der Mythos stets historisch motiviert: „Diese Motiviertheit ist unvermeidlich. Dennoch bleibt sie sehr fragmentarisch. Zunächst einmal ist sie nicht »natürlich«; es ist die Geschichte, die der Form ihre Analogien liefert."[12] Der Rezipient nehme diese Analogisierung als natürlich wahr: Der Mythos „verwandelt Geschichte in Natur"[13] und verliert dadurch selbst seine zeitliche Dimension. Das bedeutet etwa im angesprochenen Fall, dass der französische Imperialismus als natürlich gegebene Größe rezipiert wird und nicht als abstrakter Diskurs, der die Wahrnehmung bestimmter Themen stört und verfremdet.[14] Diesen Vorgang beschreibt Barthes als typisch für die bürgerliche Gesellschaft, denn die Bourgeoisie definiere sich „als *die soziale Klasse, die nicht genannt werden will.*"[15]

Der Bürger, den Roland Barthes im Auge hat, verstehe sich nicht nur als Angehöriger einer bestimmten Klasse, sondern als paradigmatischer Mensch an sich. Folgt man diesem universalen Verständnis, muss man das Bürgertum als prägendsten Einfluss der Gesellschaft betrachten: „[A]lles in unserem Alltagsleben ist davon abhängig, wie die Bourgeoisie die Beziehungen zwischen den Menschen und der Welt *sich vorstellt* und *uns darstellt.*"[16] Das heißt, alles, was öffentlich in den Massenmedien kommuniziert wird, durchläuft einen Filter des ‚Bürgerlichen' und wird gewissermaßen ideologisch annektiert. Die Verfahrensweise der bürgerlichen Ideologie erfüllt nach Barthes insofern dieselbe Funktion wie das Verfahren des Mythos: Etwas geschichtlich Entstandenes wird in Natur ‚verwandelt'. Funktional gesehen beseitigt dieser Vorgang Kom-

---

12 Ebd., S. 274.
13 Ebd., S. 278.
14 Diese Wirkung entfaltet der Mythos lediglich auf der Rezipientenseite, weder der Mythologe, der hinter die Fassade des Mythos blickt, seine doppelte Bedeutungsaufladung entschlüsselt und die Entzeitlichung aufdeckt, noch der Mythenproduzent, der selbst die bedeutungstragenden Symbole einsetzt, teilen diese Wahrnehmung (vgl. Barthes 2010, S. 276). Nur für den Rezipienten „ist der salutierende Schwarze weder Exempel noch Symbol, für ihn ist er die Präsenz des französischen Imperialität, die sich ihm als unmittelbarer Sinneseindruck darbietet." (Stephanie Wodianka: Mythos und Erinnerung. Mythentheoretische Modelle und ihre gedächtnistheoretischen Implikationen. In: Günter Oesterle (Hg.): Erinnerung, Gedächtnis, Wissen. Studien zur kulturwissenschaftlichen Gedächtnisforschung. Göttingen, Vandenhoeck & Ruprecht 2005, S. 211–230, hier 221).
15 Barthes 2010, S. 289 (Hervorh. i. Orig.).
16 Ebd., S. 292 (Hervorh. i. Orig.).

plexität, „er organisiert eine Welt ohne Widersprüche"[17] und ermöglicht es den Menschen so, an verschiedenen Diskursen teilzunehmen. Doch die gesellschaftliche Bedeutung des Mythos reicht Barthes zufolge noch weiter: Indem er gezielt die Wahrnehmung bestimmter Themen steuert, festigt der Mythos politische Herrschaftsverhältnisse. Die Bedeutungsaufladung von Gegenständen, Themen, Filmen usw. in der öffentlichen Diskussion dient der Übermittlung bestimmter Botschaften. Diesen Vorgang prägt – wie oben erwähnt – das herrschende System der Bourgeoisie, das auf seine Weise subtil auf die Gesellschaft einwirkt, um sie zu stabilisieren, „[d]enn der eigentliche Zweck der Mythen ist es, die Welt unveränderlich zu machen."[18] Barthes postuliert also, dass die herrschende Klasse die mythische Bedeutungsaufladung öffentlicher Themen benutzt – also gewissermaßen Mythen konstruiert –, um die bestehenden Verhältnisse zu festigen und potenziell systemgefährdende Faktoren im Mythos zu entkräften.[19] Die verschiedenen Herangehensweisen an dieses Geschäft bezeichnet er als die „Rhetorik der Mythen":[20] Sie werden dazu eingesetzt, um von gesellschaftlichen Missständen abzulenken, bestimmten Übeln ihre (negative) Geschichte zu entziehen oder Externes in die Gesellschaft zu integrieren. Zweck dieser Konstruktion sei es, die betreffende Situation möglichst lange zu stabilisieren und so die Herrschaft der Bourgeoisie sicherzustellen.

Zusammenfassend lassen sich nun einige wesentliche Gedanken des Barthesschen Mythenkonzepts festhalten: Zunächst betont Barthes die Bedeutung der Medien, die die Versatzstücke für die Mythenbildung bereitstellen und damit die Grundlage für die eigentliche Mythisierung schaffen. Dabei läuft der Mythisierungsprozess stets kontextgebunden ab, also in Abhängigkeit von der jeweiligen historischen Situation. Was seine konkrete mediale Gestaltung angeht, ist der Mythos flexibel, also nicht auf mündliche oder schriftliche Überlieferung beschränkt, sondern offen für ganz unterschiedliche ‚Trägermedien'. Sodann arbeitet Barthes den funktionalen Charakter der Mythen heraus, deren wesentli-

---

17 Ebd., S. 296.
18 Ebd., S. 311.
19 Stabilisation ist hierbei nicht als Stagnation zu verstehen. Der Mythos ist – wie später noch zu erläutern sein wird – trotz seiner systemstabilisierenden Eigenschaften variabel und verändert sich entsprechend der gesellschaftlichen Umstände.
20 Barthes 2010, S. 305 ff.

che Eigenschaft es sei, gesellschaftliche Verhältnisse zu festigen. An diese Thesen anknüpfend soll Barthes' Ansatz nun in einen systemtheoretischen Kontext eingebettet und mit Begriffen und Konzepten der Kommunikationswissenschaft und Soziologie angereichert werden.

Dem Systemtheoretiker Niklas Luhmann zufolge ist jede Gesellschaft ein soziales System, ein „Netzwerk der Kommunikation."[21] Um diese Definition nachvollziehen zu können, ist es notwendig, Luhmanns zugrundeliegende Systemdefinition näher zu betrachten. Jedes System basiere auf einer bestimmten Operation, einer systemkonstituierenden Aktivität. Durch diese Operationen, so Luhmann, erzeugt und erhält das System sich selbst und grenzt sich gegenüber seiner Umwelt – also allem, was nicht zum System gehört – ab. Soziale Systeme wie Gesellschaften konstituieren sich über die grundlegende Operationsweise ‚Kommunikation'; ein soziales System besteht folglich aus Kommunikation und existiert nur, solange kommuniziert wird. Damit geht ein gewisser „Sinnzwang"[22] einher: Ein kommunikativer Akt ist nur dann erfolgreich, wenn eine „gemeinsame Aktualisierung von Sinn"[23] gelingt. Die zweite wesentliche Aktivität eines Systems nennt Luhmann „beobachten". Systeme beobachten, was sich innerhalb und außerhalb ihrer Grenzen ereignet, und treffen so Unterscheidungen wie „Wir" bzw. „Nicht-Wir". Welche Teile der Umwelt beobachtet werden, hängt dabei vom Beobachter ab: Von unendlich vielen potenziellen Beobachtungen werden in der Regel nur sehr wenige tatsächlich realisiert.

Die Gesellschaft kann also als System beschrieben werden, das auf dem binären Code Kommunikation/Nicht-Kommunikation basiert und sich durch Beobachtung von seiner Umwelt abgrenzt. Mit der Ausdifferenzierung einer Gesellschaft konstituieren sich verschiedene Subsysteme, die jeweils (relativ) eigenständig operieren und dabei bestimmte gesellschaftliche (Sub-)Funktionen übernehmen, so etwa die Politik, die Wirtschaft oder die Kunst. Wie Manfred Rühl an Luhmann anknüpfend

---

21 Niklas Luhmann: Was ist Kommunikation? In: Fritz B. Simon (Hg.): Lebende Systeme. Wirklichkeitskonstruktionen in der systemischen Therapie. Frankfurt a. M.: Suhrkamp 1997, S. 19–31, hier 19.
22 Margot Berghaus: Luhmann leicht gemacht. Eine Einführung in die Systemtheorie. 3., überarb. u. erg. Aufl. Köln/Weimar/Wien: Böhlau 2011 (= UTB 2360), S. 120.
23 Niklas Luhmann: Sinn als Grundbegriff der Soziologie. In: Jürgen Habermas, Niklas Luhmann (Hg.): Theorie der Gesellschaft oder Sozialtechnologie – Was leistet die Systemforschung? Frankfurt a. M.: Suhrkamp 1971, S. 25–100, hier 42.

feststellt, bildet auch der Journalismus ein Funktionssystem, dessen spezifische Aufgabe es ist, die Gesellschaft zu beobachten, zu beschreiben und so für die Menschen zugänglich zu machen: „Die besonderen Leistungen und die besonderen Wirkungen des Journalismus, durch die sich sein Handeln von anderen [...] Sozialsystemen unterscheidet, bestehen in der Ausrichtung auf die Herstellung und Bereitstellung von Themen zur öffentlichen Kommunikation."[24] Indem der Journalismus also Themen setzt, die bestimmte Sinnkomplexe erschließen, organisiert und ordnet er die gesellschaftliche Kommunikation. Die Realität ist als solche zwar vorhanden, wird aber nur durch Beobachtung, also durch Unterscheidung, wahrnehmbar. Aus der unendlichen Menge potenzieller Themen werden durch die Medien einige ausgewählt und den Rezipienten in Form von journalistischen Texten, Bildern, Filmen usw. präsentiert, sodass für diese die Möglichkeit entsteht, an bestimmte Themen bzw. Sinneinheiten anzuknüpfen. Gesellschaftliche Kommunikation wäre ohne diese Selektion des Journalismus und die massenmediale Bereitstellung der aufgearbeiteten Themen unmöglich, denn – wie Luhmann es formuliert – „[w]as wir über unsere Gesellschaft, ja über die Welt, in der wir leben, wissen, wissen wir durch die Massenmedien."[25]

Aus kulturwissenschaftlicher Sicht lässt sich das Konzept der journalistischen Thematisierungsleistung leicht auf den Bereich der Literatur ausweiten. Im Anschluss an Rühl überträgt Frank Marcinkowski die Themensetzungskompetenz des Systems Journalismus auf ein publizistisches System.[26] Danach hat jede veröffentlichte Information das Potenzial, zum Thema gemacht zu werden, und kann als Grundlage für anschließende Kommunikationsakte dienen; neben rein journalistischen Texten erfüllen auch Publikationen aus dem Bereich der Public Relations und der Werbung sowie fiktionale Texte[27] diesen Zweck. Drei

---

24 Manfred Rühl: Journalismus und Gesellschaft. Bestandsaufnahme und Theorieentwurf. Mainz: v. Hase & Koehler 1982, S. 322 f.
25 Niklas Luhmann: Die Realität der Massenmedien. 4. Aufl. Wiesbaden: VS Verlag für Sozialwissenschaften 2009, S. 9.
26 Vgl. vor allem Frank Marcinkowsi: Publizistik als autopoietisches System. Politik und Massenmedien. Eine systemtheoretische Analyse. Opladen: Westdeutscher Verlag 1993.
27 Im Grunde genommen umfasst das publizistische System alles, was auch der weitgefasste Textbegriff der Cultural Studies berücksichtigt (vgl. Margreth Lünenborg: Jour-

Aspekte bestimmen dabei laut Marcinkowski die strukturierende Funktion der vermittelten Themen.[28] Zunächst fällt ihr sachlicher Gehalt auf: Sowohl journalistische als auch fiktionale und werbende Texte haben einen bestimmten Informationsgehalt; ihre Themen erstrecken sich dabei über alle möglichen Teilbereiche der Gesellschaft und können in einzelne Kategorien eingeteilt werden, die eine strukturierte Realitätswahrnehmung ermöglichen.

Des Weiteren prägen Themen zeitliche Strukturen, „etwa dadurch, daß Themen alt oder neu sind, noch interessant oder schon langweilig."[29] Um weiterhin relevant zu bleiben, muss ein Thema Reaktionen bzw. Beiträge auslösen, was zur Folge hat, dass ständig neue thematische Aspekte generiert bzw. bereits bekannte Elemente reproduziert werden. Dies gelingt nicht nur mit tagesaktuellen Themen, sondern auch mit „thematischen Evergreens" der Menschheitsgeschichte, „nämlich Liebe, Leben, Tod, Familie, Gott, Politik usw."[30] Schließlich weist Marcinkowski auf die sozialen Auswirkungen der Themenbildung hin. Das wesentliche Merkmal publizistischer Kommunikation sei, dass Anschlusskommunikation potenziell für jeden möglich ist.[31] Die Themenbereitstellung durch die Massenmedien beschränkt sich also nicht auf eine Expertengruppe, sondern richtet sich an alle möglichen Teilnehmer, „was nicht heißt, daß jedes mediale Thema alle in gleicher Weise betrifft, sondern lediglich meint, daß durch die Gesamtheit medialer Thematisierung alle möglichen Teilnehmer angesprochen werden."[32]

Nun läuft die Themenbereitstellung durch die Massenmedien nicht immer ‚neutral' ab: „Das publizistische System unterlegt ihnen [den Themen, Anm. KK] sozusagen Leitdifferenzen und Sekundärcodes. Damit gewinnen bestimmte Themenaspekte an Bedeutung, andere treten in den Hintergrund."[33] Schon durch Auswahl und Gewichtung der einzelnen Themen wird die Anschlusskommunikation gelenkt. Zudem

---

nalismus als kultureller Prozess. Zur Bedeutung von Journalismus in der Mediengesellschaft. Ein Entwurf. Wiesbaden: VS Verlag für Sozialwissenschaften 2005, S. 49).
28 Vgl. Marcinkowsi 1993, S. 49 f.
29 Ebd., S. 50.
30 Ebd.
31 Vgl. ebd., S. 49.
32 Ebd., S. 49.
33 Ebd., S. 52.

stellen die Massenmedien – so Rühl – ihre Themen in den ‚Rahmen' der jeweils gegenwärtigen Bedingungen.[34] Die gesellschaftlichen Verhältnisse prägen somit die Themenwahl, bestimmte Tendenzen werden sowohl im Journalismus als auch in Werbung und fiktionalen Texten aufgenommen, dabei variiert, mitunter auch reflektiert. Zugleich ist es möglich, dass die Bereitstellung eines Themas und die entstehende Anschlusskommunikation bestimmte gesellschaftliche Auswirkungen hat – ob beabsichtigt oder nicht. In diesem Fall spielt häufig die Art und Weise der Themenvermittlung eine Rolle, etwa wenn die Rezeption bzw. die Kommunikation über bestimmte Inhalte durch die mediale Vermittlung mit sekundären Bedeutungen aufgeladen wird.

Eben diese Form der Thematisierung nimmt nun Roland Barthes in seinen *Mythen des Alltags* in den Blick: Im Prozess der doppelten Bedeutungsaufladung werden Themen zusätzlich symbolisch konnotiert, was die Aktualisierung des Sinns in eine konkrete ideologische Richtung lenkt und alternative Deutungsoptionen einschränkt oder sogar ausschließt. Die Mythologisierung kann folglich nach der Thematisierung als weiterer Schritt zur Organisation gesellschaftlicher Kommunikation verstanden werden: Das publizistische System beobachtet die Umwelt, selegiert einzelne Aspekte und stellt diese als Themen bereit; die Mythologisierung strukturiert diese Themen weiter, indem sie sie umformt und mit kursierenden, oft zeitstabilen Sinnkonzepten verbindet.

Nun ist, wie bereits erwähnt, in der modernen Gesellschaft zwar beinahe alles mit Bedeutung aufgeladen, doch nur wenige Mythen dieses Überangebots festigen sich in der Gesellschaft so, dass sie als (Quasi-)Natur anerkannt werden. Im Anschluss an die strukturierende Funktion der Themen ist von verschiedenen Faktoren auszugehen, die zum Erfolg eines Mythos beitragen. Als besonders signifikant erweist sich hier der Aktualitätsbezug. Jeder Mythos entsteht kontextabhängig und verschwindet, sobald er seine gesellschaftliche Relevanz verliert. Auf die eine oder andere Weise muss also jeder Mythos den Zeitgeist treffen, was impliziert, dass Mythen analog zu wirtschaftlichen, technischen, politischen oder sozialen Modernisierungsschüben neu entstehen oder modifiziert werden, sich so den gesellschaftlichen Veränderungen anpassen und diese rechtfertigen. Entsprechend müssen My-

---

34 Vgl. Rühl 1982, S. 332.

then auch inhaltlich an kursierende Themen anknüpfen; dabei können sie als Interdiskurse[35] zur Verständigung über die Grenzen von Spezialdiskursen hinaus beitragen und so möglichst viele potenzielle Kommunikationsteilnehmer erreichen.

Die im Rahmen dieser Arbeit untersuchten Phänomene – vereinfacht gesagt, das Thema „Frauenbild und Technik" – sind eng an gesellschaftliche sowie wissenschaftlich-technische Entwicklungen geknüpft und verfügen folglich über ein hohes Mythospotenzial. Sowohl die Veränderung bestehender Geschlechterbilder als auch der technische Fortschritt, wie etwa die Etablierung des Automobils als primäres Fortbewegungsmittel, erschütterte die Grundstrukturen der Gesellschaft und trieb so die Modernisierung voran.[36] Die These, die sich aus den bisherigen theoretischen Überlegungen ableiten lässt und im Folgenden untersucht werden soll, wäre also, dass die Technikpionierinnen als Mythen im Sinne von Roland Barthes inszeniert wurden, um das herrschende System zu stabilisieren bzw. mit Modernisierungsschüben zu versöhnen.

2.2 Ästhetische Aspekte der Mytheninszenierung

2.2.1 Die Reise des Helden – der Mythos in der Narration

Barthes' funktionaler Definition zufolge ist alles, was Teil des öffentlichen Diskurses ist, potenzieller Mythos. Neben Objekten, etwa dem neuen Citroën,[37] medialen Phänomenen, z. B. den Römern im Film[38], oder Materialien wie Plastik[39] können auch Personen und deren Lebensgeschichte Mythisierungsprozesse durchlaufen. Die Art und Weise der medialen Inszenierung trägt entscheidend dazu bei, ob ein Thema zum Mythos wird und welche Reichweite und gesellschaftliche Relevanz dieser erlangt. Im Kontext der vorliegenden Arbeit stellt sich vor allem die

---

35 Vgl. Jürgen Link u. Ursula Link-Heer: Diskurs/Interdiskurs und Literaturanalyse. In: Zeitschrift für Literaturwissenschaft und Linguistik (1990), H. 77, S. 88–99.
36 Zum mythischen Potenzial der Technik vgl. Friedrich Rapp: Technik als Mythos. In: Theo Elm, Hans H. Hiebel (Hg.): Medien und Maschinen. Literatur im technischen Zeitalter. Freiburg: Rombach 1991, S. 27–46, hier 41 f.
37 Vgl. Barthes 2010, S. 196–198.
38 Vgl. Barthes 2010, S. 33–36.
39 Vgl. ebd., S. 223–225.

Frage, wie Personen in den Medien inszeniert werden, welche narrativen und visuellen Vermittlungsstrategien also diese Form des Mythos ausmachen. Barthes beschränkt sich in seinem Essay auf die funktionalen Aspekte des Phänomens und spart die ästhetischen Gesichtspunkte der Mytheninszenierung aus. Im Hinblick auf den ästhetischen Aspekt lässt sich seine funktionale Bestimmung des Mythos sinnvoll durch die Überlegungen des Mythentheoretikers Joseph Campbell ergänzen.[40]

Auch Campbell thematisiert in seiner Theorie die gesellschaftliche Funktion des Mythos, welche darin liegt, „die Normen einer bestehenden, besonderen Sittenordnung zu bestätigen, zu stützen und einzuprägen, und zwar die der Gesellschaft, in der der Einzelne leben muß."[41] Wie Barthes bekräftigt Campbell also die Legitimationsstruktur und damit die herrschaftsstabilisierende Funktion des Mythos. Im Kern dreht sich seine Auseinandersetzung mit mythischen Erzählungen verschiedener Kulturen jedoch um deren ästhetische Ausgestaltung.

Der griechischen Wortbedeutung zufolge ist der Mythos eine Erzählung, genauer gesagt die Geschichte eines Helden bzw. einer Heldin. Die Struktur dieser Erzählung beschreibt Campbell in Anlehnung an die Archetypenlehre C. G. Jungs als überzeitlich stabiles Muster. Jung geht von einem kollektiven Unbewussten aus, einer Schicht des Unterbewusstseins, die nicht auf persönlichen Erfahrungen beruhe, sondern angeboren und damit überindividuell sei. Archetypen definiert Jung als „Inhalte des kollektiven Unbewussten",[42] also als allgemeingültige unbewusste Gehalte und Verhaltensweisen. Diese universellen Paradigmen treten etwa in Träumen und Visionen in Erscheinung, spiegeln sich aber auch in den ursprünglichen Erzählungen der Menschen wider. Der Mythos sei folglich eine spezielle symbolische Ausdrucksform der Archetypen oder, wie Campbell definiert, Ausdruck überzeitlich konstanter Grundlagen menschlichen Wissens und Verhaltens: „Und so müssen wir, um den vollen Gehalt der uns überkommenen Mythengestalten zu

---

40 Vgl. vor allem Joseph Campbell: Der Heros in tausend Gestalten. Aus dem Amerikanischen von Karl Koehne. Berlin: Insel 2011. Erstveröffentlichung 1949 u. d. T. *The hero with a thousand faces*.
41 Joseph Campbell: Lebendiger Mythos. Aus dem Englischen von Johannes Wilhelm. München: Dianus-Trikont Buchverlag 1985, S. 229.
42 Carl Gustav Jung: Über die Archetypen des kollektiven Unbewussten. In: Ders.: Bewusstes und Unbewusstes. Beiträge zur Psychologie. Frankfurt a. M.: Fischer 1957, S. 11–53, hier 12.

erfassen, wissen, daß sie nicht nur Symptome des Unbewußten sind wie alle menschlichen Gedanken und Taten, sondern kontrollierte und bewußte Lehren von bestimmten geistigen Prinzipien, die durch die Menschengeschichte hindurch so konstant geblieben sind wie die Form der menschlichen Physis und ihr Nervensystem."[43]

In den mythischen Erzählungen verschiedener Kulturen glaubt Campbell ein bestimmtes erzählstrategisches Grundschema zu erkennen, das sich zu allen Zeiten in verschiedenen Kulturen wiederholt und bis heute variiert und neu erzählt wird:[44] „Der Weg, den die mythische Abenteuerfahrt des Helden normalerweise beschreibt, folgt, in vergrößertem Maßstab, der Formel, wie die Abfolge der *rites de passage* sie vorstellt: Trennung – Initiation – Rückkehr, einer Formel, die der einheitliche Kern des Monomythos genannt werden kann."[45] Die tiefenpsychologisch fundierte Theorie des Monomythos erreichte in den USA schnell große Popularität und wurde von zahlreichen anderen Theoretikern und Kulturschaffenden aufgegriffen, so auch von Christopher Vogler in seiner Poetik für Drehbuchschreiber *The Writer's Journey*.[46] Schon vor deren Publikation beeinflussten Campbells Überlegungen bekannte Hollywood-Filmemacher, darunter etwa George Lucas.[47] Vogler reflektiert diesen Einfluss der Mythentheorie auf populäre Kinofilme und entwirft eine praktische Anleitung für Drehbuchautoren. Campbells universale Strukturen lassen sich in diesem Sinne als allgegenwärtige Muster deuten, die konstitutiv mediale Inszenierungsstrategien prägen.

Campbell konstatiert innerhalb des monomythischen Grundschemas verschiedene Stationen der Heldenreise sowie ein typisches Figureninventar.[48] Im Zentrum des Handlungsschemas steht ein starkes Indivi-

---

43 Campbell 2011, S. 275.
44 Wie im vorhergehenden Abschnitt bereits erläutert, läuft die Variation des Mythos kontextgebunden und im Sinne des momentan herrschenden Systems bzw. revolutionärer Gruppen ab.
45 Campbell 2011, S. 42.
46 Christopher Vogler: The Writer's Journey. Mythic Structure for Writers. Third Edition. Studio City: Michael Wiese Productions 2007.
47 Vgl. Joseph Campbell: The Power of Myth. With Bill Moyers. The Seminal PBS Series on World Mythology. Apostrophe S Productions, Inc., and Public Affairs Television, Inc. 1988. Acorn Media 2010; z. B. Episode 2: The Message of the Myth; siehe auch Philosophie Magazin. Star Wars der Mythos unserer Zeit. Sonderausgabe 05, November 2015.
48 Vgl. Campbell 2011, S. 48 f.

duum, der Held, den Vogler anfangs in Anlehnung an die ursprüngliche griechische Wortbedeutung als „someone who is willing to sacrifice his own needs on behalf of others, like a shepherd who will sacrifice to protect and serve his flock"[49] definiert. Doch sowohl Campbell als auch Vogler gehen in ihrem Heldenverständnis über diese eng gefasste Definition hinaus. Der Held ist Protagonist der mythischen Erzählung und damit Kern der Strukturen des kollektiven Unbewussten: „Heroes are symbols of the soul in transformation, and of the journey each person takes through life."[50] Auch für die zentrale Figur des Helden existiert im kollektiven Unterbewusstsein ein Archetyp, also ein bestimmtes Schema, mit dem verschiedene Eigenschaften und Verhaltensweisen fest verknüpft sind. Dieses Schema steuert neben der Gestaltung des Helden in der Kunst auch die Perzeption fiktiver Figuren oder auch realer Personen; sobald einige Eigenschaften einer Figur oder Person mit dem Schema übereinstimmen, wird sie als ‚Held' wahrgenommen.[51]

Anders ausgedrückt wird aufgrund einzelner Charakteristika das Schema des Helden reaktualisiert. Die bereits erwähnte Opferbereitschaft ist dabei nur ein Teilaspekt. Allison und Goethals analysieren in ihrer Studie *Heroes. What They Do and Why We Need Them*, welche Qualitäten einen Helden kennzeichnen und gehen dabei – was im Rahmen dieser Arbeit von besonderem Interesse ist – vor allem auf reale Helden ein. Grundlegend für die Charakterisierung als Held ist die heroische Tat, eine außergewöhnliche Handlung, die mit großer Anstrengung oder Opfern verbunden ist: „Heroism requires an uncommon ability to do something exceptional, something rarely seen and involving great sacrifice. Heroes do not do their work by performing simple pain-free acts. There must be either extraordinary effort or extraordinary sacrifice directed toward accomplishing a socially redeeming goal. Such is the stuff of heroes."[52]

Um sein Ziel zu erreichen, muss der Held weit überdurchschnittliches Engagement zeigen, Hindernisse überwinden und oft auch tragische Verluste in Kauf nehmen. Meist erfordert die heroische Tat beson-

---

49 Vogler 2007, S. 29.
50 Ebd., S. 37.
51 Vgl. Scott T. Allison u. George R. Goethals: Heroes. What They Do and Why We Need Them. New York: Oxford University Press 2011, S. 59.
52 Ebd., S. 120.

dere moralische Integrität. Der Held handelt tugendhaft und altruistisch und erreicht damit ein nobles Ziel. Für den Rezipienten fungiert er so als Vorbild und wird oft zu einer geistig-moralischen Führergestalt, die in Bezug auf eine bestimmte Sache beispielhaft vorangeht.[53] Neben emotionalen und sozialen Leistungen gelten auch besondere physische Anstrengungen als heldenhaft:

> Many people are deemed heroes solely because of their physical courageousness: Amilia Earhart for setting many speed and distance aviation records, Sir Edmund Hillary for conquering Mount Everest [...], and Neil Armstrong for walking on the moon. None of these actions fed a hungry baby or saved a life. But they were all impressive demonstrations of overcoming great physical challenges.[54]

Die Einordnung von Sportlern und Raumfahrern in die Riege der Helden zeigt, dass Allison und Goethals das Phänomen Heroismus weiter fassen als in der ursprünglichen Definition vorgesehen; dennoch betonen sie, dass moralische Leistungen höher zu bewerten sind als rein physische.[55]

Verschiedene Eigenschaften und Verhaltensweisen präfigurieren also die Wahrnehmung einer Person als ‚Held', wobei Medien eine zentrale Rolle bei diesem Vorgang spielen. Wie im vorhergehenden Kapitel erläutert, basiert die gesellschaftliche Kommunikation auf Themen, die medial vermittelt werden. Auf diesen Prozess sind auch reale Helden angewiesen: „[H]eroes only exist to the extent that society recognizes their heroism, usually through media coverage."[56] Der Held ist also ein Konstrukt, das nur in der medialen Inszenierung und damit in der öffentlichen Wahrnehmung existiert.[57] Die Medien machen sich die archetypische Vorstellung vom Helden zunutze, um anhand einzelner

---

53 Vgl. ebd., S. 50 f.
54 Ebd., S. 124.
55 Vgl. ebd., S. 125.
56 Ebd., S. 38.
57 Allison und Goethals untermauern diese These anhand eines Beispiels: Irena Sendler gelang es während des Zweiten Weltkrieges, etwa 2.500 Kinder heimlich aus dem Warschauer Ghetto zu holen und bei Adoptivfamilien unterzubringen. Außer ihrem engsten Umfeld war dieses Engagement vollkommen unbekannt, bis im Jahr 2000 amerikanische Studenten auf den Fall aufmerksam wurden und ihn publik machten (vgl. Allison/Goethals 2011, S. 21 ff.).

Charakteristika bestimmter Individuen das einschlägige Schema abzurufen. Auf diesem Phänomen basiert die soziale Kraft des Heroismus: Helden können als Führer inszeniert werden und so die Gesellschaft stabilisieren, z. B. als inspirierende Staatsführer, oder aber auch umgekehrt den Status Quo erschüttern und die Welt verändern wie etwa Rosa Parks, die mit ihrem Verhalten 1955 massive gesellschaftliche Umbrüche auslöste.[58] Auch Campbell betont die induzierende Rolle des Helden: „Ein Sagenheld ist meistens der Gründer oder Stifter von irgend etwas – der Gründer eines neuen Zeitalters, der Stifter einer neuen Religion, der Gründer einer neuen Stadt, der Stifter einer neuen Lebensweise."[59] Aus diesem Grund handelt es sich bei vielen Helden um nationale Phänomene, bei denen das gesellschaftsstabilisierende Potenzial vorwiegend dem Interesse der eigenen Nation dient. Ausgehend von diesem nationalen Potenzial des Helden konstatiert Vogler eine typisch deutsche Aversion gegen Helden, die sich infolge des Umgangs mit Heroismus während des Nationalsozialismus etabliert hat: „Nazism and German militarism manipulated and distorted the powerful symbols of the hero myth, invoking its passions to enslave, dehumanize, and destroy. [...] In the post-Hitler period the idea of hero has been given a rest as the culture re-evaluates itself."[60]

Protagonist der ursprünglichen Erzählungen ist meist ein männlicher Held, dennoch – so Campbell – trifft das Schema ebenso auf Protagonistinnen zu: „Der Held ist [...] der Mensch, ob Mann oder Frau".[61] Auch Vogler stimmt dieser Perspektive zu, merkt jedoch an, dass die Reise der Heldin möglicherweise weniger linear als vielmehr spiralförmig oder in konzentrischen Kreisen verläuft und auch thematisch andere Schwerpunkte setzt: „The masculine need to go out and overcome obstacles, to achieve, conquer, and possess, may be replaced in the woman's journey by the drives to preserve the family and the species, make a home, grapple with emotions, come to accord, or cultivate

---

58 Vgl. Allison/Goethals 2011, S. 41.
59 Joseph Campbell: Die Kraft der Mythen. Bilder der Seele im Leben des Menschen. In Zusammenarbeit mit Bill Moyers. Aus dem Amerikanischen übertragen von Hans-Ulrich Möhring. München/Zürich: Artemis 1989, S. 161.
60 Vogler 2007, S. XX f.
61 Campbell 2011, S. 31.

beauty."[62] Maureen Murdock setzt sich in ihrer Studie *The Heroine's Journey* mit den typischen Inhalten und Strukturen der Reise der Heldin auseinander. Ihre Überlegungen zur „Rückeroberung der Weiblichkeit" veranschaulichen jedoch eher einen Sonderfall der Heldenreise als ein paralleles feminines Modell.[63]

Ausgehend von Jungs Archetypen erläutert Campbell – und im Anschluss daran Vogler – verschiedene andere Figurentypen neben dem Helden sowie typische Handlungselemente der Heldenreise. Der Held verlässt zu Beginn seiner Reise die gewohnte Welt und folgt dem Ruf des Abenteuers. Er überschreitet die Schwelle zu einer anderen, übernatürlichen Welt, stellt sich unterschiedlichen Gefahren und erringt im Kampf ein ersehntes Gut. Die Rückkehr in die normale Welt schließt die Reise des Helden ab. Verschiedene Akteure begleiten oder begegnen dem Helden auf seiner Reise, so etwa der Mentor, ein treuer Begleiter oder aber feindlich gesinnte Wächter. Ebenso wie im Fall des Helden handelt es sich auch bei den anderen Figuren um Archetypen.

Vogler betont in seiner Poetik die Universalität und Flexibilität der Heldenreise: „The Heroe's Journey is infiniteley flexible, capable of endless variation without sacrificing any of its magic, and it will outlive us all."[64] Die erarbeiteten archetypischen Handlungselemente und Charaktere sind als einzelne Bausteine der Heldenreise zu verstehen, die unendlich kombiniert und variiert werden können. Um das Schema der Heldenreise abzurufen, müssen nicht alle Elemente des Katalogs vorhanden sein, schon einzelne typische Episoden oder Figuren verweisen auf die mythische Struktur. Die verschiedenen Komponenten fungieren in diesem Sinne als Meme, also kleinste kulturelle Bausteine, die – wie Gene in der Biologie – im kulturellen Prozess ständig verarbeitet, variiert und neu kombiniert werden: „Examples of memes are tunes, ideas, catch-phrases, clothes, fashions, ways of making pots or of building arches. Just as genes propagate themselves in the gene pool by leaping

---

62 Vogler 2007, S. XXII.
63 Vgl. Maureen Murdock: The Heroine's Journey. Woman's Quest for Wholeness. Boston/London: Shambala 1990. Die von Campbell und Vogler erarbeiteten Elemente der Heldenreise sollen im Folgenden auch als Basis für Erzählungen über Heroinen gesehen werden, ohne dabei genderspezifische Erzählstrategien außer Acht zu lassen (siehe Kapitel 1.2.3).
64 Vogler 2007, S. 20.

from body to body via sperms and eggs, so memes propagate themselves in the meme pool by leaping from brain to brain via a process which, in the broad sense, can be called imitation."[65] Liegen diese Meme, also die Sinnbausteine mythischer Erzählungen, sowie des mythischen Figureninventars,[66] der narrativen Vermittlung alltäglicher Mythen zugrunde, bestimmen sie die kommunikative Interaktion und erhöhen die Wahrscheinlichkeit potenzieller Anschlusskommunikation.

Wie bereits erwähnt, ist Kommunikation die gemeinsame Aktualisierung von Sinn oder, wie G. H. Mead es definiert, symbolisch vermittelte Interaktion. Grundlage der menschlichen Kommunikation sind mit Vorstellungsinhalten verknüpfte Zeichen und Symbole, deren Bedeutungsgehalt stark von der subjektiven Erfahrungswelt des jeweiligen Benutzers abhängt. Im kommunikativen Akt müssen die subjektiven Bedeutungsvorräte verschiedener Kommunikationsteilnehmer zur Überschneidung gebracht werden, um so eine Verständigung zu erreichen – nur, „wenn im Bewußtsein *beider* Kommunikationspartner *dieselben* Bedeutungen aktualisiert werden",[67] kommt Kommunikation zustande.[68]

Ermöglicht wird diese Überschneidung durch „signifikante Symbole", also Symbole und Zeichen, die bestimmte dahinterstehende Ideen repräsentieren und beim Kommunikationsteilnehmer die Aktualisierung derselben Idee auslösen, also auf denselben oder einen ähnlichen Bedeutungsvorrat rekurrieren.[69] Signifikante Symbole etablieren

---

65 Richard Dawkins: The Selfish Gene. New edition. Oxford/New York: Oxford University Press 1989, S. 192.
66 Im Grunde genommen kann jedes Textelement, egal ob inhaltlich oder formal, semantisiert werden und somit als Mem fungieren (vgl. Ansgar Nünning: Semantisierung literarischer Formen. In: Ders. (Hg.): Metzler Lexikon Literatur- und Kulturtheorie. 4., aktualis. u. erw. Aufl. Stuttgart: Metzler 2010, S. 652 f.).
67 Burkard 2002, S. 56 (Hervorh. i. Orig.).
68 Luhmann, dessen Kommunikationsbegriff hier zugrunde liegt, sieht den Erfolg von Kommunikation unabhängig von der bei Mead konstitutiven Bedeutungsübereinstimmung; seiner Theorie zufolge ist allein das Zustandekommen von Anschlusskommunikation entscheidend. Dennoch lässt sich Meads Ansatz in die bisherigen Überlegungen integrieren, veranschaulicht die Theorie des symbolischen Interaktionismus doch, wie Non-face-to-face-Kommunikation über signifikante Symbole – auch in Luhmanns Sinne – erfolgreich gelingen kann.
69 Vgl. George Herbert Mead: Geist, Identität und Gesellschaft aus der Sicht des Sozialbehaviourismus. Mit einer Einleitung hg. von Charles W. Morris. Frankfurt a. M.: Suhrkamp 1968, S. 85.

sich im Laufe verschiedener Sozialisationsprozesse,[70] etwa in Familie, Schule oder durch die Massenmedien:[71] „Praktisch lernt man alle Symbole, die man sich überhaupt aneignet, durch Kommunikation (Interaktion) mit anderen, und deshalb darf man die meisten Symbole als gemeinsame, mit anderen geteilte Bedeutungen und Werte betrachten."[72] Diese soziale Symbolbildung hat zur Folge, dass jeder Kulturkreis über ein spezifisches Symbolinventar verfügt, mithilfe dessen die Angehörigen der Sozietät ihre Umwelt strukturieren und sich verständigen.

Als Abstraktion einer jahrtausendelangen kulturellen Tradierung bestimmter Erzählmuster ist auch Campbells Monomythos ein Konglomerat komplexer signifikanter Symbole. Die diesen zugrundeliegenden Archetypen repräsentieren grundsätzliche menschliche Erfahrungen und Bedürfnisse, die sich in den Elementen der Heldenreise als stark konventionalisierte Sinneinheiten verfestigt haben. Mit hoher Wahrscheinlichkeit lösen die monomythischen Zeichen bei vielen Kommunikationsteilnehmern Aktualisierungen ähnlicher Bedeutungsinhalte aus und ermöglichen so eine erfolgreiche Verständigung und ggf. Anschlusskommunikation. Die ständige Reaktualisierung bzw. Rekonstruktion gesellschaftsrelevanter Mythen durch die Medien basiert folglich im Wesentlichen auf überzeitlich stabilen Symbolen, die die Interpretation – oder vielmehr die Konstruktion – des Gegenstands oder Phänomens im ‚mythischen' Sinne provozieren. Sie werden bewusst eingesetzt, um beim Rezipienten bestimmte Wahrnehmungsschemata zu aktivieren und so die Aufmerksamkeit entsprechend zu lenken.

2.2.2 Der Mythos in der visuellen Kommunikation

Wie in der narrativen Mythenvermittlung gibt es auch bei der optischen Präsentation typische Strukturen und Strategien, Helden – also die Pro-

---

70 Sozialisation ist in diesem Zusammenhang laut Burkard „als jener Prozeß zu begreifen, in dem sich menschliche Wesen im Verlauf sozialer Interaktionen Symbolsysteme aneignen, mit deren Hilfe sie dann nicht nur ihre Umwelt interpretieren, sondern auch »Selbst-Bewußtsein« erlangen." (Burkard 2002, S. 154)
71 Vgl. Burkard 2002, S. 58.
72 Arnold M. Rose: Systematische Zusammenfassung der Theorie der symbolischen Interaktion. In: Heinz Hartmann (Hg.): Moderne amerikanische Soziologie. Neuere Beiträge zur soziologischen Theorie. 2., umgearb. Aufl. München: Deutscher Taschenbuch-Verlag u. a. 1973, S. 266–282, hier 268.

tagonisten der Mythen – abzubilden. Als visuelle Kommunikationsformen vermitteln Bilder[73] ihre Inhalte ausschließlich anhand optischer Reize. Neben der naturalistischen Abbildung realer Gegenstände impliziert die visuelle Kommunikation auch zeichenhafte Darstellungen. Obwohl kein festes Regelsystem – wie die Kombination aus Vokabular und Grammatik – existiert, lässt sich eine Art Bildsprache feststellen, die analog zur gesprochenen und geschriebenen Sprache auf einem Verweissystem vom Bezeichnenden auf das Bezeichnete basiert. Die verweisenden Bildelemente sind jedoch weniger konventionalisiert, sodass das Zeichenkorpus deutlich größer ist als in der gesprochenen und geschriebenen Sprache: „Bilder sind prinzipiell mehrdeutige Kommunikationsformen, da ihre Bedeutungen von der Interpretation der jeweiligen Betrachter abhängen."[74]

Dennoch haben sich auch in der visuellen Kommunikation bestimmte überzeitlich stabile Zeichen etabliert, die als Produkte des kollektiven Unbewussten bezeichnet werden können. Einige Jahrzehnte bevor Joseph Campbell stereotype Strukturen in mythischen Erzählungen erkannte und seine Theorie des Monomythos formulierte, widmete sich Aby Warburg in seinen Studien den archetypische Ausdrucksformen des menschlichen ‚Wesens' in der Malerei. Ausgehend von den sich wiederholenden Gebärden auf antiken Vasenbildern und renaissancezeitlichen Gemälden italienischer Künstler entwickelte Warburg den Begriff der Pathosformel.[75] Grundlage solcher Pathosformeln sei das Erbe urtümlicher Erfahrungen:[76] In der Antike finden sich gleich-

---

73 Der hier zugrunde gelegte Bildbegriff bezieht sich in diesem Zusammenhang auf grafische Bilder, wie z. B. Gemälde, Zeichnungen und Fotografien, nicht auf geistige oder sprachliche Bilder (vgl. W. J. T. Mitchell: Was ist ein Bild? In: Volker Bohn (Hg.): Bildlichkeit. Aus dem Amerikanischen von Jürgen Blasius. Frankfurt a. M.: Suhrkamp 1999 (= es 1475), S. 17–68, hier 20).
74 Marion G. Müller: Grundlagen der visuellen Kommunikation. Konstanz: UVK Verlagsgesellschaft 2003 (= UTB 2414), S. 27.
75 Aby Warburg: Dürer und die italienische Antike. In: Ders.: Ausgewählte Schriften und Würdigungen. Hg. von Dieter Wuttke. 3., durchges. u. durch ein Nachwort erg. Aufl. Baden-Baden: Valentin Koerner 1992 (= Saecula Spiritalia 1), S. 125–130, hier 126. Warburg hat keine theoretische Schrift hinterlassen; im hier zitierten Aufsatz fällt der Begriff Pathosformel, den er anschließend über längere Zeit hinweg weiterentwickelt, zum ersten Mal.
76 Vgl. Ernst H. Gombrich: Aby Warburg. Eine intellektuelle Biographie. Aus dem Englischen von Matthias Fienbork. Hamburg: Europäische Verlagsanstalt 1992 (= Europäische Bibliothek 12), S. 323.

bleibende Darstellungen großer Emotionen wie etwa Kampf, Sieg, Trauer oder Raserei. Diese Stereotype der Leidenschaften werden in der Renaissancekunst – und auch später – aufgegriffen, etwa um dargestellten Figuren „einen zusätzlichen Grad von Ausdruckskraft und »Pathos« zu verleihen."[77] Die menschlichen Urerlebnisse bringen Warburg zufolge also bestimmte Symbole hervor, die in verschiedenen Kontexten aktualisiert werden, dabei aber auch immer auf eine ästhetische Tradition und schließlich auf die ursprünglichen mythischen Inhalte verweisen. Die Pathosformeln wirken in diesem Sinne als soziale Engramme:[78]

> In der Region der orgiastischen Massenergriffenheit ist das Prägewerk zu suchen, das dem Gedächtnis die Ausdrucksformen des maximalen inneren Ergriffenseins, soweit es sich gebärdensprachlich ausdrücken läßt, in solcher Intensität einhämmert, daß diese Engramme leidenschaftlicher Erfahrung als gedächtnisbewahrtes Erbgut überleben und vorbildlich den Umriß bestimmen, den die Künstlerhand schafft, sobald Höchstwerte der Gebärdensprache durch Künstlerhand im Tageslicht der Gestaltung hervortreten wollen.[79]

Wie Campbells Elemente der Heldenreise fungieren auch Warburgs Pathosformeln als Meme, die das Dargestellte in eine mythische Tradition stellen und die Rezeption sowie die anschließende Kommunikation steuern, indem sie bestimmte Rezeptionsschemata abrufen.

Warburg selbst hat weder eine theoretische Schrift hinterlassen noch einen Katalog typischer Pathosformeln erstellt, sondern lediglich einige Beispiele ausgearbeitet; dennoch begründete er mit seinen Überlegungen die „ikonographische Methode".[80] Die Ikonografie bildet als „Lehre von den Bildinhalten"[81] die Basis für die im Anschluss an Warburg ent-

---

77 Ebd., S. 232.
78 Warburg knüpft hier an die Überlegungen des Biologen Richard Semons an, der behauptet, „dass Außenreize als ‚Engramme' – also Einschreibungen – der organischen Substanz von Körpern eingeprägt bleiben, so dass bei Wiederholung der gleichen Reizsituation die Reaktion kraft der Erinnerung an die erste Situation wiederholt wird." (Perdita Rösch: Aby Warburg. Paderborn: Wilhelm Fink 2010 [= UTB 3343], S. 50)
79 Aby Warburg: Notizen aus dem Nachlass. Zitiert nach Gombrich 1992, S. 331.
80 Sabine Poeschel: Handbuch der Ikonographie. Sakrale und profane Themen der bildenden Kunst. 4. Aufl. Darmstadt: WBG 2011, S. 16.
81 Frank Büttner u. Andrea Gottdang: Einführung in die Ikonographie. Wege zur Deutung von Bildinhalten. 2. Aufl. München: C. H. Beck 2009, S. 13.

wickelte Ikonologie Erwin Panofskys, auf die bis heute die Methoden der Bild- und Filminterpretation aufbauen.[82] Panofsky fasst einzelne Bildelemente als symbolische Werte, also als „Manifestationen zugrundeliegender Prinzipien" und versteht damit das Kunstwerk grundsätzlich „als Symptom von etwas anderem".[83] Panofskys ikonologische Bildanalyse umfasst drei Stufen:[84] Der erste Schritt besteht im Wahrnehmen und Erfassen des Bildgegenstandes und der verschiedenen Bildelemente, wobei die zeitgenössischen Gestaltungskonventionen berücksichtigt werden müssen. Sodann gilt es, die Komposition des Bildes, also die künstlerischen Themen, Motive und Konzepte und deren Kombination zu registrieren. Das Bild wird auf diese Weise als Inszenierung wahrgenommen, wobei „»Inszenierung« in der visuellen Kommunikationsforschung [...] ein wertneutraler Begriff [ist], der auf komplexe, mehrdeutige visuelle Phänomene Anwendung findet, die strategisch gestaltete Wirklichkeit widerspiegeln."[85] Auf der letzten Stufe erfolgt schließlich die ikonologische Interpretation, bei der das Bild unter Berücksichtigung des Kontextes als „Symbol weltanschaulicher Vorstellungen"[86] gedeutet wird.

Die Symbole, derer sich Panofskys Interpretationsmethode bedient,[87] bestimmen auch die nicht (professionell) interpretierende Bildrezeption: Wie bei jeder Form der Kommunikation wird auch bei der Bildbetrachtung ein sinnvoller Zusammenhang erwartet; um diesen herzustellen, „bezieht der Mensch Wahrgenommenes immer in seinen eigenen Bedeutungshorizont ein"[88] und macht sich dabei die appräsentative, also die mitvergegenwärtigende Qualität von Bildelementen zunutze.[89] Auch die Elemente der visuellen Kommunikation rekurrieren auf subjektive

---

82 Vgl. etwa Müller 2003; Poeschel 2011.
83 Erwin Panofsky: Ikonographie und Ikonologie. In: Ikonographie und Ikonologie. Theorien – Entwicklung – Probleme. Bildende Kunst als Zeichensystem. Bd. 1. 6. überarb. Aufl. Köln: Dumont 1994, S. 207–225, hier 212.
84 Vgl. Panofsky 1994, S. 210 ff.
85 Müller 2003, S. 31.
86 Büttner 2009, S. 22.
87 Viele dieser Symbole und Bildthemen sind mittlerweile aufgearbeitet und als Sammlung ikonologischer Formen systematisiert (vgl. etwa Poeschel 2011).
88 Katrin Wiederkehr-Benz: Sozialpsychologische Funktionen der Kleidermode. Zürich: Verlag Zürich 1973, S. 21 f.
89 Vgl. Roswitha Breckner: Sozialtheorie des Bildes. Zur interpretativen Analyse von Bildern und Fotografien. Bielefeld: transcript 2010, S. 61.

Bedeutungsinhalte, die im jeweiligen Kommunikationsprozess aktualisiert werden. Die Vertrautheit mit bestimmten Symbolen – sei es durch Sozialisation oder die Wirkung überindividueller Archetypen – ermöglicht dabei Rückschlüsse auf konventionelle Bedeutungen einzelner Bildelemente, wie etwa Hintergrund, Attribute, Mimik, Gestik oder Kleidung. Solche Bildkomponenten fungieren als signifikante Symbole, indem sie die Aktualisierung konventionalisierter Bedeutungsinhalte provozieren. Wie die erzählstrategischen Elemente der Heldenreise lösen auch die visuellen Symbole bestimmte Rezeptionsschemata aus, durch die ein Gegenstand als Mythos wahrgenommen wird.

2.2.3 Inszenierung von Weiblichkeit und Technik

Zusätzlich zu den in Kapitel 2.2.1 und 2.2.2 erläuterten narrativen und visuellen Spezifika der Mytheninszenierung wird im Zusammenhang dieses Forschungsprojekts besonders die Frage nach der Inszenierung von Weiblichkeit in den Fokus genommen. Obwohl Elemente der Heldenreise und Pathosformeln als grundlegende Mechanismen zur Heroisierung männlicher und weiblicher Protagonisten eingesetzt werden, darf eine genderspezifische Färbung der Inszenierung erwartet werden.

Folgt man einer Basisprämisse der Gender Studies, liegt die Kategorie ‚Geschlecht' allen sozialen und kulturellen Strukturen zugrunde, beeinflusst deren Logik und stabilisiert ihre Ordnung. Die Geschlechterverhältnisse sind dabei keine gegebenen Entitäten, sondern das Ergebnis permanenter sozialer Praktiken und folglich gesellschaftliche bzw. kulturelle Konstrukte.[90] Vorstellungen von Weiblichkeit und Männlichkeit sowie die Entwicklung der Geschlechtsidentität resultieren demnach aus einem andauernden Sozialisierungsprozess.[91] Besonders normierend wirken Geschlechterstereotype, also „kognitive Strukturen, die sozial geteiltes Wissen über die charakteristischen Merkmale von

---

90 Zu diesem sozialkonstruktivistischen Ansatz vgl. etwa Helga Bilden: Geschlechtsspezifische Sozialisation. In: Klaus Hurrelmann u. Dieter Ulich (Hg.): Neues Handbuch der Sozialisationsforschung. 4., völlig neu bearb. Aufl. Weinheim/Basel: Beltz 1991, S. 279–301.
91 Vgl. auch hier Burkards Definition der Sozialisation als Prozess, „in dem sich menschliche Wesen im Verlauf sozialer Interaktionen Symbolsysteme aneignen, mit deren Hilfe sie dann nicht nur ihre Umwelt interpretieren, sondern auch »Selbst-Bewußtsein« erlangen" (Burkard 2002, S. 154).

Frauen und Männern enthalten."[92] Die deskriptiven und präskriptiven Komponenten[93] dieser Leitbilder präfigurieren Selbst- und Fremdwahrnehmung sowie -darstellung der Geschlechter. Die klassischen Inhalte der Stereotype lassen sich im Wesentlichen mit den bipolaren Clustern von weiblicher ‚Wärme' und ‚Expressivität' sowie männlicher ‚Kompetenz' und ‚Instrumentalität' systematisieren,[94] wonach Frauen überwiegend als naturverbunden, gefühlvoll emotional und zurückhaltend, Männer dagegen als technikaffin, rational und dominant gekennzeichnet werden.[95] Mitunter bilden sich in bestimmten Kontexten einzelne Substereotype wie etwa ‚die Karrierefrau' oder ‚die Emanze' heraus, die im „klaren Gegensatz zu ihrem jeweiligen Globalstereotyp"[96] stehen und so die Grenze zwischen den konventionalisierten Geschlechterbildern überschreiten. Nicht integrierbare Eigenschaften werden in solchen Fällen entweder ignoriert, als Sonderfälle klassifiziert oder man modifiziert das gängige Geschlechterbild durch die Einwirkung „stereotyp-inkonsistenter Exemplare".[97]

Neben Familie, Peer Groups und Bildungsinstitutionen generieren auch die Medien in erheblichem Maße Geschlechterstereotype: „Die Medieninhalte sind strukturiert wie die Lebenswelten, über die sie berichten: entlang einer Trennung zwischen weiblichen und männlichen Lebenszusammenhängen."[98] Mediale Präsentationen von Weiblichkeit und Männlichkeit bauen implizit oder explizit auf der Zuschreibung geschlechtstypischer Eigenschaften auf, festigen oder etablieren diese und

---

92 Thomas Eckes: Geschlechterstereotype: Von Rollen, Identitäten und Vorurteilen. In: Ruth Becker u. Beate Kortendiek (Hg.): Handbuch Frauen- und Geschlechterforschung. Theorie, Methoden, Empirie. 3. erw. u. durchges. Aufl. Wiesbaden: VS Verlag für Sozialwissenschaften 2010 (= Geschlecht & Gesellschaft 35), S. 178–189, hier 178.
93 Vgl. ebd., S. 178.
94 Vgl. ebd., S. 179.
95 Vgl. hierzu etwa Dorothee Alfermanns Liste stereotyper Eigenschaften verschiedener Länder (Dorothee Alfermann: Geschlechterrollen und geschlechtstypisches Verhalten. Stuttgart/Berlin/Köln: Kohlhammer 1996, S. 16 f.).
96 Eckes 2010, S. 182.
97 Michaela Wänke, Herbert Bless u. Silja Wortberg: Der Einfluss von „Karrierefrauen" auf das Frauenstereotyp. Die Auswirkungen von Inklusion und Exklusion. In: Zeitschrift für Sozialpsychologie 24 (2003), H. 3, S. 187–196, hier 188.
98 Irene Neverla: Männerwelten – Frauenwelten. Wirklichkeitsmodelle, Geschlechterrollen, Chancenverteilung. In: Klaus Merten, Siegfried J. Schmidt u. Siegfried Weischenberg (Hg.): Die Wirklichkeit der Medien. Eine Einführung in die Kommunikationswissenschaft. Opladen: Westdeutscher Verlag 1994, S. 257–276, hier 261.

lenken so den individuellen Sozialisationsprozess.[99] Oft dominiert die Vergeschlechtlichung die Inszenierung von Männern und Frauen; die Darstellung des Weiblichen als ‚das Andere' zementiert die Geschlechterdichotomie, je nach Kontext trägt aber auch der bewusste Verzicht auf gegenderte Inszenierung, also die Unterdrückung stereotyper Merkmale, zum Gender-Diskurs bei. Dabei können verschiedene Kategorien der medialen Inszenierung als Träger des Geschlechterbildes fungieren. Am deutlichsten zeigt sich die Gender-Inszenierung wohl in der Figurenkonzeption oder der Charakterisierung von Personen anhand typisch weiblicher bzw. typisch männlicher Eigenschaften, allerdings können auch andere Konstituenten medialer Inszenierung, z. B. Raum- oder Zeitdarstellung, sowie Handlungsaufbau einschlägige Stereotypien transportieren.[100]

Der gesellschaftliche ‚Nutzen' einer klaren dichotomen Geschlechtereinteilung ergibt sich aus der Notwendigkeit zur Alltagsbewältigung: Die Bildung von Stereotypen hilft, Komplexität zu reduzieren und unterstützt so „die individuelle Orientierung und Handlungsplanung in der sozialen Welt."[101] Dementsprechend stabilisiert die Kategorisierung gesellschaftliche Strukturen und festigt vergeschlechtlichte Herrschaft, was diese soziale Kategorie funktional in die Nähe des Mythos rückt: Die symbolisch verwendeten Geschlechterbilder ordnen die oben beschriebenen Rollen, die innerhalb einer Gesellschaft gelten[102] und fungieren – in Anknüpfung an den symbolischen Interaktionismus – als signifikante Symbole. Ähnlich wie die Elemente der Heldenreise und die Pathosformeln lösen die Bilder von typischer Weiblichkeit bzw. Männlichkeit bei vielen Kommunikationsteilnehmern ähnliche Bedeutungsaktualisierungen und damit verbundene Erwartungen aus.

Aus der Gender-Hierarchisierung heraus erklärt sich auch das Verhältnis der Geschlechter zur Technik, das im Rahmen dieser Arbeit von besonderem Interesse ist. Die Vorstellung von männlicher Technikaffi-

---

99 Vgl. die Ausführungen zum symbolischen Interaktionismus in Kapitel 2.2.1.
100 Vgl. etwa Vera u. Ansgar Nünning (Hg.): Erzähltextanalyse und Gender Studies. Unter Mitarbeit von Nadyne Sritzke. Stuttgart/Weimar: Metzler 2004.
101 Eckes 2010, S. 168.
102 Vgl. Sheldon Stryker: Die Theorie des Symbolischen Interaktionismus. In: Manfred Auwärter, Edit Kirsch, Klaus Schröter (Hg.): Seminar: Kommunikation, Interaktion, Identität. Frankfurt a. M.: Suhrkamp 1976 (= stw 156), S. 257–274, hier 268 f.

nität und weiblicher Technikdistanz gehört zu den prägendsten Geschlechterstereotypen und kann „zugleich als Element und Resultat"[103] des gesellschaftlichen Vergeschlechtlichungsprozesses gesehen werden. „Technik ist [...] ein von Männern dominiertes Konzept zur Gestaltung von Lebensbedingungen und gesellschaftlichen Strukturen"[104] und damit ein Herrschaftsinstrument. Sowohl das technische Gerät an sich als auch das Know-how zur Herstellung und Anwendung der Technik garantiert seinem Eigner Überlegenheit:

> Technologie ist ein Vermittler von Macht und Stärke: Hebel oder Flaschenzug verstärken die Kraft des Armes, Daumenschraube, Rammbock und Nuklearwaffen die physische Macht des Staates. Ökonomische Macht ist zu allen Zeiten primär aus dem Besitz von Werkzeugen, Geräten und Maschinen geflossen, und aus der Möglichkeit, andere damit arbeiten zu lassen, das heißt, die beiden großen Produktivkräfte zusammenzubringen. Wer im Besitz besonderer technologischer Kenntnisse und Kompetenzen ist, hütet ein wertvolles Gut, ob er es nun direkt für sich selbst nutzt oder in den Dienst eines Unternehmers stellt.[105]

Traditionell ist das technische Know-how Männern vorbehalten, Frauen agieren – wenn überhaupt – nur als Anwenderinnen oder unqualifizierte Arbeiterinnen, was generell auch auf den im ersten Abschnitt dieser Arbeit relevanten Zeitraum zutrifft. Im allgemeinen Fortschrittsoptimismus der Weimarer Republik sah man die Technik zwar „als Mittel zur Gleichberechtigung",[106] und vor allem die Frauenemanzipationsbewegung projizierte große Hoffnungen in die Technisierung des Alltags; dennoch war die Domäne Technik in den 1920er Jahren bereits fest als „world without women"[107] etabliert, was sich trotz verschiedener Eman-

---

103 Christine Roloff: Weiblichkeit und Männlichkeit im Feld der Technik. Zum Erwerb technischer Kompetenz. In: Brigitte Aulenbacher u. Monika Goldmann (Hg.): Transformationen im Geschlechterverhältnis. Beiträge zur industriellen und gesellschaftlichen Entwicklung. Frankfurt a. M./New York: Campus 1993, S. 47–70, hier 55.
104 Ebd., S. 49.
105 Cynthia Cockburn: Die Herrschaftsmaschine. Geschlechterverhältnisse und technisches Know-how. Berlin/Hamburg: Argument 1988, S. 16.
106 Annette Kliewer: Zwischen dem „Aufbruch ins neue Zeitalter" und dem „Störfall". Technik in der Literatur von Frauen. In: Liesel Hermes, Andrea Hirschen u. Iris Meißner (Hg.): Gender und Interkulturalität. Ausgewählte Beiträge der 3. Fachtagung Frauen-/Gender-Forschung in Rheinland-Pfalz. Tübingen: Stauffenberg 2002 (= Frauen-/Gender-Forschung in Rheinland-Pfalz 4), S. 49–58, hier 52.
107 David F. Noble: A world without women. The Christian Clerical Culture of Western Science. New York: Alfred A. Knopf 1993.

zipationsbestrebungen (in Westdeutschland) bis in die 1970er Jahre kaum änderte.[108] In ihrer kommunikativen Zeichenstruktur war und ist die Technik folglich stark an die Geschlechterhierarchie gekoppelt.

2.3 Träger des Mythos: Medien der Vermittlung und deren Spezifika

Roland Barthes' Mythenverständnis zufolge kann alles zum Mythos werden, was Teil des öffentlichen Diskurses, also in irgendeiner Weise – durch Publikation, Diskussion usw. – öffentlich zugänglich ist. Demnach können verschiedene Medien wie Text, Film oder Bild Träger des Mythos werden. Ob es sich um fiktive oder nicht-fiktive Texte handelt, ist dabei irrelevant, alle Medien sind Instrumente der Wirklichkeitskonstruktion und können so zur Mythenbildung beitragen. Während das mythenkonstituierende Potenzial fiktiver Texte, Filme und Bilder aus traditioneller literaturwissenschaftlicher Perspektive nicht infrage gestellt wird, bedarf es bei den anderen – biografischen, autobiografischen und journalistischen – Texten, die hier eine Rolle spielen, einer Kommentierung. Im Folgenden werden die für diese Untersuchung relevanten nicht-fiktiven Textsorten eingeführt und kurz theoretische und definitorische Grundannahmen im Hinblick auf ihre jeweilige mythenkonstituierende Funktion aufgezeigt.

2.3.1 Selbstinszenierung im autobiografischen Erzählen

Als ‚Beschreibung einer Lebensgeschichte durch den Erlebenden selbst' rechnet man die Autobiografie[109] meist zu den nicht-fiktionalen Texten: „Eine Autobiographie ist ein nichtfiktionaler, narrativ organisierter Text im Umfang eines Buches, dessen Gegenstand innere und äußere Erlebnisse sowie selbst vollzogene Handlungen aus der Vergangenheit des

---

108 Vgl. Cockburn 1988, S. 25.
109 Der Begriff Autobiografie soll hier weit gefasst werden: Obwohl die meisten Theoretiker klar differenzieren (vgl. etwa Aichinger 1998), umfasst der Begriff in der folgenden Analyse neben ‚klassischen' Autobiografien auch Memoiren, Reiseberichte sowie Mischformen. Auch die ‚literarische Qualität' der Texte spielt keine Rolle: Untersucht werden im Folgenden vor allem Laienautobiografien, also Texte von Autoren, die sonst nicht literarisch tätig und somit keine professionellen Autoren sind.

Autors sind."[110] Die Identität von Autor, Erzähler und Protagonist des Textes verspricht Authentizität, sodass der Leser das Erzählte für gewöhnlich als Wahrheit rezipiert. Die literaturwissenschaftliche Gattungsdiskussion fokussiert dagegen schon seit einigen Jahren den konstruktivistischen Charakter autobiografischer Texte.[111]

Neue Erkenntnisse dazu liefert die Gedächtnis- bzw. Erinnerungsforschung: Jede Autobiografie basiert auf persönlichen Erinnerungen des Autors, die im autobiografischen Gedächtnis gespeichert sind. Die mentale Ordnung der Erinnerungen erfolgt nicht rein chronologisch, wie Einträge in einem Tagebuch, sondern flexibel sortiert nach anderen Kriterien, meist durch die Zuordnung zu größeren inhaltlichen Komplexen, wie etwa Beziehungsthemen, Arbeitsthemen oder Ortsthemen.[112] Beim Aufbau des eigenen Selbstkonzepts wählt man aus verschiedenen thematischen Bereichen und spezifischen Ereignissen subjektive Selbstbeschreibungen aus und fasst diese zusammen. Bestimmte Aspekte werden dabei vergessen, andere verzerrt abgebildet, etwa bei der Datierung und Gewichtung weit zurückliegender oder kürzlich stattgefundener Ereignisse. Der soziokulturelle Kontext beeinflusst diesen Prozess maßgeblich, sodass Lebensläufe meist eine bestimmte, „kulturell verankerte narrative Struktur"[113] aufweisen, das sogenannte *life script*. Der Begriff illustriert, dass die eigene Lebensgeschichte keine wirklichkeitsgetreue Abbildung der Realität, sondern ein Konstrukt ist. Der Mensch erschafft sich im autobiografischen Erinnern gewissermaßen selbst – und folglich auch im autobiografischen Schreiben. Schon bevor ein Autor seine autobiografischen Erinnerungen aufschreibt, werden diese im Gedächtnis vorsortiert und nach kulturellen Normen strukturiert. Dieser Vorgang im Lebenslauf läuft kontinuierlich fort, sodass autobiografisches Erinnern und Erzählen immer prozessual

---

110 Jürgen Lehmann: Autobiographie. In: Reallexikon der deutschen Literaturwissenschaft. Neubearbeitung des Reallexikons der deutschen Literaturgeschichte. Hg. v. Klaus Weimar u. a. Band I: A – G. Berlin/New York: Walter de Gruyter 2007, S. 169–173, hier 169.
111 Vgl. Wagner-Egelhaaf 2005, S. 60 ff.
112 Vgl. Rüdiger Pohl: Das autobiographische Gedächtnis. In: Christian Gudehus, Ariane Eichenberg u. Harald Welzer. (Hg.): Gedächtnis und Erinnerung. Ein interdisziplinäres Handbuch. Stuttgart/Weimar: Metzler 2010, S. 75–84, hier 76.
113 Pohl 2010, S. 77.

zu verstehen sind und keine ‚geschlossene' Identität vermitteln[114] – obwohl für gewöhnlich eine gewisse überzeitliche Konstanz das eigene Identitätskonzept aufrecht erhält.[115]

An der Ordnung des autobiografischen Gedächtnisses zeigt sich der Konstruktcharakter individueller Erinnerungen, den die Transformation ins Medium Literatur zusätzlich verstärkt. So kommen zur normativen kulturellen Struktur, die das *life script* prägt, literarische Traditionen und bestimmte Erzählstrukturen. Die Erzählung der eigenen Lebensgeschichte wird an bekannte andere Muster angelehnt, tradierte Merkmale – etwa der typische chronologische Aufbau – werden aufgegriffen. Aber auch andere erzählerische Strukturen, wie etwa die bei Campbell formulierte Reise des Helden, wirken auf die Autobiografieproduktion ein. Oft markieren typische Figuren und Handlungselemente die Anlehnung an mythische Strukturen, wodurch die Lebensgeschichte zur Heldenreise gerät. Besonders deutlich zeigt sich dieser Einfluss bei Mischformen, wie dem autobiografischen Reisebericht, der oft im Sinne des Monomythos überformt ist.[116] Diese Konstruktionsmechanismen des *life script* beeinflussen nicht nur den dezidiert literarischen Schreibprozess, sondern auch die Produktion von Texten ohne künstlerische Ambitionen. Obwohl der Autobiografie, besonders der ‚Laienautobiografie', oft der Kunstcharakter bzw. die Literarizität abgesprochen wird, handelt es sich dennoch um einen gestalteten Text – wenn auch der Grad der Überformung oft geringer ist als bei Autobiografien mit explizit künstlerischem Anspruch.

Neben den formalen Einflüssen verweist auch die inhaltliche Schwerpunktsetzung auf den Konstruktcharakter autobiografischer Texte. Die Veröffentlichung einer Autobiografie setzt voraus, dass der Autor etwas zu erzählen hat, also in gewisser Weise eine besondere Rolle in der Gesellschaft oder der Öffentlichkeit spielt bzw. gespielt hat.

---

114 Michaela Holdenried: Biographie vs. Autobiographie. In: Christian Klein (Hg.): Handbuch Biographie. Methoden, Traditionen, Theorien. Stuttgart/Weimar: Metzler 2009, S. 37–43, hier 40.
115 Vgl. Pohl 2010, S. 80.
116 Vgl. Friedrich Wolfzettel: Zum Problem mythischer Strukturen im Reisebericht. In: Xenja v. Ertzdorff u. Gerhard Giesemann (Hg.): Erkundung und Beschreibung der Welt. Zur Poetik der Reise- und Länderberichte. Vorträge eines interdisziplinären Symposiums vom 19. bis 24. Juni 2000 an der Justus-Liebig-Universität Gießen. Amsterdam/New York: Rodopi 2003, S. 3–30, hier 8 f.

Diese Rolle ist meist ein zentraler Aspekt der Autobiografie und verknüpft den Lebenslauf mit bestimmten aktuell kursierenden Themen, etwa der Emanzipation der Frau, der zunehmenden Technisierung des Alltags oder der Entstehung der modernen Konsumgesellschaft. Die gesellschaftliche Relevanz der eigenen Geschichte bestimmt somit, welche inhaltlichen Schwerpunkte gesetzt werden. In diesem Sinne beeinflusst der soziokulturelle Kontext die Selbstwahrnehmung und -darstellung des Autors erheblich.[117]

Verschiedene Aspekte markieren die Autobiografie als Konstrukt: „Autobiographie heißt demzufolge nicht be-schriebenes, sondern geschriebenes"[118] und damit auch inszeniertes Leben. Diese Grundannahme legt eine funktionale Gattungsbestimmung nahe. Die Selbstdarstellung oder Inszenierung einer Person läuft immer in einem bestimmten Kontext ab, in dem sich Autoren auf bestimmte Art und Weise präsentieren und positionieren. Schon in der Antike instrumentalisierten Menschen ihre Autobiografien, um die eigene Lebensgeschichte mit rhetorischen Mitteln ins rechte Licht zu rücken. Im Sinne dieser Funktionalisierung definiert Elizabeth W. Bruss die Gattung im Anschluss an Searles Sprechakttheorie als illokutionären Akt.[119] Die Autobiografie sei demnach eine sprachliche Handlung, mit der sich der Autor bewusst positioniert: „Jeder Akt setzt bestimmte Kontexte, bestimmte Bedingungen, bestimmte Absichten voraus, mit denen man ihn aus sozialer und/oder literarischer Konvention in Verbindung bringt."[120] Auch Jürgen Lehmann folgt diesem sprachpragmatischen Ansatz; seinem Gattungsverständnis zufolge erheben Autobiografen den Anspruch, „mit Hilfe [ihres] Textes Situationen zu verändern, sie zu beenden oder zu stabilisieren, kurz, sich durch sprachliche Formulierung ihrer Vergangenheit in ein bestimmtes Verhältnis zur Umwelt zu

---

117 Der Autobiograf hat die Aufgabe, das ‚Öffentlichmachen' seiner Lebensgeschichte zu rechtfertigen, muss also für den Leser plausibel machen, warum seine Lebensgeschichte interessant ist. In der Biografie dagegen steht die Exemplarität einer Person bereits fest.
118 Martina Wagner-Egelhaaf: Autobiographie. 2., aktualis. u. erw. Aufl. Stuttgart/ Weimar: Metzler 2005, S. 17 (Hervorhebung i. Orig.).
119 Elizabeth W. Bruss: Die Autobiographie als literarischer Akt. In: Günter Niggl (Hg.): Die Autobiographie. Zu Form und Geschichte einer literarischen Gattung. 2. Aufl. Darmstadt: Wissenschaftliche Buchgesellschaft 1998, S. 258–279, hier 262.
120 Bruss 1998, S. 263.

setzen."[121] Folglich resultiert die Autobiografie, so Wagner-Egelhaaf, aus kommunikativen Prozessen zwischen Autor und Gesellschaft.[122] Autobiografische Texte sind somit potenzielle Träger des Mythos: Mit der Konstruktion der eigenen Lebensgeschichte positionieren sich die Autoren innerhalb zeitgenössischer Diskurse und laden ihr *life script* mit zusätzlichen Bedeutungen auf. Die Exemplarität ihres Lebenslaufs kann so funktionalisiert werden und – im Rahmen einschlägiger Diskurse – gesellschaftlich stabilisierend wirken.

Dieses funktionale Gattungsverständnis lässt es zu, auch Mischformen und andere Textsorten unter dem Dachbegriff der Autobiografie zu fassen. So werden im Folgenden auch literarische und filmische Reiseberichte mit autobiografischen Zügen, Arbeitsberichte sowie fotografische Inszenierungen, deren Publikation der Autobiograf selbst verantwortet, analysiert.[123]

2.3.2 Die Inszenierung fremder Lebensläufe in Biografien

Unter der Genrebezeichnung Biografie versteht man laut literaturwissenschaflichem Fachlexikon die „(lit.) Erzählung eines Lebens"[124]. Diese kurze Definition verweist bereits auf zwei wesentliche Merkmale der Biografie: Zum einen benennt sie ihren eigentlichen Gegenstand, den Lebensverlauf einer Person, zum anderen markiert sie den „erzählenden Charakter der Darstellung".[125] Wie die Autobiografie erhebt auch die Biografie einen gewissen Authentizitätsanspruch, indem sie angibt, das Leben einer real existierenden Person nachzuzeichnen und so eine referentielle Funktion erfüllt. Im biografischen Prozess durchläuft die Le-

---

121 Jürgen Lehmann: Bekennen – Erzählen – Berichten. Studien zur Theorie und Geschichte der Autobiographie. Tübingen: Max Niemeyer 1988, S. 35.
122 Vgl. Wagner-Egelhaaf 2005, S. 57.
123 Hier sei ergänzend angemerkt, dass in der literaturwissenschaftlichen Gattungsdiskussion ohnehin häufig der „fließend[e] Charakter der Gattung" betont wird (vgl. etwa Michaela Holdenried: Autobiographie. Stuttgart: Reclam 2000, S. 21).
124 Metzler Lexikon Literatur. Begriffe und Definitionen. Hg. v. Dieter Burdorf, Christoph Fasbender u. Burkhard Moennighoff. 3., völlig neu bearb. Aufl. Stuttgart/Weimar: Metzler 2007, S. 89.
125 Sigrid Weigel: Hinterlassenschaften, Archiv, Biographie. Am Beispiel von Susan Taubes. In: Bernhard Fetz u. Hannes Schweiger (Hg.): Spiegel und Maske. Konstruktionen biographischer Wahrheit. Wien: Paul Zsolnay 2006 (= Profile 13), S. 33–48, hier 34.

bensgeschichte jedoch verschiedene Stufen der Überformung, sodass – wie in der Autobiografie – auch bei dieser Textsorte Wirklichkeit konstruiert wird.

Ira Bruce Nadel formuliert in seiner Studie zum fiktionalen Charakter der Biografie, „biography as literature is the creation of life through art",[126] und an anderer Stelle, „[a] biography is a verbal artefact of narrative discourse. [...] A biographer constitutes the life of his subject through the language he uses to describe it and transforms his chronicle to story through the process of emplotment."[127] Der Biograf formt also aus einem realen Lebensverlauf eine Lebensgeschichte; dabei wendet er verschiedene Verfahren der Umgestaltung an, sodass der Text einen Teil seiner Authentizität einbüßt. So ist Peter-André Alt zufolge bereits das zugrundeliegende Material lediglich eine Interpretationsgrundlage oder, anders gesagt, eine Ansammlung von Fakten, die der Biograf nach eigenen Maßstäben auslegt.[128]

In einem nächsten Schritt wählt er – so Nadel – ein strukturelles Grundmuster, ein „Pattern",[129] dem die Erzählung folgt. Hier sind verschiedene Vorgehensweisen denkbar: Der Autor kann die Lebensdaten rein chronologisch auflisten, die Ereignisse aber auch umsortieren und verschiedene Gewichtungen vornehmen. Zudem spielen hier in der Regel ebenfalls prägende kulturelle Erzählmuster wie die monomythische Heldenerzählung eine große Rolle. Dasselbe gilt für andere literarische Verfahren wie etwa die Einarbeitung bestimmter Motivstrukturen, den literarischen Umgang mit der zeitlichen Dimension, den narrativen Modus und die Positionierung des Erzählers zum Geschehen[130] sowie den Einsatz sprachlicher Stilmittel wie Metapher, Metonymie, Synekdoche und Ironie.[131] Ungeachtet einer prinzipiellen Referentialität seines

---

126 Ira Bruce Nadel: Biography. Fiction, Fact and Form. London/Basingstoke: Macmillan 1984, S. 157.
127 Ebd., S. 8.
128 Vgl. Peter-André Alt: Mode ohne Methode? Überlegungen zu einer Theorie der literaturwissenschaftlichen Biographik. In: Christian Klein (Hg.): Grundlagen der Biographik. Theorie und Praxis des biographischen Schreibens. Stuttgart/Weimar: Metzler 2002, S. 23–39, hier 31.
129 Vgl. ebd., S. 34.
130 Vgl. Christian Klein u. Matías Martínez: ‚Discours': Das ‚Wie' der Erzählung – Darstellungsformen. In: Christian Klein (Hg.): Handbuch Biographie. Methoden, Traditionen, Theorien. Stuttgart/Weimar: Metzler 2009, S. 213–219, hier 213 f.
131 Vgl. Nadel 1984, S. 155.

Gegenstands greift der Biograf also auf verschiedene Erzählverfahren und sprachliche Mittel zurück, die auch in spezifisch literarischen fiktionalen Gattungen zu finden sind.[132] Biografien weisen folglich neben einer faktualen Seite, die auf der Nennung von konkreten Namen, Orten und Daten sowie der „Verwendung von Zitaten aus Selbstzeugnissen des Biographierten und aus Zeitgenossenaussagen"[133] basiert, immer auch eine fiktionale, geformte Seite auf.[134]

Wie die Autobiografie präsentieren also auch Biografien inszeniertes Leben; sie sind – wie Günter Blamberger es formuliert – „Lügenden".[135] Folglich lässt sich in diesem Fall ebenso an eine funktionale Gattungsbestimmung anschließen. Ähnlich wie Autobiografien fungieren Biografien als illokutionäre Akte: Der Biograf positioniert die biografierte Person bewusst im aktuellen Kontext und wirkt so stabilisierend oder subversiv auf die momentane gesellschaftliche Situation ein. Abgesehen von der Form der Präsentation muss schon die Auswahl des Biografierten als bewusste Positionierung gewertet werden. So entscheidet der Biograf, welche Lebensgeschichte erzählenswert ist, wem er also Biografiewürdigkeit zugesteht. Je nach „dominierenden wissenschaftlichen Tendenzen, gesellschaftlichen Kontexten und den Anforderungen des Buchmarktes"[136] variieren die Auswahlkriterien im Laufe der Zeit.[137] So beschränkte sich die Auswahl lange auf einen Kanon großer Persönlichkeiten, die die Geschichte der westlichen Hemisphäre maßgeblich be-

---

132 Ansgar Nünning: Fiktionalität, Faktizität, Metafiktion. In: Christian Klein (Hg.): Handbuch Biographie. Methoden, Traditionen, Theorien. Stuttgart/Weimar: Metzler 2009, S. 21–27, hier 21.
133 Christian von Zimmermann: Biographische Anthropologie. Menschenbilder in lebensgeschichtlicher Darstellung (1830–1940). Berlin/New York: Walter de Gruyter 2006 (= Quellen und Forschungen zur Literatur- und Kulturgeschichte 41), S. 39.
134 Obwohl die Biografie textuell zwischen diesen beiden Polen changiert, tendiert der Leser dennoch zur faktualen Lektüre, versteht das Dargestellte also im Grunde genommen als Abbild der Realität (vgl. Nünning 1998, S. 21 u. 25).
135 http://www.literaturport.de/index.php?id=94&lampe=314&cHash=450083c01e9a7a9 23a7b6930d866d68 (aufgerufen am 5.3.2014).
136 Hannes Schweiger: ‚Biographiewürdigkeit'. In: Christian Klein (Hg.): Handbuch Biographie. Methoden, Traditionen, Theorien. Stuttgart/Weimar: Metzler 2009, S. 32–36, hier 32.
137 So wechselten sich verschiedene Phasen ab, in denen Biografien entweder außergewöhnliche Menschen oder typische Vertreter einer Gruppe porträtierten; die Texte entfalteten dadurch auf verschiedene Art und Weise ihr didaktisches oder identitätsbildendes Potenzial (vgl. Schweiger 2009, S. 32 f.).

einflusst hatten,[138] bis sich aufgrund postmoderner bzw. pluralistischer Tendenzen in der Gesellschaft nach und nach ein Gegenkanon, basierend etwa auf feministischen oder postkolonialen Ansätzen, etablierte. Jahrelang vergessene Personen und ihre Lebensgeschichten wurden im Kontext des neuen Zeitgeists wieder ins Gedächtnis gerufen. Vor allem in diesem Aspekt zeigt sich die gesellschaftsrelevante Wirkung von Biografien: Mit der Auswahl der biografierten Personen sind stets bestimmte Interessen verbunden, wodurch die Lebensbeschreibung mit zusätzlicher Bedeutung aufgeladen und so zum potenziellen Mythos-Träger wird.

2.3.3 Fremdinszenierung in journalistischen Texten und Fotografien

Neben rein fiktionalen Texten, Biografien und Autobiografien interessieren im Rahmen dieser Arbeit auch journalistische Artikel, Filme und Bilder. Diese werden für gewöhnlich – ähnlich wie die (Auto)biografien – als authentisch bzw. wahr rezipiert. Tatsächlich gilt die *primäre* Faktenorientierung als wichtiges Merkmal journalistischer Texte (und Filme). Nichtsdestotrotz hat sich die Vorstellung von ihrem konstruktivistischen Charakter längst in der Forschung etabliert. Wie Bernd Blöbaum betont, wird im Journalismus Wirklichkeit nicht über- sondern vermittelt:

Vermittlung als Primärfunktion von Journalismus ist abzugrenzen von Übermittlung. Übermittlung bezeichnet streng genommen eine Übertragung im Verhältnis 1:1, wie etwa beim Übermittlungsapparat Telefon, der jedes Wort in der Regel unverfälscht vom Sender zum Empfänger transportiert. Die Funktion von Journalismus ist nicht primär Übermittlung von Informationen, sondern ihre Vermittlung. Ereignisse werden ausgewählt, verdichtet, in einen Kontext gesetzt usw.[139]

Trotz der zugrundeliegenden Faktenorientierung handelt es sich also auch bei den Erzeugnissen des Journalismus um konstruierte, geformte Texte. Allein die Selektion einzelner Aspekte aus dem Pool aller möglichen Themen „markiert den Übergang von Übermittlung zu Vermitt-

---

138 Vgl. Schweiger 2009, S. 33.
139 Bernd Blöbaum: Journalismus als soziales System. Geschichte, Ausdifferenzierung und Verselbständigung. Opladen: Westdeutscher Verlag 1994, S. 267.

lung."[140] Im weiteren Vermittlungsprozess durchläuft das ausgewählte Thema verschiedene Stufen der Überformung, bis es schließlich der Öffentlichkeit zugänglich gemacht wird. In diesem Sinne konstituiert Journalismus, so Rühl, *„in konkreten sozialen Situationen eine symbolische Wirklichkeit durch die kontinuierliche Thematisierung bestimmter Ereignisse."*[141] Journalistische Texte fungieren also als Instrumente der Wirklichkeitskonstruktion[142] und somit auch als potenzielle Träger des Mythos im Barthesschen Sinne. So ist es denkbar, dass zugrundeliegende Ereignisse oder Lebensläufe im Vermittlungsprozess durch kulturelle Muster wie den Monomythos überformt werden, Journalisten ihre Texte also als Heldengeschichten erzählen.

Als wichtiger Bestandteil vieler Zeitungs- und Zeitschriftenartikel sollen in die folgenden Analysen auch journalistische Fotos miteinbezogen werden.[143] Obwohl die meisten der in Kapitel 1.2.2 genannten Theoretiker sich vorrangig auf die Malerei beziehen, treffen die Überlegungen zur Bildsprache und zu dem daraus folgenden Rezeptionsschema auch auf Fotografien zu, wie etwa aus Lars Bluncks Abgrenzung der Indexikalität und Ikonizität von Fotografien klar wird: „Indexikalisch gibt das Foto etwas wieder, das einstmals stattgefunden hat, ikonisch aber stellt es etwas dar, das es nicht zwangsläufig geben muss [...]."[144] Anders formuliert heißt das, dass jedes Foto neben der Abbildung der Realität eine eigene Bildwirklichkeit konstruiert, indem es Assoziationen auslöst und Interpretationsversuche hervorruft. Dieselben Pathosformeln, die in der Malerei wirksam sind und auf einen mythischen Zu-

---

140 Ebd.
141 Rühl 1980, S. 325 (Hervorh. i. Orig.).
142 Vgl. Siegfried J. Schmidt: Die Wirklichkeit des Beobachters. In: Ders., Klaus Merten u. Siegfried Weischenberg (Hg.): Die Wirklichkeit der Medien. Eine Einführung in die Kommunikationswissenschaft. Opladen: Westdeutscher Verlag 1994, S. 3–19, hier 14.
143 Gerade in den 1920er Jahren, in der Entstehungszeit des Fotojournalismus, spielen Bilder in Zeitungen und Zeitschriften eine große Rolle und prägen die Wahrnehmung der Rezipienten: „Die Einführung des Photos in der Presse ist ein Phänomen von außerordentlicher Bedeutung. Das Bild verändert die Sehweise der Massen. Früher vermochte der Durchschnittsmensch nur die Ereignisse wahrzunehmen, die sich vor seinen Augen abspielten, in seiner Straße, in seinem Dorf. Mit der Photographie öffnet sich ein Fenster zur Welt." (Gisèle Freund: Photographie und Gesellschaft. Reinbek bei Hamburg: Rowohlt 1979, S. 117).
144 Lars Blunck: Fotografische Wirklichkeiten. In: Ders. (Hg.): Die fotografische Wirklichkeit. Inszenierung – Fiktion – Narration. Bielefeld: transcript 2010, S. 9–36, hier 22.

sammenhang und archetypische Muster verweisen, finden sich auch in der Fotografie, die ebenso mit Kulissen, Posen, Mimik, Gestik usw. arbeitet. Konventionalisierte Motive verweisen auf bestimmte Bildtypen, sogenannte *generic icons*,[145] und damit verbundene Inhalte und Themen. Darüber hinaus wird das Abgebildete häufig als „Plot-Phase",[146] also als Teil einer Handlung rezipiert und dementsprechend in einen narrativen Kontext eingebettet. Blunck spricht in diesem Zusammenhang von der Diegese des Fotos.[147] Auch fotografische Abbildungen verfügen also über das Potenzial zu erzählen und so Wirklichkeit – und damit auch Mythen des Alltags – zu konstruieren. Besonders auffällig tritt diese Qualität bei inszenierten[148] bzw. gestellten Bildern hervor, doch auch sogenannte ‚Schnappschüsse'[149] können das entsprechende Rezeptionsschema auslösen. Zu beachten ist auch, dass Bilder im journalistischen Kontext selten für sich allein stehen. Sowohl die bewusste Auswahl einer Fotografie und ihre Platzierung innerhalb eines journalistischen Beitrags bzw. innerhalb einer Zeitung oder Zeitschrift lenken die Wahrnehmung des Betrachters. Die Kontextualisierung eines Fotos, sei es im Rezeptionsprozess durch den Betrachter selbst oder durch die kontextu-

---

145 Vgl. David D. Perlmutter: Photojournalism and Foreign Policy. Icons of Outrage in International Crises. Westport, London: Praeger 1998 (= Prager Series in Political Communication), S. 11.
146 Barbara J. Scheuermann: Narreme, Unbestimmtheitsstellen, Stimuli – Erzählen im fotografischen Einzelbild. In: Lars Blunck (Hg.): Die fotografische Wirklichkeit. Inszenierung – Fiktion – Narration. Bielefeld: transcript 2010, S. 191–205.
147 Vgl. Blunck 2010, S. 21.
148 Matthias Weiß geht in seinem Versuch einer Begriffsdefinition auf zwei wesentliche Kriterien inszenierter Fotografie ein: „Erstes Bestimmungsmerkmal ‚inszenierter' Fotografie ist, dass das Bild in allen seinen Teilen und Entstehungsschritten dem Gestaltungswillen einer einzelnen Person oder einer überschaubaren Gruppe unterworfen ist. [...] Zweites Bestimmungsmerkmal ist, dass die Inszenierung allein und ausschließlich im Hinblick auf das Fotografiertwerden erfolgt [...]." (Matthias Weiß: Was ist ‚inszenierte Fotografie'? Eine Begriffsbestimmung. In: Lars Blunck (Hg.): Die fotografische Wirklichkeit. Inszenierung – Fiktion – Narration. Bielefeld: transcript 2010, S. 37–52, hier 50.) Christine Walter knüpft in ihrer Begriffsdefinition an den Inszenierungsbegriff des Theaters an und weist in diesem Zusammenhang auf weitere Aspekte wie den narrativen Charakter inszenierter Fotografie, die zugrundeliegende Idee und die kontextualisierende Rolle des Betrachters hin (vgl. Christine Walter: Bilder erzählen! Positionen inszenierter Fotografie: Eileen Cowin, Jeff Wall, Cindy Sherman, Anna Gaskell, Sharon Lockhart, Tracey Moffatt, Sym Taylor Wood. Weimar: VDG 2002, S. 52 ff.).
149 Ein Schnappschuss ist „eine ungestellte Fotografie, für die der Fotograf weder kenntlich noch bewußt in das Bildsujet eingreift." (Walter 2002, S. 18)

elle Einbettung, relativiert die Indexikalität des Bildes und hebt die ikonischen bzw. narrativen Aspekte hervor.[150] Für die Analyse journalistischer Texte und Bilder bedeutet das aber auch, dass Text und Bild ungeachtet ihres jeweiligen Informationswerts stets im gegenseitigen Zusammenhang betrachtet werden sollten: „Bilder bieten nur einen Moment und einen Ausschnitt eines Ereignisses dar, den Zusammenhang und die Hintergründe muß der Text liefern",[151] denn dasselbe Bild kann je nach Kontext unterschiedliche Assoziationen hervorrufen.

---

150 Jens Schröter: Fotografie und Fiktionalität. In: Lars Blunck (Hg.): Die fotografische Wirklichkeit. Inszenierung – Fiktion – Narration. Bielefeld: transcript 2010, S. 143–158, hier 149 ff.
151 Elke Grittmann: Fotojournalismus und Ikonographie. Zur Inhaltsanalyse von Pressefotos. In: Werner Wirth u. Edmund Lauf (Hg.): Inhaltsanalyse: Perspektiven, Probleme, Potentiale. Köln: Herbert von Halem 2001, S. 262–279, hier 269.

3. Kontext

Roland Barthes zufolge entstehen Mythen stets situationsabhängig im jeweiligen historischen, gesellschaftlichen oder kulturellen Kontext. Im folgenden Kapitel werden daher wichtige Ereignisse und Entwicklungen des zeitgeschichtlichen Hintergrunds der 1920er und 1930er Jahre skizziert. Im Fokus stehen dabei vor allem die technischen und sozialpolitischen Veränderungen in der Weimarer Republik und im Dritten Reich sowie ästhetische Tendenzen der Zeit. Dabei wird kein umfangreicher Aufriss des Themas ‚Frau und Technik' in der Kunst der Weimarer Republik und in der Zeit des Nationalsozialismus angestrebt – eine entsprechende Darstellung wäre im Rahmen dieser Arbeit nicht zu leisten.

3.1 Zeitgeschichtlicher Hintergrund: wirtschaftliche und technische Neuerungen nach dem Ersten Weltkrieg sowie die Rolle der Frau in der Weimarer Republik und im Dritten Reich

Nach dem Ersten Weltkrieg setzte in Deutschland ein Modernisierungsschub ein, der – trotz der politischen und wirtschaftlichen Dauermisere[1] der Weimarer Republik – maßgebliche technische und sozialpolitische Entwicklungen auslöste. Infolge des andauernden Industrialisierungsprozesses und der zunehmenden Verstädterung änderten sich die Lebensverhältnisse vieler Bürger erheblich; Amerikanismus, Fordismus und Taylorismus[2] prägten ab den frühen 1920er Jahren die Wirtschaftsstrukturen der jungen Republik. Arbeitsprozesse wurden zunehmend mechanisiert, Maschinen eingesetzt, wo immer nur möglich.[3] Die auf Spezialisierung und zunehmende Arbeitsteilung basierende amerikanische Produktionsweise setzte sich nach und nach in einzelnen Berei-

---

1 Vgl. Eberhard Kolb u. Dirk Schumann: Die Weimarer Republik. 8., überarb. u. erw. Aufl. München: Oldenbourg 2013 (= Oldenbourg Grundriss der Geschichte 16), S. 95.
2 Während im Fordismus das technische System im Zentrum steht, beschränkt sich der Taylorismus auf die Optimierung von Arbeits- und Bewegungsabläufen, also die „Verbesserung der menschlichen Motivation und Arbeitsmotorik [...]." (Joachim Radkau: Technik in Deutschland. Vom 18. Jahrhundert bis heute. Frankfurt a. M./New York: Campus 2008, S. 286 f.) Beide Ansätze waren in Deutschland umstritten und wurden nicht in allen Bereichen umgesetzt; vielmehr entwickelte sich ein nationaler Stil in der Technik bzw. in der Organisation von Arbeitsprozessen (vgl. ebd., S. 53).
3 Vgl. Radkau 2008, S. 51.

chen, etwa der Automobilindustrie, durch. Als Katalysator des technischen Fortschrittsdenkens in Deutschland wirkte vor allem Henry Fords Buch *Mein Leben und Werk* (1922, dt. Übersetzung 1923): „Für viele deutsche Ford-Enthusiasten war Ford eben noch viel mehr als das Fließbandsystem; er verkörperte die Überzeugung, dass es für alle Probleme eine technische Lösung gab, wenn man nur rücksichtslos entschlossen war."[4]

Durch den ständigen Drang nach neuen Erfindungen, die das Leben so bequem wie möglich machen, erhöhte sich das Innovationstempo massiv; schon bald bestimmten technische Neuerungen alle Lebens- und Arbeitsbereiche.[5] Die Folge war eine grundlegende Rationalisierung des Alltags, die sich auch auf das Bewusstsein der Menschen, besonders der jungen Generation, auswirkte, für die „die ‚Technik' zum Schlüsselerlebnis ihrer Existenz"[6] wurde. Neuerungen wie Schreibmaschine, Fotoapparat, Auto, Flugzeug usw. waren schon bald nichts Außergewöhnliches mehr, sodass sich die Technik im Lauf der 1920er Jahre „zur ‚zweiten' Natur"[7] entwickelte. Zugleich fruchteten langjährige Bestrebungen der Ingenieure, sich einen gewissen Ruf in der Gesellschaft zu erarbeiten: Nach etlichen Jahren, in denen der Ingenieursstand in Deutschland um Anerkennung rang, gelang es ab dem Ende des 19. Jahrhunderts zunehmend, die Technik und damit auch den Techniker in den bürgerlichen Wertekanon zu integrieren. „Genieausrufungen und Personenkult" stärkten die Heroisierung des Technikers bzw. Ingenieurs, „dem es gelang, uralte Menschheitssehnsüchte zu verwirklichen, und der die Menschheit fortwährend in den Bann des Neuen versetzte."[8]

Die im Ersten Weltkrieg und in den frühen Nachkriegsjahren dominierende Technikfeindlichkeit wich infolge dieser Entwicklungen einer

---

4   Ebd., S. 189.
5   Vgl. ebd., S. 245.
6   Carl Wege: Buchstabe und Maschine. Beschreibung einer Allianz. Frankfurt a. M.: Suhrkamp 2000 (= es 2147), S. 108.
7   Ebd., S. 110.
8   Barbara Orland: Geschlecht als Kategorie in der Technikhistoriographie. In: Christoph Meinel u. Monika Renneberg (Hg.): Geschlechterverhältnisse in Medizin, Naturwissenschaft und Technik. Bassum/Stuttgart: Verlag für Geschichte der Naturwissenschaft und der Technik 1996, S. 30–42, hier 35.

allgemeinen Technikbegeisterung;[9] der technische Fortschritt symbolisierte die Modernität der Gesellschaft und repräsentierte zugleich ein neues Lebensgefühl. Wie oben bereits angedeutet, nahm die Technik gerade bei der jungen Generation einen wichtigen Platz im Leben ein und entwickelte sich zunehmend vom reinen Gebrauchsgegenstand zum kulturellen Gut:

> Im Dreck mit Reparaturzeug unter einem Auto zu liegen und eine schwierige Panne spielend zu beheben, das bedeutet ihnen [der Jugend, Anm. K. K.] mehr als der Faust oder die Neunte. Diese Jugend verwechselt vielleicht Sinfonie und Simonie, aber bestimmt nicht BMW und DKW.[10]

Wie das Zitat zeigt, kam dem Auto – und teilweise auch dem Motorrad – eine besondere Bedeutung bei der technischen Durchdringung des Alltags zu. Schon um die Jahrhundertwende entwickelte sich eine ‚Automobilkultur': In Zeitungen und Zeitschriften wurden technische, politische, wirtschaftliche und ästhetische Fragen rund um das Automobil diskutiert, Autofahrer sowie Lobbyisten organisierten sich in Automobilclubs und der Motorsport erfreute sich immer größerer Beliebtheit.[11] Nach dem Ersten Weltkrieg festigte sich sowohl die verkehrstechnische und wirtschaftliche Geltung als auch der kulturelle Status des Automobils. So hatte der Kraftwagen bis zum Ende der Weimarer Republik das Pferdefuhrwerk als dominierendes Straßentransportmittel verdrängt;[12] die Automobilindustrie erholte sich im Laufe der 1920er Jahre von den Kriegsfolgen und entwickelte sich zu einem wichtigen Wirtschaftszweig.[13] Parallel etablierte sich das Auto endgültig als Lifestyle-Objekt.[14]

---

9 Vgl. Ingeborg Güssow: Kunst und Technik in den 20er Jahren. Einführung. In: Helmut Friedel (Hg.): Kunst und Technik in den 20er Jahren. Neue Sachlichkeit und Gegenständlicher Konstruktivismus. 2. Juli–10. August 1980. München: Städtische Galerie im Lenbachhaus 1980, S. 30–45, hier 34.

10 E. Günther Gründel: Die Sendung der Jungen Generation. Versuch einer umfassenden revolutionären Sinndeutung der Krise. München: E. H. Beck'sche Verlagsbuchhandlung 1932, S. 140.

11 Kurt Möser: Geschichte des Autos. Frankfurt a. M./New York: Campus 2002, S. 68 ff.

12 Vgl. Christoph Maria Merki: Der holprige Siegeszug des Automobils 1895–1930. Zur Motorisierung des Straßenverkehrs in Frankreich, Deutschland und der Schweiz. Wien/Köln/Weimar: Böhlau 2002.

13 Vgl. ebd., S. 114.

14 Vgl. Möser 2002, S. 290 f. Wie Sachs in seiner kulturwissenschaftlichen Studie zur Geschichte des Automobils anmerkt, leistet die in den Medien omnipräsente Verbin-

Autofahren wurde zum Hobby und die Autorennen und Tourenfahrten gerieten zu immer größeren Attraktionen und Medienereignissen. Auch wenn das Auto noch lange ein Privileg der Oberschicht blieb, integrierte es sich schnell in die Alltagswahrnehmung und wurde in der persönlichen Umwelt immer seltener als Kuriosum angesehen. Seine Attraktion, vor allem das noch um die Jahrhundertwende mit dem Autofahren assoziierte Abenteuer-Image, nahm allmählich ab. In gleichem Maße wuchs die Faszination der Deutschen für die Luftfahrt, die ab Mitte der 1920er Jahre – dem sogenannten „goldenen Zeitalter der Fliegerei"[15] – schnelle Fortschritte verzeichnete.[16] Wie zuvor das Automobil avancierte nun auch das Flugzeug zu einem umfassenden kulturellen Symbol: „Im Fliegen bündelten sich technisches Wissen, Rekorde und sportlicher Ehrgeiz mit der Vorstellung wirtschaftlicher Prosperität, dem Anspruch auf politische Egalität und verheißungsvollen, wenngleich vagen Technikvisionen. Das Flugzeug symbolisierte Fortschritt und Modernität."[17] Doch der gesellschaftliche Wandel zeigte sich nicht nur im technischen Fortschritt, sondern auch im Umbruch sozialpolitischer Strukturen nach dem Ersten Weltkrieg. Besondere „Nutznießer der historischen Situation"[18] waren in mancher Hinsicht die Frauen.

Bereits Ende des 19. Jahrhunderts zeigten sich erste Auswirkungen des wirtschaftlichen Strukturwandels auf das weibliche Rollenverständ-

---

dung von weiblicher Ästhetik und Technik einen wesentlichen Beitrag zu dieser Erfolgsgeschichte: „Erst die enge Assoziation von Dame und Automobil ebnet den Weg, um Autofahren als Konsummodell zu verankern. Zu keiner Zeit beggnen einem so viele Plakate und Werbeanzeigen, die Frauen, oder besser: Damen, zusammen mit Automobilen darstellen." (Wolfgang Sachs: Die Liebe zum Automobil. Ein Rückblick in die Geschichte unserer Wünsche. Reinbek bei Hamburg: Rowohlt 1984, S. 53).

15 Evelyn Zegenhagen: „Schneidige deutsche Mädel". Fliegerinnen zwischen 1918 und 1945. Göttingen: Wallstein 2007 (= Deutsches Museum. Abhandlungen und Berichte. Neue Folge 22), S. 39.
16 Vgl. ebd., S. 111.
17 Astrid Deilmann: Nationale Orientierung und Möglichkeitssinn. Technik- und Wissenschaftsfotografie in Illustrierten am Beispiel der Luftfahrt in *Berliner Illustrirter Zeitung* und *Kölnischer Illustrierter Zeitung* 1919–1932. In: Diethart Kerbs u. Walter Uka (Hg.): Fotografie und Bildpublizistik in der Weimarer Republik. Bönen: Kettler 2004, S. 97–111, hier 108 f.
18 Dagmar Reese-Nübel: Kontinuitäten und Brüche in den Weiblichkeitskonstruktionen im Übergang von der Weimarer Republik zum Nationalsozialismus. In: Hans-Uwe Otto u. Heinz Sünker (Hg.): Soziale Arbeit und Faschismus. Volkspflege und Pädagogik im Nationalsozialismus. Bielefeld: KT-Verlag 1986 (= Kritische Texte. Sozialarbeit/Sozialpädagogik. Sozialpolitik. Kriminalpolitik), S. 223–241, hier 226.

nis: Infolge des steigenden Bedarfs an Arbeitskräften wurden zunehmend auch Frauen erwerbstätig, in der industriellen Fertigung verdreifachte sich die Zahl der Arbeiterinnen von 1907 bis 1916.[19] Im Kleinbürgertum dagegen waren Frauen überwiegend in erzieherischen und pflegerischen Berufen tätig, die dem bestehenden bürgerlichen Frauenbild nicht zuwider liefen.[20] Erst durch den Weltkrieg, den „Vater der Frauenemanzipation",[21] sollte die traditionelle Rollenverteilung im Wertesystem an Geltung verlieren. Bis 1917 galt der gesetzliche Arbeitszwang nur für Männer, als jedoch die Produktion in den „kriegswichtigen Betrieben", also in „der Maschinen-, Metall-, Eisen-, Hütten- und Chemieindustrie sowie im Bergbau"[22] einzubrechen drohte, warb die Regierung verstärkt dafür, die entsprechenden Arbeitsplätze auch mit (proletarischen) Frauen zu besetzen. Dieser Schritt wurde vielfach als Grundstein späterer Emanzipationserfolge gedeutet,[23] da die Arbeit der Frauen nun erstmals öffentliche Anerkennung und Würdigung erfuhr.[24]

Obwohl nach dem Ersten Weltkrieg viele Frauen wieder von ihrem Arbeitsplatz vertrieben wurden, stabilisierte sich die Situation zu einem gewissen Grad, sodass die Frauen nicht mehr auf einen einzigen Lebensbereich, die Familie, beschränkt blieben, sondern zunehmend auch am Erwerbsleben teilnehmen konnten. Zwar stieg die Zahl der berufstä-

---

19 Ute Frevert: Vom Klavier zur Schreibmaschine – Weiblicher Arbeitsmarkt und Rollenzuweisungen am Beispiel der weiblichen Angestellten in der Weimarer Republik. In: Annette Kuhn u. Gerhard Schneider (Hg.): Frauen in der Geschichte. Frauenrechte und die gesellschaftliche Arbeit der Frauen im Wandel. Fachwissenschaftliche und fachdidaktische Studien zur Geschichte der Frauen. Düsseldorf: Pädagogischer Verlag Schwann 1979 (= Geschichtsdidaktik. Studien. Materialien 6), S. 82–109, hier 88.
20 Ebd., S. 85.
21 Frevert, Ute: Frauen-Geschichte. Zwischen Bürgerlicher Verbesserung und Neuer Weiblichkeit. Frankfurt a. M.: Suhrkamp 1986 (= es 284), S. 146.
22 Ebd., S. 151.
23 So etwa auch bei der bereits zitierten Cynthia Cockburn, die in ihrer Studie zum Herrschaftsinstrument Technik den Ersten Weltkrieg als einen entscheidenden Wendepunkt in der Geschichte männlich dominierter Technik sieht: „Erst im Ersten Weltkrieg, als Frauen in die Munitionsfabriken und andere schwerindustrielle Bereiche gerufen wurden, um die Männer an der Front zu ersetzen, erst da begannen Frauen damit, sich der männlichen Sphäre technischer Facharbeit anzunähern" (Cockburn 1988, S. 47 f.).
24 Vgl. Frevert 1986, S. 146. Frevert selbst bewertet die Ereignisse etwas zurückhaltender und verweist auf die Schattenseiten der nach dem Ersten Weltkrieg einsetzenden Modernisierung des Frauenbildes (vgl. Frevert 1986, Kapitel III).

tigen Frauen zwischen 1907 und 1923 nur von 31,2% auf 35,6% der arbeitenden Bevölkerung an, doch die Sektoren, in denen die Frauen arbeiteten, änderten sich. So waren nach 1918 deutlich weniger Frauen in Land- und Hauswirtschaft beschäftigt, wogegen sowohl die Zahl der weiblichen Angestellten und Beamtinnen als auch der Studentinnen und Frauen in akademischen Berufen merklich anstieg.[25]

Diese sozialpolitischen Neuerungen gingen mit einer generellen Liberalisierung des Rollenbildes und der öffentlichen Stellung der Frau einher. So wurde ganz im Sinne des „Demokratisierungsanspruch[s] der Weimarer Verfassung"[26] 1919 in Deutschland das allgemeine Frauenwahlrecht eingeführt. Darüber hinaus lockerte sich mit der Pluralisierung der modernen Massengesellschaft das traditionelle Wertesystem,[27] was es den Frauen erleichterte, am öffentlichen kulturellen Leben teilzunehmen. Zugleich setzte auch ein Umdenken im öffentlichen Umgang mit Sexualität ein: Zwar kämpften Feministinnen in den 1920er Jahren vergeblich für die Abschaffung der sogenannten Abtreibungsparagrafen 218 und 219, dennoch lockerte sich die Sexualmoral merklich. In größeren Städten wurden Ehe- und Sexualberatungsstellen eingerichtet, zudem war es möglich, sich über Verhütungsmittel zu informieren und diese straffrei zu erwerben.[28] Diese ersten Erfolge der Emanzipationsbewegung der 1920er Jahre ermöglichten den Frauen sowohl finanzielle als auch sexuelle Selbstbestimmung und durchbrachen so das traditionelle weibliche Rollenbild.

Leitbild dieses modernen Weiblichkeitskonzepts war die ‚Neue Frau', ein durch die Medien massenhaft verbreitetes Idealbild, dem zahlreiche Frauen der jungen Generation nacheiferten: „Modern, praktisch, selbstbestimmend in Liebe und Partnerschaft, fern von allen Sentimentalitäten und unbedingt fortschrittsorientiert, verkörpert sie den idealen

---

[25] Detlev J. K. Peukert: Die Weimarer Republik. Krisenjahre der Klassischen Moderne. Frankfurt a. M.: Suhrkamp 1987 (= es 1282), S. 101 ff.
[26] Frevert 1986, S. 180.
[27] Petra Bock: Zwischen den Zeiten – Neue Frauen und die Weimarer Republik. In: Dies. (Hg.): Neue Frauen zwischen den Zeiten. Ein studentisches Projekt an der FU Berlin in Zusammenarbeit mit der Gedenkstätte Deutscher Widerstand. Berlin: Hentrich 1995, S. 14–37, hier 19.
[28] Vgl. Frevert 1986, S. 184 f.

Frauentyp der Neuen Sachlichkeit."[29] Dem Rollenbild lagen dabei nicht weibliche Ausnahmeerscheinungen wie Schauspielerinnen, Sängerinnen oder berufstätige Akademikerinnen zugrunde, sondern vielmehr die einfachen Angestellten, Verkäuferinnen und Sekretärinnen. Attribute des neuen Typus waren der kurze Rock, die Zigarette und der Bubikopf, ein modischer Kurzhaarschnitt, der als „Ausdruck einer Welt- und Lebensanschauung"[30] betrachtet wurde. Ein androgyner, schlanker Körper ersetzte das tradierte Schönheitsideal ‚weiblicher Formen'. In der symbolischen Aufladung des äußeren Erscheinungsbildes spiegelte sich das neue Selbstbewusstsein der Frauen, die durch Kleidung und Kosmetik ihre erotische Ausstrahlung betonten, sich aber zugleich sachlich und nüchtern gaben. Die Selbstdarstellung des weiblichen Geschlechts spiegelt sich zum einen in der ständig wechselnden Mode – im Laufe der 1920er Jahre etablierten sich verschiedene Frauentypen,[31] wie z. B. Girl, Flapper, Garçonne oder Vamp[32] –, zum anderen in der bewussten Auswahl von Freizeitaktivitäten, wie etwa Kino, Sport oder Autofahren wider. Die Medien reproduzierten den neue Frauentyp unablässig als Werbeträger, Thema in Zeitschriften oder auch als Protagonistin in Romanen und Kinofilmen, und stilisierten die Neue Frau so zur Symbolfigur der modernen, demokratischen und konsumorientierten Gesellschaft der Weimarer Republik.

29 Susanne Meyer-Büser: Bubikopf und Gretchenzopf. Die Frau der Zwanziger Jahre. Eine Ausstellung des Museums für Kunst und Gewerbe Hamburg vom 1. September bis 5. November 1995. Heidelberg: Braus 1995, S. 14.
30 Berliner Tagblatt, 6.10.1925, zitiert nach: Dagmar Reese-Nübel: Kontinuitäten und Brüche in den Weiblichkeitskonstruktionen im Übergang von der Weimarer Republik zum Nationalsozialismus. In: Hans-Uwe Otto u. Heinz Sünker (Hg.): Soziale Arbeit und Faschismus. Volkspflege und Pädagogik im Nationalsozialismus. Bielefeld: KT-Verlag 1986 (= Kritische Texte. Sozialarbeit/Sozialpädagogik. Sozialpolitik. Kriminalpolitik), S. 223–241, hier 228.
31 Die mediale Prägung der verschiedenen Frauentypen wurde vor allem durch den zeitgenössischen Film und die darin präsentierten weiblichen Charaktere vorangetrieben (vgl. Anton Kaes: Film in der Weimarer Republik. Motor der Moderne. In: Wolfgang Jacobsen, Anton Kaes u. Hans Helmut Prinzler (Hg.): Geschichte des deutschen Films. 2., aktualis. u. erw. Aufl. Stuttgart/Weimar: Metzler 2004, S. 39–98, hier 90).
32 Vgl. Meyer-Büser 1995, S. 14 u. 20–27; Gesa Kessemeier: Sportlich, sachlich, männlich. Das Bild der ‚Neuen Frau' in den Zwanziger Jahren. Zur Konstruktion geschlechtsspezifischer Körperbilder in der Mode der Jahre 1920 bis 1929. Dortmund: edition ebersbach 2000, S. 50 ff.

Letztlich blieb das Idealbild der Neuen Frau jedoch ein Produkt der Kulturindustrie, das in den seltensten Fällen der Realität der weiblichen Angestellten entsprach. Auch in der Weimarer Republik bestimmte nach wie vor eine patriarchale Ordnung die Geschlechterverhältnisse; im sozialen sowie im kulturellen Verständnis galt das Männliche als Norm, das Weibliche als Abweichung. Nur einige wenige Frauen in den Großstädten konnten die neu gewonnenen Freiheiten ausleben, der großen Mehrheit fehlten die finanziellen oder infrastrukturellen Mittel für den neuen Lebensstil. Die glorifizierten neuen Berufe abseits von Heim und Herd betrafen in Wirklichkeit einfache Hilfsarbeiten, die keine spezielle Ausbildung erforderten und so gut wie keine Aufstiegschancen boten. Nach und nach differenzierten sich auf diese Weise typisch weibliche Tätigkeiten und Berufe aus.[33] Hinzu kam, dass weibliche Angestellte in der Weimarer Republik mindestens 10% bis 25% weniger verdienten als ihre männlichen Kollegen.[34] Viele Frauen erreichten so mit ihrem Lohn nicht einmal das Existenzminimum, konnten sich folglich keine eigene Wohnung leisten und wohnten weiterhin bei der Familie. Die Konsequenz war eine dauerhafte Doppelbelastung, da die Angehörigen zusätzlich zur Erwerbstätigkeit Mithilfe im Haushalt und bei der Kindererziehung einforderten. Durch die Zuspitzung der Wirtschaftskrise Ende der 1920er Jahre geriet das neue Frauenbild zunehmend in die Kritik: „Mit der sogenannten »Doppelverdienerkampagne« gaukelten die Gazetten durchaus im Einklang mit Stimmungen in weiten Teilen der Bevölkerung vor, die Arbeitslosigkeit könne behoben werden, wenn verheiratete Frauen, deren Männer Arbeit hätten, aus dem Berufsleben ausschieden."[35]

Die Symbolfigur der Weimarer Republik wurde immer mehr zum Sündenbock, auf die anfangs gefeierte Liberalisierung des Frauenbildes folgte die „Flucht in die Tradition".[36] Die Machtübernahme durch die Nationalsozialisten unterstützte diese Tendenz und förderte die Rückkehr zu tradierten Rollenbildern. „Die emanzipierte Frau war von An-

---

33 Vgl. Frevert 1979, S. 87.
34 Vgl. Frevert 1986, S. 174.
35 Bock 1995, S. 29.
36 Ebd., S. 30.

fang an das Feindbild der Nazis [...]",[37] die nun versuchten, die zuvor erkämpften Freiheiten zu unterdrücken. Schon 1930 rief der nationalsozialistische Ideologe Alfred Rosenberg in seinem Buch *Der Mythus des 20. Jahrhunderts* zur „Emanzipation der Frau von der Frauenemanzipation"[38] auf. Im Kampf gegen die Arbeitslosigkeit versuchten die Nationalsozialisten, die Frauen aus dem Berufsleben zu verdrängen und auf den häuslichen Bereich zurückzuverweisen.[39] Anreiz dafür sollte z. B. das 1933 eingeführte Ehestandsdarlehen sein, das Paare, bei denen die Frau erwerbslos blieb, beantragen konnten;[40] an anderen Stellen ergriff die Regierung stärkere Maßnahmen: „Mit Hilfe neugeschaffener Gesetze wurden verheiratete Beamtinnen aus dem öffentlichen Dienst entlassen, Gehaltsdifferenzen zwischen männlichen und weiblichen Beamten verbindlich vorgeschrieben und gehobene Positionen sowie berufliche Aufstiegsmöglichkeiten für Frauen gesperrt."[41]

Zusätzlich zu den beruflichen Einschränkungen verschärften die Nationalsozialisten das in den 1920er Jahren gelockerte Abtreibungsverbot. Sie schränkten systematisch die Möglichkeit zur finanziellen und sexuellen Selbstbestimmung ein, sodass emanzipatorische Bestrebungen nach und nach unterbunden wurden. Die Neue Frau verschwand mit der Machtergreifung aus den Medien, an ihre Stelle trat das konservative Frauenbild der Nationalsozialisten: „[b]londbezopfte Mädchen, die den großen Männern des »Dritten Reichs« Blumen zuwerfen; schlanke Teenager, die auf parteioffiziellen Massenveranstaltungen sportliche Beweglichkeit und harmonische »Körperkultur« demonstrieren; strahlende Mütter, die dem »Führer« ihre drallen Kinder entgegenstrecken

---

37 Frauengruppe Faschismusforschung: Mutterkreuz und Arbeitsbuch. Zur Geschichte der Frauen in der Weimarer Republik und im Nationalsozialismus. Frankfurt a. M.: Fischer 1981, S. 9.
38 Alfred Rosenberg: Der Mythus des 20. Jahrhunderts. Eine Wertung der seelisch-geistigen Gestaltenkämpfe unserer Zeit. München: Hoheneichen-Verlag 1934, S. 512.
39 Die Beschäftigung im Haushalt wurde dennoch in einen gesamtgeselleschaftlichen Kontext gestellt, die Rolle als Hausfrau und Mutter als Dienst an der Nation gelobt (vgl. etwa Leonie Wagner: Mutterschaft und Politik – Nationalsozialistinnen und die Ordnung der Geschlechter im politischen Raum. In: Annette Bertrams (Hg.): Dichotomie, Dominanz, Differenz. Frauen plazieren sich in Wissenschaft und Gesellschaft. Weinheim: Deutscher Studien Verlag 1995, 71–87, hier 79 f.).
40 Kurt Bauer: Nationalsozialismus. Ursprünge, Anfänge, Aufstieg und Fall. Wien/Köln/Weimar: Böhlau 2008, S. 282.
41 Frevert 1986, S. 211.

[...]."⁴² Die Frau wurde fortan fast ausschließlich in ihrer Rolle als „Hausfrau, Gattin und Mutter"⁴³ gezeigt, prototypisch „[b]lond, mit rundem Gesicht und blauen Augen [...]."⁴⁴ Sämtliche zuvor gegründeten Frauenorganisationen gingen nach der Machtergreifung in der NS-Frauenschaft auf, die die ideologischen Interessen der Partei vertrat.

Dennoch ist der reaktionäre Charakter der nationalistischen Frauenpolitik zu relativieren⁴⁵ – wie die Neue Frau, blieb auch die ‚treue Hausfrau' der Nationalsozialisten in vielen Bereichen ein medial propagiertes Stereotyp, das nicht der Realität entsprach. So fand der „im Nationalsozialismus propagierte Ausschluß von Frauen aus dem Erwerbsleben dort seine Grenzen, wo die billige weibliche Arbeitskraft benötigt wurde."⁴⁶ Frauen konnten also durchaus beruflich tätig sein, solange es der positiven Außenwirkung des Staates zuträglich war. Gerade in den späteren Kriegsjahren mussten sie – wie bereits im Ersten Weltkrieg – verstärkt die Arbeit der eingezogenen Männer übernehmen. In typischen Männerberufen, also z. B. „als Bahnschaffnerinnen, Omnibus- und Straßenbahnschaffnerinnen oder Stromableserinnen"⁴⁷ erhielten Frauen ab 1939 sogar Männerlöhne. Zudem wurde ihnen ein eigenes Berufsleben ermöglicht, wenn sie sich wirksam als ‚Aushängeschild' inszenieren ließen. So wurde schon 1932 der neue berufstätige Frauentyp als tragendes Element der Gesellschaft gepriesen: „Er [der neue Frauentyp, Anm. KK] ist gekennzeichnet von Tüchtigkeit und Tapferkeit, von größerer Wahrhaftigkeit und Geradheit der Lebensauffassung vielleicht als ein früherer, von einem gewissen Ernst und einer gewissen Nüch-

---

42 Ebd., S. 200.
43 Gisela Bock: Frauen und ihre Arbeit im Nationalsozialismus. In: Annette Kuhn und Gerhard Schneider (Hg.): Frauen in der Geschichte. Frauenrechte und die gesellschaftliche Arbeit der Frauen im Wandel. Fachwissenschaftliche und fachdidaktische Studien zur Geschichte der Frauen. Düsseldorf: Pädagogischer Verlag Schwann 1979 (= Geschichtsdidaktik. Studien. Materialien 6), S. 113–149, hier 113.
44 Meyer-Büser 1995, S. 27.
45 Vgl. etwa Michael Prinz: Die soziale Funktion moderner Elemente in der Gesellschaftspolitik des Nationalsozialismus. In: Ders. u. Rainer Zitelmann (Hg.): Nationalsozialismus und Modernisierung. Darmstadt: Wissenschaftliche Buchgesellschaft 1991, S. 297–327, hier 303.
46 Mutterkreuz und Arbeitsbuch. Zur Geschichte der Frauen in der Weimarer Republik und im Nationalsozialismus. Frankfurt a. M.: Fischer 1981, S. 8.
47 Frevert 1986, S. 217.

ternheit, die freilich mit nichts weniger gemein hat als mit einer affektierten dekadenten »Sachlichkeit«."[48]

In einigen Fällen erkannte man Frauen auch im nationalsozialistischen Umfeld als Leistungsträgerinnen an, so etwa die Vorzeigemutter Magda Goebbels, aber auch z. B. die Architektin Gerdy Troost, die Leiterin der Bayreuther Festspiele Winifred Wagner, die Regisseurin Leni Riefenstahl und die Pilotin Hanna Reitsch.[49] Hinzu kommt, dass das von den Nationalsozialisten propagierte Weiblichkeitsideal zwar massiv medial verbreitet wurde – wie zuvor das Bild der Neuen Frau in der Weimarer Republik –, die gesellschaftliche Realität jedoch nicht gänzlich durchdrang. Die deutschen Frauen in den 1930er und 40er Jahren waren keineswegs alle patriotische Mütter, die für Hitler stimmten und den Führer verehrten; vielmehr agierten sie, wie Gisela Bock feststellt, als „Täter, Opfer, Zuschauer, Mitläufer und, wenngleich in beklagenswert geringer Anzahl, Menschen, die Widerstand leisteten oder Verfolgten halfen."[50]

Am Beispiel der Frauenpolitik zeigen sich die „für das *NS-System* charakteristischen Durchmischungen moderner und antimoderner Elemente."[51] Die Synthese rückwärtsgerichteter und moderner Tendenzen im Nationalsozialismus erscheint auf den ersten Blick paradox, lange Zeit wurde das NS-System als strikt antimoderne Bewegung interpretiert. Erst seit den 1980er Jahren richtet sich der Blick zunehmend auch auf die Integration moderner Tendenzen in die nationalsozialistische Ideologie. Dass das von den Nazis propagierte Frauenbild als Rückkehr zu tradierten, vor dem Modernisierungsschub der Weimarer Republik gültigen Rollenbildern zu bewerten ist, steht außer Frage. Dessen ungeachtet wurden einzelne moderne – oder wenn man so will

---

48 Frauen unserer Zeit. In: Illustrierter Beobachter, 3.12.1932, Nr. 49, S. 1182–1184.
49 Vgl. Wolfgang Schneider: Frauen unterm Hakenkreuz. Hamburg: Hoffmann und Campe 2001, S. 106 f.
50 Gisela Bock: Ganz normale Frauen. Täter, Opfer, Mitläufer und Zuschauer im Nationalsozialismus. In: Kirsten Heinsohn, Barbara Vogel u. Ulrike Weckel (Hg.): Zwischen Karriere und Verfolgung. Handlungsräume von Frauen im nationalsozialistischen Deutschland. Frankfurt a. M./New York: Campus 1997 (= Geschichte und Geschlechter 20), S. 245–277, hier 245.
51 Wolfgang Emmerich u. Carl Wege: Einleitung. In: Dies. (Hg.): Der Technikdiskurs in der Hitler-Stalin-Ära. Stuttgart/Weimar: Metzler 1995, S. 1–14, hier 8 (Hervorh. i. Orig.).

emanzipatorische – Elemente dort integriert, wo es der Ideologie zuträglich war.

Ähnlich verhält es sich auch mit Wissenschaft und Technik im Dritten Reich. Technischer Fortschritt galt als Symbol der Moderne bzw. der westlichen Zivilisation und war im Grunde nur schwer mit den traditionalistischen Bestrebungen der Nationalsozialisten zu vereinen. Dennoch lehnte das NS-System technische und wissenschaftliche Innovationsbestrebungen nicht grundsätzlich ab, sondern integrierte diese als Teil der deutschen Kultur in die eigene Ideologie.[52] Anstatt im Fortschritt einen Bruch mit der Tradition zu sehen, galt Technik als „Errungenschaft deutscher Produktivität, als ein Phänomen, das mit den Idealen eines totalitären Staates (nicht jedoch mit denen der liberalen Demokratie) übereinstimmt, als ein Ausdruck des Willens zur Macht und der Männergemeinschaft von 1914/18 sowie als ein unverzichtbares Instrument zur Verwirklichung machtpolitischer Ziele."[53]

Technik war fortan deutsche Technik, die symbolisch für die Überlegenheit Deutschlands und das Streben nach Modernität stand.[54] Die Nationalsozialisten unterstützten technische Großprojekte wie den Bau der Autobahnen, die Massenmotorisierung[55] sowie die Massenproduktion von Radios und Fotoapparaten.[56] Auch die nach dem Ersten Weltkrieg mit Sanktionen belegte Luftfahrt wurde wieder aufgenommen und ihr Image popularisiert.[57] Im Sinne des reaktionären Modernismus setzte sich also bereits die in den 20er Jahren begonnene Entwicklung, durch die „technologisches Denken und technoides Formbewußtsein"[58] einen festen Platz in der gesellschaftlichen Ordnung einnehmen, unter der Herrschaft der Nationalsozialisten fort.

Sowohl der „technologisch[e] Nationalismus",[59] als auch der Umgang mit einzelnen emanzipatorischen Tendenzen im Frauenbild zeigt,

---

52 Jeffrey Herf: Der nationalsozialistische Technikdiskurs. In: Wolfgang Emmerich, Carl Wege (Hg.): Der Technikdiskurs in der Hitler-Stalin-Ära. Stuttgart/Weimar: Metzler 1995, S. 72–93, hier 76.
53 Herf 1995, S. 77.
54 Vgl. Wege 2000, S. 76.
55 Vgl. Möser, S. 172 ff.
56 Vgl. Reichel 1991, S. 106.
57 Vgl. Zegenhagen 2007, S. 137.
58 Reichel 1991, S. 106 f.
59 Radkau 2008, S. 244.

dass sich die Nationalsozialisten moderne Errungenschaften zu Nutzen machten. Technische und gesellschaftspolitische Modernisierung wurde immer dort zurückgezogen, beibehalten oder gar vorangetrieben, wo es für die Stabilisierung des Systems gewinnbringend war. Nicht nur in der Weimarer Republik, auch im Nationalsozialismus spielte die Technik eine große Rolle im mythosprägenden Bürgertum.

3.2 Kultureller Hintergrund: Ästhetik der Neuen Sachlichkeit und des Nationalsozialismus

Mit den technischen und sozialpolitischen Veränderungen nach dem Ersten Weltkrieg kam es in Deutschland auch zu einem kulturell-ästhetischen Modernisierungsschub. Neben den maßgeblichen Veränderungen der menschlichen Lebenswelt, etwa durch die zunehmende Vermassung und Pluralisierung der Gesellschaft sowie die Technisierung des Alltags, prägte auch eine „radikale Modernisierung der Öffentlichkeit"[60] die 1920er Jahre. Stark beeinflusst wurde dieser Prozess durch die Entwicklung neuer Medien wie z. B. der illustrierten Presse und des Films. Damit verbunden ist ein für die Zeit der Weimarer Republik charakteristischer fundamentaler Aufschwung der Unterhaltung.[61] Mit Strategien wie „Bebilderung, universeller Themenvielfalt, Hintergrund- und Schlüssellochberichterstattung"[62] versuchten die Illustrierten dem Unterhaltungsbedürfnis der breiten Masse zu entsprechen; Neuerungen im Bereich der Foto- und Drucktechnik ermöglichten eine zusätzliche Ausweitung des Angebots. So etablierten sich Ende der 20er Jahre Fotoreportagen, also Berichte in längeren Bildfolgen,[63] als fester Bestandteil der Illustrierten. Damit verbunden war auch, dass Privatpersonen, vor allem Politiker,[64] aber auch Stars aus der Unterhaltungsbranche, wie Filmschauspieler oder Revuekünstler, öffentlich wurden. Der Boom der Filmindustrie in den 1920er Jahren unterstützte diese Entwicklung.[65]

---

60 Walter Delabar: Klassische Moderne. Deutschsprachige Literatur 1918–33. Berlin: Akademie Verlag 2010, S. 82.
61 Vgl. Werner Faulstich: Die Mediengeschichte des 20. Jahrhunderts. München: Wilhelm Fink 2012, S. 105.
62 Ebd., S. 28.
63 Vgl. ebd., S. 106.
64 Vgl. ebd.
65 Vgl. Kaes 2004, S. 90 ff.

Nach dem Ersten Weltkrieg avancierte der Film zum wichtigsten Medium der Massenkultur[66] – eine Entwicklung, die in der Weimarer Republik wahrnehmungspsychologische und ästhetische Folgen hatte.[67] Basierend auf den neuen technischen Möglichkeiten setzte dieses Medium Maßstäbe einer neuen Ästhetik und beeinflusste so die gesamte Kunstproduktion, vor allem auch die Literatur: „Die neuen Montagetechniken Zeitlupe, Zeitraffer, Zeit- und Raumsprung wirkten auf die gängigen Wahrnehmungserfahrungen der Zeit und auch auf die literarische Produktion zurück."[68]

Analog zu den neuen Erfahrungswelten entwickelte die Ästhetik im frühen 20. Jahrhundert neue Ausdrucksformen.[69] Neben expressionistischen, dadaistischen und futuristischen Einflüssen gilt vor allem die Neue Sachlichkeit als dominierende ästhetische Strömung der 1920er Jahre. Anfang des Jahrzehnts bildete sich in der Malerei eine Stilrichtung heraus, die dem expressionistischen Pathos der Zeit eine „neue Nüchternheit des Blicks" sowie ein „Gefühl für das Bodenständige, Machbare, Reelle"[70] entgegensetzte. Der ursprünglich als Titel für eine Ausstellung in der Kunsthalle Mannheim gewählte Begriff *Neue Sachlichkeit* entwickelte sich rasch zum Schlagwort für das neue Lebensgefühl der Weimarer Republik:

> Statt sich weiterhin einer expressionistischen Ekstase zu verschreiben, die ‚doch zu nichts führt', ist man jetzt sachlich, das heißt nüchtern, realistisch, genießerisch [...]. [Man bemühte sich], alles so nüchtern, sachlich oder sportlich wie nur möglich zu sehen: ob nun die Liebe, die Boxkämpfe, den Wettstreit der Parteien, die Tiller-Girls, den eigenen Job oder irgendein von der Presse hochgespieltes Autorennen.[71]

---

66 Vgl. Faulstich 2012, S. 40.
67 Vgl. Wolfram Wessel: Die Neuen Medien und die Literatur. In: Bernhard Weyergraf (Hg.): Literatur der Weimarer Republik 1918–1933. München: dtv 1995 (= Hansers Sozialgeschichte der deutschen Literatur vom 16. Jahrhundert bis zur Gegenwart 8), S. 65–98, hier 67.
68 Wessel 1995, S. 68.
69 Vgl. Delabar 2010, S. 72.
70 Sergiusz Michalski: Neue Sachlichkeit. Malerei, Graphik und Photographie in Deutschland 1919–1933. Köln: Benedikt Taschen 1992, S. 16.
71 Jost Hermand: Stile, Ismen, Etiketten. Zur Periodisierung der modernen Kunst. Wiesbaden: Akademische Verlagsgesellschaft Athenaion 1978 (= Athenaion Literaturwissenschaft 10), S. 81.

Dieses neue Lebensgefühl weitete sich zunehmend auch auf andere Künste wie Fotografie, Film und Literatur aus. In allen diesen Bereichen griffen die Künstler die entscheidenden ästhetischen Spezifika der Neuen Sachlichkeit auf.

Sabina Becker erarbeitet in ihrer Studie zur neusachlichen Literatur[72] mehrere zentrale Kriterien der neuen Bewegung, die sich in Abgrenzung zum Expressionismus[73] vor allem um die Versachlichung von Stil und Inhalten bemühte. Auf „zweckfreie Poetizität und Literarizität"[74] wurde zugunsten der Funktionalisierung der Literatur verzichtet, stattdessen bestimmte ein nüchterner, sachlicher Reportagestil die Texte; sentimentale und subjektive Tendenzen wichen neutralen Beschreibungen und Berichten. Analog zu diesen stilistischen Veränderungen forderte die neue Strömung auch eine Versachlichung der Inhalte. Einem grundlegenden „Wandel des traditionellen Literaturverständnisses"[75] folgend, bewegte sich die Literatur der Neuen Sachlichkeit weg vom elitären Kunstverständnis, hin zu einer leichter zugänglichen Gebrauchsliteratur.

Die Berührungsängste mit der Unterhaltungskultur gingen in diesem Prozess zunehmend verloren. Statt ästhetisch avancierter Formen forderte man nun Realitätsbezug und Aktualität,[76] so etwa auch Egon Erwin Kisch in seinem Plädoyer für den neusachlichen Stil in der Literatur: „Nichts ist verblüffender als die einfache Wahrheit, nichts ist exotischer als unsere Umwelt, nichts ist phantasievoller als die Sachlichkeit. Und nichts Sensationelleres gibt es in der Welt als die Zeit, in der man lebt!"[77] Genres, die Fakten und Fiktion verbinden bzw. deren Schwerpunkt auf der Vermittlung von Fakten liegt, wurden gegenüber fiktionalen Genres aufgewertet. Textgattungen wie Biografie und Autobiografie, Reisebericht und -reportage entwickeln sich so zu den beliebtesten

---

72 Sabina Becker: Neue Sachlichkeit. Bd. 1: Die Ästhetik der neusachlichen Literatur (1920–1933). Köln/Weimar/Wien: Böhlau 2000.
73 Vgl. ebd., S. 97 ff.
74 Ebd., S. 234.
75 Ebd., S. 230.
76 Ebd., S. 138.
77 Egon Erwin Kisch: Vorwort. In: Ders.: Der rasende Reporter. Berlin: Aufbau 1995, S. 7–8, hier 8.

und wichtigsten Formen der Neuen Sachlichkeit und wurden für ein Massenpublikum vermarktet.[78]

Anfang der 1930er Jahre mehrten sich zunehmend Stimmen gegen die „seelenöde[] Untergangskultur der ‚Neuen Sachlichkeit'";[79] ihre modernistischen Tendenzen ebenso wie die anderer experimenteller Strömungen wichen einer Rückbesinnung auf ältere Traditionen. Reichel zufolge resultierte diese Abkehr aus den politischen und wirtschaftlichen Entwicklungen der späten Weimarer Republik: „Angesichts der Zuspitzung der Krise war die Republik nicht nur politisch immer weniger handlungsfähig. Auch kulturell war sie am Ende wie gelähmt, erschöpft vom Rausch des revolutionären Aufbruchs [...]. Etwas Neues kam jedenfalls nicht mehr zustande, zumal der Exodus schon begonnen hatte. Um so mehr wurde die Tradition bemüht."[80] Dennoch betont Reichel, dass mit der Machtergreifung der Nationalsozialisten 1933 kein völliger Bruch mit bisherigen ästhetischen Tendenzen einherging, und bezeichnet es als Legende, dass „das Jahr 1933 auch kulturell eine der einschneidensten Zäsuren in der neueren deutschen Geschichte"[81] gewesen sei. Vielmehr hätte es eine „bemerkenswerte Kontinuität im kulturellen Bereich",[82] also ein Nach- oder Weiterwirken der Moderne innerhalb Nazi-Deutschlands[83] gegeben – wenn auch z. T. mit deutlichem „deutsch-nationale[n] Anstrich."[84]

Trotz dieser Konstanz kann man die generelle Einflussnahme des Nationalsozialismus auf Kunst und Kultur nicht bestreiten. Das Streben nach einer „möglichst umfassenden medialen Repräsentation"[85] der eigenen Ideologie bestimmte das kulturpolitische Programm der Partei. Durch verschiedene repressive Maßnahmen wie „organisatorische Gleichschaltung der Kulturproduzenten, [...] Verbot, Raub und Zerstö-

---

78 Vgl. Delabar 2010, S. 134.
79 Frauen unserer Zeit. In: Illustrierter Beobachter, 3.12.1932, Nr. 49, S. 1182–1184.
80 Reichel 1991, S. 65.
81 Ebd., S. 321.
82 Ebd.
83 Vgl. ebd., S. 334.
84 Ebd., S. 67.
85 Harro Segeberg: Erlebnisraum Kino. Das Dritte Reich als Kultur- und Mediengesellschaft. In: Ders. (Hg.): Mediengeschichte des Films. Bd. 4: Mediale Mobilmachung I. Das Dritte Reich und der Film. München: Wilhelm Fink 2004, S. 11–42, hier 22.

rung" wurde die Freiheit der Kunst systematisch beseitigt.[86] Darüber hinaus verlor die Kultur durch eine zunehmende politische Durchdringung einerseits sowie die Ästhetisierung der Politik andererseits nach und nach ihre Eigenständigkeit.[87] Im Sinne einer umfassenden Kunstpolitik versuchten die Nationalsozialisten also, „den Bereich der Künste herrschaftstechnisch aufzuschließen, d. h. [ihren] Zwecken dienstbar zu machen"[88] – mit weitreichenden Folgen für die Kunstproduktion im Dritten Reich. Ein Teil der Kunstschaffenden besann sich wieder auf traditionelle Formen und überzeitlich präsente Strukturen und schuf so größtenteils apolitische Werke. Andere gingen konform mit den politischen Tendenzen der Zeit und ließen in ideologisch motivierten Arbeiten eine deutliche völkisch-nationale Färbung erkennen.[89]

In einer Studie zur nationalsozialistischen Literatur erarbeitet Klaus Vondung verschiedene nationalsozialistische Ideologeme, also ideologische Leitthemen, die die politisch motivierte Kunstproduktion der NS-Zeit kennzeichnen: „die Kategorien der ›volkhaften Dichtung‹, der ›heldischen Dichtung‹ und der ›Weihedichtung‹."[90] Neben diesen überwiegend inhaltlich definierten Gattungen lassen sich auch formale Gesichtspunkte feststellen, etwa die Dominanz bestimmter ‚völkischer' Wortschatzbereiche in der Literatur oder die „Tendenz der faschistischen Kunst zum Monumentalen, Ornamentalen und Kultischen".[91] Die prägenden Tendenzen kamen dabei jedoch weniger von der Literatur als vielmehr von Seiten des Films, dem im Nationalsozialismus aufgrund seiner hohen propagandistischen Wirksamkeit ein besonderer

---

86 Reichel 1991, S. 38 f.
87 Vgl. ebd.
88 Hildegard Brenner: Die Kunstpolitik des Nationalsozialismus. Reinbek bei Hamburg: Rowohlt 1963, S. 273.
89 Gänzlich eigene Tendenzen zeigten sich in der parallel entstandenen Exilkunst, die jedoch im Rahmen dieser Arbeit nicht relevant ist und daher hier nicht näher betrachtet wird.
90 Klaus Vondung: Der literarische Nationalsozialismus. Ideologie, politische und sozialhistorische Wirkungszusammenhänge. In: Horst Denkler u. Karl Prümm (Hg.): Die deutsche Literatur im Dritten Reich. Themen – Traditionen – Wirkungen. Stuttgart: Reclam 1976, S. 44–65, hier 46.
91 Inge Stephan: Literatur in der Weimarer Republik/Literatur im ‚Dritten Reich'. In: Wolfgang Beutin u. a. (Hg.): Deutsche Literaturgeschichte. Von den Anfängen bis zur Gegenwart. 6., verb. u. erw. Aufl. Stuttgart/Weimar: Metzler 2001, S. 387–450, hier 439.

Stellenwert innerhalb der künstlerischen Produktion zugestanden wurde. Ästhetische Maßstäbe setzte dabei vor allem Leni Riefenstahl mit ihren Filmen *Triumph des Willens* und *Olympia*.[92]

---

92 Vgl. Karsten Witte: Film im Nationalsozialismus. Blendung und Überblendung. In: Wolfgang Jacobsen, Anton Kaes u. Hans Helmut Prinzler (Hg.): Geschichte des deutschen Films. 2., aktualis. u. erw. Aufl. Stuttgart/Weimar: Metzler 2004, S. 117–166, hier 126 ff.

4. Analyse der zeitgenössischen medialen Inszenierung

4.1 Selbstdarstellung der Technikheroinen: Inszenierung in autobiografischen Texten, Reiseberichten und -filmen

Ein Bestandteil der zeitgenössischen Inszenierung der Technikheroinen ist deren Selbstdarstellung in autobiografischen Texten. Oft handelt es sich um Reiseberichte bzw. Reisereportagen mit mehr oder weniger stark ausgeprägten autobiografischen Zügen:[1] Clärenore Stinnes' *Im Auto durch zwei Welten. Die erste Autofahrt einer Frau um die Welt 1927 bis 1929* (1929) sowie der gleichnamige Film aus dem Jahr 1931, Annemarie Schwarzenbachs Afghanistan-Reportagen (1939/1940) und Marga von Etzdorfs Autobiografie *Kiek in die Welt* (1931). Hinzu kommt Leni Riefenstahls Autobiografie *Kampf in Schnee und Eis* (1933) sowie ihr Arbeitsbericht *Hinter den Kulissen des Reichsparteitags-Films* (1935). Untersucht wird im Folgenden, inwiefern die Technikpionierinnen sich selbst als Heroinen inszenieren, etwa durch die Verarbeitung einzelner Elemente der mythischen Heldenreise, und wie sie dabei an die zeitgenössischen Diskurse zu Weiblichkeit und Technik anschließen.

4.1.1 Clärenore Stinnes: *Im Auto durch zwei Welten*

In *Im Auto durch zwei Welten*[2] berichtet die Industriellentocher Clärenore Stinnes von ihren Erlebnissen während einer zweijährigen „Reise um die Welt im Auto" (A.CS1 4) durch Osteuropa, Asien, Süd- und Nordamerika. Folgt man Schütz' Ausführungen zur Reiseliteratur

---

1 Das Genre Reisebericht hat keine einheitliche literarische Form, Hybride mit anderen Gattungen wie etwa der Autobiografie oder dem Tagebuch kommen häufig vor (vgl. Peter J. Brenner: Reisebericht. In: Walther Killy (Hg.): Literaturlexikon. Bd. 14: Begriffe, Realien, Methoden. Les – Z. Hg. von Volker Meid. München: Bertelsmann Lexikon Verlag 1993, S. 281–287, hier 281). In den 1920er Jahren entwickelte sich die Reiseliteratur zu einem der beliebtesten Genres; statt der klassischen Bildungsreise folgten die Berichte und Reportagen der Zeit eher dem Motto „Der Weg wird zum Ziel" (vgl. Schütz 1995, S. 570). Mit typischen Elementen, etwa der Beschreibung des Reiseverlaufs und des Gesehenen, entsprachen die Berichte und Reportagen zudem zeitgenössischen ästhetischen Kriterien wie dem neusachlichen Faible für Gebrauchsliteratur.

2 Clärenore Stinnes: Im Auto durch zwei Welten. Text von Clärenore Stinnes. Photos von Carl Axel Söderström. Berlin: Reimar Hobbing 1929. Im Folgenden zitiert als A.CS1.

der Weimarer Republik, handelt es sich dabei um eine in den 1920er Jahren populär gewordene Sonderform des Reiseberichts, nämlich den Bericht einer Rekordreisenden, der eine Variante der klassischen Abenteuerreise darstellt. Diese Form zeichnet sich „durch die Besonderheit des Reisetempos, der Verkehrsmittel oder den Grad der bestandenen Gefahren" aus.[3] Die Parallele zur mythischen Heldenreise – „the hero's story is always a journey"[4] – liegt dabei nahe.

Stinnes hat bei ihrem Vorhaben ein bestimmtes Ziel vor Augen:

> Lag für mich auch das Hauptinteresse im Kennenlernen der Länder und Völker, so reizte mich daneben auch die sportliche Aufgabe und der praktische Wert für die Allgemeinheit. Die Fahrt sollte die Fähigkeiten eines modernen Fahrzeugs zeigen. Der Wagen, den ich wählen würde, sollte einer Prüfung unterworfen werden, wie sie in diesem Ausmaß bisher noch kein Auto bestanden hatte, zugleich aber als Pionier wirken, belehrend für die Bewohner der Gegenden, in denen ein Auto noch ein unbekannter Begriff war. [A.CS1 5]

Neben privaten Gründen geht es Stinnes auch um die gesellschaftliche Relevanz ihrer Unternehmung. Sie sieht die Weltreise als Pioniertat, sich selbst bzw. ihr Fahrzeug als Wegbereiter für die Idee von technischem Fortschritt, Mobilität und Modernität – ganz nach dem Fordschen Motto: „Zuerst kommen die Autos, dann die Straßen."[5]

Da mit dieser Aufgabe große physische und psychische Anstrengungen verbunden sind, kann die Reise durchaus als heroische Tat, Stinnes selbst – in Anlehnung an Allisons und Goethals' Heroismuskonzept – als ‚Heldin' interpretiert werden. Verschiedene Eigenschaften und Verhaltensweisen der Protagonistin unterstützen diese Wahrnehmung, wobei meist ihre physische Belastbarkeit und Unermüdlichkeit im Vordergrund stehen. Im Umgang mit ihren Reisebegleitern, dem Kameramann Carl-Axel Söderström und zwei Mechanikern, zeigt sie Durchsetzungsvermögen und Führungsqualitäten, besteht auf einer strikten Rationalisierung der Vorräte (vgl. z. B. A.CS1 18) und forciert das stetige Vorankommen (vgl. z. B. A.CS1 16). Dabei wirkt Stinnes jedoch nicht herrisch, vielmehr begründen Beharrlichkeit und Ausdauer sowie der

---

3   Schütz 1995, S. 571.
4   Vogler 2007, S. 7.
5   Erica Möller: Fräulein Stinnes fährt um die Welt. Deutschland: taglicht media/WDR 2008. Realfiction 2010, 00:07 f.

Wille zum Verzicht eine durchgehend positive Zeichnung der Protagonistin. Auch das Verhältnis zu ihrem Reisegefährten Söderström, den sie liebevoll pflegt, als er in Südamerika an einem schweren Fieber erkrankt (A.CS1 209), und mit dem sie ihren Ruhm nach der gelungenen Weltumrundung teilt, evoziert Sympathie.

Bei der Betrachtung der Selbstinszenierung fällt auf, dass sich die Heldin generell wenig in Szene setzt. Wie der typische neusachliche Held tritt sie in den Hintergrund und rückt stattdessen das Projekt in den Fokus: „Der neusachliche Held verzichtet auf die Pose des ‚starken Mannes'. Er übt sich in der Rolle des ‚unbekannten Pioniers' des technischen Fortschritts, und in dieser Rolle erstrahlt er in einem um so helleren Lichte, je mehr er, bis zur Selbstverleugnung, ganz hinter ‚die Sache' zurücktritt."[6] Stinnes berichtet dementsprechend hauptsächlich über die Reise und nur wenig über ihre Person – ein Aspekt, der sich u. a. auch in der Bildauswahl widerspiegelt: Stinnes illustriert ihren Bericht fast ausschließlich mit Reiseaufnahmen und ist nur auf wenigen Abbildungen selbst zu sehen.

Der Aufbau des Reiseberichts *Im Auto durch zwei Welten* ähnelt der typischen monomythischen Dreiteilung „Trennung – Initiation – Rückkehr";[7] Stinnes beschreibt den Aufbruch, die Reise selbst sowie die Rückkehr nach Hause, wobei der Schwerpunkt ihres Berichts naturgemäß auf dem Mittelteil liegt. Das erste Kapitel fungiert als Exposition und macht den Leser mit einigen wichtigen Details der Vorgeschichte der Heldin vertraut; wie in vielen Autobiografien leitet ein Blick in die Kindheit der Protagonistin die Erzählung ein: „Soweit ich in meine Kindheitstage zurückblicken kann, war ich nie frei von dem Wunsch nach Abenteuern. In mir lag das Drängen nach dem großen Unbekannten, dem man in den unendlichen Steppen, in den schneeverwehten Urwäldern und in der hehren Einsamkeit der Berge näher zu sein glaubt." (A.CS1 1) Bereits im ersten Satz charakterisiert sich Stinnes als besonders abenteuerlustige Person und liefert dadurch einen ersten Hinweis auf das, was den Leser erwartet.[8] Weiter erzählt sie von frühen Konflikten zwischen der mütterlichen Erziehung zu typisch weiblichem

---

6   Wege 2000, S. 98.
7   Campbell 2011, S. 42.
8   Vgl. Vogler 2007, S. 85.

Benehmen einerseits und dem Einfluss des Vaters bzw. dem eigenen „Wunsch nach anderen Dingen" (A.CS1 1) andererseits. Stinnes' genderuntypisches Verhalten, das ihre Entscheidung zur Weltreise im Auto maßgeblich beeinflusst, wird durch diese Vorgeschichte angesprochen und durch edukative Prägung sowie charakterliche Veranlagung motiviert.

Zudem führt die Autorin in der Exposition weitere wichtige Charaktere ein, wie etwa die Mechaniker Viktor Heidtinger und Hans Grunow, vor allem aber den Kameramann Carl-Axel Söderström. Letzterer wird sich später als ihr wichtigster Verbündeter[9] erweisen, der sie als Einziger bis zum Ende der Reise begleitet. Während die Autorin zu Beginn ihres Berichts nur kurz auf die beiden Mechaniker eingeht, lässt sie den Leser etwas ausführlicher an Söderströms Vorgeschichte teilhaben (vgl. A.CS1 6 f.). Auch hier beschreibt sie prägende Erlebnisse und Einflüsse der Kindheit, insbesondere Söderströms strengen Vater, der den Jungen zu „Aufrichtigkeit und Fleiß" (A.CS1 6) erzogen hat – Eigenschaften, die sich auf der späteren Reise als äußerst wertvoll erweisen werden. Auf die Bedeutung dieses Gefährten für das Gelingen der Weltreise spielt Stinnes bereits im ersten Kapitel proleptisch an: „Ich ahnte noch nicht, von welcher Wichtigkeit es späterhin für die Fahrt und für mich selbst sein sollte, einen Menschen mitzuhaben, der nicht nur *seine* Arbeit erledigte, sondern auch – um der Idee und der Aufgabe willen – half, alle anderen Schwierigkeiten zu überwinden." (A.CS1 12, Hervorhebung i. O.) Die Tatsache, dass Söderström einer zuvor geschilderten Anekdote zufolge nie wirklich an der Reise teilnehmen wollte (vgl. A.CS1 8) und sich paradoxerweise dennoch bis zuletzt für deren Gelingen einsetzt, verstärkt die positive Zeichnung der Figur.

Der Hauptteil der Reiseerzählung umfasst 25 Kapitel, die im Wesentlichen den einzelnen Reiseetappen entsprechen und verschiedene typische Elemente der Heldenreise reproduzieren. Mit ihrem Aufbruch überschreitet Clärenore Stinnes eine ‚Schwelle' und gerät so von der gewohnten in die ‚außergewöhnliche' Welt. Während der einzelnen Streckenabschnitte sind verschiedene bürokratische, geografische, klimatische und soziale Hürden zu überwinden: Mehrfach versperren

---

9 Vgl. ebd., S. 71.

‚Grenzwächter'[10] wie etwa der Zollbeamte in Kagan (vgl. A.CS1 142 f.) den Weg und verhindern das Weiterkommen. In anderen Episoden bringen Räuberbanden das Unternehmen in Gefahr (vgl. A.CS1 21, 46 u. vor allem 131 ff.). Als größte Herausforderung stellt sich allerdings der Kampf gegen extreme Witterungsverhältnisse sowie die Überwindung geografischer Unwegsamkeiten heraus; den Großteil ihres Weges legen die Reisenden auf unbefestigten Straßen oder in freiem Gelände zurück und kämpfen sich so durch Wüsten, Gebirge, Eis und Schnee. Im Monomythos erfüllen derartige Episoden eine wichtige Funktion: Sie sollen die Heldin prüfen und auf ihre schwierigste Aufgabe vorbereiten. So heißt es bei Vogler: „The most important function of this period of adjustment to the Special World is testing. Storytellers use this phase to test the hero, putting her through a series of trials and challenges that are meant to prepare her for greater ordeals ahead."[11]

Liest man *Im Auto durch zwei Welten* als Heldenreise, liegt es nahe, die Fahrt durch die Anden als entscheidende Prüfung der Heldin zu bezeichnen. Nachdem bereits mehrere herausfordernde Regionen durchquert worden sind – u. a. Sibirien und die Wüste Gobi –, steht das Unternehmen in Südamerika kurz vor dem Scheitern, die Durchquerung der Anden mit dem Auto scheint unmöglich. Auf den weiten Geröllhalden kommt das Auto kaum voran, die scharfkantigen Steine zerschneiden die Reifen, sodass ständig Reparaturen notwendig sind (vgl. A.CS1 191 f.). Überdies setzen Hitze und Durst den Reisenden zu, bis die Heldin und ihr Begleiter physisch und psychisch am Ende ihrer Kräfte sind:

> Wir machten eine Stelle ausfindig, um den Wagen auf eine höher gelegene Pampa zu ziehen, und schleppten zu diesem Zweck den entleerten Wagen dreihundert Meter zurück. Mit unserem Handflaschenzug wanden wir den Wagen langsam hoch. Tränen der Verzweiflung liefen uns über die Wangen. [...] Der Durst quälte uns bis zur Unerträglichkeit, und schließlich fingen wir an, das Wasser aus dem Kühler zu trinken. Tagesleistung 150 Meter! – Es sieht traurig aus. [A.CS1 205 f.][12]

---

10 Vgl. ebd., S. 49 ff.
11 Ebd., S. 136.
12 Die hier zitierte Passage (und auch die folgende) ist aus der Sicht Carl-Axel Söderströms geschildert (mehr dazu später).

Die Durchquerung der Anden wird zur zentralen Krise, von der Sieg oder Niederlage der Heldin abhängen. Für einen Moment scheint es, als könne die Heldin ihr Ziel nicht erreichen:

> Die Sonne brannte. Die Zunge klebte am Gaumen. Wir verschlossen unseren Adlerwagen, und um 13.45 Uhr verließen wir ihn. Nur Pässe und Geld nahmen wir mit. Es war uns furchtbar, den Wagen aufzugeben und ihn seinem Schicksal in der Bergwüste zu überlassen, aber wir durften nicht länger zögern, solange noch die Hoffnung bestand, rechtzeitig Wasser zu erreichen. (A.CS1 206 f.)

Nach sechs Tagen müssen die Heldin und ihr Begleiter aufgeben, das Auto im Gebirge zurücklassen und zu Fuß zum Ausgangspunkt der Reiseetappe zurückkehren. Doch wie Vogler formuliert: „Sometimes things have to get worse before they can get better."[13] Stinnes und Söderström erholen sich von den Strapazen, organisieren die erneute Reparatur des Wagens sowie weitere Helfer, um das Gebirge doch noch zu überwinden. Geradezu symbolisch erscheint es, dass die Reisenden nach der überstandenen Prüfung „in den gesegneten Tälern der Apfelsinenzucht" (A.CS1 210) landen. Eine weitere Gefahren-Episode, die Rettung des Autos vor der Flut am Strand (vgl. A.CS1 211 f.), schließt den „Weg der Prüfungen"[14] ab, die letzten Reiseabschnitte durch Mittel- und Nordamerika verlaufen ohne weitere Behinderungen.

Mit dem Abschlusskapitel, das den Titel „Ausklang" trägt, schließt sich der Kreis, die Heldin kehrt in ihre vertraute Welt zurück und reflektiert am Ende kurz die überstandene Reise:

> So waren wir endgültig am Ende unserer Fahrt, die uns über zwei Jahre, in denen wir 49.244 Fahrkilometer zurücklegten, durch fremde Länder und Völker, durch Gefahr und Schönheit geführt hatte. Sie war uns gelungen, weil wir bis zu unserer letzten Kraft in Einigkeit zusammengehalten hatten, das Ziel, nach dem wir strebten, vor Augen. Sie war uns gelungen, weil das Glück uns zur Seite gestanden hat, und nicht zuletzt, weil uns in allen Ländern und in allen Bevölkerungsschichten Freunde erstanden. Denen sind wir dankbar. [A.CS1 265]

Stinnes betont in einem kurzen Resümee der Reise, wie wichtig die Unterstützung ihres Partners sowie die Hilfe anderer Menschen auf dem Weg war. Mit dieser Schlusswertung findet die Heldenreise einen ein-

---

13 Vogler 2007, S. 157.
14 Campbell 2011, S. 109.

deutig positiven Ausgang. Insgesamt bleibt festzuhalten, dass Clärenore Stinnes' Reisebericht *Im Auto durch zwei Welten* offensichtliche Parallelen zur typischen Heldenreise aufweist; die ästhetische Seite des autobiografischen Textes fundiert so die Mythisierung des Sujets sowie die Heroisierung der Protagonistin, auch wenn diese selbst in ihrer Erzählung meist nicht im Vordergrund steht, sondern – ganz neusachlich – hinter die Tat zurücktritt.

Wie in Kapitel 2.1 erläutert, laufen Mythisierungsprozesse stets kontextgebunden ab, es bleibt also zu untersuchen, inwiefern Stinnes mit ihrem autobiografischen Reisebericht an den Zeitgeist der 1920er Jahre anschließt. Thematisch greift die Autorin verschiedene virulente Diskurse der Zeit auf: die weibliche Emanzipation und den technischen Fortschritt. Wie bereits angedeutet geht Stinnes gleich im einleitenden Kapitel auf ihr genderuntypisches Verhalten ein:

> Trotz aller Mühe, die meine Mutter anwandte, um in mir die Liebe zu fraulichen Arbeiten zu wecken, überwog doch immer der Wunsch nach anderen Dingen. Sollte ich ihr bei der Näharbeit oder beim Strümpfestopfen helfen, so suchte ich nach allen möglichen Ausflüchten, um dem zu entgehen. Mich lockte es viel mehr, im Pferdestall die Geschichten unseres Kutschers Friedrich aus seiner Militärzeit zu hören, wobei er mir erlaubte, mich auf eines der Pferde zu setzen [...]. Soldaten, Kanonen, Burgen und Eisenbahnen waren mein Spielzeug bei schlechtem Wetter. [A.CS1 1]

Das klassische weibliche Rollenbild und die damit verbundenen Verhaltensweisen und Aufgaben lehnt Stinnes ab und verhält sich stattdessen eher wie ihre männlichen Altersgenossen (vgl. A.CS1 2). Der erzieherische Einfluss des Vaters bestärkt diese Tendenz: „Seitdem ich die Schule verlassen hatte – schon zu Lebzeiten meines Vaters –, war ich gewohnt zu arbeiten. Arbeit in männlichen Berufen, teils um sie zu erlernen, teils im Auftrag meines Vaters, dem ich später Rechenschaft über meine Tätigkeit ablegen mußte." (A.CS1 3) Zum einen rechtfertigt Stinnes durch diese Einleitung ihr Eindringen in die Männerdomäne Technik sowie ihr unweibliches Verhalten, zum anderen liefert sie eine Erklärung dafür, wie man als Frau überhaupt auf die Idee kommen kann, in Eigenregie mit dem Auto um die Welt zu fahren.

Dass sie die Genderthematik bereits in der Exposition aufgreift, lässt darauf schließen, dass Stinnes sich ihrer Ausnahmeposition durchaus bewusst ist, dennoch spielt das Thema Geschlecht im folgenden Reisebericht allenfalls eine Nebenrolle. Stinnes kommt auf ihrer Fahrt zwar ständig mit fremden, was das Geschlechterverständnis angeht meist traditionell ausgerichteten Kulturen in Kontakt, doch nur wenige kurze Passagen veranschaulichen das Aufeinandertreffen verschiedener Weiblichkeitskonzepte. Meist beschreibt die Autorin Reaktionen anderer auf ihr eigenes Erscheinungsbild und Verhalten: „Als Frau galt mir das größte Interesse. Mein Auftreten in Hosen erweckte Mißtrauen über mein Geschlecht, aber jeder Zweifel wurde schnell durch eine Indianerin gelöst, die auf mich zukam, mir die Hand aufs Herz legte und in gebrochenem Spanisch fragte: »Bist du Mann oder Frau?« Ich war Frau und konnte es nicht länger verleugnen." (A.CS1 244)

Die meisten wissen nicht mit Stinnes' atypischer Weiblichkeit umzugehen und versuchen, ihr Verhalten in traditionelle Rollenschemata einzuordnen: „Sei es in Kleinasien oder China, sei es der Journalist in den Vereinigten Staaten oder die Bäuerin im Innern Perus – immer bildeten Alter und Ehe den Kernpunkt der Fragen." (A.CS1 193) In den meisten Fällen lässt Stinnes die beschriebenen Situationen unkommentiert (vgl. A.CS1 52, 88, 129 f.); nur selten fühlt sie ihr Selbstverständnis durch die traditionelle Geschlechterordnung verletzt wie etwa in Japan: „Meine Gefühle waren sehr gemischter Natur, als ich die Entdeckung machte, daß die Aufforderung an Söderström, als erster ins Bad zu gehen, keine reine Formsache war; nein, er war der Herr und ich nur eine Frau, die an zweiter Stelle rangierte und nach ihm das gleiche (!) Bad benutzen durfte." (A.CS1 166) Während die Protagonistin das Verhalten der Gastgeber hier hinnimmt, setzt sie sich bei anderen Gelegenheiten zur Wehr und unterstreicht so ihre emanzipierte Gesinnung: „Ich hielt einen vorbeigehenden Offizier an; er verstand etwas Englisch. Wieder trug ich ihm unseren Wunsch vor. Als Antwort fragte er mich nach meinem Alter! »*Mind your own business!*« entgegnete ich ihm wütend und er ließ mich stehen." (A.CS1 150, Hervorhebung i. O.) Die hier angeführten Beispiele sind jedoch, wie bereits erwähnt, selten, das in der Exposition eingeführte moderne Selbstverständnis der Protagonistin liegt zwar dem gesamten Bericht zu Grunde, als Thema steht das Genderproblem jedoch an keiner Stelle der Reiseerzählung im Vordergrund. Ebenso wenig politisiert sie ihre Tat als spezifisch deutsche emanzipatorische Leistung.

Stinnes' ‚unweiblicher' Art entspricht der nüchterne, pragmatische Ton, in dem die Autorin die Reise schildert. Wie für das Genre des Reiseberichts üblich, steht die Informationsvermittlung im Vordergrund, poetische Ansprüche sind nebensächlich.[15] Zudem entspricht der sachliche Stil durchaus dem literarischen Trend der Zeit. Stinnes vermeidet subjektive Färbungen und wählt meist statt der privaten ich- die weniger persönliche wir-Form, die ihre Mitreisenden einschließt. Emotionale Äußerungen werden gemäß Stinnes' Selbstverständnis als Neuer Frau weitgehend vermieden oder zumindest durch die wir-Perspektive desubjektiviert: „31 Stunden ohne Schlaf! Die Spur war kaum zu finden. Unsere Kräfte waren am Ende. Ungewiß lag die Zukunft vor uns. Wie weit war es noch? Welche Gefahren standen uns noch bevor? Würden wir vom Wege abkommen, würden wir auf einen unbezwingbaren Berg treffen, auf einen gähnenden Abgrund oder einen schrägen Hang?" (A.CS1 122 f.)

Besonders deutlich zeigt sich diese Vermeidungsstrategie im 20. Kapitel, das die schwierigste Etappe in den Anden thematisiert. Stinnes und Söderström sind am Ende ihrer Kräfte, das Unternehmen steht kurz vor dem Scheitern – jedoch schildert Stinnes diese dramatische Situation nicht direkt, sondern zitiert aus Söderströms Tagebuch (A.CS1 196 ff.) und lässt damit den Begleiter für sich sprechen. Zwar erzählt auch dieser überwiegend in der wir-Form, wählt aber weit weniger nüchterne Formulierungen, um die Situation zu beschreiben: „Wir begannen unseren Fußmarsch. Clärenore fing an schwach zu werden. Wir mußten eine Pause einlegen und versuchten, uns gegenseitig Mut zuzureden, aber es war nichts als ein Versuch. Dann schwanden auch mir die Kräfte. Wir weinten wie die Kinder." (A.CS1 207) Im Monomythos ist es oft Aufgabe des Begleiters, beim Helden menschliche Gefühle zum Vorschein zu bringen[16] – eine wichtige Funktion innerhalb der Heldenerzählung, die durch den Perspektivenwechsel in *Im Auto durch zwei Welten* gelingt: Die Protagonistin zeigt in den Anden zum ersten Mal Schwäche, was die Unnahbarkeit des heldenhaften Charakters rela-

---

15 Vgl. Brenner 1993, S. 281.
16 Vgl. Vogler 2007, S. 71.

tiviert. Indem sie jedoch die Vermittlung dieser Episode an ihren Begleiter delegiert, bleibt ihr Status als Heldin ungebrochen. Im folgenden Kapitel setzt sie selbst die Erzählung in gewohnt sachlichem Ton fort.

Als sachlich lässt sich in den 1920er Jahren auch das Verhältnis der jungen Generation zur Technik beschreiben: „Hineingeboren in eine durchrationalisierte Welt, betrachten sie die Welt der Mechanik ganz einfach als ›gegeben‹ und ›selbstverständlich‹."[17] Ein ähnlich natürlicher Umgang mit den technischen Neuerungen der Zeit prägt auch Stinnes' Reisebericht, mit dessen Titel sie schon den Bezug zur Technik herstellt. Während das Auto im Roman der Weimarer Republik oft einen amerikanisch-mondänen Lebensstil symbolisiert,[18] kommt dem Wagen in *Im Auto durch zwei Welten* überwiegend funktionale Bedeutung zu. Stinnes befindet sich auf ihrer Propagandafahrt für die (deutsche) technische Zivilisation im ständigen Kampf gegen die Natur, doch die Technik steht nie im Vordergrund der Erzählung. Zwar fließt es in den Bericht ein, wie die Reisenden mit dem Wagen, Pannen, Unfällen und Reparaturen umgehen (vgl. A.CS1 56 u. 104 f.), doch die Beschreibung derartiger Situationen dominiert an keiner Stelle. Vor allem die Tatsache, dass auch Clärenore Stinnes als Frau über das nötige technische Know-how verfügt, um Reparaturen am Wagen selbst durchzuführen oder anzuleiten, verblüfft, wird jedoch weder hinterfragt noch näher kommentiert.[19] Dieser selbstverständliche Umgang mit Spezialwissen und technischen Fertigkeiten entspricht ganz ihrem Charakter; wie zu Beginn des Textes berichtet, bewegt sie sich selbstverständlich in Männerdomänen, es gibt also aus ihrer Perspektive keinen Grund, ihr technisches Wissen besonders hervorzuheben.

---

17 Wege 2000, S. 109.
18 Vgl. Radkau 2008, S. 324.
19 Zwar stieg in den zwanziger Jahren die Zahl der Selbstfahrerinnen schnell, Frauen, die sich für Technik interessierten und Reparaturen am Wagen selbst durchführten, gab es jedoch kaum, wie auch die *Allgemeine Automobil-Zeitung* aus Wien 1927 berichtet: „Es gehört wirklich schon ein gutes Stück Begeisterung dazu, wenn sich eine Dame dazu entschließen wollte, eine Schraubenmutter anzuziehen, die sich an schwer zugänglicher Stelle [...] gelockert hatte. Oder die sich die Arme bis zum Ellbogen mit Schmieröl beschmutzen will, um die Ursache einer Störung im Motor aufzufinden." (Frankreich hat mehr Autolenkerinnen als Österreich Autolenker. In: Allgemeine Automobil-Zeitung (1927), Nr. 2, S. 12).

Die Abhängigkeit der Reisenden von der Technik bleibt trotzdem bewusst. Beispielsweise wird das wechselnde Fahrtempo über unterschiedliche Erzählgeschwindigkeiten und deren Relation zueinander aufgezeigt, sodass die Durchquerung Südamerikas insgesamt sieben Kapitel einnimmt (vgl. Kapitel 18–24), die Fahrt auf den gut ausgebauten Straßen Nordamerikas dagegen nur knapp zwei (vgl. Kapitel 25 u. 26). Auch die Auswahl der abgedruckten Fotografien unterstützt die Relevanz der Technik: Zwar sind über die Hälfte der Bilder typische Reiseaufnahmen – Landschaften, Städte oder Bilder der einheimischen Bevölkerung –, die restlichen Bilder zeigen jedoch zum Großteil den Adler 6 in Fahrt und an wichtigen Stationen der Reise. Im Zentrum dieser Bilder steht stets der Wagen; die Totalansicht in verschiedenen Landschaften vermittelt den Eindruck technischer Leistungsfähigkeit in jeder Situation. Bei schwierigen Etappen häufen sich derartige Aufnahmen, wie etwa in Sibirien (A.CS1 Abb. 26 u. 31) oder in den Kordilleren. Gerade in diesem beschwerlichen Reiseabschnitt dominieren Bilder des Wagens, der sich durch Geröllwüsten kämpft (A.CS1 Abb. 69) oder steile Anstiege hinaufgezogen wird (A.CS1 Abb. 71). Technikverliebte Nah- und Detailaufnahmen des Autos spielen dagegen keine Rolle.

Zusätzlich hervorgehoben wird die Bedeutung der Technik durch die Art und Weise, in der Stinnes über ihr Auto spricht. Im ersten Kapitel beschreibt sie den Wagen und führt verschiedene technische Details an, um die Wahl des Modells Adler Standard 6 zu begründen: „Der Wagen schien stark und leistungsfähig, aber vor allem war sein Bau kurz und gedrungen, mit einer stabilen Stahlkarosserie versehen." (A.CS1 5) Sie erläutert die Reifenwahl und ihre Entscheidung, den Wagen mit Benzol statt mit Benzin zu betreiben (A.CS1 9). Während Stinnes das Auto in der Exposition also hauptsächlich rational aus technischer Perspektive betrachtet, entwickelt sich im Laufe der Fahrt eine persönliche Beziehung zu ihrem „kleine[n] Adler" (vgl. A.CS1 234). Die Maschine wird zunehmend personifiziert, nach Pannen und Unfällen als Verletzter betrachtet (vgl. A.CS1 216) und bedauert wie ein Kranker (vgl. z. B. A.CS1 218). Der liebevolle Umgang mit dem Auto sticht im sonst sachlichen Ton hervor[20] und ruft durch diese Akzentuierung der Technik in

---

20 Der Ton, in dem Stinnes über das Auto spricht, ist in etwa vergleichbar mit dem Sprechen über den tierischen Reisebegleiter, Stinnes' Hund Lord (vgl. z. B. A.CS1 238).

Erinnerung, dass die Fahrt um die Welt in erster Linie als Pionierfahrt für die Vorteile des technischen Fortschritts dient. Mit der Vermenschlichung des Wagens inszeniert Stinnes ein Leben im Einklang mit Technik und zivilisatorischem Fortschritt, der Adler 6 erlangt so innerhalb der Heldenerzählung den Stellenwert eines Begleiters oder Verbündeten.

*

Zusätzlich zum 1929 erschienenen Reisebericht *Im Auto durch zwei Welten* kam 1931 der gleichnamige Film, der Söderströms und Stinnes' Kamera-Aufnahmen zeigt, in die Kinos. Wie Schütz feststellt, war „die Präsenz der audiovisuellen Medien in den zwanziger Jahren für Autobiographie und Reiseliteratur eine besondere Herausforderung."[21] Die Fotografie und vor allem der Film liefern glaubhafte Aufnahmen der Reise und treten so in unmittelbare Konkurrenz zum klassischen Reisebericht. Stinnes war sich dessen bewusst und beschloss schon vor Reisebeginn, einen Kameramann zu engagieren, der die Fahrt begleiten und „*filmisch* auswerte[n]" (A.CS1 27, Hervorhebung i. O.) sollte. Während sie im Buch nicht näher auf diese Entscheidung eingeht, schickt sie im Film den eigentlichen Reiseaufnahmen einen Kommentar zum neuen Medium voraus:

> Das Wort von dem, der eine Reise tut, und der dann was erzählen kann, hat allmählich einen leisen Beigeschmack von Ironie erhalten. Derjenige, der unerforschte Gebiete bereist, kann erzählen, was er will, ob es wahr ist oder nicht. [...] Nun gibt es den Film. Alle Reisenden filmen, und das mit Recht, denn der Film ist der dokumentarische Idealbeweis vollbrachter Leistungen und eroberter Fernen. Ein solcher Beweis ist wichtig. Es ist selbstverständlich, dass der Mensch, der die Heimat verlässt, um ein Wagnis zu unternehmen, das ihn weit weg von dieser Heimat führt, das Bedürfnis verspürt, hinterher, wenn es geglückt ist, Rechenschaft abzulegen. Deshalb haben auch wir gefilmt. [A.CS2 00:23–02:00]

Der Film soll also beweisen, dass Stinnes ihre Fahrt um die Welt tatsächlich gelungen ist. Diesem Ziel entsprechend setzen die Aufnahmen, ähnlich wie die Fotografien im Buch, weniger die Personen bzw. die Heldin, sondern vielmehr das Auto in Szene. Neben typischen Reiseauf-

---

21 Schütz 1995, S. 550.

nahmen – Menschen, Landschaften usw. – zeigt der Film vor allem den fahrenden Adler 6 in der Totalen oder Super-Totalen. Im Fokus steht jeweils der Wagen vor den verschiedenen Landschaften und Sehenswürdigkeiten auf der Route, sodass glaubhaft dokumentiert wird, dass der Weg wirklich mit dem Auto zurückgelegt wurde.

Im Gegensatz zum Buch überwiegt im Film der dokumentarische Charakter, Stinnes präsentiert aneinandergereihtes Filmmaterial, das im Wesentlichen dem Reiseverlauf folgt, erzählerisch jedoch nur wenig überformt ist. Eine dreiteilige Struktur bleibt dennoch zu erkennen: Der Film lässt sich in 10 Abschnitte einteilen, die, wie auch im Buch, den einzelnen Reiseetappen entsprechen und jeweils durch Stinnes' Kommentare eingeleitet werden. Nach ihrer eröffnenden Bemerkung zum Medium Film nutzt Stinnes die nächste Einstellung, um ihre Reisebegleiter Söderström und Hund Lord sowie die geplante Reiseroute vorzustellen (vgl. A.CS2 00:21–02:39). Informationen über ihre Kindheit sowie die Einführung ihrer wichtigsten Charaktereigenschaften fehlen in dieser Exposition, die anschließenden Aufnahmen zeigen bereits den Aufbruch in Frankfurt und die erste Reiseetappe über den Balkan und die Türkei nach Moskau (vgl. A.CS2 03:48–18:39). Einige Aufnahmen werden musikalisch unterlegt, andere kommentiert Stinnes aus dem Off und informiert dabei über Land, Menschen oder Bräuche. Persönliches kommt dagegen kaum zur Sprache. Auch im Film überwiegt also der sachliche Ton sowie eine objektivierte Perspektive.

Eine Ausnahme bildet dabei, ebenfalls analog zum Buch, der Höhepunkt der Heldenreise, die Fahrt durch die Anden. Während die Deutung dieser Episode als Klimax im Reisebericht dem Leser überlassen bleibt, interpretiert Stinnes im Film die Dramaturgie der Reise selbst:

> Es mutet wie die dramatische Regie einer höheren Gewalt an, dass die gefahrvollsten Höhepunkte unserer Erlebnisse erst im Schlussakt unserer Weltfahrt auftraten. Hier war es, wo wir – Söderström und ich – mehr als einmal den Mut sinken ließen. Die Verzweiflung starrte uns wochen- und monatelang aus den Steinwüsten der Kordilleren entgegen, dem quälenden Sand und den wilden Schluchten, die uns oft vor schier unlösbare Aufgaben stellten. [...] Bei der Überwindung der peruanischen Kordilleren vollführte Söderström einmal eine wahre Todesfahrt über einen steilen Abhang. [A.CS2 45:21–46:19]

Die folgenden Aufnahmen zeigen in über sechs Minuten meist das Auto, wie es auf Geröll nur langsam vorankommt, von mehreren Männern oder Ochsen Anhöhen hinaufgezogen wird oder steile Abhänge hinunter rollt. Die dazu eingespielte Musik verstärkt den Spannungseffekt der dramatischen Szenen zusätzlich (vgl. vor allem A.CS2 48:20–48:40). Am Ende der Episode sieht man kurz Stinnes und Söderström, wie sie nach der Anstrengung, erschöpft, aber sichtlich erleichtert, aus dem Wagen steigen.

Der Vergleich der Reise mit einer Regiearbeit unterstützt die Rezeption des Films als monomythische Heldenerzählung, in der der Held am Höhepunkt seiner Reise die schwerste Prüfung bestehen muss – auch wenn die dokumentierenden Szenen des Films generell kaum erzählerisch überformt sind. Der letzte Filmabschnitt widmet sich schließlich der Rückkehr nach Europa: Stinnes reflektiert in einem abschließenden Kommentar noch einmal „Wesen und Zweck [ihrer] Fahrt" (A.CS2 55:01 f.); die letzte Sequenz dokumentiert die „Fahrt in die Heimat" (A.CS2 55:33 f.) sowie die Ankunft und feierliche Begrüßung in Berlin.

Stinnes inszeniert sich selbst im Film vor allem über die Kommentar-Szenen, in denen sie allein vor neutralem Hintergrund zu sehen ist, die Reise kommentiert oder den Inhalt der folgenden Filmausschnitte ankündigt. Wie schon im Buch *Im Auto durch zwei Welten* fällt auch hier der sachlich berichtende Ton auf. Passend zu diesem ‚unweiblichen' Kommunikationsstil trägt Stinnes Krawatte und Jackett, die typischen Kleidungsstücke der Neuen Frau bzw. der Garçonne. Auch die Reiseaufnahmen zeigen Stinnes in Herrenkleidung, mehrfach auch bei körperlichen Anstrengungen (vgl. z. B. A.CS2 13:43 f.). Starke, nach außen getragene Emotionen – in traditioneller Zuschreibung auch eine Eigenschaft des weiblichen Geschlechts – finden sich kaum, mit Ausnahme der freudigen Reaktion auf die gelungene Reise am Ende des Films (vgl. A.CS2 57:18). Im Gegensatz zum Buch wird im Film jedoch an keiner Stelle – nicht einmal in der Exposition – das Geschlecht der Protagonistin angesprochen, noch viel weniger das Ungewöhnliche der Weltreise einer Frau hervorgehoben. Episoden, die den Konflikt traditioneller und moderner weiblicher Rollenbilder konkretisieren, fehlen im Film gänzlich. Im Vergleich zum Buch tritt die Protagonistin hier fast komplett zurück, im Vordergrund stehen immer Reiseaufnahmen bzw. das Auto.

Bereits in der Exposition betont Stinnes, dass es sich bei ihrem Wagen um „ein Erzeugnis des deutschen Großgewerbes" (A.CS2 02:05 f.) handelt. Was anfangs als Politisierung der Reise als Propagandafahrt für deutsche Technik anmutet, wird im abschließenden Kommentar generalisiert, indem Stinnes die Reise ganz allgemein als Öffentlichkeitsarbeit für den Fortschritt der Technik und der Mobilität deklariert: „Und so war es Wesen und Zweck unserer Fahrt, auch in einem tieferen und dem gewöhnlichen Wortgebrauch entrückten Sinne, dem Verstehen aller Völker und aller verschiedensten Gedankenkreise eine breite, schöne und bequeme Autostraße zu bahnen." (A.CS2 54:57 f.) Die Filmaufnahmen demonstrieren deutlich die ‚Leistung' des Autos, das auf Sand (vgl. A.CS2 08:03–08:10), Eis (vgl. A.CS2 20:36–22:17) und Geröll (vgl. A.CS2 49:34–50:45) zwar nur mühsam vorankommt, aber doch alle Unwegsamkeiten überwindet. Wie schon bei der Fotoauswahl im Buch finden sich auch im Film keine technikverliebten Detailaufnahmen des Wagens. Allein das funktionale Potenzial der Technik – die Vorstellung des Autos als Wegbereiter – macht die Faszination aus.

Schließlich bleibt festzuhalten, dass sowohl im Buch als auch im Film keine offensichtliche Politisierung stattfindet. Das ‚unweibliche' Verhalten der Protagonistin und ihr Vorhaben, mit einem deutschen Wagen für den Fortschritt der Technik zu werben, bergen unbestritten ein politisches Potenzial, das Stinnes jedoch nur indirekt tangiert und weder im Buch noch im Film offen verbalisiert. Beobachtungen von bzw. Kommentare zu anderen politischen Systemen, reaktionären Weiblichkeitskonzepten oder generellen sozialen Missständen fehlen, stattdessen zeigt die Autorin eine durchweg interessierte, jedoch fast ausschließlich positiv-wertfreie Perspektive auf die fremden Kulturen, denen sie während ihrer Reise begegnet.

4.1.2 Marga von Etzdorf: *Kiek in die Welt*

1931, nur ein Jahr vor ihrem Tod, erschien Marga von Etzdorfs Autobiografie *Kiek in die Welt. Als deutsche Fliegerin über drei Erdteilen*.[22] Bekanntheit erlangte von Etzdorf sowohl als zweite deutsche Fliegerin, die den A2-Flugschein erwarb, als auch durch mehrere Rekord-Langstreckenflüge, vor allem ihren Alleinflug von Berlin nach Japan; diese Leistungen bilden auch die thematischen Schwerpunkte ihrer Autobiografie. Obwohl die Flugreisen mehr als die Hälfte des Textes einnehmen, spielt die „bereiste Wirklichkeit"[23] hier eine weitaus geringere Rolle als in Stinnes' *Im Auto durch zwei Welten*, sodass sich *Kiek in die Welt* mehr als Autobiografie denn als Reisebericht liest.

Der Text lässt sich in drei Sinnabschnitte gliedern, die jedoch nicht vollständig der typischen Dreiteilung monomythischer Heldenerzählungen entsprechen: Auf eine kurze Exposition folgen vier Kapitel, in denen von Etzdorf ihre Ausbildung zur Fliegerin nachzeichnet, sowie drei längere Kapitel zu den (Rekord-)Flügen nach Konstantinopel, zu den Kanarischen Inseln und nach Japan. Diese beiden größeren thematischen Abschnitte der Autobiografie, die Ausbildung zur Pilotin sowie die drei Langstreckenflüge, entsprechen dem Weg der rituellen Prüfungen, die eine Heldin bestreiten muss. Der letzte Teil ihrer historischen Heldenreise, die Rückkehr – überschattet von einem Absturz in Siam, bei dem das Flugzeug vollständig zerstört und die Pilotin schwer verletzt wurde –, wird in von Etzdorfs Autobiografie ausgespart. Der Text schließt mit einem Kommentar des Lufthansa-Pressesprechers[24] Dr. Heinz Orlovius, der von Etzdorfs fliegerische Leistungen in den zeitgenössischen gesellschaftlichen Kontext einordnet und würdigt.

Wie Stinnes leitet auch von Etzdorf ihre Autobiografie mit einem Rückblick in die Kindheit ein und motiviert ihre außergewöhnliche Entscheidung, in die Männerdomäne Flugsport einzudringen, durch typische Charaktereigenschaften wie Abenteuerlust und Leichtsinn (vgl.

---

22 Marga von Etzdorf: Kiek in die Welt. Als deutsche Fliegerin über drei Erdteilen. Berlin: Union Deutsche Verlagsgesellschaft 1931. Im Folgenden zitiert als A.ME.
23 Peter J. Brenner: Schwierige Reisen. Wandlungen des Reiseberichts in Deutschland 1918–1945. In: Ders. (Hg.): Reisekultur in Deutschland: Von der Weimarer Republik zum ‚Dritten Reich'. Tübingen: Max Niemeyer 1997, S. 127–176, hier 132.
24 Vgl. Zegenhagen 2007, S. 172.

A.ME 12) sowie ihre zumindest teilweise genderuntypische Erziehung durch ihre Großeltern (vgl. A.ME 11). Eine wichtige Rolle spielte außerdem ein „dem Anschein nach [läppischer] Zufall",[25] der von Etzdorf zu ihrem ersten Flugerlebnis führte (vgl. A.ME 14)[26] – Campbells Schema zufolge ein häufig gebrauchtes Muster, um einen Helden zu seiner Bestimmung zu führen. Darüber hinaus werden bereits im einleitenden Kapitel relevante Themen für die Mythisierung, wie etwa das Problem, sich als Frau in einem Männerberuf durchzusetzen (vgl. A.ME 13), oder eine intuitive Verbindung zur Technik (vgl. A.ME 14 f.) angedeutet. Die Exposition führt so einerseits in die ‚normale Welt'[27] ein und legt zugleich den Grundstein für die spätere Verknüpfung der Diskurse Weiblichkeit und Technik.

Die Grenze, die von Etzdorf zum sogenannten ‚mythischen Raum' überschreitet, als sie zu ihrer Heldenreise aufbricht, ist weniger eine physische als vielmehr eine ideelle. Mit dem Entschluss, Fliegerin zu werden – und nicht etwa „Gärtnerin oder Fürsorgerin" (A.ME 13) – dringt von Etzdorf in die Männerdomäne Technik ein, überwindet also die Grenze damals gültiger Geschlechterideale: „Im Winter 1926–1927 war es noch eine Seltenheit, daß ein Mädchen flog." (A.ME 17) In der fremden, männlich geprägten und dominierten Welt der Technik muss sie sich nun bewähren und verschiedene Kompetenzen erwerben, um sich als Fliegerin zu etablieren. Gerade zu Beginn ihrer Karriere hat von Etzdorf als Frau mit erschwerten Bedingungen bei der Ausbildung zur Pilotin zu kämpfen. Während ihre männlichen Kollegen qua genderspezifischer vorhergehender Förderung bereits über das nötige Vorwissen für die Flugschein-Prüfung verfügen, muss von Etzdorf sich das technische Know-how erst neu erarbeiten, um den Wissensstand ihrer männlichen Kollegen zu erreichen (vgl. A.ME 19).

Nach der bestandenen Prüfung stellte die Lufthansa von Etzdorf und damit erstmals eine Frau als zweite Führerin ein. Der Einstieg in eine erfolgreiche berufliche Laufbahn scheint damit geglückt, doch schon der nächste Karriereschritt wird zum Prüfstein, da die Deutsche Verkehrs-

---

25 Campbell 2011, S. 64.
26 Ein Bekannter schenkt der jungen Marga „einen Flugschein, den er schon lange bei sich herumliegen hatte, und der zu einem Rundflug bei der inzwischen längst verschollenen Fliegerschule Bornemann in Staaken berechtigte" (A.ME 14).
27 Vgl. Vogler 2007, S. 83 f.

fliegerschule keine Frauen aufnimmt: „Die Erlangung des B-Scheins war für mich als Frau dadurch sehr erschwert, daß ich nicht die Deutsche Verkehrsfliegerschule besuchen konnte, auf der ich alle Prüfungsbedingungen hätte hintereinander erledigen können." (A.ME 52) Als Pionierin in ihrem Berufsfeld trifft von Etzdorf auf das Regelsystem des männlich dominierten Flugwesens und muss sich wiederum beweisen, um ihre Ziele zu verwirklichen. Erst mit dem Erlangen der B-Fluglizenz am Ende des ersten großen Abschnitts der Autobiografie sind alle durch die Geschlechtszugehörigkeit bedingten Hindernisse überwunden, von Etzdorf hat ihren Platz in der Fliegerszene gefunden. Die noch bevorstehenden Prüfungen während der verschiedenen Langstreckenflüge sind nicht darauf zurückzuführen, dass von Etzdorf als Frau reist: So muss sie etwa für jeden Flug die nötigen finanziellen Mittel beschaffen (vgl. A.ME 97, 143), und immer wieder beeinträchtigen schlechtes Wetter, mangelhaftes Kartenmaterial (vgl. A.ME 79) oder die unsichere politische Lage der überflogenen Gebiete (vgl. A.ME 114) ihr Vorankommen.

Die chronologisch aneinandergereihten Reise-Episoden gipfeln in von Etzdorfs ‚Feuerprobe',[28] dem Alleinflug über den eurasischen Kontinent nach Japan. Zu den schwierigen Wetterbedingungen über Sibirien und Südostasien (vgl. z. B. A.ME 169) kommt hier die extreme physische Beanspruchung auf dem über 10.000 km langen Flug: „Mein Rücken schmerzte durch das dauernde Stillsitzen, und vergebens rutschte ich auf meinem Sitz hin und her, keine Veränderung half länger als ein paar Minuten. Außerdem plagte mich ein scheußlicher Sonnenbrand, der sehr weh tat und mit jedem Tag schlimmer wurde." (A.ME 154) Zusätzlich strapazieren die Erfahrung von Fremde und Einsamkeit und die mit dem Alleinflug verbundene Langeweile über der „eintönigen Grenzenlosigkeit" (A.ME 160) Sibiriens die psychische Belastbarkeit der Heldin.

Die spätere Heroisierung der Fliegerin beruht zu großen Teilen auf dieser Demonstration physischer und psychischer Stärke und der trotz aller Schwierigkeiten erbrachten Rekordleistung. Dieser in der Autobiografie erzählte Lebensabschnitt der Fliegerin endet mit der Landung in Tokio am Nachmittag des 29. Augusts (vgl. A.ME 170). Über die begei-

---

28 Vgl. Vogler 2007, S. 155 f.

sterte Aufnahme in Japan, die zahlreichen „Ehrengeschenke"[29] sowie den Stolz über die eigene Leistung berichtet von Etzdorf nur in verschiedenen Zeitungs- und Zeitschriftenartikeln.[30] Sowohl den feierlichen Empfang als auch die Heimreise spart von Etzdorf in ihrer Autobiografie aus und lässt den erzählten Lebensabschnitt so mit dem Bestehen der entscheidenden Prüfung enden.

Zwar entspricht *Kiek in die Welt* strukturell nicht dem prototypischen Aufbau des Monomythos, dennoch inszeniert sich Marga von Etzdorf als Heldin im Sinne von Allison und Goethals. Als Pionierin des „körper- und geiststählenden"[31] Flugsports beweist sie Mut, Durchsetzungsvermögen und die Bereitschaft, extreme technische und physische Herausforderungen zu meistern.[32] Ebenso entsprechen ihr Pioniergeist sowie der Ehrgeiz, die eigenen Leistungen zu steigern und sich immer neuen Herausforderungen zu stellen, der Vorstellung von Heldentum: „Aber wie es immer im Leben zu sein pflegt, wenn man einmal die Größe und Schönheit eines Erlebnisses gespürt hat, so kann man nicht mehr davon lassen und trägt immer den Gedanken in sich, eine Wiederholung, oder wenn es möglich wäre, eine Steigerung zu erfahren." (A.ME 143)

Der bedeutendste Faktor im Heroisierungsprozess betrifft jedoch ihr Geschlecht. Bereits im einleitenden ersten Kapitel macht von Etzdorf den Lesern die Tragweite ihrer Berufswahl bewusst: „[I]ch muß sagen, daß eine ganz ferne, ganz kleine Sehnsucht zu fliegen, schon damals in mir steckte, die sich in dem Stoßseufzer äußerte: »Wenn ich ein Junge wäre, würde ich Flieger werden.«" (A.ME 12 f.) Obwohl es in den 1920er Jahren kaum vorstellbar war, als Pilotin zu arbeiten, und von Etzdorf offensichtlich auch im Sinne traditioneller Rollenverteilung erzogen worden war, entschied sie sich für diesen Weg. Wie oben bereits erläutert, war vor allem die Ausbildung zur Fliegerin mit erheblichen Schwierigkeiten verbunden. Bereits in diesem frühen Abschnitt ihrer Autobiografie akzentuiert von Etzdorf ihre Ausnahmestellung als „dritte deutsche

---

29 Marga v. Etzdorf: Mit Blumen überschüttet. Wie Tokio Frl. v. Etzdorf feiert. O. Q. (DMA:NL 075/007 GF).
30 Vgl. ebd.; Marga v. Etzdorf: Mein Flug nach Tokio. [Tempo. 1931] DMA:NL075/008.
31 Hugo Junkers im Geleitwort zu *Kiek in die Welt* (A.ME 5).
32 Vgl. Allison/Goethals 2011, S. 123 f.

und erste Berliner Fliegerin" (A.ME 28) sowie später als „erste und einzige B-Fliegerin Deutschlands" (A.ME 59). Die gesellschaftliche Wahrnehmung der weiblichen Pilotin fehlt in dieser Anfangsphase noch, häufig wird sie für einen Mann gehalten – eine Erwartungshaltung, die die Fliegerin meist nicht zu enttäuschen versucht: „Einmal, als ich im Fliegerdreß über die langen, dunklen Flure im Verwaltungsgebäude des Berliner Flughafens ging, flog mir mit erkünsteltem Stolpern plötzlich ein Mädchen um den Hals und suchte bei mir Halt in starken Männerarmen. Sollte ich hier eine Illusion zerstören? Mit möglichst tiefer Stimme murmelte ich »Hoppla«, stellte das Mädchen wieder hin und stampfte männlich weiter." (A.ME 52)

Während sie ihre Situation zunehmend als selbstverständlich wahrnimmt und die öffentliche Aufmerksamkeit genießt (A.ME 39), eckt sie, vor allem in anderen Kulturen, als fliegende bzw. allein reisende Frau weiterhin an und wird sich dabei ihrer Rolle als Pionierin bewusst: „An ihrer erstaunten Bewunderung merkte ich erst, daß ich hier als fliegende Frau eine Seltenheit war" (A.ME 72). Sowohl auf den Militärbasen, deren Flughäfen von Etzdorf für Zwischenlandungen und -aufenthalte nutzt, als auch in privater Gesellschaft ist sie außerhalb Deutschlands oft die einzige Frau. Obwohl sie nicht selten mit ihrem Auftreten ungewollt gesellschaftliche Regeln und Konventionen verletzt (vgl. z. B. A.ME 108 u. 121), beugt sie sich nie dem gesellschaftlichen Druck und inszeniert sich selbstbewusst entgegen der Klischees typischer Weiblichkeit. Wie Stinnes wählt auch von Etzdorf eine überwiegend sachlichnüchterne Sprechweise und entspricht damit sowohl dem Zeitgeist als auch dem Bild der Neuen Frau. Einzelne Passagen, in denen sie diese neutrale Sprechweise durchbricht, dem Leser Emotionen (vgl. A.ME 34) und persönliche Eindrücke (vgl. A.ME 83) mitteilt oder gar ins Schwärmen verfällt (vgl. A.ME 44), heben diesen Gesamteindruck nicht auf, sondern unterstützen die positive, menschliche Zeichnung der Heldin und deren Begeisterung für die Sache.

Betont wird ihre unweibliche Art auch durch ein Brustbild, das dem Text vorangestellt ist und von Etzdorf in ihrer Arbeitskleidung zeigt. Die Abbildung lässt kaum weibliche Züge erkennen und unterstreicht die androgyne Seite der Fliegerin: Das Gesicht ist ungeschminkt, eine Fliegerhaube verdeckt die Haare, ein Overall die weibliche Figur. In der

Hand hält sie eine brennende Zigarette – ein typisches Attribut der Neuen Frau, das auch auf zahlreichen zeitgenössischen Werken der bildenden Kunst zu finden ist. Von Etzdorf inszeniert sich durch die Wahl ihrer Kleidung und Attribute als Vertreterin emanzipierter Weiblichkeit, vor allem aber als Fliegerin.[33] Die Fotografie steht an prominenter Stelle unmittelbar vor der Titelei und präfiguriert so die Wahrnehmung der Leser. Indem die Heldin nicht ihre Weiblichkeit, sondern ihre berufliche Tätigkeit fokussiert, baut sie ihre Inszenierung der erbrachten fliegerischen Leistung auf und ordnet damit ihre Geschlechtszugehörigkeit dieser unter. Abgesehen von zwei Kinderfotos am Ende des ersten Kapitels setzt sich die Identifikation mit dem Beruf in den weiteren Abbildungen fort,[34] auf denen sie ausschließlich zusammen mit ihrem Flugzeug „Kiek in die Welt" abgelichtet ist, auch hier fast immer in ihrer Fliegermontur. Die Fotografien demonstrieren damit nicht nur von Etzdorfs Selbstbild, sondern auch ihre Beziehung zur Technik.

Zu Beginn ihrer Lehrzeit sieht sie die Auseinandersetzung mit der Technik eher als Notwendigkeit denn als Vergnügen. Die Aneignung technischer Kenntnisse und Fertigkeiten ist ein Grundbestandteil der Pilotenausbildung und für eine Karriere in der Fliegerei unerlässlich. Nach anfänglichem Befremden gegenüber dem Sujet entwickelt sich jedoch eine gewisse Faszination für die Technik – besonders „das Arbeiten an den Motoren [...], vom Ventilschleifen bis zum Magnetauseinandernehmen" (A.ME 20) begeistert die angehende Fliegerin –, die in ihrem Enthusiasmus für die eigene Maschine kulminiert. Mütterliche Gefühle bestimmen die erste ‚Begegnung' mit ihrem Flugzeug:

> Da stand mein kleiner Junior, nach meinen Angaben leuchtend gelb gestrichen und mit einer roten Nummer versehen, mitten auf der grünen Wiese. [...] Mein Junior – es ist doch ein ganz unbeschreibliches Gefühl, den ersten Flug mit der eigenen Maschine zu machen. Ich genoß dieses

---

33 Vgl. im Gegensatz dazu andere Fliegerinnen, die sich auf Fotografien typisch weiblich präsentieren wie etwa Elly Beinhorn, die sich in ihrem Reisebericht *Ein Mädchen fliegt um die Welt* fast ausschließlich in modischer, figurbetonter Kleidung statt in typischer Fliegerkluft präsentiert und so ihre Geschlechtszugehörigkeit bewusst als Marketinginstrument ausspielt (vgl. Elly Beinhorn: Ein Mädchen fliegt um die Welt. Berlin: Reimar Hobbing 1932, S. 5, 46, 56, 117, 169, 179 u. 192).

34 Bei den meisten der 34 Abbildungen handelt es sich um typische Reisebilder, die die Stationen der einzelnen Flüge aus verschiedenen Perspektiven zeigen, die Fliegerin selbst ist nur auf wenigen Abbildungen zu sehen.

Gefühl, indem ich möglichst tief über Wäldern, Feldern, Seen und Städten dahinbrauste.
[...] Je tiefer man ist, desto weniger weit kann man ohne Motorkraft schweben und ist ohne Gnade auf das gerade unter einem liegende Stückchen Erde angewiesen. Aber jetzt war ich ja mein eigener Herr, kein Mensch hatte mir etwas zu sagen, immer tiefer, immer tiefer, herrlich gings! [A.ME 57]

Entgegen dem ansonsten vorherrschenden sachlich-nüchternen Erzählton formuliert von Etzdorf in dieser Passage affektiv: Adjektive schmücken die Beschreibung des Flugzeugs aus, Wiederholungen und Ausrufe unterstreichen ihre Emotionalität. Wie bei Stinnes und ihrem Adler 6 ist die individuelle Bindung zwischen Pilotin und Flugzeug mit einer Personifizierung der Maschine verbunden: Von Etzdorf nennt ihr Flugzeug meist beim Namen (vgl. z. B. A.ME 74) und spricht von der Maschine wie von einem menschlichen Wesen mit „Leib und Gliedern" (A.ME 143), das sich Verletzungen zuzieht (vgl. A.ME 100) und „auf dem Bauch" (A.ME 141) landet. Im Text überwiegt bei der sprachlichen Auseinandersetzung mit der Technik also eindeutig die emotionale Seite, technische Lektionen wie etwa in Amilia Earharts Autobiografie *The Fun of It*[35] fehlen vollständig.

Darüber hinaus prägt das Flugzeug in verschiedener Hinsicht den gesamten Text. So wählt von Etzdorf den Namen des Flugzeugs, „Kiek in die Welt", schon als Titel ihrer Autobiografie; inhaltlich dreht sich der Text vor allem um die drei großen Flugreisen mit der Junkers Junior und endet mit ihrem Absturz nach der Japanreise, also der Zerstörung der Maschine. Folglich kann man argumentieren, dass es sich bei diesem Text nicht nur um die Lebensbeschreibung Marga von Etzdorfs, sondern auch um die Biografie ihres Flugzeugs handelt. Besonders bemerkenswert ist außerdem, dass von Etzdorf ihr Flugzeug als männliches Wesen betrachtet, wie verschiedene Formulierungen – „mein kleiner Junior" (A.ME 57) oder die Bestimmung *„der* ‚Kiek in die Welt'" (Hervorh. KK) – erkennen lassen. Wie Schiffe gelten auch Flugzeuge in der westlichen Kultur generell als weiblich und werden mit entspre-

---

35 So fügt Earhart ihrer Autobiografie z. B. die Aufnahme eines Cockpits mit Erklärungen sämtlicher Anzeigen und Hebel bei (vgl. Amilia Earhart: The Fun of It. Random Records of My Own Flying and of Women in Aviation. Chicago: Academy Press 1977, gegenüber S. 23).

chenden Namen versehen. Die Tatsache, dass von Etzdorf ihr Flugzeug entgegen dieser Konvention als männliches Wesen betrachtet, unterstreicht die Unerhörtheit ihres eigenen Erfolgs im männlichen Flugsport.

Die Geschlechterthematik spiegelt sich auf einer weiteren Ebene der Technik wider: Mit dem Eindringen in die Männerdomäne des Flugsports setzt von Etzdorf sich über gesellschaftliche Konventionen hinweg und verletzt die Grenze der geltenden Geschlechternormen. Indem sie die soziale Grenze überschreitet, quert sie zugleich auch eine physische: Die Welt dahinter unterscheidet sich in jeder Hinsicht von der alltäglichen Welt einer Frau, vor allem steht sie unter der Ägide der Technik. Nach ihrem ersten Alleinflug spricht von Etzdorf vom „Gefühl der unendlichen, dreidimensionalen Freiheit, das einem nur das Fliegen geben kann" (A.ME 26). Die technische Welt des Flugsports eröffnet neue Möglichkeiten, die sich erzählerisch vor allem in der Perspektive widerspiegeln – die Fliegerin betrachtet ihre Umwelt hauptsächlich von oben: „Als ich den Jura erreichte und überquerte, bot sich mir ein herrlich schönes Bild. Vom klaren blauen Himmel schien die Sonne auf ein riesiges Wolkenmeer, das sich unabsehbar in strahlender Klarheit vor mir ausbreitete. In der Ferne erhoben sich, wie Felsen aus schäumender Brandung, dunkle Bergspitzen." (A.ME 99 f.)

Gleichzeitig setzt sie die neu gewonnene Sichtweise auch fotografisch um. Etwa die Hälfte der abgedruckten Bilder zeigt Motive – Landschaften, Städte und Sehenswürdigkeiten – aus der Vogelperspektive (vgl. z. B. A.ME gegenüber 33, 80, 81 u. 129). Ihre neue Beobachterposition ermöglicht von Etzdorf zudem den Zugang zu exklusivem Wissen, von dem Nicht-Angehörige der Fliegerwelt per se ausgeschlossen sind (vgl. z. B A.ME 119). Durch ihre Ausbildung und die neuen Erfahrungen während der Flüge eignet sie sich Herrschaftswissen an, das bisher nicht für Frauen zugänglich war, und unterwandert so die sich in der Technik manifestierenden vergeschlechtlichten Herrschaftsstrukturen. Sie überschreitet also eine soziale Grenze, dringt in die männlich dominierte Sphäre ein und verändert diese durch ihre Partizipation. Als eine der ersten Fliegerinnen trägt von Etzdorf zum Aufschwung der Frauenfliegerei bei und bewirkt so eine teilweise Auflockerung der Männerdomäne, ebnet also gewissermaßen den Weg für ihre Nachfolgerinnen.

Zusätzlich zu den typischen Charaktereigenschaften und überragenden Leistungen der Heldin spielt bei Real-World-Heroes die mediale Präsentation eine entscheidende Rolle im Heroisierungsverlauf. Mit ihrer Autobiografie trägt die Fliegerin selbst zu ihrer Inszenierung bei, reflektiert dabei aber zugleich den medialen Prozess. Mehrfach spricht sie davon, wie die Öffentlichkeit bzw. die Journalisten auf ihre Erfolge und Leistungen reagieren,[36] anfangs noch mit einigem Befremden – „[d]ie schrecklichsten Bilder starrten mich aus den illustrierten Blättern an" (A.ME 30) –, später mit mehr Selbstbewusstsein, wie etwa bei ihrer Ankunft auf Teneriffa: „Als ich nachmittags mit dem Konsul in die Stadt fuhr, hielten mir die Kinder auf den Straßen meine Bilder aus den Zeitungen entgegen. Im Handumdrehen war ich zu einer stadt-, fast inselbekannten Persönlichkeit geworden." (A.ME 124) Schließlich nutzte sie die Presse auch als Medium der Selbstinszenierung und verfasste immer wieder Artikel über ihre Flüge und Reisen für die Zeitschrift *Tempo*, den *Weltspiegel* u. a.

Indem von Etzdorf die mediale Aufmerksamkeit, die ihr zukommt, zum Thema der Autobiografie macht, inszeniert sie sich von vornherein als prominente Persönlichkeit. Die Grundvoraussetzung für ihre Heroisierung – die mediale Repräsentation – wird damit im Text bereits vorweggenommen, ihre öffentliche Wahrnehmung als Heldin quasi programmiert. Einem ähnlichen Zweck dient das Nachwort, in dem Heinz Orlovius die „physisch[e] und psychisch[e] Leistung der jungen Fliegerin" (A.ME 171) lobt. Auch er geht auf das Presseecho, das ihr Flug nach Japan hervorgerufen hat, ein und betont dabei eine weitere Dimension des Rekordflugs: Nicht nur die fliegerische Rekordleistung verdiene Anerkennung, sondern auch ihr Einsatz fürs Vaterland. Unternehmungen wie die „Sportflüge junger Fliegerinnen" (A.ME 171) würden die Qualität deutscher Technik demonstrieren und zugleich die Fliegerin zur Botschafterin eines modernen Deutschlands machen. „Der Empfang in Tokio", so Orlovius, „gestaltete sich zu einer eindrucksvollen Sympathiekundgebung für Deutschland." (A.ME 171)

Die politische Dimension der Rekordflüge kommt in von Etzdorfs Autobiografie selbst nur wenig zur Geltung. Zwar stellt sie schon im Untertitel ihre Nationalität klar und wertet ihre Leistungen als Erfolge

---

36 Vgl. etwa A.ME 59, 86, 125, 129 u. 159.

„für die deutsche Sportfliegerei" (A.ME 145), doch eine klare Ansage, dass sie sich mit ihren Flügen für die deutsche Sache einsetzt, fehlt in *Kiek in die Welt*.[37] Obwohl auch ihr Text das entsprechende Potenzial birgt, artikuliert die Autorin kein eindeutiges – z. B. nationalistisches – Bekenntnis;[38] allein Orlovius beleuchtet mit seiner Einschätzung im Paratext den politischen Bereich und fordert dazu auf, von Etzdorfs Flüge auch aus diesem Blickwinkel zu würdigen.

4.1.3 Leni Riefenstahl: *Kampf in Schnee und Eis* und *Hinter den Kulissen des Reichsparteitagsfilms*

In der Reihe der hier analysierten Technikpionierinnen markiert Leni Riefenstahl eine Ausnahme. Im Gegensatz zu den Fliegerinnen und Autofahrerinnen spielten technische Fortbewegungsmittel in ihrem beruflichen Umfeld keine zentrale Rolle, stattdessen setzte sie sich als Schauspielerin und Regisseurin mit sämtlichen Bereichen der Filmtechnik auseinander. Allerdings stieß sie als Filmemacherin dabei genauso in einen männlich dominierten Bereich vor wie Marga von Etzdorf und Clärenore Stinnes.

In ihrem autobiografischen Text *Kampf in Schnee und Eis*[39] erzählt Leni Riefenstahl, wie sie vom Tanz zur Schauspielerei und schließlich zum Film kam. Den Großteil des Textes nehmen Beschreibungen der Dreharbeiten zu verschiedenen Filmen ein, an denen Riefenstahl als Schauspielerin mitwirkte, die zentralen Kapitel (A.LR1 67–78) aber thematisieren ihre erste eigene Regiearbeit *Das blaue Licht*.

---

37   Anders als Clärenore Stinnes, die ihre Weltreise mit dem Auto von vorn herein als Propagandafahrt für die Technik deklariert (vgl. A.CS1 5).
38   Simon Huber bezeichnet die Flugprojekte der Fliegerin daher als unpolitische, pazifistische Werbung für ein modernes Deutschland. Durch ihren friedlichen, völkerverständigenden Einsatz vermittle von Etzdorf ein neues Deutschlandbild, dessen Hauptcharakteristika nicht mehr in Aggressivität und Militarismus, sondern deutscher Friedfertigkeit und Modernität zu sehen seien (vgl. Simon Huber: „Luftfahrt ist not!" Fliegen als Schule der Moderne bei Ernst Jünger, Heinrich Hauser, Hans Bertram und Marga von Etzdorf. In: Ders. u. a. (Hg.): Das riskante Projekt. Die Moderne und ihre Bewältigung. Bielefeld: Aisthesis 2001 (= Moderne-Studien 8), S. 117–130, hier 129).
39   Leni Riefenstahl: Kampf in Schnee und Eis. Leipzig: Hesse & Becker Verlag 1933. Im Folgenden zitiert als A.LR1.

Vor dem eigentlichen Text findet sich eine Einleitung des Berliner Journalisten und Schriftstellers Paul Ickes, der – ähnlich wie Heinz Orlovius in *Kiek in die Welt* – die Leistungen der Autobiografin einordnet und würdigt. Im Fokus des Buches steht Ickes zufolge nicht die Künstlerin selbst, sondern vielmehr deren Beziehung zum Film, über sich selbst verliere sie kein Wort (vgl. A.LR1 5). Eben darin zeige sich jedoch ihr Charakter: „Die ganze Arbeit aber verdient gewertet zu werden unter dem Gesichtswinkel der dahinterstehenden persönlichen Energie und der Leidenschaft, mit der sie diese Energie durchsetzt." (A.LR1 7) Nur ihrem heroischen Wesen, ihrem „persönlichen Willen" (A.LR1 6) und ihrer Opferbereitschaft (vgl. A.LR1 7) sei es zu verdanken, dass sie sich von der Schauspielerin zur Regisseurin hochgearbeitet habe, um selbstständig eigene Projekte und künstlerische Ideen umzusetzen.

Ickes betont, wie bemerkenswert es ist, dass Riefenstahl sich in der von Männern dominierten Filmbranche als Regisseurin durchsetzen konnte: „Umgeben von einer männlich orientierten, liberalistischen Filmbetriebs-Auffassung, hat diese Leni Riefenstahl sich nicht widerspruchslos einspannen lassen in die Rollenverteilung der oft skrupellosen Sachwalter des sogenannten deutschen Films." (A.LR1 6) Er eröffnet eine geschlechtsbezogene Perspektive auf die Filmwelt, in der profitorientierte Männer das Sagen haben. Dieser Ausrichtung am wirtschaftlichen Nutzen eines Films stehe ihr ideelles Konzept künstlerischer Verwirklichung gegenüber, das sie mit ihrem „Einsatz von Persönlichkeit" (A.LR1 6) realisiere. Ihre erste Regiearbeit, *Das blaue Licht*, sieht Ickes als Chance für die Filmindustrie, die Produktionen fortan nicht mehr ausschließlich auf den Kassenerfolg auszurichten, sondern stattdessen den künstlerischen Wert eines Films stärker zu gewichten (vgl. A.LR1 7). Zugleich sei der Schritt hinter die Kamera auch ein Wendepunkt (vgl. A.LR1 7) im Leben der Schauspielerin, der laut Ickes als Anfang eines ganz neuen Lebensabschnitts gedeutet werden müsse (vgl. ebd.). Denkt man diese Argumentation weiter, muss die folgende Schilderung von Riefenstahls Werdegang als einzelne Station auf einer längeren Heldenreise, deren zentrale Prüfung erst noch bevorsteht, gewertet werden.

Ickes legt mit seinem Vorwort den Grundstein für die spätere Heroisierung der Protagonistin: Indem er ihr Durchsetzungsvermögen in der Männerdomäne als außergewöhnliche Leistung einer Frau markiert, lenkt er die Rezeption der folgenden Autobiografie gezielt auf diesen Aspekt. Zudem führt er sie als charakterstarke Persönlichkeit ein, die sich heroisch für ihre Sache einsetzt, und präfiguriert so die Einschätzung des Lesers. Ickes beugt damit einer ‚Fehlinterpretation' des Textes vor, durch die dieser auf eine Stufe mit ‚gewöhnlicheren' Schauspielerbiografien gestellt werden könnte (A.LR1 8), und setzt sich dafür ein, dass Riefenstahls außergewöhnliche Karriere trotz ihrer zurückhaltenden Art (vgl. A.LR1 5 u. 8) ausreichende Würdigung erfährt.

Anders als Stinnes und von Etzdorf verzichtet Riefenstahl auf eine Beschreibung prägender Kindheitserlebnisse und früher Charakterbildung. Ihre Erzählung beginnt zu einem Zeitpunkt, an dem sie bereits als erfolgreiche Tänzerin im In- und Ausland auftritt, eine Knieverletzung jedoch das Ende der Karriere andeutet. Die weiteren Ereignisse schildert die Autobiografin in chronologischer Reihenfolge bis zu ihrer Rückkehr von den Dreharbeiten zum Film *S.O.S. Eisberg*, ihrem damals jüngsten Filmprojekt als Schauspielerin. Wie Ickes schon im Vorwort andeutet, erzählt Riefenstahl lediglich einen Teil ihrer Lebensgeschichte – im Sinne des Monomythos also nur eine Station der Heldenreise –: den Eintritt in die andere Welt. Die Grenzüberschreitung wird an verschiedenen Stellen markiert, so heißt es etwa nach Riefenstahls zukunftsweisendem Filmbesuch und ihrem Entschluss, sich um eine Rolle in Arnold Fancks nächstem Film zu bewerben: „Aus Traum wird Wirklichkeit." (A.LR1 11) Der Wechsel von der Bühne in die Bergwelt ist der erste Schritt auf dem Weg der Heldin, die damit den „Beifall der Säle" hinter sich lässt, um sich in die „stumme Einsamkeit der Berge" (A.LR1 26) zu begeben. Diese und vergleichbare andere symbolträchtige Formulierungen unterstreichen die Tragweite der Entscheidung und illustrieren, welches persönliche Opfer sie für die Umsetzung ihrer Ziele bringt, als sie das Leben als erfolgreiche Tänzerin hinter sich lässt und beruflich noch einmal von vorne anfängt.

Die meisten Kapitel ihrer autobiografischen Darstellung widmet Riefenstahl den Dreharbeiten zu Arnold Fancks Bergfilmen, *Der heilige Berg* (1926), *Der große Sprung* (1927), *Die weiße Hölle von Piz Palü* (1929),

Stürme über dem Montblanc (1930), *Der weiße Rausch* (1931) und *S.O.S. Eisberg* (1933). Obwohl die Arbeit als Schauspielerin nur eine Zwischenstation auf dem Weg zur Regisseurin markiert, basiert ihre Selbstinszenierungsstrategie entscheidend auf der Schilderung dieser Lebensphase[40] – eine nachvollziehbare Vorgehensweise, schließlich beruht ihre mediale Berühmtheit zum Publikationszeitpunkt im Wesentlichen auf ihren schauspielerischen Leistungen. Die wesentlichen Charaktereigenschaften des Helden kommen während ihrer Arbeit mit Arnold Fanck zur Geltung, vor allem ihre physische Belastbarkeit stellt die Schauspielerin wiederholt unter Beweis, wenn sie sich von Lawinen verschütten lässt (vgl. A.LR1 30), nächtelang im Schnee eingegraben liegt (vgl. A.LR1 43) oder sich trotz hohen Fiebers von einem Eisberg abseilt (vgl. A.LR1 109). Sie zeigt in ihrer Erzählung stets heroische Einsatzbereitschaft für das jeweilige Filmprojekt und schreckt nicht vor Verletzungen zurück:

> Der Apparat steht auf der Brücke, und ich selbst muß kurbeln [...]. Links von mir steht ein Junge aus St. Anton, eine Magnesiumfackel hält er in der Hand. Das Bild macht sich phantastisch schön. [...] Ich drehe und drehe, da gibt es an meiner Seite plötzlich einen grellen Lichtschein, ein Krachen und Blitzen, die Fackel, die der Junge in der Hand hielt, ist explodiert. Ich höre ihn schreien, fühle Flammen in meinem Gesicht, an den Haaren, den Wimpern, an der Haut, ich versuche mit der linken Hand die Flammen auszulöschen und kurbele mit der rechten weiter, bis die Szene zu Ende ist [...]. [A.LR1 30 f.]

Die von Ickes schon im Vorwort antizipierte Energie der Protagonistin wird im autobiografischen Text offensichtlich und prägt dort auch den Ton der Erzählung. Im Gegensatz zu Stinnes' bzw. von Etzdorfs sachlich-pragmatischem Bericht wirkt Riefenstahls Text oft sehr erzählerisch (vgl. A.LR1 9), an vielen Stellen emotional oder sogar pathetisch: „[W]ie glühender Wille, wie Glaube an eine bestimmte Zukunft, so sitzt mir die Ahnung in der Brust." (A.LR1 13) Der Text vermittelt so ein Bild Riefenstahls, das in weiten Teilen Allisons und Goethals' Konzept des Real-World-Hero entspricht (vgl. 2.2.1).

---

40 Auch das zu Beginn des Textes abgedruckte Porträtfoto der Autorin zeigt Riefenstahl als Schauspielerin und gibt keine Hinweise auf ihre Arbeit als Regisseurin (A.LR1 3). Wie schon in Marga von Etzdorfs *Kiek in die Welt* kommt diesem prominent platzierten Foto große Bedeutung in der Präfiguration der anschließenden Textwahrnehmung zu (vgl. Kapitel 4.1.2).

Weiter zeigt sich bereits während Riefenstahls Zusammenarbeit mit Fanck, dass sie auch eigene Ideen und ästhetische Konzepte umsetzen will. So besteht sie etwa auf der Besetzung einer bestimmten Rolle mit dem Laienschauspieler Sepp Rist und setzt sich damit gegen den Regisseur durch. Ein anderes Mal beschließt sie eigenmächtig zu handeln und übernimmt die Regie bei Abwesenheit Fancks, um eine günstige Wetterlage im Gebirge auszunutzen (vgl. A.LR1 24).

Für ihre Arbeit als Filmemacherin erschließt Riefenstahl sich permanent neue thematische Bereiche des Films und beginnt Ende der 1920er Jahre damit, selbst Drehbücher zu verfassen (vgl. A.LR1 41). Schon früh wird ihr die Bedeutung des technischen Know-hows für die Filmproduktion klar und sie sammelt einschlägige Kenntnisse (vgl. A.LR1 15). In den „Möglichkeiten und Überraschungen der Filmtechnik" (ebd.) erkennt Riefenstahl ein ungenutztes Potenzial, das sie bald mehr reizt als ihre schauspielerische Tätigkeit: „Ich habe die Kamera studiert, die Objektive, ich kenne das Bildmaterial und die Filter. Ich habe Filme geschnitten und ahne, wie sich neue Wirkungen erreichen lassen." (A.LR1 67) Aus der anfänglichen Neugier entwickelt sich eine gewisse Technikaffinität und der Wunsch, selbst schöpferisch tätig zu werden. Zuerst kämpft Riefenstahl gegen diese unkonventionelle Neigung an, gesteht sich ihre Veranlagung aber schließlich ein: „Ohne daß ich es will, werde ich immer stärker auf diese Dinge gelenkt. Ich wehre mich dagegen, denn ich bin ja Schauspielerin und will mich nicht zersplittern. Trotzdem kann ich es nicht ändern, daß ich alles mit Filmaugen sehe. Ich möchte selber Bilder formen. Berge, Bäume, Menschengesichter sehe ich ganz anders in eigenen Stimmungen und Bewegungen. Ich habe ein immer stärkeres Verlangen, selber zu schaffen." (A.LR1 67)

Die eben zitierte Passage leitet die zwei zentralen Kapitel „Wünsche und Wirklichkeiten" (A.LR1 67–72) und „Das »blaue Licht« entsteht" (73–78) ein, in denen Riefenstahl die Realisierung ihres ersten eigenen Regieprojekts beschreibt. Das schon zuvor im Text vermittelte Bild der Autorin als einer zähen, ehrgeizigen Person mit hoher Arbeitsmoral setzt sich auch hier fort. Die erste Hürde ist schon vor den Vorbereitungsarbeiten zu überwinden: Obwohl Riefenstahl die Hauptrolle selbst übernimmt und für die weiteren Rollen Bekannte aus früheren Bergfilmen engagiert, die sich „auf späteres Gehalt vertrösten lassen" (A.LR1 68), reicht das Geld nicht für die Produktion. Erst spät findet sich ein Geldgeber, der sich bereit erklärt, das Filmprojekt der angehenden Regisseurin zu finanzieren (A.LR1 69). Riefenstahl gründet ihre „eigene Filmgesellschaft, die L. R. Studiofilm" (ebd.) und beginnt mit den Vorarbeiten.

Im Folgenden schildert sie die Suche nach geeigneten Drehorten, Probleme mit der Motivation der Statisten sowie die anstrengenden Dreharbeiten. Das Kapitel schließt mit den Worten

> Und hier beginnt die schönste Arbeit – das Schneiden. Aus meinem Schneideraum mag ich überhaupt nicht mehr heraus, am liebsten würde ich dort schlafen. Und aus den vielen tausend Röllchen wird allmählich ein richtiger Film, Woche für Woche sichtbarer, bis endlich meine noch vor einem Jahr nur geträumte Legende vom »Blauen Licht« fix und fertig vor mir liegt – – (A.LR1 78)

Der letzte Arbeitsschritt bei der Fertigstellung des Films wird stark zeitraffend erzählt, und obwohl ein gewisser Stolz zu erkennen ist, handelt Riefenstahl die Arbeit an diesem ersten eigenen Projekt im Vergleich zu ihrer schauspielerischen Tätigkeit recht kurz ab. Uraufführung, Werbereise durch Deutschland und die Planung weiterer Filme erwähnt sie nur knapp zu Beginn des folgenden Kapitels, bevor sie die Dreharbeiten zu *S.O.S. Eisberg* in Grönland fokussiert. Dass Riefenstahl mit diesem Film ihre Karriere als Schauspielerin – weitgehend – beendet, um sich ganz der Arbeit als Regisseurin zu widmen, wird im Buch nicht mehr thematisiert.

Riefenstahls autobiografischer Text inszeniert also weniger den von Ickes herausgestellten autobiografischen Wendepunkt (vgl. A.LR1 7) als vielmehr die vorhergehende Bergsteigerfilmzeit. Dem entspricht auch die Bildauswahl: Von den insgesamt 155 Fotografien bilden die meisten Dreharbeiten oder Szenenstandbilder zu Fancks Bergfilmen sowie Porträtaufnahmen von Stab und Schauspielern ab. 34 Fotografien lassen sich dem *Blauen Licht* zuordnen. Riefenstahl selbst ist meist als Schauspielerin in ihrer Rolle als Junta zu sehen, lediglich drei Bilder verweisen auf ihre Tätigkeit als Regisseurin. Zwei Abbildungen zeigen sie im Gespräch mit den Statisten, eines in ihrer Doppelrolle als Schauspielerin und Regisseurin. Im Junta-Kostüm steht Riefenstahl hinter der Kamera, die Bildunterschrift, „[m]eine Leidenschaft – die Kamera" (A.LR1 Bildteil 5) verrät das im Text zuvor angedeutete zunehmende Interesse an der technischen Seite der Filmproduktion. Sowohl die Schilderung ihrer ersten Regiearbeit als auch der schauspielerischen Karriere trägt zum Heroisierungsprozess bei. Die Beschreibung der Arbeit in Extremsituationen fundiert ihre heroische Selbstdarstellung, der „Kampf in Schnee und Eis" ist somit eine Stufe auf Riefenstahls Weg der Prüfungen und führt sie zu ihrer Laufbahn als Regisseurin – einer weiteren Episode ihrer Heldenreise, während der sie sich neuerlich beweisen muss.

Wie Stinnes und von Etzdorf expliziert auch Riefenstahl nur selten den Diskurs Weiblichkeit und Technik. An keiner Stelle thematisiert sie die Exzeptionalität ihrer Karriere als Regisseurin und geht weder auf ihre Rolle als weibliche Filmemacherin noch auf die möglicherweise damit verbundenen Hindernisse und Schwierigkeiten ein. Die Interpretation ihrer Berufswahl als Bruch mit Rollenzuweisungen und Konventionen sowie dessen positive Bewertung erfolgt lediglich durch Ickes' Einleitung. Trotzdem ist eine genderorientierte Wahrnehmung der Autorin zu erkennen, betrachtet sie doch den Film als technisches, schöpferisches und damit primär männliches Sujet (vgl. A.LR1 67). Obwohl sie anfangs gegen den Wunsch zur beruflichen Neuorientierung ankämpft, entscheidet sie sich schließlich doch gegen ihre Neigung zur Schauspielkunst und für die „weitere Selbständigkeit" (A.LR1 79). Sie inszeniert diesen Schritt jedoch nicht als Ausbruch aus einem alten Rollenbild, sondern als Umsetzung persönlicher Ideale. Der Verzicht auf die Rechtfertigung ihres Handelns aus Genderperspektive vermittelt ein von Geschlechterstereotypen gelöstes Selbstverständnis.

*

Nach *S.O.S. Eisberg* gab Riefenstahl ihre Karriere als Schauspielerin auf und widmete sich der Arbeit als Regisseurin. Mit den Propagandafilmen *Sieg des Glaubens* (1933), *Triumph des Willens* (1935) und *Tag der Freiheit* (1935) sowie den *Olympia*-Filmen (1938) etablierte sie sich als eine der wichtigsten Persönlichkeiten des Films der NS-Zeit.[41] Ganz als Filmemacherin inszeniert sie sich im 1935 publizierten Band *Hinter den Kulissen des Reichsparteitagsfilms*,[42] dem wahrscheinlich ersten Making-of der Filmgeschichte.[43] Riefenstahl dokumentiert in diesem Arbeitsbericht die Dreharbeiten während des Reichsparteitags der NSDAP in Nürnberg in Text und Bild. Auf den ersten Seiten des Textteils listet Riefenstahl Mitarbeiter (A.LR2 8 f.) und technische Details zur Produktion (A.LR2 13) auf, stellt ihr künstlerisches Konzept vor (A.LR2 11 f.) und betont die Bedeutung des Mediums Film (A.LR2 13). Im eigentlichen Making-of-Teil (A.LR2 16–28) berichtet sie chronologisch über Vorbereitungen und Dreharbeiten und skizziert zugleich den Ablauf des Nürnberger Parteitags im September 1934. Der Bildteil (A.LR2 31–105) umfasst 139 Fotografien, darunter Filmbilder, Politikerporträts sowie Fotos der Dreh- und Schneidearbeiten; die Bildunterschriften informieren über die jeweilige Situation bzw. die abgelichtete Person oder kommentieren die Szene.

In allen Teilen des Arbeitsberichts nutzt Riefenstahl die Beschreibung ihrer „filmkünstlerische[n] Aufgabe" (A.LR2 11) zur Heroisierung der eigenen Person. Ausgehend von „der Bedeutung und Breite" des Parteitags, unterstreicht sie die Tragweite der ihr anvertrauten Arbeit, diesen „für unser ganzes Volk historischen Vorgang[]" (A.LR2 11) filmisch zu erfassen. Mehrfach akzentuiert Riefenstahl die „große Verantwortung" (z. B. A.LR2 12), die Hitler ihr mit dem Auftrag zur künstlerischen Gestaltung des Nürnberger Reichsparteitags durch den Film (vgl. A.LR2 11) übertragen hat. Dabei exponiert sie sich kontinuierlich als geniale Filmemacherin, die instinktiv handelt und so den „heroischen Stil" und den „inneren Rhythmus" (A.LR2 12) des Parteitags einfängt: „Und doch gibt es keine Theorie dafür, aus sieben mit Veranstaltungen angefüllten Tagen, aus einer von 1½ Millionen Menschen überwimmelten Stadt einen künstlerischen Film von 2 Stunden Spieldauer

---

41 Vgl. Markwart Herzog u. Mario Leis: Das „Leni-Riefenstahl-Syndrom". Künstlerischer Eigensinn in politischem Kontext. In: Dies. (Hg.): Kunst und Ästhetik im Werk Leni Riefenstahls. München: edition text + kritik 2011, S. 9–22, hier 9.
42 Leni Riefenstahl: Hinter den Kulissen des Reichsparteitag-Films. München: Zentralverlag der NSDAP Franz Eher Nachf. 1935. Im Folgenden zitiert als A.LR2.
43 Leni Riefenstahl hat später stets bestritten, selbst Autorin des Textes zu sein (vgl. A.LR3 264 f.).

zu schaffen. Da gibt es kein Lehrbuch, keine Richtlinien. Nicht einmal ein Manuskript, wie man es anzupacken hätte, um die einzelnen Tage und ihre bedeutenden Vorgänge festzuhalten." (A.LR2 12)

Die Regisseurin folgt also bei ihrer filmischen Umsetzung keinen Vorgaben, sondern schöpft bei der Komposition des Films (vgl. A.LR2 28) ganz aus sich selbst.[44] Diese ingeniöse Tätigkeit erfordert laut Riefenstahl eine besondere Arbeitsmoral: „Besessen hinter den wirklichen Ereignissen her; es darf kein »Halt« und kein »Unmöglich« geben. Alles Geschehen muß blitzschnell und intuitiv erfaßt werden." (A.LR2 13) Ebenso entscheidend für die Arbeit sei der persönliche Wille: „Die innere Bereitschaft für diese Aufgabe überwindet alle Zweifel, alle Bedenken, alle Hemmnisse." (A.LR2 13) Mit dieser im Textteil des Arbeitsberichts explizierten Haltung sind heroische Eigenschaften wie Opferbereitschaft und Durchhaltevermögen assoziiert. Als ein zentraler Aspekt der Heroisierung erweist sich darüber hinaus Riefenstahls Streben nach filmischer Innovation, mit der sie die „bisher unausgeschöpfte Suggestivkraft des Films" (A.LR2 15) entfalten will. Ihre Arbeit soll wegbereitend wirken, also eben jene induzierende Wirkung entfalten, die Campbell als wesentliche Eigenschaft der heroischen Tat postuliert.

Im Textteil des Making-of hebt Riefenstahl folglich besonders die Arbeit mit technischen Neuerungen hervor, beschreibt die aufwendig an Häuserfronten (A.LR2 16) und in der Arena (A.LR2 25) installierten Schienen für dynamische „Fahraufnahme[n]" (A.LR2 23) oder die Präparation von Feuerwehrleitern und Aufzügen für Dreharbeiten aus der Vogelperspektive: „So wird zum Beispiel an einem der 38 m hohen Eisenmasten im Luitpoldhain ein Aufzug gebaut, der, elektrisch betrieben, den Operateur in wenigen Sekunden auf diese Höhe bringt, wo die Kamera grandiose Bilder einfangen kann." (A.LR2 16) Die Heroisierung gipfelt im Vergleich der Filmarbeiten mit einer Schlacht, in der Riefenstahl und ihre Mitarbeiter um die Bilder kämpfen (vgl. A.LR2 19) und

---

44 Das spiegelt auch die durchgehende Komposition des Films wider: Riefenstahl hält sich nicht an die Chronologie des Parteitags, sondern erzeugt durch Schnitt und Montage ganz neue Strukturen. Vermittelt wird so vielmehr „sinfonische Steigerung statt Information" (vgl. Herbert Heinzelmann: Die Heilige Messe des Reichsparteitags. Zur Zeichensprache von Leni Riefenstahls „Triumph des Willens". In: Bernd Ogan u. Wolfgang W. Weiß (Hg.): Faszination und Gewalt. Zur politischen Ästhetik des Nationalsozialismus. Nürnberg: W. Tümmels 1992, S. 163–168, hier 164).

mit Verlusten arbeiten müssen: „[W]er denkt mitten in der Aufnahmeschlacht an Verwundete oder Ausfälle." (A.LR2 14) Riefenstahl inszeniert sich dabei als Kriegsheldin, den erkämpften „heroisch[en] Film der Tatsachen" (A.LR2 28) betrachtet sie als persönlichen Sieg.

Die Autorin ruft also mit verschiedenen Formulierungen Vorstellungen von Heroismus auf und stilisiert sich auf verschiedenen Ebenen zur genialen Filmemacherin, die sich opferbereit für das Gelingen der Sache einsetzt. Weder expliziert Riefenstahl dabei, wie schon in *Kampf in Schnee und Eis*, ihre Geschlechtszugehörigkeit noch betont sie, wie außergewöhnlich es ist, dass Hitler die künstlerische Gesamtleitung der Parteitagsfilme einer Frau überträgt. Die Selbstinszenierung im Textteil gründet ausschließlich auf der Beschreibung nicht-geschlechtsspezifischer heroischer Eigenschaften und Verhaltensweisen.

Diese Selbststilisierung im Textteil des Making-of setzt sich auch im Bildteil fort. 33 der 139 Fotografien zeigen Riefenstahl bei der Arbeit, meist im Gespräch mit Mitarbeitern oder Teilnehmern des Parteitags. Als einzige Frau am Set fällt sie zwangsläufig auf, zudem trägt sie auf fast allen Bildern einen weißen wadenlangen Mantel, wodurch sie sich deutlich von den dunkel gekleideten Filmmitarbeitern und den uniformierten Parteimitgliedern abhebt. Die Regisseurin rückt sich so in den Fokus der Bilder, alle weiteren Personen orientieren sich um sie herum (vgl. z. B. A.LR2 36, 38).

Zusätzlich signalisieren Körperhaltung und Gestik, dass sie die Filmaufnahmen leitet und ihre Mitarbeiter dirigiert. Die leicht gebückte Haltung auf vielen Bildern markiert die Dynamik während der Dreharbeiten; einige Bilder zeigen Riefenstahl zudem halb auf dem Boden liegend (vgl. z. B. A.LR2 82 u. 84), neben dem Filmwagen (vgl. z. B. A.LR2 97) oder im eigens installierten Fahrstuhl am Fahnenmast (vgl. A.LR2 94) auf der Suche nach „möglichst lebendige[n]" (A.LR2 97) und „eindrucksvolle[n]" (A.LR2 103) Bildern. Dabei sieht sie, den Kopf meist direkt neben der Kamera, konzentriert in Richtung der Motive, gibt also die Blickrichtung für die Aufnahmen vor (vgl. z. B. A.LR2 71, 87 u. 96). Auf einigen Abbildungen ist die Filmemacherin im Gespräch mit anderen Beteiligten zu sehen, während sie mit gestrecktem Arm instruierend auf etwas Bestimmtes zeigt (vgl. z. B. A.LR2 33, 38 u. 76). Sie inszeniert sich auf diesen Fotografien ganz in ihrer Rolle als Regisseurin, die sämtliche Dreharbeiten beaufsichtigt und leitet. Zusätzlich finden sich einige Bilder, auf denen sie selbst hinter der Kamera steht (A.LR2 69, 94, 96 u. 99) oder das Filmmaterial schneidet (A.LR2 105). Diese Fotografien veranschaulichen, dass sie nicht nur als künstlerische Leiterin der Filmaufnahmen agiert, sondern auch über das nötige technische Knowhow der Filmproduktion verfügt. Als Frau operiert sie dadurch in einer primär männlichen Machtposition, die Technik – vor allem die Kamera mit langem Objektiv (vgl. vor allem A.LR2 99) – wird gewissermaßen zum Phallussymbol, mit dem die Regisseurin ihre Autorität demonstriert.

Die Analyse zeigt, dass Riefenstahl sowohl den Text- als auch den Bildteil ihres Arbeitsberichts zu *Triumph des Willens* nutzt, um sich selbst in ihrer Rolle als künstlerische Leiterin des Films zu inszenieren. Ihr genialisches Engagement für das Projekt sowie das in den Bildern heraufbeschworene Faszinosum Frau und Technik fundieren die Selbstheroisierung der Regisseurin.[45] Das eigentlich politische Sujet des Arbeitsberichts geht darüber jedoch nicht verloren, Riefenstahl setzt in ihrem Dokumentarfilm ebenso wie im Making-of vor allem die nationalsozialistische Partei bzw. ihren Auftraggeber Adolf Hitler in Szene.

Das politische Kolorit des Textes zeigt sich bereits im Vorspann des Buches: Im Geleitwort dankt Riefenstahl Hitler, auf dessen „Wunsch [hin] das Werk in Angriff genommen und beendet worden [ist]" (A.LR2 7). Auf der gegenüberliegenden Seite, also an prominenter, vorangestellter Position, findet sich ein Porträtfoto Hitlers und nicht etwa ein Bild der Autorin. Unter dem Motto „Ein unvergleichliches Beispiel" lobt Riefenstahl Hitlers Weitsicht hinsichtlich der Macht des Films und stellt ihre eigene künstlerische Leistung damit ein Stück weit in den Schatten:

> Der Führer hat die Bedeutung des Films erkannt. Wo ist in der Welt die Möglichkeit, den Film in seiner Ausdrucksfülle zum Deuter eines Zeitereignisses heranzuziehen, weitsichtiger erkannt worden?

---

45 Es zeigt sich nicht nur hier, dass Riefenstahls berufliche Tätigkeit als Regisseurin ihr Selbstverständnis und damit auch ihre Selbstinszenierung maßgeblich prägt: Auch zum Olympiafilm (1938) existieren Werkaufnahmen, also ein filmisches Making-of, das die Arbeit der Regisseurin dokumentiert (vgl. A.LR3 287). Im Rahmen meiner Recherchen konnte ich nur einen Teil dieser Aufnahmen ausfindig machen (vgl. Leni Riefenstahl: Werkaufnahmen [zum Olympiafilm] [Film] (K 52723)).

> Adolf Hitler hat wieder ein unerhörtes Beispiel gegeben, wie man eine einmal als wertvoll und richtig erkannte Überzeugung auch mit aller Großzügigkeit verwirklichen kann.
> Daß der Führer den Film zu dieser Bedeutung erhoben hat, bezeugt, wie vorahnend seine Erkenntnis von der bisher unausgeschöpften Suggestivkraft des Films als Kunst ist. Man kennt in der Welt dokumentarische Filme, Regierungen haben sie ausführen lassen, Parteien bestellten Werbefilme. **Der Glaube, daß ein reales, starkes Erlebnis einer Nation ein Neuerlebnis durch den Film finden könne, wurde in Deutschland geboren.**
> Der Führer gibt damit dem Zeitfilm Sinn und Sendung. [A.LR2 15, Hervorh. i. Orig.]

Generell spiegelt der Arbeitsbericht Riefenstahls Enthusiasmus und auch eine gewisse Führerbegeisterung wider: „Die Männer mit den Spaten marschieren ein. Ein herrliches, unbeschreibliches Bild. Hier gibt es sonnenverbrannte, markige Gesichter. Die Kamera weiß kaum, was sie zuerst erfassen soll. Leider ist die Sonne hinter den Wolken verschwunden. Doch als der Führer kommt, brechen die Strahlen durch das Gewölk: Hitlerwetter!" (A.LR2 21) Auf insgesamt neun Bildern des Arbeitsberichts steht Hitler im Zentrum, hinzu kommen acht Porträtfotos des Führers, einige davon ganz- oder sogar doppelseitig. Im Vergleich zu den bisher analysierten Autobiografien besitzt Riefenstahls Arbeitsbericht auch eine klare politische Dimension. Von der Politisierung des Textes sowie der Inszenierung Hitlers profitiert wiederum Riefenstahls Heroisierung. Abgesehen vom allgemeinen Arbeitsauftrag nimmt Riefenstahl an keiner Stelle des Arbeitsberichts Anweisungen von Hitler entgegen, vielmehr präsentiert sie sich als Hitlers ‚Partnerin', die mit ihm auf Augenhöhe zusammenarbeitet, um dem Reichsparteitag ein künstlerisches Denkmal zu setzen (vgl. z. B. A.LR2 32).

4.1.4 Annemarie Schwarzenbach: Reisereportagen

In den Jahren zwischen 1933 und 1942 unternahm die Schweizer Schriftstellerin und Journalistin Annemarie Schwarzenbach Reisen nach Persien, in die USA, von Ostpreußen über den Balkan nach Russland, durch Afghanistan und Belgisch Kongo. Zahlreiche Texte dokumentieren ihre Erlebnisse dieser Fahrten. Neben dem Tagebuch *Winter in Vorderasien* finden sich Schwarzenbachs Erinnerungen in Reisereportagen, -berichten und Feuilletonartikeln Schweizer Zeitschriften und

Zeitungen. Darüber hinaus verfasste Schwarzenbach auch mehrere Romane und Novellen. Literarische Ambitionen lässt auch der Stil ihrer Reisereportagen erkennen, die sich sowohl inhaltlich als auch stilistisch deutlich von den in den vorhergehenden Kapiteln analysierten Reiseberichten unterscheiden: „Ihre Texte bewegen sich [...] zwischen journalistischem und literarischem Anspruch, zwischen Realität und Traum, Politisierung und Alterisierung sowie zwischen dem Sagbaren und Unsagbaren."[46] Vor allem die späteren Reiseberichte changieren zunehmend zwischen Fiktionalität und Faktualität; Dokumentarisches verschmilzt mit subjektiv-nachdenklichen Passagen und mythischen Motiven.[47] Schwarzenbachs Sprache ist bilderreich, die für Reiseberichte typischen beschreibenden Passagen sind oft stark subjektiv gefärbt und immer wieder mit allgemein reflektierenden Gedankengängen verwoben – besonders auffällig zeigt sich das in den Feuilletonartikeln der Schweizer Tageszeitungen.[48]

Im Zentrum dieses Kapitels steht Schwarzenbachs vorletzte Reise. Nach mehreren klinischen Aufenthalten zum Drogenentzug brach die Journalistin 1939, anfangs begleitet von der Fotografin und Schriftstellerin Ella Maillart, zu einer Autoreise durch Afghanistan auf. Der folgenden Analyse liegen mehrere Reisereportagen und Feuilletonartikel zugrunde, die 1939 und 1940 in verschiedenen Schweizer Tageszeitungen und Zeitschriften erschienen sind.[49]

Die ausgewählten Reportagen stehen in keinem direkten Zusammenhang zueinander, sondern behandeln jeweils einzelne isolierte Rei-

---

46 Sofie Dekock u. Uta Schaffers: Reise-Schreiben im Fortgang der Moderne. Annemarie Schwarzenbachs Orient- und Afrikaschriften. In: Simon Huber u. a. (Hg.): Das riskante Projekt. Die Moderne und ihre Bewältigung. Bielefeld: Aisthesis 2011, S. 187–211, hier 195.
47 Vgl. Decock/Schaffers 2011, S. 199.
48 Von den zugrundeliegenden Texten folgen nur die Berichte in den illustrierten Zeitschriften (vgl. A.AS9, A.AS10, A.AS13) den Mustern typischer Reisebeschreibungen, informieren über die Reiseroute, Schwierigkeiten auf dem Weg, landschaftliche Besonderheiten oder die Mentalität der Bevölkerung.
49 1935 heiratete Annemarie Schwarzenbach den französischen Diplomaten Claude Clarac; ihre Texte publizierte sie fortan teilweise unter dem Namen Annemarie Clark bzw. Annemarie Clark-Schwarzenbach. Dem allgemeinen Konsens folgend wird in meinen Ausführungen dennoch von Annemarie Schwarzenbach die Rede sein; die einzelnen Texte zitiere ich mit den Siglen A.AS1 bis A.AS17.

seepisoden. Chronologisch betrachtet ergibt sich zwar ein Bild der gesamten Reise, diese Reportagen als typische Heldenreise zu klassifizieren, ginge allerdings zu weit. Dennoch greift Schwarzenbach bestimmte Prinzipien des Monomythos wie Prüfung oder Belohnung auf, beschränkt sich dabei aber nicht auf den physischen Aspekt, sondern knüpft an die tradierte Metapher der Lebensreise an: „»Unser Leben gleicht der Reise ...«, und so scheint mir die Reise weniger ein Abenteuer und Ausflug in ungewöhnliche Bereiche zu sein als vielmehr ein konzentriertes Abbild unsere Existenz [...]." (A.AS3) So wie eine Reise aus einzelnen Stationen besteht (vgl. etwa A.AS5), folgt auch das Leben einzelnen Episoden:

> Auf der Reise wechselt das Antlitz der Wirklichkeit mit den Bergen, Flüssen, mit der Bauweise der Häuser, der Anlage der Gärten, mit der Sprache, der Hautfarbe. Und die Wirklichkeit von gestern brennt noch im Abschiedsschmerz, die von vorgestern ist eine abgeschlossene, nie wiederkehrende Episode, was vor einem Monat war, ist Traum und Vorleben. Und endlich begreift man, dass der Ablauf eines Lebens nicht mehr enthält als eine beschränkte Anzahl solcher »Episoden«, dass es von tausendundeinem Zufall abhängt, wo schliesslich wir unser Haus bauen dürfen. [A.AS3]

Als zentrales Moment im Monomythos gilt der Übergang von der gewohnten Welt ins Reich der Abenteuer und Prüfungen.[50] Auch Schwarzenbach begreift ihre Reise nach Afghanistan, dem „Anfang Asiens" (A.AS3), als Grenzüberschreitung, mit der sie aus der vertrauten Welt in die Fremde eintritt (vgl. A.AS1): „Ein riesiges Land liegt vor uns. Wir haben die Küste verlassen, die sanfte Luft, den schönen Himmel, die an das Mittelmeer erinnerten und uns damit noch verbunden." (A.AS2) Der Orient – im Abendland seit jeher eines der meist gebrauchten Bilder für ‚das Andere' schlechthin[51] – ist das Land jenseits der Schwelle, der Weg dorthin verbunden mit dem Abschied von der vertrauten Welt (vgl. A.AS2). Dabei steht die beim Reisen erfahrene Grenzüberschreitung nicht für sich allein, sondern spiegelt die stets drohenden Veränderungen im Leben wider:

---

50 Vgl. Campbell 2011, S. 91 ff. u. Vogler 2007, S. 127 ff.
51 Vgl. Edward W. Said: Orientalismus. 2. Aufl. Frankfurt a. M.: S. Fischer 2010, S. 9 f.

[A]nsässig in einer Stadt, Bürger eines Landes, einem Stand oder Gesellschaftskreis verpflichtet, einer Familie und Sippe angehörig und verwachsen mit den Pflichten eines Berufs, den Gewohnheiten eines aus allen diesen Gegebenheiten gewobenen »täglichen Lebens«, fühlen wir uns oft allzu sicher, glauben unser Haus für alle Zukunft gebaut, sind leicht verführt, an eine Beständigkeit zu glauben, die dem einen das Altern zum Problem macht, dem anderen jede Veränderung äusserer Umstände als Katastrophe erscheinen lässt. Wir vergessen, dass es sich um einen Ablauf handelt, dass die Erde in ständiger Bewegung ist und dass wir von Flut und Ebbe, Erdbeben und Ereignissen weitab von unserem sicht- und greifbaren Umkreis mitbetroffen werden [...]. [A.AS3]

Der Aufbruch zur Reise erzwingt eine physische und psychische Veränderung und macht so stets vorhandene Schwellen im Leben bewusst, die in der Regel gar nicht wahrgenommen oder als unangenehm empfunden werden.

In Verbindung mit der Reise versteht Schwarzenbach die Konfrontation mit Grenzen und Veränderungen als Notwendigkeit auf ihrem bevorstehenden Weg, der sich analog zum Monomythos als Weg der Prüfungen interpretieren lässt: „Die Reise aber [...] ist in Wirklichkeit gnadenlos, eine Schule, dazu geeignet, uns an den unvermeidlichen Ablauf zu gewöhnen, an Begegnen und Verlieren, hart auf hart." (A.AS3) Bis auf einzelne Ausnahmen[52] erfährt der Leser nur wenig über die mit der Reise verbundenen physischen Anstrengungen des „strapaziöse[n] Abenteuer[s]" (A.AS5) wie etwa „gnadenlos heisse Nächte, Wassermangel, vergebliche Kämpfe gegen Sandflöhe, Sanddünen, Sandstürme und andere ägyptische Plagen" (A.AS5).

Im Zentrum der feuilletonistischen Reiseberichte steht oft die psychische Belastung. Nach einem Suizidversuch, Krankheit und Drogensucht zwingt die selbstauferlegte „Reiseprüfung"[53] Schwarzenbach zur Auseinandersetzung mit sich selbst. Die Fahrt durch das unbekannte Land wird zur Reise ins eigene Innere, die Überwindung ihrer persönlichen Lebenskrise zur größten Herausforderung: „Die Steppe breitet sich aus in Ödnis, Schweigen, die Hitze war tödlich, die Nacht vereinigte sich mit diesem »Anfang Asiens« zu einer düsteren Vision. [...] Ich atmete

---

52 Vgl. A.AS5 u. a. AS13.
53 Annemarie Schwarzenbach: „Wir werden es schon zuwege bringen, das Leben". Annemarie Schwarzenbach an Erika und Klaus Mann. Briefe 1930–1942. Pfaffenweiler: Centaurus-Verlagsgesellschaft 1993, S. 87.

tief, und versuchte, trotz allem, das Leben zu grüssen." (A.AS3) Nur selten schildert Schwarzenbach ihre Reise aus einer neutralen Beobachterperspektive, vielmehr reflektieren die geschilderten Eindrücke ihre jeweilige persönliche Befindlichkeit (vgl. vor allem A.AS2). Vor allem die Landschaft Afghanistans, die Schwarzenbach überwiegend als unwirtliche, menschenfeindliche Umgebung wahrnimmt, wird zum Spiegel ihres seelischen Zustands. Bedrohlich-apokalyptische Bilder der afghanischen Steppe suggerieren, dass Schwarzenbach eine spirituelle Krise durchlebt; so verwundert es nicht, wenn die Autorin in ihren Schilderungen auf Dantes Purgatorium rekurriert: „Der blasse Himmel senkte sich plötzlich wie ein schwerer Baldachin, unter welchem alles Leben erstickte, und im rasch hereinbrechenden Abend färbte er sich violett und schwefelgelb, rostbraun, feuerrot – das Schauspiel war schön, aber beklemmend wie eine Vision in der »Göttlichen Komödie«." (A.AS3)

Schwarzenbach sieht sich in Afghanistan stets mit extremen Erfahrungen wie Einsamkeit, Tod und Fremde konfrontiert, die Orientierungslosigkeit und Panik in ihr auslösen:

> Manchmal dachte ich, so könne es nicht weitergehen, – jetzt, gerade jetzt, sei die Not am größten, und da ich keinen anderen Ausweg wußte, lief ich aus unserem Garten in die Einöde, die gelben Geröllhalden empor, immer weiter, bis ich keinen Atem mehr hatte. Ich war schweißüberströmt und hörte mein Herz klopfen, sonst nichts, – nur aus der Ferne das leise, sehr gleichmäßige Pfeifen des Windes. Aber dort war die Wüste, – bis zum Oxus reichte nicht einmal der Blick, und überhaupt war es wohl nur ein Traumbild. Ich legte mich auf die Erde, preßte mein Gesicht an die Steine, und lauschte. – Eine Antwort! Herr im Himmel! – Ich rang die Hände, betete, betete, schrie und lauschte wieder, und es geschah nichts. Das Nichts wurde groß wie der Himmel, ich bat um Erbarmen, und wußte schon, es sei alles vergeblich. [A.AS8]

Dabei entfaltet die Auseinandersetzung mit der Fremde eine therapeutische Wirkung, es entsteht also gewissermaßen eine „ins »Positive« führende[] Reisebewegung [...], die traditionelleren mythischen Reiseschemata entspricht."[54] Das Reisen evoziert „eine Art Entfremdung" von individuellen Problemen und ermöglicht es Schwarzenbach, „sich selbst

---

54 Decock/Schaffers 2011, S. 200.

objektiver zu betrachten."⁵⁵ Fernab der mit persönlichen Krisen verbundenen Heimat sucht sie gezielt Möglichkeiten zur Regeneration.

Im Kontrast zur negativ aufgeladenen Wahrnehmung landschaftlicher und klimatischer Bedingungen entdeckt Schwarzenbach im Kontakt mit der gastfreundlichen Bevölkerung paradiesische Zustände.⁵⁶ Die Zeit mit Menschen, die mit einer „auf dem indischen Buddhismus basierende[n] Geduld"⁵⁷ im Einklang mit der Natur leben, gewährt Erholung von den Phasen der Verzweiflung der einsamen Stunden in apokalyptischer Landschaft (vgl. vor allem A.AS8). Zentrales Moment im Heilungsprozess ist jedoch die Erkenntnis. Mehrfach betont Schwarzenbach, dass ihre Reise eben darauf abzielt, zu erfahren, was hinter den Namen fremder Länder und exotischen Begriffen steht: „Ich zog aus, nicht um das Fürchten zu lernen, sondern um den Gehalt der Namen zu prüfen und ihre Magie am eigenen Leibe zu spüren, wie man die wunderbare Kraft der Sonne im offenen Fenster spürt, die man doch schon lange auf fernen Hügeln sich spiegeln und auf taufrischen Wiesen liegen sah." (A.AS4)

Sie will sich durch das Reisen bisher bloß vom Hörensagen bekannte Räume und Kulturen erschließen und eigene Erfahrungen sammeln: „Haben wir früher einmal, Sitten und Gebräuche fremder Völker studiert? Gut und recht, aber wir lernten nicht, wie der Afghane seinen Turban windet, und wussten nicht, wie der tägliche Pilaf schmeckt in einem Land, wo man täglich Reis und Schaffleisch zu essen bekommt und Tee zu trinken, und nie einen Tropfen Alkohol." (A.AS3) Mit diesem Streben nach Erkenntnis schließt Schwarzenbach augenfällig an das Konzept der Heldenreise an, demzufolge die Überwindung des Nichtwissens am Ende des Prüfungswegs steht und das höchste Ziel des Helden, die Apotheose, verkörpert.⁵⁸ Auch Vogler fasst den Erkenntnisgewinn als eine Art Belohnung auf, die jedem Helden nach bestandenem Abenteuer zuteil wird, oft auch in Form von Selbsterkenntnis: „They [heroes, Anm. KK] see who they are and how they fit into the

---

55 Eric J. Leed: Die Erfahrung der Ferne. Reisen von Gilgamesch bis zum Tourismus unserer Tage. Aus dem Englischen von Hans-H. Harbort. Frankfurt/New York: Campus 1993, S. 59.
56 Vgl. Decock 2010, S. 238 f.
57 Vgl. ebd., S. 240.
58 Vgl. Campbell 2011, S. 164.

scheme of things. They see the ways they've been foolish or stubborn. The scales fall from their eyes and the illusion of their lives is replaced with clarity and truth. Maybe it doesn't last long but for a moment heroes see themselves clearly."[59] Im Hinblick auf Schwarzenbachs psychische Krise und das therapeutische Potenzial ihrer Reise ist dieser Moment der Selbsterkenntnis als Endpunkt des Prüfungswegs zu verstehen, in dem sie ihre Orientierungslosigkeit überwindet.

Darüber hinaus lässt sich der Erkenntniszuwachs durch die Konfrontation mit der Fremde als Parallele zum Leben an sich verstehen. Analog zum Reisenden, der stets Neues entdeckt, sammelt auch der Mensch im Laufe seines Lebens immer neue Erfahrungen und vermehrt ständig seine Kenntnisse. Wie die Initiation im Monomythos ist auch die Erweiterung des Erfahrungsschatzes auf der Reise ein unumkehrbarer Prozess; Helden wie Reisende sind am Ende ihrer Fahrten andere Personen geworden:

> Und was ich besaß, halte ich es noch, bin ich denn noch der gleiche Mensch, der namenlos und ohne Verpflichtung war, und auf dem Hügel von Aleppo kleine Falken kreisen sah, über Bagdad die goldenen Kuppeln von Kadimein, – im barbarisch bunten Kloster Petseri am Peipus-See mit langhaarigen Mönchen um ein Mittagessen würfelte, in Rußland in der Sommerhitze Wassermelonen kaufte, noch eben im Kaukasus eine ungebärdige Stute ritt und das weiße Maul ihres Fohlens liebkoste, in den finnischen Wäldern trotz der Stahlbläue kühler Seen im Fieber phantasierte, und mich an soviel Enden der Welt schon verloren, verirrt und für immer ausgestoßen glaubt? [A.AS17]

Trotz verschiedener Anklänge an Strukturen und Inhalte des Monomythos verzichtet Schwarzenbach in ihren Feuilletontexten auf die Selbstinszenierung als ‚Real-Life-Hero'. Im Gegensatz zu anderen reisenden Frauen der Zeit, wie etwa Clärenore Stinnes und Marga von Etzdorf, zielt sie nicht darauf ab, Rekorde zu brechen und den Gedanken von Zivilisation und technischem Fortschritt in die Welt zu tragen. Vielmehr begreift sie ihre Reise als individuellen Weg der Prüfungen, um persönliche Krisen zu bewältigen. Dabei werden weder Fortschritte noch Siege klar artikuliert, die einzelnen Episoden vermitteln vielmehr den Eindruck, dass das Zurechtkommen mit dem Leben ein andauernder

---

59 Vogler 2007, S. 181.

Kampf ist, in dem die Reise Schwarzenbach zwar Linderung verschafft, aber nicht zur Heilung des Übels führt.[60]

Die subjektive Färbung in Schwarzenbachs Texten bestimmt auch die Reflexion aktueller Themen wie etwa des Kriegsausbruchs 1939 oder der Frauenemanzipation. Im Gegensatz zu den anderen Technikpionierinnen betrachtet die Schweizerin die Situation im eigenen bzw. in den fremden Ländern nicht neutral, sondern reflektiert die Verhältnisse kritisch, was sich besonders deutlich bei der Konfrontation mit den Weiblichkeitsbildern anderer Kulturen zeigt. Als allein reisende Frauen ziehen Maillart und Schwarzenbach unweigerlich Interesse auf sich und stoßen mit ihrem Verhalten auf Erstaunen:[61] „Zwei Frauen allein unterwegs!»Wie konnten Sie reisen? Wie haben Sie sich Nahrung beschafft, wo haben Sie geschlafen? Ist Ihnen nie etwas Unangenehmes passiert?« Immer sind es die gleichen Fragen, die an uns gerichtet werden" (A.AS7).

Oft warnen die Menschen Maillart und Schwarzenbach vor Gefahren, die reisenden Frauen im fremden Land drohen: „Ein gescheiter junger Ingenieur hat uns in Istanbul gewarnt: »Sie wollen, zwei Frauen allein und ohne Türkisch zu sprechen, von Trabzon quer durch das Hinterland Anatoliens nach Iran fahren? Vielleicht werden Sie gar keine Schwierigkeiten haben, vielleicht aber deren genug, die Ihnen das Reisen für den Rest Ihres Lebens verleiden ...«" (A.AS2). Schwarzenbach

---

60 Tatsächlich erlitt Schwarzenbach während der Autoreise mehrere Rückschläge im Kampf gegen ihre Morphiumsucht (vgl. z. B. Ella Maillart: Der bittere Weg: Mit Annemarie Schwarzenbach unterwegs nach Afghanistan. Aus dem Englischen von Carl Bach. Basel: Lenos 2003, S. 34), was letztlich auch dazu führte, dass sie sich von ihrer Begleiterin Ella Maillart trennte. In einem der letzten Gespräche der Reisegefährtinnen gibt Schwarzenbach sich durch die Reise geheilt: „Wir gingen an die Sortierung unserer Habseligkeiten. Aus einer Kiste, in der unsere Bergstiefel waren, zog sie [AS, Anm. KK] zu meiner Überraschung eine Injektionsspritze hervor und gab sie mir mit den Worten: »Diese Reise hat mich von der Sucht nach Drogen befreit.« Ich beschloß, ihr zu glauben" (ebd., S. 238).

61 Erstaunen dürfte auch Schwarzenbachs Erscheinungsbild hervorgerufen haben: schlanke Figur, androgyne Gesichtszüge, kurzgeschnittene Haare und männliche Kleidung. Eine Frau in Kabul (vgl. A.AS12) musste sich erst davon überzeugen, dass Schwarzenbach „kein Junge war", bevor sie ihren Schleier ablegte. In Schwarzenbachs Selbstinszenierung in ihren Reisereportagen und Feuilletons spielt das Aussehen jedoch keine Rolle; die meisten hier analysierten Artikel erschienen in Schweizer Tageszeitungen ohne illustrierende Bilder, und in den Texten geht sie kaum auf diesen Aspekt ein.

wehrt die Reaktionen ab, indem sie von ihren durchweg guten Erfahrungen im Umgang mit Behörden berichtet und die Gastfreundschaft der einheimischen Bevölkerung lobt: „Wir fühlten uns bei unseren afghanischen Freunden so sicher wie in Abrahams Schoss." (A.AS7; vgl. auch A.AS2) Die positiven Reiseerinnerungen wirken wie eine Ermutigung, sich als Frau nicht von den Warnungen abschrecken zu lassen.

Neben den Reaktionen auf das eigene emanzipierte Verhalten sieht Schwarzenbach sich auf ihrer Reise aber auch mit dem restriktiven Frauenbild Afghanistans konfrontiert. Schon das Fehlen der Frauen im öffentlichen Raum fällt der Schweizerin auf:

> Ella und ich hatten bisher nur theoretische Gespräche über die Frauen Afghanistans führen können. Seit mehreren Wochen in diesem streng mohammedanischen Land, hatten wir uns mit Bauern und städtischen Beamten, Soldaten, Basarhändlern und Provinzgouverneuren angefreundet, waren überall gastfreundlich aufgenommen worden und begannen, dieses männliche, fröhliche und unverdorbene Volk liebzugewinnen. [...]
> Aber wir schienen in einem Land ohne Frauen zu sein! [A.AS11]

Die wenigen afghanischen Frauen, die Schwarzenbach und Maillart auf ihrer Reise begegnen, entsprechen in keiner Weise „der romantischen Vorstellung vom zarten Schleier orientalischer Prinzessinnen" (A.AS11). Vielmehr wird der Tschador, das verhüllende Gewand afghanischer Frauen, zum Sinnbild für die Alterität der vertrauten Gesellschaft. Obwohl Schwarzenbach den orientalischen Traditionen und Konventionen generell offen und unbefangen begegnet, reagiert sie auf die verhüllten Frauen mit Befremden: „Aber diese gespenstischen Erscheinungen hatten wenig Menschliches an sich. Waren es Mädchen, Mütter, Greisinnen, waren sie jung oder alt, froh oder traurig, schön oder hässlich?" (A.AS11)

Es fällt ihr schwer, für das reaktionäre Verhalten der weiblichen Bevölkerung Afghanistans, die nach den gescheiterten Modernisierungsbestrebungen König Amanullahs wieder zum Tschador zurückkehrte (vgl. A.AS11), Verständnis aufzubringen. Gerade im Vergleich zum eigenen emanzipierten Selbstverständnis erscheint ihr das Auftreten der afghanischen Frauen unerklärlich: „Hatten sie überhaupt den Wunsch, die Welt kennenzulernen, ein anderes Leben zu führen? Oder würden sie immer im schattigen, von hohen Lehmmauern umschlossenen Garten von Kaisar bleiben, unter der patriarchalisch strengen Aufsicht ihrer Mutter und Herrin? [...] Ein solches Leben konnten wir uns kaum vorstellen." (A.AS11) Allein aus der Tatsache, dass die einheimischen Frauen keine andere Lebensweise kennen, erklärt sich Schwarzenbach den fehlenden Wunsch nach Emanzipation: „Man kann nur begehren, was man kennt." (A.AS11)

Dennoch zeigt sich die Schweizerin auch in späteren Texten erschüttert über die Situation der Frauen in Afghanistan, die *„in ständiger Furcht"* (A.AS12, Hervorh. i. Orig.) leben. Vor allem die Begegnung mit einer Französin, die sich freiwillig für das restriktive Leben als afghanische Ehefrau entschieden hat und nun sichtlich unglücklich in ihrer Situation verharrt (vgl. A.AS12), stimmt die Reisende nachdenklich:

> Wir mögen heute in Europa skeptisch geworden sein gegenüber den Schlagworten von Freiheit, Verantwortung, gleichem Recht für alle und dergleichen mehr. Aber es genügt, die dumpfe Knechtschaft von nahem gesehen zu haben, die aus Gottes Geschöpfen freudlose, angsterfüllte Wesen macht – und man wird die Entmutigung abschütteln wie einen bösen Traum, und wieder der Vernunft das Wort reden, die uns auffordert, an die schlichten Ziele eines menschenwürdigen Daseins zu glauben und sich dafür einzusetzen. [A.AS12]

Schwarzenbachs Text wird zum Aufruf, Werte und Ziele nicht zu vergessen und sich für deren Realisierung einzusetzen; die Autorin selbst übernimmt dabei als allein reisende und kritisch reflektierende Frau eine positive Vorbildfunktion. Es bleibt somit festzuhalten, dass Schwarzenbach mehr als die in den vorhergehenden Kapiteln betrachteten Technikpionierinnen in ihren Texten bewusst die eigene Rolle als selbstbestimmte Frau reflektiert und sich dabei als Botschafterin der Emanzipation inszeniert.

Im Gegensatz zum emanzipierten Selbstverständnis spielt die Technik in Schwarzenbachs Inszenierung eine eher geringe Rolle. Dieser Verzicht auf technische Details ist wohl vor allem dem Zweck der Texte geschuldet: Sowohl die Reisereportagen als auch die Feuilletonartikel richten sich nicht per se an ein technisch interessiertes Publikum, sondern an die Leser großer Schweizer Tageszeitungen und Illustrierten. Sie sollen über die Reise bzw. das bereiste Land informieren und die Leser unterhalten, ohne mit technischen Details zu langweilen. Obwohl der Ford die eigentliche „Initialzündung"[62] für die Reise nach Afghanistan war und Schwarzenbach sich durchaus auch für die technischen Aspekte einer Autoreise interessiert, verzichtet sie auf längere Ausführungen: „Genug von den Strassen: Wir haben uns vorgenommen, den Leser daheim nicht zu langweilen mit den Alltagssorgen unserer Autos."[63] Der hier zitierte Text wurde damals ebenso wenig veröffentlicht, wie einige andere Berichte, in denen Schwarzenbach auf technische Probleme während der Reise eingeht, wie etwa das schwere Vorankommen in den Wüstengebieten: „In Menschhed sagte mir ein junger Iraner, als er hörte, dass wir mit unserem Fordauto nach Afghanistan weiter wollten: »Ein Kamel ist langsamer als ein Pferd, aber es kommt sicherer ans Ziel.« Zwei Tage später blieben wir im Sand stecken, auf einer Strecke im Niemandsland nahe den iranisch-afghanischen Grenzposten, wo keine einzige Autospur zu sehen war."[64]

Während Schwarzenbach in Texten für thematisch nicht spezialisierte Medien also auf technische Einzelheiten verzichtet, rückt sie eben diesen Aspekt ihrer Reise an anderer Stelle ins Zentrum, wie etwa in der Reportage *Zwei Schweizerinnen und ein Ford auf den Strassen Afghanistans* (A.AS13). Der Text erschien 1940 in der Zeitschrift *Auto* und richtete sich damit dezidiert an ein technisch interessiertes Publikum; diesen Umständen entsprechend setzt Schwarzenbach ein gewisses Maß an Vorwissen voraus und informiert über die genaue Ausstattung des Wagens, nötige Vorkehrungen, Pannen, Reparaturen usw.:

> Wie liessen also durch die Zürcher Tip-Top-Garage unser Fordcabriolet mit verstärkten Firestone-Schweizerreifen, mit einem zweiten Reserverad und verstärkten Federn ausrüsten. Ein 40-litriger Reservebenzintank wurde im Gepäckraum untergebracht. Ferner wurde ein Tropenkühler montiert. [...] Wir hatten viele Reserveteile mit. Unter anderem eine vollständige Brennstoffpumpe, weil bekanntlich das Demontieren und Re-

---

62 Brigitta Kaufmann: Nachwort. In: Ella Maillart: Der bittere Weg. Mit Annemarie Schwarzenbach unterwegs nach Afghanistan. Aus dem Englischen von Carl Bach. Basel: Lenos 2003, S. 253–273, hier 254.
63 Annemarie Schwarzenbach: Balkan-Grenzen. In: Dies.: Alle Wege sind offen. Die Reise nach Afghanistan 1939/1940. Ausgewählte Texte. Mit einem Essay von Roger Perret. Basel: Lenos 2003, S. 9–13, hier 10.
64 Annemarie Schwarzenbach: Herat, am 1. August 1939. In: Dies.: Alle Wege sind offen. Die Reise nach Afghanistan 1939/1940. Ausgewählte Texte. Mit einem Essay von Roger Perret. Basel: Lenos 2003, S. 51–53, hier 51.

parieren einer Benzinpumpe überhaupt keine Freude ist, geschweige denn noch im Sand und unter sengender Sonne. [A.AS13]

Doch solche techniklastigen Texte sind bei Schwarzenbach selten; im Gegensatz zu Stinnes, von Etzdorf und Riefenstahl, die in ihren unabhängig publizierten autobiografischen Texten ihren Bezug zur Technik zwar nicht dominant, aber dennoch klar artikulieren, spart die Journalistin diesen Spezialdiskurs größtenteils aus und wählt stattdessen Themen, mit denen die entsprechenden Leser vertraut sind und die sie mit persönlichen Interessen und Alltagserfahrungen verbinden können.[65] Analog dazu fehlt auch die persönlich-emotionale Perspektive auf die Technik, „[d]er Ford" (A.AS5) hat weder einen Kosenamen noch schreibt Schwarzenbach ihm menschliche Eigenschaften und Gefühle zu. Mehrfach begegnet das Fahrzeug in Schwarzenbachs Texten dagegen als Sinnbild für den technischen Fortschritt aber auch „für Selbstbestimmung und Mobilität."[66]

Während das Automobil in neusachlichen Texten gemeinhin als positiv besetztes Symbol für die Technisierung des Alltags eingesetzt wurde, beleuchtet Schwarzenbach in ihren Artikeln die Kehrseite dieser zivilisatorischen Errungenschaft. Sie verkehrt das optimistische Symbol des Fortschritts ins Gegenteil und zeigt das Auto als Sinnbild für die Grenzen der Technik:

> [S]oeben noch das graulackierte, künstliche und mit 75 Pferdestärken versehene Produkt wunderbarer, von Herrn Ford perfektionierter Maschinen in einer amerikanischen Stadt, Bild und Bestätigung zivilisatorischer Fähigkeiten, unweigerlich verbunden mit der Vorstellung von Massenproduktion und Massenstreik, Klassenkampf und Millionenvermögen, Stolz der Technik, Sieg des Menschengeistes, und jetzt nutzlos auf der Wüstenspur, und röchelnd wie ein verendendes Tier (denn das Wasser kochte noch geräuschvoll, der Motor zuckte, obwohl niemand mehr etwas von ihm verlangte oder auch nur Notiz von ihm nahm). [A.AS6]

Eine zusätzliche symbolische Bedeutung erhält das Automobil im Zusammenhang mit Schwarzenbachs zentraler Vorstellung der Reise als therapeutischer Maßnahme zur Überwindung persönlicher Probleme. Da die Verantwortung für die Fortschritte im Heilungsprozess dabei bei

---

65 Vgl. Becker 2000, S. 239.
66 Kaufmann 2003, S. 256.

der Reisenden selbst liegen, wählt sie als Symbol für diese Eigenverantwortung das Steuer. Mit diesem lenkt sie einerseits den Wagen während der Reise, andererseits aber auch ihr Leben im Gesamten: „Am gleichen Tag noch erblickte ich Indien. Auf der asphaltierten Khyber-Strasse flog der Wagen dahin, Wachttürme, Eisenbahnschienen, die Mauern des Fort Jamrud, der Bahnhof von Landi Kotal, Kurven, Signale, mir stockte der Atem. Und ich schrie mir zu: Du hast dich doch selber entschlossen, führst doch selbst das Steuer!" (A.AS15) Es bleibt also festzuhalten, dass auch Schwarzenbach in ihren Texten an den zeitgenössischen Technikdiskurs anknüpft, wenn auch überwiegend auf symbolischer Ebene.

4.1.5 Zwischenfazit

Aus der Analyse der autobiografischen Texte ergibt sich, dass die Technikpionierinnen mit ihren medialen Selbstinszenierungen zum Mythisierungsprozess beitragen. Mit ihren Reiseberichten und Autobiografien stellen sie die eigene Lebensgeschichte der Öffentlichkeit als Thema zur Verfügung und unterstützen die mythische Bedeutungsaufladung mit verschiedenen Inszenierungsstrategien. Alle Autorinnen rekurrieren in ihren Texten auf die Strukturen des Monomythos, übernehmen – zumindest in Teilen – dessen Dramaturgie und typischen Aufbau sowie charakteristische Handlungselemente wie vor allem den Weg der Prüfungen. Als Protagonistinnen der eigenen Lebensgeschichte werden sie in ihren Texten zur zentralen Figur der Heldin. Sie heben ihren Pioniergeist, die eigene Vorbildfunktion und ihre außergewöhnlichen Leistungen hervor und inszenieren sich dadurch in unterschiedlichem Maße als Real-World-Heroes. Die Technikpionierinnen konstruieren so ihre eigene Lebensgeschichte als Heldengeschichte.

Zusätzlich zur Überformung im Sinne mythischer Erzählungen verankern die Autorinnen ihren Lebenslauf im historischen Kontext, indem sie die Stationen ihrer Biografie an konkreten Daten festmachen. Die etablierten Diskurse der Zeit, Frauenemanzipation und technischen Fortschritt, greifen sie eher indirekt auf. So fällt auf, dass die Genderproblematik keinen der längeren Texte (A.CS1, A.CS2, A.ME, A.LR1, A.LR2) dominiert; die mit dem eigenen Geschlecht einhergehenden Probleme thematisieren die Autorinnen nur selten und dann meist im Zusammenhang mit bestimmten Handlungsabschnitten wie etwa der

Ausbildung zur Fliegerin, der Konfrontation mit den Weiblichkeitskonzepten anderer Kulturen oder den Problemen bei der Realisierung eigener Regieprojekte in der Männerdomäne Film. Ein Rekurs auf die eigene Sexualität, also jede Form von Erotik, fehlt vollständig. Dieser Umgang mit der Gender-Thematik spiegelt ein bestimmtes Selbstverständnis wider, das es nicht erfordert, das eigene Geschlecht dauerhaft zu reflektieren. Die Frauen beschreiben meist zu Beginn des jeweiligen Textes die eigene Position in der Männerdomäne Technik und die damit verbundenen Schwierigkeiten, wobei sie klarstellen, dass sie sich von den gesellschaftlichen Normen nicht aufhalten lassen werden (so bei A.CS1, A.ME, A.LR1). Das Geschlecht bestimmt folglich eher den Grundtenor als die explizite ‚Handlung' der autobiografischen Texte.

Indem die Autorinnen ihre Rolle als Frau in einer Männerdomäne nicht ausdrücklich reflektieren, sparen sie die politische Dimension ihrer Lebensgeschichte weitgehend aus. Mit Ausnahme von Riefenstahls Arbeitsbericht (A.LR2) und einzelnen Artikeln Schwarzenbachs (A.AS11, A.AS12) findet keine direkte Politisierung statt. Die Pionierinnen präsentieren sich nicht als Vorreiterinnen der Frauenemanzipation,[67] allenfalls Nach- bzw. Vorredner ordnen die Leistungen der Frauen in entsprechende Kontexte ein (vgl. A.ME 171 f., A.LR1 6). Diese Strategie der Autorinnen leuchtet durchaus ein, da eine deutliche Artikulation der Genderthematik die Texte klar politisiert und so eine Publikation als leicht konsumierbare Texte für die breite Masse verhindert oder zumindest erschwert hätte; der mit abgedruckte Kommentar Außenstehender ruft dem Leser die gesellschaftspolitische Leistung der Frauen dennoch ins Bewusstsein.

Ebenso wird das Thema Technik nur am Rande expliziert. Die Pionierinnen gehen darauf ein, dass ihre Berufe technisches Know-how erfordern und dass sie sich das nötige Wissen selbst aneignen mussten (vgl. A.ME 19, A.LR1 67), doch nicht alle thematisieren ausführlich die

---

67 Diese Beobachtung deckt sich mit verschiedenen Selbstaussagen. Clärenore Stinnes etwa behauptete, sie reise nur, um die Welt kennen zu lernen (vgl. Die Weltreise einer Automobilistin. In: Allgemeine Automobil-Zeitung, Wien. 27 (1927), Nr. 12, S. 1938), und auch die Fliegerinnen zeigten kein Interesse daran, sich öffentlich für emanzipatorische Belange einzusetzen: „In den westlichen Gesellschaften verfochten Fliegerinnen deshalb höchstens einen individuellen Emanzipationsanspruch und keinen gesamtgesellschaftlichen" (Zegenhagen 2007, S. 101).

damit verbundenen Schwierigkeiten. Die erarbeitete Kompetenz im Umgang mit technischen Geräten und Arbeitsabläufen wird in den autobiografischen Texten mehr oder weniger explizit unter Beweis gestellt, z. B. bei den Schilderungen aufwendiger Autoreparaturen (vgl. A.CS1 56, 104 f.) oder der Planung einer Filmaufnahme (A.LR2 20, 21 u. 25). Genaue Ausführungen über Details zur Bau- und Funktionsweise von Flugzeugen, Autos oder Kameras finden sich jedoch kaum, was wohl vor allem darauf zurückzuführen ist, dass die Autobiografien kein technisch versiertes Fachpublikum, sondern die breitere Masse ansprechen sollten.

Darüber hinaus spiegelt dieser Umgang mit Technik aber auch die für die 1920er Jahre typische technische Durchdringung des Alltags wider. Wie das neue weibliche Selbstverständnis muss auch die Technisierung nicht dauerhaft reflektiert werden, um eine bestimmte, moderne Haltung zu demonstrieren. Dennoch wird in einigen Texten klar, dass „[i]n der technischen Zivilisation andere Maßstäbe [gelten]",[68] wie z. B. in Stinnes' Reisebericht, in dem das Erzähltempo analog zum Vorankommen des Wagens verläuft, oder in Marga von Etzdorfs Autobiografie, in der ihr Start in die Welt der Fliegerei mit dem Blickwechsel in die Vogelperspektive verbunden ist.

Insgesamt bleibt festzuhalten, dass die Technikpionierinnen das konstruktive Potenzial des Mediums Autobiografie nutzen, um eine bestimmte Version ihrer eigenen Lebensgeschichte zu entwerfen. Sie knüpfen in ihren Texten sowohl an tradierte kulturelle Erzählmuster als auch an den Gender- und Technik-Diskurs der 1920er und 1930er Jahre an. Die eingearbeiteten Meme rufen tradierte oder aktuelle Konzepte von Heroismus, weiblichem Selbstverständnis und Modernität auf. Auf diese Weise reproduzieren die Texte nicht einfach Stationen eines Lebenslaufs, sondern werden zusätzlich mit symbolischen Konnotationen versehen, sodass sie auf übergeordnete Themen wie das neue Selbstverständnis der Frau verweisen. Diese doppelte Bedeutungsaufladung des *life scripts* fundiert die (Selbst-)Mythisierung praktisch aller hier analysierten Technikpionierinnen.

---

68 Wege 2000, S. 55.

4.2 Inszenierung in zeitgenössischen journalistischen Texten und Filmen

Als Grundlage für die Analyse der Inszenierung in journalistischen Texten, Bildern und Filmen dienen insgesamt 217 Zeitungs- und Zeitschriftenartikel sowie 23 Wochenschauen, Kurzdokumentationen und Werbespots, in denen über die Fliegerinnen Marga von Etzdorf, Hanna Reitsch und Elly Beinhorn, die Automobilistin Clärenore Stinnes sowie die Regisseurinnen Leni Riefenstahl und Thea von Harbou berichtet wird.[69] Hinzu kommen einige wenige Kurzbiografien der Fliegerinnen,[70] die ich nicht in einem gesonderten Kapitel analysiere, sondern zusammen mit den journalistischen Texten unter den Aspekt zeitgenössischer Fremdinszenierung subsumiere.[71]

Als Basis für die Analyse der zeitgenössischen Fremdinszenierung habe ich mich auf Zeitungs- und Zeitschriftenartikel sowie Filme beschränkt; die Recherche nach zeitgenössischen Rundfunkbeiträgen wäre aufgrund der lückenhaften Dokumentation und der bisher nur teilweise systematisch-archivischen Aufarbeitung zu aufwendig gewesen und wurde daher ausgeklammert. Generell muss betont werden, dass im

---

69 Die Suche nach Berichten über Annemarie Schwarzenbach blieb nahezu erfolglos. Es ist zu vermuten, dass Schwarzenbach aufgrund ihrer eigenen journalistischen Tätigkeit in Zeitungen und Zeitschriften selbst nicht als berühmte Persönlichkeit inszeniert wurde. Lediglich ein Porträtfoto konnte ich im Rahmen meiner Recherchen ausfindig machen, das bezeichnenderweise Schwarzenbach im Bildtitel als Schriftstellerin, nicht als Journalistin oder Automobilistin charakterisiert (vgl. Die Schriftstellerin Annemarie Schwarzenbach. In: Uhu. 9 (1932/1933), H. 13, S. 86). Ähnlich gehen auch die Artikel über Riefenstahl und von Harbou überwiegend auf deren Arbeit als Schauspielerin bzw. Schriftstellerin ein. Berichte über andere Regisseurinnen – die in den 1920er und 1930er Jahren durchaus existierten (vgl. Georgen 2002) – habe ich nicht gefunden. Da gleichzeitig auch wenig über (berühmte) männliche Regisseure berichtet wurde, liegt die Vermutung nahe, dass der Beruf schlicht nicht ‚interessant' genug erschien, um in den Medien verhandelt zu werden – im Gegensatz zu spektakulären Berufen wie Schauspielerin, Showgirl oder eben Fliegerin.

70 Ausführliche zeitgenössische Biografien über die Technikpionierinnen sind nicht bekannt; die recherchierten Kurzbiografien erschienen allesamt in Sammelbänden über bekannte Persönlichkeiten bzw. berühmte Fliegerinnen (vgl. Carl Maria Holzapfel, Käte u. Rudolf Stocks: Frauen fliegen. Sechzehn deutsche Pilotinnen in ihren Leistungen und Abenteuern. Berlin: Deutsche Verlagsgesellschaft 1931; L. W. Hellwig: Elly Beinhorn. In: Ders. (Hg.): Persönlichkeiten der Gegenwart. Luftfahrt – Wissenschaft – Kunst. Berlin: Verlag Dr. Richard Pape 1940, S. 49–56).

71 Zur Zitation der Quellen vgl. die der Bibliographie vorangestellten Anmerkungen (s. S. 313).

Rahmen dieser Arbeit keine vollständige Recherche der zeitgenössischen Berichterstattung über Technikpionierinnen zu leisten war. Gleichwohl sind die vorliegenden Artikel und Filme breit gestreut, vor allem was die Vielfalt der Publikationsorgane betrifft, in denen sie veröffentlicht wurden. Ich betrachte das vorliegende Textkorpus folglich als repräsentative Auswahl und erarbeite auf dieser Basis exemplarisch einige zeitgenössische Inszenierungsstrategien. Die Bibliografie im Anhang dieser Arbeit verzeichnet nicht alle Texte und Bilder, die ich zu den einzelnen Personen und thematisch relevanten Stichworten gefunden habe, sondern nur diejenigen, die für die Untersuchung relevant sind. Zahlreiche kleinere Kurztexte und -meldungen sowie wortgleiche Artikel aus verschiedenen Medien habe ich aus darstellungsökonomischen Gründen nicht aufgeführt.

Dietrichs *Bibliographie der deutschen Zeitschriftenliteratur mit Einschluß von Sammelwerken* verzeichnet in den Jahren von 1925–1944 16 Texte zu den hier betrachteten Personen. Einige davon konnten ermittelt und in die Analyse miteinbezogen werden. Darüber hinaus habe ich bei meinen Recherchen die relevanten Jahrgänge der beiden auflagenstärksten Zeitschriften des Ullstein-Verlags, *Uhu* und *Berliner Illustrirte Zeitung*, durchgesehen, dazu die *Allgemeine Automobil-Zeitung* aus Berlin, deren Wiener Pendant sowie die nationalsozialistische Frauenzeitschrift *NS-Frauen-Warte*. Das Digitalisierungsprojekt „Illustrierte Magazine der klassischen Moderne"[72] ermöglichte zudem die Suche in verschiedenen anderen Zeitschriften der Weimarer Republik: *Auto-Magazin, Das Leben, Das Magazin, Der Querschnitt, Revue des Monats, Scherl's Magazin* und *Tempo*. Hinzu kommen zahlreiche Zeitungs- und Zeitschriftenartikel aus den Nachlässen der Fliegerinnen Marga von Etzdorf und Hanna Reitsch[73] sowie der Automobilistin Clärenore Stinnes,[74] viele davon aus regionalen Tageszeitungen, einige auch aus ausländischen Medien. Die nationalsozialistischen Organe *Völkischer Beobachter*

---

72 http://www.illustrierte-presse.de/ (zuletzt aufgerufen am 22.7.2013).

73 Die Nachlässe der beiden Fliegerinnen befinden sich im Archiv des Deutschen Museums München und enthalten umfangreiche Zeitungsausschnittsammlungen. Vgl. NL 075 (Nachlass Marga von Etzdorf), NL 130 (Hanna Reitsch) sowie die Sammlung „Persönlichkeiten der Luft und Raumfahrt" (PERS/F).

74 Ein Teil des Nachlasses der Familie Stinnes liegt im Stadtarchiv Mülheim an der Ruhr. Vgl. 1440/90.000 Stinnes, Clärenore (Zeitungsausschnittsammlung) und 1550/110 Stinnes, Clärenore (Bestand Einzelne Persönlichkeiten).

und *Illustrierter Beobachter* habe ich in Teilen nach Artikeln zu Leni Riefenstahls Regiearbeiten durchsucht. Im Fokus der Recherche standen dabei Ausgaben in zeitlicher Nähe zu Uraufführungen von ihren Filmen. Insgesamt war festzustellen, dass die Suche nach Berichten über die Technikpionierinnen in den Illustrierten nur wenige Ergebnisse liefert. Zwar waren sowohl das Thema Technik als auch das Thema ‚Neue Frau' *en vogue*,[75] Berichte über Einzelpersonen fanden sich jedoch nur selten. Bei den ausgemachten Texten handelt es sich überwiegend um Reportagen, ergänzt durch einige Interviews und Fotografien. Manche der Texte wurden von den Technikpionierinnen selbst verfasst, so veröffentlichte etwa Marga von Etzdorf regelmäßig Berichte über ihre Flug- und Reiseerlebnisse in der Zeitschrift *Tempo*. Diese Dokumente wurden der Kategorie ‚Selbstinszenierung' zugeordnet und werden folglich in diesem Kapitel nicht weiter berücksichtigt.

Die Recherche in den verschiedenen Nachlässen zeigte auf, dass vor allem in (lokalen) Tageszeitungen über die Ausnahmefrauen berichtet wurde, die Autoren die Unternehmungen und Leistungen der Technikpionierinnen also vorrangig als ‚aktuelle Themen' verhandelt haben. Eine umfassende Recherche in diesem Sektor war allerdings im Rahmen dieser Arbeit nicht möglich, sodass vor allem die Zeitungsartikel aus den Nachlässen der Frauen als Analysegrundlage dienen müssen. Immer wieder fällt auf, dass die Exzeptionalität der Frauen hinsichtlich ihrer beruflichen Tätigkeit in typischen Männerdomänen insbesondere im Fall der Regisseurinnen nur relativ selten thematisiert wurde. So fanden sich überproportional viele Berichte über Leni Riefenstahl als Schauspielerin, während ihre Karriere als Regisseurin nur vereinzelt

---

75 So etwa in Artikeln über Autofahren, Fliegerei und Film sowie Berichten über typische Neue Frauen (vgl. z. B. ausgewählte Artikel aus dem *Uhu*: Kurt Bernhard: Was man vom Auto wissen muß. In: Uhu. 2 (1925), H. 1, S. 86–91; Die Schönheit der Technik. In: Uhu. 2 (1926), H. 6, S. 54–60; E. Rumpler: Morgen fliegen wir alle! (Keine Utopie). In: Uhu. 3 (1926), H. 1, S. 36–43; Karl Freund: Hinter meinem Kurbelkasten. Neue Möglichkeiten der Filmaufnahme. In: Uhu. 3 (1927), H. 9, S. 64–71; Gulla Pfeffer: Eine weiße Frau allein bei den Schwarzen. In: Uhu. 5 (1928), H. 2, S. 40–45; Eva Schubring: Gut aussehen und doch was leisten! Eine Forderung an die berufstätige Frau. In: Uhu. 7 (1931), H. 6, S. 98–105).

aufgegriffen wurde.⁷⁶ Da auch diese Texte zur medialen Inszenierung der Technikpionierin beitragen, beziehe ich sie trotz des fehlenden Technikbezugs in meine Analyse mit ein.

Zu den schriftlichen Inszenierungsdokumenten kommen 23 Filme aus den Beständen des Bundesarchivs. Die Recherche mit den Findmitteln des Filmarchivs ergab insgesamt 33 Treffer zu den ausgewählten Personen, wovon 26 Filme eingesehen und zum Großteil in die Analyse miteinbezogen werden konnten.⁷⁷ Bei den zeitgenössischen Filmdokumenten handelt es sich hauptsächlich um Wochenschauen und Dokumentarfilme der 1920er und 1930er Jahre.

Bei vielen Quellen – vor allem den in den verschiedenen Archiven recherchierten Zeitungs- und Zeitschriftenartikeln sowie Filmen – fehlt die Datumsangabe, sodass eine klare Trennung zwischen Quellen aus der Weimarer Republik und Quellen aus der NS-Zeit oft nicht möglich ist. Wo offensichtliche politische oder soziale Einflüsse erkennbar waren, wurden diese als Tendenzen bzw. Spezifika der jeweiligen Zeit herausgearbeitet. Zusätzlich zum fehlenden Publikationsdatum konnte bei vielen Texten der Autor nicht identifiziert werden. Eine Untersuchung von Unterschieden in der Inszenierung männlicher und weiblicher Journalisten wäre daher spekulativ und wird hier ausgespart.

Im folgenden Analyseteil werden Besonderheiten sowie Gemeinsamkeiten bei der zeitgenössischen Inszenierung der Technikpionierinnen erarbeitet. Da Anzahl und Art der vorliegenden Quellendokumente bei den einzelnen Personen sehr unterschiedlich ausfallen,⁷⁸ bestim-

---

76 Vgl. dazu die Rechercheergebnisse und Vermutungen zur Berichterstattung über Thea von Harbou, Anm. 69, S. 125.
77 Die Filmdokumente sind in der Bibliografie durch eine entsprechende Angabe in eckigen Klammern als solche gekennzeichnet, mit der Archivsignatur „BArch" als Filme aus den Beständen des Bundesarchivs ausgewiesen und dort mittels der angegebenen Sigle eindeutig identifizierbar. Die Angabe ungesicherter Quelleninformationen erfolgt auch bei den Filmdokumenten in eckigen Klammern.
78 Das zugrundeliegende Textkorpus enthält überproportional viele Texte, Bilder und Filme über die Fliegerinnen. Zum einen liegt das wohl an der bisherigen wissenschaftlichen Aufarbeitung dieses Themas und der daraus resultierenden Zugänglichkeit des entsprechenden Quellenmaterials, zum anderen sicher auch an der zeitgenössisch hohen medialen Präsenz dieser Berufsgruppe. Im Vergleich zu den Automobilistinnen und Regisseurinnen brachten sich die Pilotinnen vor allem in den späten 1920er und frühen 1930er Jahren durch geschickte Selbstvermarktung regelmäßig ins Gespräch (vgl. Zegenhagen 2007, S. 128 ff.).

men nicht einzelne Fallbeispiele, sondern die Elemente der Inszenierung den Aufbau der Analyse. Wie im vorhergehenden Kapitel orientiert sich die Untersuchung auch hier an den im Vorfeld bestimmten Kategorien, fokussiert werden also vorerst Elemente der Mythisierung in Text, Bild und Film, anschließend der Bezug zu den Diskursen Technik und Weiblichkeit.

4.2.1 Mythos und Heroisierung in der zeitgenössischen Fremdinszenierung

Anders als bei den Autobiografien und Reiseberichten der Technikpionierinnen handelt es sich bei den Dokumenten der zeitgenössischen Fremdinszenierung ausschließlich um kürzere Texte bzw. Filme, die nicht genug Raum bieten, um eine vollständige Heldengeschichte nach Campbells Schema zu entfalten. Die Anlehnungen an mythische Erzählmuster erfolgt über einzelne Details, die eine Assoziation mit der Heldenreise auslösen wie etwa der Rekurs auf das Handlungselement der Berufung.[79] Vor allem bei den Fliegerinnen berichten die Autoren häufiger über schicksalhafte Begegnungen oder den persönlichen Drang zum Abenteuer: „Jetzt zeigte sie [Marga von Etzdorf, Anm. KK], daß sie dazu bestimmt war hinauszufliegen, weil sie in die Welt hinausfliegen m u ß t e , weil es sie hinaus trieb mit ihrem Flugzeug und weil es dabei für sie k e i n e Hindernisse gab."[80] Darüber hinaus klingt in biografisch aufgebauten Texten oft das Konzept des Prüfungswegs an. Die Autoren schildern einzelne Herausforderungen, denen sich die Frauen gestellt haben oder stellen werden, oft in Form kurzer Abenteuerepisoden – vergleichbar mit den entsprechenden Abschnitten in den Autobiografien – und betonen Schwierigkeiten, mit denen die Technikpionierinnen zu

---

79 Vgl. Campbell 2011, S. 63 ff. u. Vogler 2007, S. 99 ff.
80 Horst von Salomon: Kameradin Marga! Ein Fliegerschicksal. In: Berliner Lokal-Anzeiger. O. D. (DMA PERS/F 10082/2) (Hervorhebungen i. Orig.). Vgl. auch Charlotte Till: Hanna Reitsch. Ein Leben für die Fliegerei. In: [Koralle]. O. D. (DMA:NL130 Reitsch 003, 51): „Durch die Begegnung mit Prof. Georgii, den über Deutschlands Grenzen hinaus bekannten Segelflugprofessor, den sie [Hanna Reitsch, Anm. KK] 1933 auf der Wasserkuppe kennenlernte, erkannte sie ihre Berufung, gab alles andere auf und wandte sich mit dem Einsatz ihrer ganzen Person nur der Fliegerei zu."

kämpfen hatten.[81] In einzelnen Fällen sind zudem typische Figuren der monomythischen Erzählung wie etwa der Mentor zu erkennen:

> Wolf Hirth hatte von dem Augenblick an, da Hanna Reitsch bei ihm das erste Mal geflogen war, ihre ungewöhnlich große fliegerische Begabung erkannt und, um sie zu fördern, ließ er sie bei jedem Wind fliegen, ließ sie in der Werkstatt bauen und arbeitete selbst mit ihr. [...] Er ist ihr »Fliegerpapa« gewesen, von dem sie nur voll tiefstem Dank und größter Verehrung spricht und mit dem sie noch heutigen Tages enge Freundschaft und Kameradschaft verbindet.[82]

Abgesehen von der generellen Heroisierung der Pionierinnen, die später noch näher betrachtet wird, ist der Rekurs auf strukturelle Elemente der Heldenreise nicht als dominierende Inszenierungsstrategie zu werten.

Auffällig sind in den vorliegenden Texten die Anspielungen auf konkrete Mythen, wie etwa bei der Bezeichnung deutscher Fliegerinnen als „Ikarus' Töchter".[83] Wie die Figur aus dem griechischen Mythos und deren Vater Dädalus haben auch die fliegenden Frauen „den Pfad des Herkömmlichen verlassen [und] gekämpft [...] für ihre heiße Sehn-

---

81 Vgl. Horst von Salomon: Kameradin Marga! Ein Fliegerschicksal. In: Berliner Lokal-Anzeiger. O. D. (DMA PERS/F 10082/2); H. W.: Gewitterstürmer. Ein Kapitel aus dem Leben Marga von Etzdorfs. In: [Leipziger Neueste Nachrichten 31.5.1933]. (DMA:PERS/F 10082/2); Tragischer Verlust der deutschen Fliegerei. Die einzige Frau mit Segel [sic], Sport-, Kunst- und Verkehrsflugexamen. Marga von Etzdorf abgestürzt. In: [Kölnische Zeitung]. O. D. (DMA:PERS/F 10082/2); Marga v. Etzdorf in Wien. Gespräch mit der Ostasienfliegerin. In: [Neues Wiener Tagblatt. 17.7.1932]. (DMA:NL 075/007 GF); Hanna Reitschs Sturmflug. BLA-Gespräch mit der erfolgreichen Pilotin. In: [Berliner Lokalanzeiger. 2.7.1938]. (DMA:NL130 Reitsch 003, 50); Wilfred von Ove: Fräulein Flugkapitän – zierlich und zäh. BLA-Unterredung mit Hanna Reitsch zwischen zwei Etappen des Segelflugwettbewerbs. In: [Berliner Lokal-Anzeiger. 10.7.1938]. (DMA:NL130 Reitsch 003,50); v. Ue.: Heldenhafte deutsche Frauen. Hanna Reitsch, die kühne Fliegerin. In: [Der Westen, Berlin. 30.3.1941]. (DMA:NL130 Reitsch 003, 51); L. W. Hellwig: Elly Beinhorn. In: Ders. (Hg.): Persönlichkeiten der Gegenwart. Luftfahrt – Wissenschaft – Kunst. Berlin: Verlag Dr. Richard Pape 1940, S. 49–56; Unsere „Amazone auf Gummi". Clairenore Stinnes auf großer Fahrt / 60 000 Kilometer, um die Welt kennen zu lernen. O. Q. [1927]. (SAM:1550/110 Stinnes); Bilder von der Weltreise. Clärenore Stinnes im Adler Standard 6. In: Auto-Magazin. 1929, Nr. 20, o. S.; höm: „Ich heiße Leni Riefenstahl ...". In: Völkischer Beobachter. 23.4.1938, Nr. 113, S. 2.
82 Charlotte Till: Hanna Reitsch. Ein Leben für die Fliegerei. In: [Koralle]. O. D. (DMA:NL130 Reitsch 003, 51).
83 Ikarus' Töchter. O. Q. (DMA:NL 075/007 GF).

sucht."[84] Die mythische Referenz provoziert eine Assoziation der weiblichen Flugleistungen mit den im Mythos implizierten positiven Werten Innovation und Pioniergeist; die Formulierung ‚Ikarus' Töchter' macht die Technikpionierinnen zu Erben der mythischen Figur. Gleichzeitig ruft der Name Ikarus jedoch auch immer das Bild des Scheiterns auf, ignoriert Dädalus' Sohn doch im antiken Mythos die Warnung des Vaters und stirbt infolge seiner Hybris. Der positive, lobende Ton des Zeitungsartikels nimmt diese Dimension der mythischen Referenz allerdings nicht auf. Als treffendere Anspielung erweist sich die mehrfach gebrauchte Bezeichnung der Technikpionierinnen als Amazonen, oft mit näherer Spezifizierung wie z. B. „Amazonen der Luft"[85] oder „Amazone auf Gummi".[86] Dabei rufen die Autoren vor allem die emanzipatorische Ebene der mythischen Erzählungen von den starken Frauenfiguren auf,[87] doch auch die Heroisierung der Frauen wird durch das Zitieren des Mythos erkennbar gemacht.

Zusätzlich zum direkten Mythos-Zitat unterstützen verschiedene andere Inszenierungsstrategien die Heroisierung der Technikpionierinnen. In vielen Texten stellt eine entsprechende Vokabel die Verbindung her. So bezeichnet ein Autor Hanna Reitsch in Anlehnung an eine Anekdote aus dem Leben der Fliegerin als „Hanna »das Heldenweib«",[88] ein anderer beschreibt ihren heroischen Lebensweg;[89] über Marga von Etzdorf heißt es in einem Nachruf, „[i]n ihrem aristokratischen Wesen habe etwas Heldisches gelegen."[90]

Darüber hinaus werden in den Texten noch andere Aspekte des archetypischen Schemas abgerufen. Allison und Goethals zufolge basiert Heroismus auf zwei wesentlichen Aspekten: Der Held muss Außerordentliches leisten und auf dem Weg zum Erfolg Schwierigkeiten über-

---

84 Ebd.
85 Amazonen der Luft [Fotografie]. O. Q. (DMA:NL 075/007 GF).
86 Unsere „Amazone auf Gummi". Clairenore Stinnes auf großer Fahrt / 60 000 Kilometer, um die Welt kennen zu lernen. O. Q. [1927]. (SAM:1550/110 Stinnes); Autoweltreise einer Stinnes-Tochter. Ein kühner Plan der weltbekannten Automobilistin Clairenore Stinnes. In: [Mühlheimer Zeitung. 4.2.1927]. (SAM:1440/90.00).
87 S. Kapitel 4.2.3 zum Thema Geschlecht in der zeitgenössischen Fremdinszenierung.
88 Hanna Reitsch erzählt ... Hanna »das Heldenweib« – der Schreck des Fahrstuhlführers. O. Q. (DMA:NL130 Reitsch 003, 51).
89 Vgl. Hanna Reitsch, die Fliegerin [...] Besuch in ihrer Heimatstadt – Das Bild einer genialen Fliegerin [...]. O. Q. [1941]. (DMA:NL130 Reitsch 003, 51).
90 Kor.: Marga v. Etzdorfs Beisetzung. In: [DAZ. 11.4.1933]. (DMA:PERS/F 10082/2).

winden oder Opfer bringen.[91] Eben diese Faktoren, die Exzeptionalität bestimmter Leistungen sowie die Tatsache, dass diese erkämpft werden mussten, stehen im Zentrum zahlreicher zeitgenössischer Texte. So gilt Clärenore Stinnes' Weltreise als „sportliche Großtat" und „Markstein in der Geschichte des Automobils",[92] Marga von Etzdorfs Alleinflug als „sportliche Leistung, die höchste Anerkennung verdient",[93] und der Name Hanna Reitsch sei nach zahlreichen Weltrekorden „aus der Liste der Weltbestleistungen in den letzten Jahren nicht mehr wegzudenken."[94] Oft arbeiten die Autoren mit Superlativen, um die jeweilige Leistung zu beschreiben: „Die kühnste und erfolgreichste Vertreterin der Damenwelt auf diesem Gebiet [des Motorsports, Anm. KK] ist ohne Frage eine Mühlheimerin, die Stinnestochter Clairenore ";[95] „Fräulein Stinnes ist die bisher erfolgreichste Autofahrerin Europas."[96] Hanna Reitsch gilt nicht nur als „Deutschlands kühnste verwegenste Fliegerin",[97] sondern auch als die „beste Segelfliegerin der Welt",[98] und Elly Beinhorn sei „zweifellos die kühnste Frau, die Deutschland besitzt."[99]

In zeitgenössischen Filmen kommt die geschlechtsbedingte Exzeptionalität der Pionierinnen vor allem auf visueller Ebene zur Geltung: Oft sind sie die einzige Frau im Bild, begleitet von männlichen Kolle-

---

91 Vgl. Allison/Goethals 2011, S. 120 bzw. die Ausführungen in Kapitel 2.2.1.
92 Bilder von der Weltreise. Clärenore Stinnes im Adler Standard 6. In: Auto-Magazin. 1929, Nr. 20, o. S.
93 Marga von Etzdorf in Japan gelandet. In: [Kölnische Zeitung. 28.8.1931]. (DMA:NL 075/011) (Hervorh. i. Orig.).
94 [Stelle fehlt] Segelflug! Reichsluftfahrtminister Generaloberst Göring hat Hanna Reitsch zum Flugkapitän ernannt. In: Illustrierter Beobachter. O. D. (DMA:NL130 Reitsch 003, 50).
95 Unsere „Amazone auf Gummi". Clairenore Stinnes auf großer Fahrt / 60 000 Kilometer, um die Welt kennen zu lernen. O. Q. [1927]. (SAM:1550/110 Stinnes) (Hervorh. i. Orig.).
96 Autoweltreise von Clärenore Stinnes. In: Allgemeine Automobil-Zeitung Berlin. 28 (1927), Nr. 6, S. 20.
97 Hanna Reitsch erzählt ... Hanna »das Heldenweib« – der Schreck des Fahrstuhlführers. O. Q. (DMA:NL130 Reitsch 003, 51).
98 Rolf Italiaander: Hanna Reitsch. Die beste Segelfliegerin der Welt. In: Nordbayerische Frauen-Zeitung. O. D. (DMA:NL130 Reitsch 003, 50).
99 L. W. Hellwig: Elly Beinhorn. In: Ders. (Hg.): Persönlichkeiten der Gegenwart. Luftfahrt – Wissenschaft – Kunst. Berlin: Verlag Dr. Richard Pape 1940, S. 49–56, hier 55.

gen[100] oder umringt von Journalisten,[101] was ihre Rolle als Ausnahmeerscheinung in der Männerdomäne Technik klar hervorhebt. In wenigen Fällen wird diese Sonderposition in den Filmen auch sprachlich artikuliert, wie etwa in einem Propaganda-Bericht über Hanna Reitschs Besuch in Hirschberg: „Herzlich begrüßen die Jungen und Mädel den Flugkapitän Hanna Reitsch, die als einzige Frau für ihre Verdienste, die sie der kämpfenden Front als Versuchspilotin geleistet [hat], vom Führer mit dem Eisernen Kreuz Erster Klasse ausgezeichnet wurde."[102]

Zudem betonen die Autoren meist die Tatsache, dass die Erfolge den Frauen nicht geschenkt wurden. Es häufen sich Formulierungen wie „Selten wohl hat es ein junger Flieger schwerer gehabt als Marga von Etzdorf"[103] oder „Sie war aber auch eine von denen, die immer vom Unglück verfolgt waren, und die sich jeden Erfolg stets aufs neue schwer erkämpfen mußten."[104] Auch Hanna Reitsch habe, „lediglich von ihrem heißen Willen zu fliegen getrieben, allen Hindernissen zum Trotz das hohe Ziel erreicht",[105] Elly Beinhorn habe „die grossen Schwierigkeiten überwunden, die der Mangel an dem für eine solche Reise nötigen Feld ihr entgegenstellte",[106] und auch bei Leni Riefenstahl seien „die Begeisterung für die »Arbeit« und ein ehrlicher Schaffenswille die großen treibenden Kräfte, die über alle Schwierigkeiten hinweghelfen."[107]

Wie die bisher zitierten Passagen zeigen, nennen die Autoren im Zusammenhang mit den außerordentlichen Leistungen der Technikpionierinnen häufig positive Eigenschaften, die sie als starke Individuen

---

100 Vgl. z. B. Opel-Deulig-Ufa-Wochenschau Sujets aus den 20er Jahren [Film] (BArch B 110525), 01:35–01:58; Ufa-Tonwoche, Nr. 400/1938 [Film]. (BArch K 177594), 00:17–03:17; Sport- und Militärfliegerei [Film]. (BArch B 73609), 04:58–08:21.
101 Die deutsche Fliegerin Marga von Etzdorf [Film] (BArch B 2573), 04:13 ff.; Emelka-Tonwochenschau-Sujets, etwa 1930/31 [Film]. (BArch B 125641), 00:39–02:27.
102 Junges Europa, Nr. 6 [Film]. (BArch K 188430).
103 Horst von Salomon: Kameradin Marga! Ein Fliegerschicksal. In: Berliner Lokal-Anzeiger. O. D. (DMA PERS/F 10082/2).
104 Marga v. Etzdorfs Todessturz. Auf dem Flugplatz Mouslimich [sic]. In: [BZ am Mittag. 29.5.1933]. (DMA:PERS/F 10082/2).
105 Vom Fliegerbaby zum Flugkapitän. Hanna Reitsch plauderte auf dem Fliegerfest im Stadtpark über ihre Erlebnisse. O. Q. (DMA:NL130 Reitsch, 003, 50).
106 Hans Theodor Joel: Deutsche Mädchen fallen vom Himmel. Berlin – Madrid – Marokko im Kleinflugzeug. – Begegnung mit Adlern. – Strümpfe-Stopfen und Kochen. – Afrika. In: Berliner Tagblatt. [21.12.1930]. (DMA:NL 075/007 GF).
107 Arnold Fanck: Am Montblanc wird gefilmt. In: Scherl's Magazin. 6 (1930), H. 10, S. 1005–1013.

auszeichnen. Vor allem der Mut der Frauen – eine zentrale Voraussetzung für heroische Taten – wird hervorgehoben. Dabei handelt es sich fast ausschließlich um – wie Allison und Goethals es betiteln – „physical courage": „There is little or no moral component to physical courage; there is only a willingness and an ability to triumph over physically challenging circumstances. Many people are deemed heroes solely because of their physical courageousness."[108] Insbesondere die Motorsportlerinnen stellten sich mit ihren Rekordversuchen, Langstreckenflügen und Weltreisen besonderen physischen Herausforderungen und bewiesen so ihren Mut. Die Sporthistorikerin Gertrud Pfister beschreibt die Strapazen eines Langstreckenfluges der damaligen Zeit:

> Langstreckenflüge waren Anfang der 30er Jahre noch äußerst schwierig und gefährlich. Funkgeräte gab es nicht, die wichtigste Navigationshilfe war der Kompaß; die Flugzeuge waren störungsanfällig, die Motoren unzuverlässig. Da die Reichweite der Sportflugzeuge nur gering war, mußten die Pilotinnen oft auf Plätzen landen, die nur wenig mit einem modernen Flugplatz gemein hatten. In fremden Ländern waren die Fliegerinnen z. B. auch bei der Wartung und der Reparatur ihrer Maschinen weitgehend auf sich selbst gestellt.[109]

In vielen Fällen verweisen die Autoren der zeitgenössischen Texte auf dieses zentrale Charakteristikum der Technikpionierinnen, etwa durch Adjektive wie „tapfer",[110] „couragiert"[111] oder andere synonyme Begriffe wie im Bericht der Mühlheimer Zeitung über Stinnes' Weltreise: „Zeitungen und Zeitschriften des In- und Auslandes und namentlich auch Sportblätter feierten Mut wie Technik der Stinnes-Tochter, die auch schon auf weiten und gefahrvollen Auslands- und Alleinreisen (so in Südamerika) Proben ihrer jeder Situation gewachsenen Kühnheit gege-

---

108 Allison/Goethals 2011, S. 124.
109 Gertrud Pfister: Ikarus' Töchter – Marga von Etzdorf und andere Pilotinnen. In: Sozial- und Zeitgeschichte des Sports. (1988), H. 2, S. 86–105, hier 101. Dasselbe gilt für die Automobilistinnen, die größtenteils auf freiem Gelände oder ungesicherten Straßen unterwegs waren.
110 Vgl. z. B. Letzter Flug ... Zum Tode Marga v. Etzdorfs. In: Die Frau. [4.7.1933]. (DMA:PERS/F 10082/2).
111 „Afrika ist das Ziel meiner Sehnsucht". Gespräch mit der Weltfliegerin Marga von Etzdorf – Sie fliegt heute nach Berlin. O. Q. [18.7.1932]. (DMA:NL 075/007GF).

ben hat, beispielsweise in einer Begegnung mit brasilianischen Wegelagerern, die sie mit ihrem Revolver in Schach hielt."[112]

Physischen Mut attestieren die Autoren auch der Schauspielerin Leni Riefenstahl, die bei den Dreharbeiten zu Fancks Bergfilmen mehrfach großen Gefahren ausgesetzt war und für die Arbeit in landschaftlichen und klimatischen Extremsituationen „das Letzte an physischer Kraft hergeben [mußte]"[113]: „Leni Riefenstahls darstellerische und sportliche Leistungen, bei 30 Grad Kälte Tausende von Metern über dem Meeresspiegel bei stärksten Schneestürmen zu arbeiten, sind bewundernswert."[114]

Im Gegensatz zur ‚physical courage' wird der ‚soziale Mut' der Frauen, die Geschlechternormen übertreten und damit sowohl in der liberalen Zeit der Weimarer Republik als auch während der NS-Zeit wie Renegaten handeln, in der zeitgenössischen Fremdinszenierung nicht klar artikuliert. Zwar heben die Autoren immer wieder die Bedeutung der weiblichen Pionierleistungen für das Ansehen der Nation im Ausland hervor,[115] revolutionäres, gesellschaftsveränderndes Potenzial bzw. einen aktiven Einsatz für die Rechte der Frauen beobachtet dagegen kaum einer.[116] Nur in Ausnahmefällen thematisieren die Autoren die gesellschaftliche Tragweite der Normüberschreitung, so etwa in einem Artikel über Marga von Etzdorfs Japanflug:

> Sie ahnen vielleicht nicht, wie dieses Beispiel auf die japanischen Mädchen und Frauen wirken wird.
> In den Bambushütten und in den Teehäusern wird das wunderbare, zur Wirklichkeit gewordene Märchen von dem »Fliegenden Fräulein« aus dem fernen Westen von Mund zu Mund gehen, eine kostbare und aufreizende Sage, die über kurz und lang zaghafte Geishas zu wilden Frauenrechtlerinnen machen wird, die Alleinherrschaft der Männer zu bre-

---

112 Autoweltreise einer Stinnes-Tochter. Ein kühner Plan der weltbekannten Automobilistin Clairenore Stinnes. In: [Mühlheimer Zeitung. 4.2.1927]. (SAM:1440/90.00).
113 Sepp Allgeier: Filmarbeit in der weissen Hölle. In: Scherl's Magazin. 5 (1929), H. 10, S. 1054–1061, hier 1055.
114 Der beste Film des Monats. In: Revue des Monats. 4 (1929/1930), H. 3, S. 319.
115 Zur Politisierung der Pionierleistungen später mehr.
116 Selbstaussagen zufolge gründet die Grenzüberschreitung der Technikpionierinnen auch nicht im Streben nach Geschlechtergerechtigkeit und Gleichbehandlung, vielmehr motivieren Abenteuerlust und Rekordgeist die Frauen zu ihren Leistungen (vgl. Zegenhagen 2007, S. 280; Die Weltreise einer Automobilistin. In: Allgemeine Automobil-Zeitung, Wien. 27 [1927], Nr. 12, S. 1938).

chen. Sie werden das Wahlrecht verlangen – damit hat es immer angefangen – sie werden demonstrieren und kämpfen und ohne Zweifel auch einmal fliegen, sie werden nicht ruhen, als bis dann auch ein »Fliegendes Fräulein« aus Japan nach unwahrscheinlich kurzer Fahrt auf dem Tempelhofer Feld landen wird. Und die japanischen Männer werden dann mit nicht geringerem Enthusiasmus den Erfolg ihres weiblichen Pioniers feiern, der den Fortschritt des Ostens dem staunenden Europa klar vor Augen geführt haben wird.[117]

Diesem Text liegt die Überzeugung zugrunde, dass die emanzipatorischen Bestrebungen in Deutschland bereits eine gesellschaftliche Änderung bewirkt haben und deshalb hierzulande eine Frau die Möglichkeit hat, als Fliegerin die Welt zu bereisen. Revolutionäres Potenzial würden von Etzdorfs Handlungen so gesehen nur noch im Bezug auf eine andere, rückständigere Nation entfalten.

Abgesehen vom auffallend couragierten Handeln der Technikpionierinnen führen die zeitgenössischen Autoren zahlreiche andere positive Eigenschaften an, um ihre Heldinnen zu charakterisieren, vor allem Tüchtigkeit, Ausdauer und Willensstärke[118] werden hervorgehoben – so z. B. in Goebbels' Laudatio zur Verleihung des deutschen Filmpreises an die Regisseurin Leni Riefenstahl:

Der deutsche Filmpreis 1937/38 wurde Frau Leni Riefenstahl für ihr Filmwerk *Olympia – Fest der Völker, Fest der Schönheit* zuerkannt. In fast zweijähriger Arbeit ist dieses monumentale Filmwerk geschaffen worden. Mit einem Fleiß ohnegleichen, mit vorbildlicher Genauigkeit, mit größtem technischen und künstlerischem Können wurde hier eine Leis-

---

117 m. m.: Fliegendes Fräulein über Asien. [Tempo. o. D.] (DMA NL 075/007 GF).
118 Vgl. z. B. folgende Formulierungen: „Die Fliegerin gibt nicht auf, immer zäher wird ihr Wille." (H. W.: Gewitterstürmer. Ein Kapitel aus dem Leben Marga von Etzdorfs. In: [Leipziger Neueste Nachrichten. 31.5.1933]. (DMA:PERS/F 10082/2)); „Marga von Etzdorf war e i n e u n s e r e r b e s t e n u n d t ü c h t i g s t e n F l i e g e r i n n e n." (Marga v. Etzdorfs Todessturz. Auf dem Flugplatz Mouslimich [sic]. In: [BZ am Mittag. 29.5.1933]. (DMA:PERS/F 10082/2), Hervorh. i. Orig.); „Daß sie sich auf diesem Gebiet durch ihren Fleiß und ihre Einsatzfreudigkeit bald allgemeine Anerkennung erwarb, beweist die Tatsache ihrer Teilnahme an den verschiedenen Segelflug-Expeditionen […]." (Hanna Reitsch. Fliegerin im Dienst für das Reich. In: [Das NS-Flieger-Korps. Mai 1944]. (DMA:NL130 Reitsch 003, 51)); „Und wieder belohnte das Glück den Fleiß und das Vermögen [Leni Riefenstahls, Anm. KK]." (höm: „Ich heiße Leni Riefenstahl …". In: Völkischer Beobachter. 23.4.1938, Nr. 113, S. 2.).

tung vollbracht, die nicht nur bei uns, sondern auch in der Presse des Auslandes größte Bewunderung fand."[119]

Oft zählen die Journalisten gleich eine ganze Reihe guter Eigenschaften auf: „Elly Beinhorn kann fliegen. Mehr: sie hat Mut, Ausdauer, technisches Können. Sie ist gescheit und vermag zu improvisieren."[120]

Doch die Autoren loben nicht nur die herausragenden Leistungen und Eigenschaften der Frauen, sondern auch deren unprätentiösen Umgang mit Ruhm und öffentlicher Aufmerksamkeit, insbesondere ihre Bescheidenheit und Zurückhaltung: „[D]iese Frau ist »in Zivil« so bescheiden und zurückhaltend, wie wohl selten Menschen von Ruf. Diejenigen, die Marga kennen, wissen, daß sie nicht nur eine hervorragende Sportlerin, sondern auch ein ungewöhnlich prächtiger Mensch ist."[121] Vereinzelt zeigen die Journalisten auch, wie die Frauen ihre Berühmtheit für soziale Zwecke nutzen, so z. B. im Wochenschau-Bericht über Leni Riefenstahls Sammlung für das Winterhilfswerk.[122] Diese

119 Ufa-Tonwoche, Nr. 400/1938 [Film]. (BArch K 177594), 00:17–03:17.
120 Hans Theodor Joel: Deutsche Mädchen fallen vom Himmel. Berlin – Madrid – Marokko im Kleinflugzeug. – Begegnung mit Adlern. – Strümpfe-Stopfen und Kochen. – Afrika. In: Berliner Tagblatt. [21.12.1930]. (DMA:NL 075/007 GF); vgl. z. B. auch L. W. Hellwig: Elly Beinhorn. In: Ders. (Hg.): Persönlichkeiten der Gegenwart. Luftfahrt – Wissenschaft – Kunst. Berlin: Verlag Dr. Richard Pape 1940, S. 49–56, hier 50: „Um ein Weltflieger zu werden, genügt es nicht, fliegen gelernt zu haben, sondern notwendig sind die gründliche Sachkenntnis, die technische Einfühlung in das ganze Flugwesen und das Arbeiten des Motors und als drittes und wichtigstes: die Bereitwilligkeit, Unbequemlichkeiten, Widerwärtigkeiten und Gefahren aller erdenklichen Art zu trotzen." Charlotte Till schreibt über Hanna Reitsch: „Im allgemeinen kann man das »fliegerische Gefühl«, das Hanna Reitsch in so außergewöhnlich hohem Maß zu eigen ist, mit folgenden, aufeinandertreffenden Eigenschaften kennzeichnen: ein klarer Verstand muß sich mit Selbstbeherrschung, Mut, Opferwillen und Einsatzbereitschaft paaren. Vor allem aber muß man gut beobachten können." (Charlotte Till: Hanna Reitsch. Ein Leben für die Fliegerei. In: [Koralle]. O. D. (DMA:NL130 Reitsch 003, 51).).
121 Marga von Etzdorf heute früh nach Australien gestartet! In: [12 Uhr. 27.5.1933]. (DMA:PERS/F 10082/2); vgl. auch Marga v. Etzdorfs tragisches Ende. Kein Selbstmord sondern Unglücksfall. In: [Tempo. 29.5.1932]. (DMA:PERS/F 10082/2) und Katja Heidrich: Der tapferen Marga zum Geleit! O. Q. (DMA:NL 075/012). Über Hanna Reitsch heißt es: „Jenseits des heroischen Lebensweges von Hanna Reitsch [...] findet sich in ihrer Heimatstadt im Herzen der Menschen, die ihr nahestehen, das Bild eines begeisterten jungen Menschen [Hanna Reitsch, Anm. KK], der in Stille und Bescheidenheit zu menschlicher Größe reichte." (Hanna Reitsch, die Fliegerin [...] Besuch in ihrer Heimatstadt – Das Bild einer genialen Fliegerin [...]. O. Q. [1941]. (DMA:NL130 Reitsch 003, 51).).
122 Ufa-Tonwoche, Nr. 223/1934 [Film]. (BArch B 110678), 07:18–8:53.

positive Überzeichnung fundiert den Heroisierungsprozess: „Heroes need some admirable qualities, so that we want to be like them."[123] Die Frauen werden als starke Persönlichkeiten inszeniert, die mutig, willensstark und ausdauernd sind, dabei jedoch nicht überheblich, sondern bescheiden auftreten und sich bisweilen sogar sozial engagieren. Die Medien schaffen auf diese Weise positive Vorbilder, die zur Identifikation einladen;[124] kritische Artikel oder Passagen existieren im hier vorliegenden Textkorpus nicht.

Darüber hinaus kennzeichnet die Figur des Helden eine überdurchschnittliche Aktivität: „Another heroic function is acting or doing. The Hero is usually the most active person in the script. His will and desire is what drives most stories forward."[125] Den Helden und seine Taten charakterisiert also eine gewisse Dynamik, die vor allem im Fall der Real-World-Heroes häufig gesellschaftliche Bedeutung zeigt, denn erst das Aktivwerden einzelner Personen stößt Veränderungen an und bewirkt eine Revision des Status Quo. In der zeitgenössischen Inszenierung der Technikpionierinnen spiegelt vor allem ein Begriff diese charakteristische Dynamik wider: „Energie!"[126] Die Journalisten bewundern die „zähe"[127] oder „außerordentliche[] Energie"[128] sowie die Selbstverständlichkeit,[129] mit der die Frauen sich stets neuen Herausforderungen stellen.

Bis hierher zeigt die Analyse, dass die Medien ein durchgehend anerkennendes und bejahendes Bild dieser Frauen präsentieren. Die zugrundeliegende Vorstellung von Heroismus fußt auf positiven Werten, die die Heldinnen zu strahlenden Vorbildern stilisieren. Dass dieses Heroismuskonzept keine negativen Aspekte zulässt, zeigt sich beispiel-

---

123 Vogler 2007, S. 30.
124 Mitunter wird die Vorbildfunktion sogar klar artikuliert: „Elly Beinhorn-Rosemeyer ist wohl insgeheim das Vorbild aller jungen Mädchen" (vgl. Fliegen – Sport der Männer? Auch die Frau steht ihren „Mann" im Motor- und Segelflugzeug. O. Q. [DMA:NL130 Reitsch 003, 22].).
125 Vogler 2007, S. 31.
126 Energie! In: Berliner Illustrirte Zeitung. O. D. (DMA:NL 075/007 GF).
127 Letzter Flug ... Zum Tode Marga v. Etzdorfs. In: Die Frau. [4.7.1933]. (DMA:PERS/F 10082/2).
128 W. W.: Marga v. Etzdorf tödlich verunglückt. Bei einer Zwischenlandung auf dem Flugplatz Mouslimieh. In: [DAZ]. O. D. (DMA:PERS/F 10082/2).
129 Vgl. Max Magnus: 12 Stunden über den Wolken. In: Revue des Monats. 5 (1930/1931), H. 1, S. 81–84.

haft am medialen Umgang mit Marga von Etzdorfs Tod. Nachdem deren Flugzeug am 28. Mai 1933 bei einer Landung in Aleppo schwer beschädigt worden war, kursierten in den Medien widersprüchliche Pressemeldungen zum Tod der Fliegerin. Auf der einen Seite hieß es, die Fliegerin sei beim Absturz schwer verletzt worden und noch am Unfallort oder auf dem Weg zum Krankenhaus ihren Verletzungen erlegen; die Nachrichtenagentur Reuters berichtete dagegen, von Etzdorf habe sich nach der Bruchlandung in ihrem Quartier erschossen. Die Analyse der Berichte zeigt, dass die deutschen Medien, die von Etzdorf schon vorher zur Fliegerheldin stilisiert hatten, deutlich zur ersten Version, also zum tragischen Unfalltod tendieren. Einige Autoren versuchen die vermeintliche Falschmeldung zu erklären: „Die Version, daß Marga von Etzdorf nach diesem Unfall Selbstmord verübt habe, ist offenbar darauf zurückzuführen, daß sie sich noch selbst aus den Trümmern ihres Flugzeuges befreien konnte."[130]

Andere lehnen die Reutersmeldung vehement ab: „Die erste Meldung, die das Reuterbüro verbreitet hatte und die davon sprach, die Fliegerin habe nach der Bruchlandung S e l b s t m o r d begangen, stieß bei all denen, die sie kannten, sofort auf die s t ä r k s t e n Z w e i f e l und ist ja auch inzwischen als v ö l l i g u n h a l t b a r e r k a n n t worden."[131] Viele Autoren beteuern also, „daß ein Selbstmord der deutschen Fliegerin ganz ausgeschlossen sein mußte",[132] und sprechen stattdessen von einem „Heldentod".[133] Sie verwerfen die ‚These', Marga von Etzdorf habe sich in Aleppo erschossen, da sie sich mit dem positiv ausgerichteten Heroismuskonzept der deutschen Medien nicht in Einklang bringen lässt.[134] Der vermeintliche Selbstmord der Fliegerin wird

---

130 Marga v. Etzdorfs tragisches Ende. Kein Selbstmord sondern Unglücksfall. In: [Tempo. 29.5.1932]. (DMA:PERS/F 10082/2).
131 Tragischer Verlust der deutschen Fliegerei. Die einzige Frau mit Segel [sic], Sport-, Kunst- und Verkehrsflugexamen. Marga von Etzdorf abgestürzt. In: [Kölnische Zeitung]. O. D. (DMA:PERS/F 10082/2), (Text im Original gefettet).
132 Marga v. Etzdorfs Todessturz. Auf dem Flugplatz Mouslimich [sic]. In: [BZ am Mittag. 29.5.1933]. (DMA:PERS/F 10082/2).
133 Horst von Salomon: Kameradin Marga! Ein Fliegerschicksal. In: Berliner Lokal-Anzeiger. O. D. (DMA PERS/F 10082/2).
134 Dass von Etzdorf „während ihres Australienfluges illegale Verhandlungen zum Vertrieb von Schmeisser-Maschinenpistolen anbahnen wollte" und damit internationale Abkommen verletzte, wurde in den deutschen Medien auch nach der Untersuchung

kurzerhand zum Märtyrertod umgedeutet: „Und die Gräber von Marga von Etzdorf und Luise Hoffmann sind Mahnmale dafür, daß auch die Frauen für den Luftsport den höchsten Einsatz geopfert haben."[135] In diesem Sinne schließt auch die filmische Kurzbiografie *Die deutsche Fliegerin Marga von Etzdorf* mit Aufnahmen ihres Heldenbegräbnisses auf dem Invalidenfriedhof[136] in Berlin.[137]

Die hier bereits angedeutete Opferbereitschaft ist das wohl gängigste Kriterium für Heroismus, von dem auch Vogler in seiner Charakteristik ausgeht.[138] In der Regel wird der Begriff Opferbereitschaft zwar eher mit moralischen Heldentaten in Verbindung gebracht, doch die zeitgenössischen Journalisten konstatieren diese heroische Eigenschaft auch bei den Technikpionierinnen, bezeichnen sie als „selbstlos",[139] loben „Opferwillen und Einsatzbereitschaft"[140] und verweisen auf die „großen persönlichen Opfer[]",[141] die die Frauen erbringen müssen. In vielen Fällen wird die Opferbereitschaft in Zusammenhang mit dem Einsatz für die Nation assoziiert, so sei etwa Hanna Reitsch eine Frau, „die durch ihre Taten beweist, daß sie immer bereit ist, dem Vaterlande alles zu opfern."[142]

Während dieser Aspekt – das Engagement zum Wohle der eigenen Nation – in den hier analysierten Dokumenten zur Selbstinszenierung der Frauen nur eine geringe Rolle spielt, tritt er in den Zeitungs- und

---

des Falls durch einen Diplomaten in Aleppo nicht thematisiert (Zegenhagen 2007, S. 174 f.).

135 Vgl. auch Fliegen – Sport der Männer? Auch die Frau steht ihren „Mann" im Motor- und Segelflugzeug. O. Q. (DMA:NL130 Reitsch 003, 22).
136 Schon Anfang der 1930er Jahre und später im Dritten Reich war der Berliner Invalidenfriedhof, auf dem zahlreiche Kriegshelden aus dem Ersten Weltkrieg begraben lagen, nationale Gedenkstätte und folglich von hohem politischen und propagandistischen Wert für die Nationalsozialisten. Näheres zur Geschichte des Invalidenfriedhofs bei Laurenz Demps: Der Invalidenfriedhof. Denkmal preussisch-deutscher Geschichte in Berlin. Berlin: Brandenburgisches Verlagshaus 1996.
137 Die deutsche Fliegerin Marga von Etzdorf [Film] (BArch B 2573), 08:50 ff.
138 Vgl. Vogler 2007, S. 29.
139 Horst von Salomon: Kameradin Marga! Ein Fliegerschicksal. In: Berliner Lokal-Anzeiger. O. D. (DMA PERS/F 10082/2).
140 Charlotte Till: Hanna Reitsch. Ein Leben für die Fliegerei. In: [Koralle]. O. D. (DMA:NL130 Reitsch 003, 51).
141 Marga v. Etzdorfs Todessturz. Auf dem Flugplatz Mouslimich [sic]. In: [BZ am Mittag. 29.5.1933]. (DMA:PERS/F 10082/2).
142 Sidi Meyer: Flugkapitän Hanna Reitsch besuchte uns. O. Q. (DMA:NL130 Reitsch 003, 51).

Zeitschriftenartikeln sowie den Wochenschauen deutlich hervor. Vor allem die reisenden Technikpionierinnen, also die Automobilistinnen und Fliegerinnen, werden zum deutschen Aushängeschild. Mit ihren Rekordfahrten und -flügen ins Ausland würden sie Deutschlands internationales Ansehen vermehren, z. B. indem sie im Ausland für die Zuverlässigkeit deutscher Technik werben, wie ein Autor mit einem Zitat der Fliegerin Marga von Etzdorf belegt: „Nicht um Ruhm einzuheimsen, sondern um die Technik Deutschlands wieder zu Ansehen zu bringen, [...] sind meine Kollegin Elly Beinhorn und ich hinausgeflogen"[143].

Fokussiert werden bei diesen Propagandafahrten und -flügen u. a. konkrete Marken: In nahezu allen vorliegenden Berichten wird erwähnt, mit welchen Automodellen Clärenore Stinnes ihre Wettrennen bestreitet bzw. dass sie mit einer „10/45 PS Adler-Standard-Limousine"[144] um die Welt fährt.[145] Mitunter geraten die Berichte über die Weltreise zu regelrechten Lobeshymnen auf die deutsche Technik, wie etwa der 1929 publizierte Foto-Bericht des *Auto-Magazins*. Der Autor berichtet von den „treuen deutschen Adlerwagen", die in Peking „für das Volk und die Presse Gegenstand allgemeiner Bewunderung" waren. Die letzte Etappe der Fahrt „gestaltete sich zu einem Triumphzug, der gleicherweise der sportlichen Leistung der Fahrer wie der Zuverlässigkeit der Adlerwagen galt, die erst vor wenigen Tagen durch die Zielfahrt der beiden 8/35 PS Adler-Favoritwagen Frankfurt a. M. – Nordpolarkreis – Baden Baden (6000 km in zehn Tagen) von sich reden machten und einen weiteren

---

143 Marga von Etzdorf sprach in einem Vortragsabend des Volksbildungsverbandes in Milspe. In: [O. Q. 18.1.1933]. (DMA:NL 075/011).
144 Bilder von der Weltreise. Clärenore Stinnes im Adler Standard 6. In: Auto-Magazin. 1929, Nr. 20, o. S.
145 Vgl. Clärenore Stinnes mit ihrem Aga-Wagen, mit dem sie an der Rußlandfahrt teilnahm [Fotografie]. In: Der Querschnitt. 6 (1926), H. 5, o. S.; Unsere „Amazone auf Gummi". Clairenore Stinnes auf großer Fahrt / 60 000 Kilometer, um die Welt kennen zu lernen. O. Q. [1927]. (SAM:1550/110 Stinnes): „Früher in ihrem Aga-Wagen, beherrschte sie im vergangenen Jahre mit ihrem Adler-Wagen die Situation und gewann erste Gesamtklassements und Damenpreise [...]."; Clairenore Stinnes, auf „Adlers Flügeln". O. Q. (SAM:1440/90.00); Die Weltreise einer Automobilistin. In: Allgemeine Automobil-Zeitung, Wien. 27 (1927), Nr. 12, S. 1938: „Clairenore Stinnes [...] ist auf einer Weltreise, die sie mit einem Adler-Personenauto und einem Anderthalbtonner der gleichen Marke unternimmt [...]."; Die Weltreise von Clärenore Stinnes [Fotografie]. In: Allgemeine Automobil-Zeitung, Wien. 29 (1929), Nr. 14, S. 37: „Clärenore Stinnes und ihr Partner, der Filmoperateur Zöderström, sind mit ihren beiden Adler-Wagen [...] in Berlin eingetroffen."

Beweis dafür erbrachten, daß heute der deutsche Wagen wieder an der Spitze steht."[146] Mehrere Fotografien des Adlers aus verschiedenen Perspektiven und in unterschiedlichem Gelände ergänzen den Text und präsentieren das deutsche Produkt von allen Seiten.

Ähnlich verfahren die Autoren auch bei der Inszenierung der Fliegerinnen, die meist zusammen mit ihrer Maschine abgelichtet werden. Oft machen sich Firmen die Bekanntheit der Frauen zu Nutzen und schmücken sich bereits im Voraus mit den geplanten Reiseprojekten, wie z. B. die Firma Klemm, die im Dokumentarfilm *Deutscher fliege!* verkündet, dass Marga von Etzdorf auf KLEMM KL 32 einen Langstreckenflug vorbereitet.[147] Ein Zeitungsautor fasst den Zweck dieser Unternehmung zusammen: „Marga v. Etzdorf wird auf ihrem Flug f ü r d i e d e u t s c h e F l u g z e u g i n d u s t r i e w e r b e n und ihre Klemm-Maschine vorführen."[148] Für die Fliegerinnen waren derartige Werbepartnerschaften eine wichtige Basis für die finanzielle Absicherung ihrer fliegerischen Karriere.[149] Auch im Automobilsport spielen die Firmennamen eine wichtige Rolle: Gerade bei den populären Auto- und Tourenwagenrennen war die Marke des Siegerwagens manchmal wichtiger als der Name des Fahrers.[150]

Betrachtet man allein die Inszenierung der Fliegerinnen, fällt auf, dass diese nicht nur einzelne Marken, sondern die gesamte deutsche Luftfahrt bewerben: „Zu ihren [Elly Beinhorns, Anm. KK] vielen großen Flügen, die sie um die ganze Welt führten, trieb sie [...] der nationale Wille, die Aufmerksamkeit der Welt auf die deutsche Luftfahrt und de-

---

146 Bilder von der Weltreise. Clärenore Stinnes im Adler Standard 6. In: Auto-Magazin. (1929), Nr. 20, o. S.
147 Deutscher fliege! (Klemm Flugzeuge) [Film]. (BArch B 91507), 19:30 ff.
148 Marga v. Etzdorf zum Australienflug gestartet. Abflug 3 Uhr morgens von Staaken. In: [DAZ. 27.5.1933]. (DMA:PERS/F 10082/2), Hervorh. i. Orig. Vgl. z. B. auch Walter Kiehl: Tragisches Ende der Australienfliegerin Marga von Etzdorf. O. Q. (DMA:PERS/F 10082/2): „Marga von Etzdorf war mit einer K l e m m -Maschine mit A r g u s -Motor am Sonnabend, früh 3 Uhr, in Staaken-Berlin gestartet [...]." (Hervorh. i. Orig.).
149 Vgl. Zegenhagen 2007, S. 128 ff.
150 So etwa im Bericht zur Allrussischen Tourenfahrt 1925, in dem lediglich Markennamen der Wagen, jedoch keine Personennamen genannt werden (vgl. Die russische Tourenfahrt. In: Allgemeine Automobil-Zeitung, Wien. 26 [1925], Nr. 19, S. 13 f.).

ren beständige Fortschritte und Überlegenheit zu lenken."[151] Über Marga von Etzdorf heißt es, sie habe nur ein Ziel gekannt, „fliegen, werben für Deutsche Luftfahrt, um das Ansehen im Auslande zu fördern."[152] Auch der propagandistische Wert der Auto-Weltreise wird reflektiert: „Ihre Fahrt wird nicht nur von touristischem Wert sein, sondern mit ihr sind kommerzielle und industrielle Interessen verknüpft."[153] Diese Werbung für die deutsche Wirtschaft war ein willkommener ‚Nebeneffekt' der Reisen und entkräftete kritische Argumente gegen die aufwendigen Rekordprojekte:

> Gewiß könnte man die Frage aufwerfen, wozu denn überhaupt derartige Sportflüge von Fliegerinnen unternommen werden und ob es gerade in der jetzigen Zeit richtig ist, ein derartiges Unternehmen zu veranstalten und in der Öffentlichkeit zu unterstützen. Ganz abgesehen davon, daß man die Initiative der deutschen Sportfliegerei, soweit diese in der heutigen Zeit überhaupt noch möglich ist, nicht lahmlegen soll, darf man nicht verkennen, daß j e d e r   d e u t s c h e   F l i e g e r   i m   A u s l a n d , wenn er eine anerkennenswerte Leistung vollbracht hat, zugleich a u c h   e i n e   n i c h t   z u   g e r i n g   e i n z u s c h ä t z e n d e   W e r -

---

151 L. W. Hellwig: Elly Beinhorn. In: Ders. (Hg.): Persönlichkeiten der Gegenwart. Luftfahrt – Wissenschaft – Kunst. Berlin: Verlag Dr. Richard Pape 1940, S. 49–56, hier 49 f.
152 Katja Heidrich: Der tapferen Marga zum Geleit! O. Q. (DMA:NL 075/012); vgl auch Tragischer Verlust der deutschen Fliegerei. Die einzige Frau mit Segel [sic], Sport-, Kunst- und Verkehrsflugexamen. Marga von Etzdorf abgestürzt. In: [Kölnische Zeitung]. O. D. (DMA:PERS/F 10082/2): „[T]rauernd steht heute das fliegerische Deutschland im Geist vor den sterblichen Überresten einer jungen deutschen Frau, die ihr Letztes hingab für ihre Lebensaufgabe: der deutschen Fliegerei im Ausland zu Ansehen und Geltung zu verhelfen."; Marga v. Etzdorfs Todessturz. Auf dem Flugplatz Mouslimich [sic]. In: [BZ am Mittag. 29.5.1933]. (DMA:PERS/F 10082/2): „Vor allen Dingen aber war die tote Fliegerin eine g u t e   K a m e r a d i n , die alle persönlichen Vorteile der Sache unterordnete, der sie sich nun einmal verschrieben hatte: der deutschen Luftfahrt im In- und Auslande zu helfen und den deutschen Sportflug zu Ehren und Ansehen zu bringen." (Hervorh. i. Orig.); L. W. Hellwig: Elly Beinhorn. In: Ders. (Hg.): Persönlichkeiten der Gegenwart. Luftfahrt – Wissenschaft – Kunst. Berlin: Verlag Dr. Richard Pape 1940, S. 49–56, hier 55: „Aber tapfer nahm sie auch solche Opfer in Kauf, um niemand zu enttäuschen und die deutsche Luftfahrt würdig zu repräsentieren."
153 Autoweltreise von Clärenore Stinnes. In: Allgemeine Automobil-Zeitung Berlin. 28 (1927), Nr. 6, S. 20.

bung für die gesamte deutsche Industrie und Wirtschaft darstellt."[154]

Hanna Reitsch, die keine spektakulären Langstreckenflüge absolvierte, kämpfte an anderer Front für die deutsche Technik: „Sie ist als Versuchsfliegerin der deutschen Forschungsanstalt für Segelflug bei Darmstadt längst über die Sportfliegerin hinaus zur Flugwissenschaftlerin geworden, die wichtige Arbeit für Deutschland leistet."[155] In den Medien wurden Reitschs Tätigkeiten als Versuchspilotin, vor allem die Testflüge im Auftrag der Luftwaffe, ebenso als Einsatz für die deutsche Nation inszeniert wie die Auslandsflüge der anderen Pilotinnen. Als Hitler ihr 1943 als erster und einziger Frau das Eiserne Kreuz I. Klasse verlieh, festigte sich Reitschs Ruf als „Fliegerin im Dienst für das Reich": „[W]as Hanna Reitsch geleistet hat, muß ein wertvoller Kriegsbeitrag auf luftwaffenmäßigem Gebiet sein, ohne den ihr nicht das EK. II und EK. I verliehen worden wäre."[156]

Insgesamt geht die Inszenierung der Pionierinnen aber klar über reine Markenwerbung und Öffentlichkeitsarbeit für die deutsche Technik hinaus; die Arbeit der Frauen sei nicht nur „glänzende Propaganda für deutsche Maschinen", sondern auch „für den neuen deutschen Menschen."[157] Wie bereits erläutert, schreiben die Autoren den Frauen ausschließlich positive Eigenschaften zu. Insbesondere die Fliegerinnen werden als mustergültige Vorbilder inszeniert, die würdig sind, die deutsche Nation im Ausland zu vertreten: „Man weiß, daß sie [Marga von Etzdorf, Anm. KK] unerhört tüchtig ist – und ebenso wie Elly Beinhorn – mit gutem Gewissen in die Welt hinausgeschickt werden kann, um dort das deutsche Ansehen zu fördern und Deutschland überall zu repräsentieren."[158]

---

154 Marga von Etzdorf in Japan gelandet. In: [Kölnische Zeitung. 28.8.1931]. (DMA:NL 075/011).
155 Frauen am Steuerknüppel. Deutsche Fliegerinnen, die weltbekannt wurden. In: Schlesische Sonntagspost. 13.4.1941. (DMA:NL 130 Reitsch 003, 51).
156 Hanna Reitsch. Fliegerin im Dienst für das Reich. In: [Das NS-Flieger-Korps. Mai 1944]. (DMA:NL130 Reitsch 003, 51); vgl auch Junges Europa, Nr. 6 [Film]. (BArch K 188430), 03:25–04:36.
157 Hans Theodor Joel: Deutsche Mädchen fallen vom Himmel. Berlin – Madrid – Marokko im Kleinflugzeug. – Begegnung mit Adlern. – Strümpfe-Stopfen und Kochen. – Afrika. In: Berliner Tagblatt. [21.12.1930]. (DMA:NL 075/007 GF).
158 Die Geschichte des letzten Startes. O. Q. (DMA:PERS/F 10082/2) (Hervorh. i. Orig.).

Zusätzlich präsentieren die Autoren die heroischen Charakteristika in einigen Texten als typisch deutsche Wesenszüge, für die die Fliegerinnen und Automobilistinnen im Ausland werben. Ein Zeitungsautor schildert die Reaktionen in Brasilien beim Besuch der deutschen Segelfliegerin Hanna Reitsch: „Die Begeisterung der Brasilianer kennt keine Grenzen:»Das ist deutscher Sportgeist, deutsches Können!« So hat der jüngste »Flugkapitän« auch schon damals sein (oder vielmehr: ihr) ganzes großes Können eingesetzt, den Ruf des neuen Deutschland in die Welt zu tragen."[159] Auch Marga von Etzdorfs feierlicher Empfang in Tokio gilt nicht nur der persönlichen fliegerischen Leistung, sondern auch der deutschen Nation: „Offensichtlich wollten die Japaner durch den so überaus herzlichen Empfang ihrer traditionellen Freundschaft für Deutschland und ihrer Bewunderung deutscher Wesensart erneuten Ausdruck verleihen, war doch der Willkomm [sic] viel, viel herzlicher und spontaner als selbst für die beliebte, allgemein bewunderte und gefeierte englische Fliegerin Amy Johnson gewesen."[160]

Als selbstbewusste Neue Frauen stehen die Technikpionierinnen zudem für die moderne Gesellschaft. So heißt es etwa über Marga von Etzdorf, sie sei „[e]ine Frau, die auf dem Posten für Deutschland stand, und deren Geltung in der Welt Deutschland zugute kam." In aller Welt habe sie „für das deutsche Ansehen gefochten und bei den fremden Nationen doppelt günstig für die deutsche Frau geworben [...]."[161] In der medialen Inszenierung beweisen die Reisen und Rekordversuche der Fliegerinnen und Automobilistinnen sowie die Regieprojekte der Filmemacherinnen also, wie aufgeschlossen das neue Deutschland gegenüber normabweichenden Weiblichkeitskonzepten und liberalen Lebensentwürfen ist. Wie oben bereits erwähnt, wird das gesellschaftsverändernde Potenzial der Pionierinnen dabei nur in Ausnahmefällen artikuliert; vielmehr präsentieren die Autoren die Frauen als Resultat einer modernisierten Gesellschaft und als deren Bewahrer.

---

159 v. Ue.: Heldenhafte deutsche Frauen. Hanna Reitsch, die kühne Fliegerin. In: [Der Westen, Berlin. 30.3.1941]. (DMA:NL130 Reitsch 003, 51).
160 Marga von Etzdorf in Tokyo. In: [Deutsch-chinesische Nachrichten. 9.9.1931]. (DMA:NL 975/008).
161 Letzter Flug ... Zum Tode Marga v. Etzdorfs. In: Die Frau. [4.7.1933]. (DMA:PERS/F 10082/2).

Schließlich vermarkten die Medien die Reisen der Technikpionierinnen als Einsatz für den nationalen Zusammenhalt aller Deutschen, vor allem als Engagement für die deutschen Kolonien:

> Es ist oft der Wert derartiger Flüge umstritten worden. [...] Ganz abgesehen von der rein sportlichen Leistung [...] soll heute einmal ganz klar ausgedrückt werden, daß man letzten Endes diese Flüge nicht nur unter dem Begriff »Sport« zusammenfassen kann, sondern daß man gerade heute auch andere Seiten solcher Flüge zu werten hat, die dem heutigen Deutschland nicht gleichgültig sein dürften. [...] Die Idee gerade der beiden letzten Flüge Marga von Etzdorfs und Elly Beinhorns waren daher für Deutschland besonders wichtig: Aufsuchen der alten deutschen Kolonien bzw. der starken deutschen Gruppen im Ausland. Wenn man bedenkt, daß die Hälfte aller Deutschen fern der allzu eng gewordenen Heimat leben [sic], daß deren kulturelles Leben, deren Stellung in der Welt nur durch den engen Zusammenhalt mit dem Mutterland gefördert und erhalten werden kann, wenn man ferner bedenkt, welchen Wert das Auslandstum des Staates bedeutet, wenn die alten Angehörigen des Staates auch fern der Heimat im Geiste getreu sind, und daß das Flugzeug berufen ist, Mittler zwischen alter Heimat und seiner [sic] Mitglieder draußen in der Welt zu sein, dann kann man nicht mehr über den Wert oder Unwert großer Flüge streiten. [...] [H]ier wird das Flugzeug in der Hand des sportlich eingestellten Fernfliegers der Träger heimatlichen Gedankengutes und der Mittler zwischen alter Heimat und Pioniertat im Ausland sein.[162]

Diese Ansicht bestätigt auch der Filmbericht über Elly Beinhorns Afrikaflug *Bei den deutschen Kolonisten in Südwest-Afrika*.[163] Durch ihren Besuch in der ehemaligen Kolonie und die filmische Dokumentation über Leben und Arbeit der Auslandsdeutschen vermittelt sie ein Gefühl des nationalen Zusammenhalts über die Landesgrenzen hinweg. Schon einleitend verkündet Beinhorn den Zuschauern, ihre Aufnahmen würden zum Bewusstsein bringen, dass deutscher Geist dort unten in

---

162 Horst von Salomon: Fliegende Frauen. O. Q. [1933]. (DMA:PERS/F 10082/2); vgl. auch Neuer deutscher Sport-Fernflug. Marga von Etzdorf nach Australien gestartet. In: [Kölnische Zeitung. 27.5.1933]. (DMA:PERS/F 10082/2): „Der Zweck dieses Flugs, des dritten deutschen Sportflugs nach Australien, besteht neben der rein s p o r t l i c h e n L e i s t u n g und der Vorführung deutschen Flugzeugmaterials im Ausland vor allem in dem Besuch der im Ausland lebenden Deutschen, die auf diese Weise wieder an die Heimat erinnert und ihr näher gebracht werden sollen." (Hervorh. i. Orig.).

163 Vgl. Bei den deutschen Kolonisten in Südwest-Afrika [Film]. Deutschland [1934]. (BArch K 200902).

Afrika weiterlebe und die alte Anhänglichkeit zur Heimat in den Kolonien nicht erloschen sei.[164] Die Reisen der Fliegerinnen galten in dieser Hinsicht als „unentbehrlich für den Aufbau der Nation."[165]

Die nationale Färbung der Inszenierung scheint auch an anderen Stellen durch. So präsentieren die Journalisten die Frauen sowohl in der Weimarer Republik als auch in der Zeit des Nationalsozialismus als Vorbilder für das deutsche Volk, wobei sich die Schwerpunkte der Idealisierung dabei deutlich unterscheiden. In den 1920er Jahren stehen die Technikpionierinnen vor allem für ein neues weibliches Selbstbewusstsein und symbolisieren Deutschlands Modernität und Liberalität. Doch bereits in den Texten aus der Endphase der Weimarer Republik ändert sich der patriotische Ton der Texte; die Inszenierung der Technikpionierinnen gleitet in vielen Fällen ins Nationalistische ab. Anstelle von modernem Weiblichkeitsbewusstsein und gesellschaftlicher Liberalität repräsentieren die Frauen nun den nationalen Stolz des Dritten Reichs. Marga von Etzdorf, die zuvor noch als Galionsfigur weiblicher Emanzipation galt,[166] wird post mortem als Heldin inszeniert, deren „große Liebe"[167] Deutschland gewesen sei.

Noch deutlicher zeigt sich die Politisierung im Fall Hanna Reitschs, die sich bewusst für den Nationalsozialismus einsetzte. Die Fliegerin wird dabei oft als Vorbild für die deutsche Jugend präsentiert, die der Fliegerin und ihrer patriotischen Gesinnung nacheifern soll. Beispielhaft zeigt sich diese Inzenierungsstrategie in Sidi Meyers Bericht über Hanna Reitschs Besuch an der Ostfront. Die Autorin schildert die Begeisterung der Mädel über den prominenten Besuch:

> Da – jetzt geht die Tür auf, und eine schlanke, zierliche Frauengestalt steht im Rahmen; eine helle, fröhliche Stimme sagt: „Singt doch weiter, ich möchte nicht stören!" Naütrlich [sic] ist es ganz ausgeschlossen, jetzt an die „schwarz-braune Haselnuß" zu denken, von der wir eben noch sangen. Wir sind voller Spannung, wie Hanna Reitsch zu uns sprechen wird; Hanna Reitsch, die wir schon als kleine Jungmädel bei ihrer Segelfliegerei bewunderten, von der wir jetzt im Kriege noch begeisterter sind

---

164 Vgl. ebd., 00:10 ff.
165 Kor.: Marga v. Etzdorfs Beisetzung. In: [DAZ. 11.4.1933]. (DMA:PERS/F 10082/2).
166 Vgl. den bereits zitierten Bericht zu den Auswirkungen ihres Japanflugs: m. m.: Fliegendes Fräulein über Asien. [Tempo. o. D.]. (DMA NL 075/007 GF).
167 Kor.: Marga v. Etzdorfs Beisetzung. In: [DAZ. 11.4.1933]. (DMA:PERS/F 10082/2).

und die nun im dunklen Sportanzug, von dem sich die Auszeichnungen abheben, vor uns steht.[168]

Hanna Reitsch sei, so die Autorin, eine Frau, „die durch ihre Taten beweist, daß sie immer bereit ist, dem Vaterlande alles zu opfern."[169] Der Propagandafilm *Junges Europa* zeigt einen Besuch Hanna Reitschs bei Jugendlichen in ihrem Geburtsort Hirschberg. Als Reitsch mit ihrem Segelflugzeug landet, lassen die Jungen und Mädchen ihre Werk- und Handarbeiten liegen, reißen Stühle um und begrüßen begeistert die Fliegerin, die – so der Off-Text – „als einzige Frau für ihre Verdienste, die sie der kämpfenden Front als Versuchspilotin geleistet [hat], vom Führer mit dem Eisernen Kreuz Erster Klasse ausgezeichnet wurde."[170] In beiden hier zitierten Beispielen fallen das typische nationalistische Pathos des Nationalsozialismus sowie das entsprechende Vokabular auf.

Politisch gefärbt ist auch die Inszenierung der Regisseurin Leni Riefenstahl, deren Haupt-Leistung den Medienberichten zufolge in der (inter)nationalen Repräsentation deutscher Kultur besteht: „Die Tage von Nürnberg nahmen im Film eine Form an, die für die Betrachtung historischer Ereignisse ganz neue Aussichten eröffnete. [...] Der fertige Film erntete im In- und Ausland einen Erfolg, wie ihn bis dahin kein dokumentarischer Bericht zu verzeichnen hatte."[171] Nicht umsonst weist Joseph Goebbels in seiner bereits zitierten Laudatio zur Filmpreisverleihung auf die internationale Resonanz hin, die Riefenstahls *Olympia*-Filme hervorgerufen habe. Da die mediale Repräsentation Deutschlands und deutscher Kultur wichtiger Bestandteil nationalsozialistischer Propaganda war, wurde der Wert ideologischer Repräsentanten wie Riefenstahl und Reitsch hoch gehandelt. Ihre besonderen Leistungen und ihr vorbildlicher Einsatz für das Vaterland waren eine willkommene Rechtfertigung für die dem nationalsozialistischen Frauenbild entgegengestellten emanzipierten Lebensentwürfe.

So wirkte Elly Beinhorns USA-Besuch auf die dort lebenden Auslandsdeutschen ermutigend, entkräftete sie doch die kursierenden Vor-

---

168 Sidi Meyer: Flugkapitän Hanna Reitsch besuchte uns. O. Q. (DMA:NL130 Reitsch 003, 51).
169 Ebd.
170 Junges Europa, Nr. 6 [Film]. (BArch K 188430), 03:25 ff.
171 höm: „Ich heiße Leni Riefenstahl ...". In: Völkischer Beobachter. 23.4.1938, Nr. 113, S. 2.

stellungen von reaktionären nationalsozialistischen Weiblichkeitskonzepten: „Wir waren freudig überrascht, in ihr nicht eine ältliche, schrullige Dame zu finden, sondern ein höchst energisches, anziehendes junges Mädchen. Das brauchen wir hier, vor allem nachdem grauenhafte Geschichten über die an die Küche gefesselte deutsche Hausfrau weit in Umlauf gesetzt waren."[172] In Deutschland stellte man die emanzipierten Lebensentwürfe der Technikpionierinnen gleichberechtigt neben die traditionelle Rolle der Frau im nationalsozialistischen Staat wie z. B. im Fall Hanna Reitsch:

> Als erste und einzige Frau in diesem Kriege erhielt sie das EK. I aus der Hand des Führers, der mit dieser Verleihung bewies, wie sehr er, der die Haupt- und Lebensaufgabe der deutschen Frau in jahrelangem Kampfe bewußt wieder in den ihr artgebundenen Rahmen der Familie zurückgeführt hat, dennoch die besonders im Kriege sich auch auf die männlichen Wirkungsbereiche erstreckenden Leistungen der deutschen Frau und ihren tapferen Einsatz anerkennt.[173]

Die Politisierung geht im Fall der Fliegerinnen sogar noch weiter. So argumentiert Zegenhagen in ihrer Studie, dass die mit Hilfe der Fliegerinnen öffentlich zelebrierte friedliche Nutzung der Luftfahrt die im Hintergrund ablaufenden militärischen Pläne vertuschte:

> Den Interessen staatlicher und politischer Entscheidungsträger kam die internationale Rezeption des Auftretens deutscher Fliegerinnen sehr gelegen, schien sie doch zu belegen, dass das deutsche Volk geschlossen hinter den offiziell propagierten ausschließlich sportlichen und friedlichen Zielen der deutschen Luftfahrt stand. Das Image der technikbegeisterten, modernen und – ihrer Geschlechterrolle nach – Friedfertigkeit und Harmonie symbolisierenden Frau am Steuer eines Flugzeuges verfehlte weder im nationalen noch im internationalen Rahmen seine Wirksamkeit – und verdeckte geschickt den inzwischen erfolgenden illegalen Aufbau der deutschen Luftwaffe.[174]

Die Analyse zeitgenössischer Filme, Zeitungs- und Zeitschriftenartikel zeigt also, dass die mediale Inszenierung der Technikpionierinnen auf verschiedene Art und Weise das jeweils herrschende System unterstützt. Die Journalisten heben in der Berichterstattung über die außerordentli-

---

172 Zitiert nach Zegenhagen 2007, S. 300.
173 Hanna Reitsch. Fliegerin im Dienst für das Reich. In: [Das NS-Flieger-Korps. Mai 1944]. (DMA:NL130 Reitsch 003, 51).
174 Zegenhagen 2007, S. 298 f.

chen Leistungen der Frauen positive Werte hervor und vermarkten diese als typisch deutsche Eigenschaften; den Pionierinnen kommt folglich die heroische induzierende bzw. gesellschaftsstabilisierende Funktion zu.[175]

4.2.2 Technik in der zeitgenössischen Fremdinszenierung

Ähnlich wie in der Selbstinszenierung der Frauen, spielt auch in der zeitgenössischen Fremdinszenierung das Thema Technik keine dominierende Rolle.[176] Zwar werden bei den Fliegerinnen und der Automobilistin Stinnes meist konkrete Markennamen erwähnt wie etwa „Junkers-Junior-Maschine"[177] oder „Klemm-Maschine mit Argus-Motor",[178] doch dabei geht es nur selten um die Technik an sich.[179] In einigen wenigen Texten referieren die Autoren wie selbstverständlich Typenbezeichnungen und einzelne technische Details, ohne jedoch näher darauf einzugehen oder die Informationen zu kontextualisieren. So berichtet ein Autor der *Kölnischen Zeitung* über von Etzdorfs „K l e m m - f l u g z e u g vom Typ Kl. 23 mit der Zulassungsnummer D 2328, das mit einem 150 PS starken Argus-As 8-R-Motor ausgestattet ist und infolge des Einbaus von Ersatztanks über eine Reichweite von 1400 Kilometer verfügt."[180] Über Elly Beinhorns Maschine heißt es an anderer

---

175 Vgl. Campbell 1989, S. 161; Allison/Goethals 2011, S. 41.
176 Als möglicher Grund könnte auch hier die Orientierung am nicht speziell technisch interessierten und versierten Zielpublikum von Tageszeitungen und Unterhaltungszeitschriften angeführt werden (vgl. die mögliche Begründung für das Fehlen technischer Details in Schwarzenbachs Feuilletonartikeln (s. S. 120f.)). So fokussieren die ‚allgemeinen' Medien die Personen bzw. Leistungen, spezialisierte Zeitschriften dagegen die Technik, so etwa die *Allgemeine Automobil-Zeitung*, die in ihrem Bericht über die Allrussische Tourenfahrt nur die verschiedenen Automarken, nicht aber die Namen der Fahrer erwähnt (vgl. Die russische Tourenfahrt. In: Allgemeine Automobil-Zeitung, Wien. 26 (1925), Nr. 19, S. 13 f.).
177 Sie steht ihren Mann. Interview mit der Fliegerin Marga Etzdorf. In: [Neue Leipziger Zeitung. 20.12.1930]. (DMA:PERS/F 10082/2).
178 Walter Kiehl: Aufbruch und Ende. O. Q. (DMA:PERS/F 10082/2).
179 Vielmehr spiegelt sich hier die medienwirksame Inszenierung einzelner Flugzeug- bzw. Auto-Marken und -typen zu Werbezwecken wider; mit ihren Rekordflügen zogen die Fliegerinnen das öffentliche Interesse nicht nur auf ihre Person, sondern ebenso auf die Maschine. So wurde die „Bf 108 [...] dank Beinhorns Flügen zum meistverkauften Reiseflugzeuge [sic] bis 1939" (Zegenhagen 2007, S. 152).
180 Neuer deutscher Sport-Fernflug. Marga von Etzdorf nach Australien gestartet. In: [Kölnische Zeitung. 27.5.1933]. (DMA:PERS/F 10082/2) (Hervorh. i. Orig.); Dasselbe

Stelle: „[Ü]berall erregte das Schnellreiseflugzeug Messerschmitt »Taifun« mit seiner 270km/std Geschwindigkeit, seinem Verstellpropeller und anderen Vorzügen das größte Aufsehen."[181]

Nur selten wird Technisches für Laien erklärt wie etwa in folgendem Beispiel: „Die junge Hirschberger Pilotin Hanna Reitsch flog – wie wir bereits berichteten – auf dem Flughafen Tempelhof einen neuen Flugzeugtyp, den Motor-Segler vor. Diese Maschine stellt eine Verbindung von Segel- und Motorflugzeug dar, – auf den Rumpf des Segelflugzeuges ist nämlich der Motor montiert. Nach dem Prinzip des ‚Motor-Babys' (dies ist der Name des Motor-Seglers) kann man ohne Schwierigkeit die meisten Segelflugzeuge umbauen."[182]

Während die Autoren überwiegend darauf verzichten, über technische Dinge zu berichten und nur in wenigen Fällen diese Seite der Ausbildung und der beruflichen Tätigkeit erwähnen,[183] kommt in vielen Texten die Expertise der Pionierinnen indirekt zur Geltung, etwa durch eingebundene Zitate, in denen sich die Frauen – im folgenden Fall Hanna Reitsch – zur Technik äußern: „Diese propellerlose Maschine ist mit den verschiedensten und zuverlässigsten Meßgeräten ausgerüstet, die jede geringste Schwankung und jede Beanspruchung genau verzeichnen. Im Grunde ist es der gleiche Vorgang wie im Rauchkanal, der Vorteil ist nur der, daß wir im freien Luftstrom alles am Flugzeug in natürlicher Größe messen können."[184] An anderen Stellen wird das kon-

---

Detail greift auch die *Deutsche Allgemeine Zeitung* auf: „In das Flugzeug, das durch einen 120pferdigen luftgekühlten Vier-Zylinder-Argus-Motor angetrieben wird, ist für den Australienflug noch ein weiterer Tank eingebaut worden, so daß die Fliegerin insgesamt 300 Liter Brennstoff mitnehmen kann. Das Flugzeug erhält damit eine Flugweite von 1200 bis 1300 Kilometern." (Marga v. Etzdorf zum Australienflug gestartet. Abflug 3 Uhr morgens von Staaken. In: [DAZ. 27.5.1933]. [DMA:PERS/F 10082/2]).

181 L. W. Hellwig: Elly Beinhorn. In: Ders. (Hg.): Persönlichkeiten der Gegenwart. Luftfahrt – Wissenschaft – Kunst. Berlin: Verlag Dr. Richard Pape 1940, S. 49–56. Vgl. auch die Aufzählung der Auslandsflüge Elly Beinhorns und der verwendeten Maschinen in Rolf Italiaander: Drei deutsche Fliegerinnen. Elly Beinhorn. Thea Rasche. Hanna Reitsch. Berlin: Gustav Weise 1940, S. 27 f.

182 Der „Motor-Segler" flog über Berlin [Fotografien]. O. Q. (DMA:NL130 Reitsch 003, 50).

183 Vgl. z. B. St.: Marga von Etzdorf. Werdegang der ersten Verkehrs-, Kunst- und Sportfliegerin. In: [Tempo]. O. D. (DMA:NL 075/007 GF).

184 Besuch bei der Schutztruppe des Aethers. Forschung für die Sicherheit des Fliegens – Pioniere des Segelns und Flugkapitän „Hanna". O. Q. (DMA:NL Reitsch 003, 50).

krete Fachwissen im Text ausgespart und nur auf den Sachverstand der Frauen verwiesen. So berichtet die Regisseurin Leni Riefenstahl in einem Interview mit der *NS-Frauen-Warte* über Schwierigkeiten bei den Dreharbeiten zu den *Olympia*-Filmen; abgesehen von einigen Anekdoten werden die meisten Details jedoch nicht expliziert, sondern durch den kurzen Hinweis ersetzt, die Künstlerin habe anschließend noch mehr von den technischen Vorbereitungen erzählt.[185]

Neben den textuellen Angaben belegen zahlreiche Fotografien die Expertise der Frauen. Vor allem die Fliegerinnen werden häufig bei der Arbeit am Motor abgelichtet,[186] und auch in den Filmdokumenten finden sich vergleichbare Inszenierungen der Technik-Expertise, etwa wenn Joseph Goebbels Riefenstahls technisches Können lobend hervorhebt[187] oder die Wochenschau Elly Beinhorn in der Werkstatt interviewt.[188]

Die in der Selbstinszenierung auffällige Personifizierung der Maschine fällt in der zeitgenössischen Fremdinszenierung kaum ins Gewicht. Lediglich in einigen Berichten über von Etzdorf und ihr erstes Flugzeug „Kiek in die Welt" greifen die Autoren auf die ‚Beseelung' der Maschine zurück: „Die Fliegerin steht neben ihrem zitronengelben kleinen Vogel: ‚Kiek in die Welt' nennt sie ihn forsch und zärtlich. „Little bird" sagt der Monteur und klopft ihn [sic] mit rauher Hand auf den Metallbauch."[189] Wie in von Etzdorfs Text werden dem Flugzeug quasi-menschliche Eigenschaften und Verhaltensweisen zugeschrieben,[190] und nach dem Absturz in Bangkok nahmen die Medien entsprechend Anteil am Verlust der Maschine.[191]

---

185 S. Altgelt: Der Olympia-Film. Das Werk einer Frau. Gespräch mit Leni Riefenstahl. In: NS-Frauen-Warte. 5 (1936), H. 5, S. 148 f.
186 Vgl. z. B. Beinahe konnte es schief gehen! [Fotografie]. O. Q. (DMA:PERS/F 10082/2); Joachim Senckpiehl: Sie haben keine Konkurrentinnen. 10 Frauen vertreten als einzige ihren Beruf. In: Illustrierter Beobachter Berlin. 11 (1938), Nr. 49, S. 2062 f., hier 2062; Die Frau, die als erste das Leistungsabzeichen errang [Fotografien]. In: [Berliner Illustrierte Zeitung. 5.12.1935]. (DMA:NL130 Reitsch 003, 50).
187 Vgl. Ufa-Tonwoche, Nr. 400/1938 [Film]. (BArch K 177594), 00:17–03:17.
188 Vgl. Ufa-Tonwoche, Nr. 103/1932 [Film]. (BArch B 109930), 02:16–03:26.
189 H. W.: Gewitterstürmer. Ein Kapitel aus dem Leben Marga von Etzdorfs. In: [Leipziger Neueste Nachrichten. 31.5.1933]. (DMA:PERS/F 10082/2).
190 Vgl. Marga v. Etzdorfs Start zum 10 000 km-Flug. Aber nicht ohne Hutschachtel ... In: Tempo. 18.8.1931. (DMA:NL 075/007 GF); H. W.: Gewitterstürmer. Ein Kapitel aus

Bei der Inszenierung der Fliegerinnen und Automobilistinnen fällt im Hinblick auf die Technik-Inszenierung auf, dass „die schnittigen, graziösen Formen des Apparates"[192] eher visuell als sprachlich inszeniert werden.[193] Die meisten Bilder, die die Zeitungs- und Zeitschriftenartikel ergänzen, zeigen die Frauen vor oder in ihren Maschinen;[194] die Technik ist damit – auch wenn sie nur als Kulisse für die Porträtaufnahmen dient – wesentlicher Teil der visuellen Inszenierung. Als Attribut der Technikpionierinnen fungieren die Maschinen als visuelle Symbole und weisen so einen eigenen ikonografischen Wert auf. Darüber hinaus steht das Flugzeug bzw. das Auto auf einigen Bildern klar im Zentrum und ist damit das eigentliche Objekt der visuellen Inszenierung.[195]

Ähnlich verhält es sich auch mit den Filmberichten, in denen die Technik viel stärker hervortritt als in den zeitgenössischen Zeitungs- und Zeitschriftentexten. Die Filme spiegeln auf inhaltlicher und ästhetischer Ebene die Technikbegeisterung der 1920er und 1930er Jahre wider.[196] Sowohl die Vorstellung neuer Modelle oder einzelner Neuerungen als auch sensationelle Rekordversuche veranlassen zur journalistischen Berichterstattung über das Thema. Zusätzlich fällt die Ästhetisierung der Technik in den dokumentarischen Filmen auf. Die Journali-

---

     dem Leben Marga von Etzdorfs. In: [Leipziger Neueste Nachrichten. 31.5.1933]. (DMA:PERS/F 10082/2).
191 Vgl. Abenteuerliche Reise. O. Q. (DMA:NL 075/010).
192 F. Mantler: Fräulein Flugkapitän ... Ein Gespräch mit Hanna Reitsch auf dem Flugplatz – Die bekannte Fliegerin erzählt aus ihrem Leben. – Vorbereitung zur Teilnahme am Alpensegelflug. O. Q. (DMA:NL130 Reitsch 003, 50).
193 In den vorliegenden Quellen zur visuellen Inszenierung der Regisseurin Leni Riefenstahl spielt die Technik dagegen keine Rolle.
194 Vgl. z. B. Marga von Etzdorf, die erste Kunstfliegerin in Berlin [Fotografie]. O. Q. (DMA:PERS/F 10082/2); Frauen am Steuerknüppel. Deutsche Fliegerinnen, die weltbekannt wurden. In: Schlesische Sonntagspost. 13.4.1941. (DMA:NL 130 Reitsch 003, 51); Clärenore Stinnes tritt demnächst [...] eine zweijährige Fahrt rund um die Welt an [Fotografie]. O. Q. (SAM:1440/90.00).
195 Vgl. z. B. Flug in den Tod [Fotografie]. O. Q. (DMA:PERS/F 10082/2); Bilder von der Weltreise. Clärenore Stinnes im Adler Standard 6. In: Auto-Magazin. 1929, Nr. 20, o. S.; Frank Arnau: Das Gesicht des Autos. In: Revue des Monats. 2 (1927/1928), H. 1., S. 50.
196 Wie in Kapitel 2.1 bereits angedeutet, löste nach dem Ersten Weltkrieg eine allgemeine Aufgeschlossenheit gegenüber technischen Neuerungen die Technikfeindlichkeit der (Vor-)Kriegsjahre ab, in denen Maschinen oft als Bedrohung wahrgenommen wurden.

sten nutzen alle Potenziale des Mediums Film, um die Schönheit technischer Apparate und Funktionsweisen zu präsentieren: Nah- und Großaufnahmen zeigen Flugzeuge und Automobile in ihren Details; in anderen Sequenzen geht die Faszination von der Serialität technischer Maschinen aus, wie z. B. in den Totalaufnahmen aufgereihter Flugzeuge.[197]

Speziell dem Film vorbehalten ist jedoch vor allem die Inszenierung technischer Bewegungsabläufe. In allen eingesehenen Berichten über Beinhorn, von Etzdorf, Reitsch und Stinnes ist das Flugzeug bzw. das Auto in Bewegung zu sehen. Oft zeigen die Filme Starts und Landungen, Flugzeuge in der Luft oder in einigen Fällen auch spektakuläre Flugkunststücke im Rahmen von Flugtagen[198] oder bei der Präsentation neuer Maschinen.[199] Abseits der Inszenierung berühmter Persönlichkeiten demonstrieren die Filme so, welche neuen Möglichkeiten der Fortbewegung im Raum und welche damit verbundenen neuen Perspektiven sich der Mensch mithilfe der Technik erschließt. Anders als in den autobiografischen und journalistischen Texten steht die Faszination der Technik in den Filmen folglich gleichwertig neben der Präsentation berühmter Persönlichkeiten.

4.2.3 Geschlecht in der zeitgenössischen Fremdinszenierung

Klar in den Fokus rücken die Journalisten in den 1920er und 1930er Jahre das Geschlecht der Technikpionierinnen. Während diese Thematik in den autobiografischen Texten nur am Rande, im Rahmen einzelner Episoden oder Anekdoten hervortritt oder – wie bei Leni Riefenstahl – ganz fehlt, gehen die meisten Journalisten in ihren Texten explizit darauf ein, dass es sich hier um Frauen handelt. Viele Autoren finden griffige Bezeichnungen und Spitznamen für die Ausnahmefrauen, die

---

197 Vgl. z. B. Ufa-Tonwoche, Nr. 103/1932 [Film]. (BArch B 109930), 02:36 ff., 03:09 ff.
198 Gildehof-Flugtag der Hans Bergmann Zigarettenfabrik A.G. Dresden mit Gerhard Fieseler und Elly Beinhorn, Dresden, 26.7.1931 (1931) [Film]. (BArch K 11399), 04:36 ff.; Die deutsche Fliegerin Marga von Etzdorf [Film] (BArch B 2573), 00:37 ff.
199 Z. B. erregte in den 1930er Jahren die Präsentation des neuen Focke-Hubschraubers großes Aufsehen; Hanna Reitsch führte die Maschine bei verschiedenen Anlässen vor, wie etwa Flugtagen oder dem Tag der Wehrmacht in Nürnberg (vgl. Reichsparteitag d. NSDAP 1938 [Film]. (BArch K 41825), 10:40 ff; Ufa-Tonwoche, Nr. 374/1937 [Film]. (BArch B 110723), 08:17–9:42; Fox tönende Wochenschau, 12 (1938) [Film]. (BArch K 89970), 02:31 ff.).

auf verschiedene Art die Geschlechtszugehörigkeit reflektieren, so etwa die bereits erwähnte mythische Anspielung auf die Amazonen bei Clärenore Stinnes[200] und Marga von Etzdorf.[201] Letztere ist auch als „Fliegendes Fräulein"[202] oder – in den englischsprachigen Medien – als „German air queen"[203] bekannt. Hanna Reitsch wird häufig als „fixes Mädel"[204] oder „Fliegermädel[]"[205] bezeichnet; nach ihrer Ernennung zum Flugkapitän stellen viele Autoren fest, dass eine entsprechende movierte Form für die Rangbezeichnung fehlt[206] und behelfen sich mit der Bezeichnung „Fräulein Flugkapitän".[207]

Die meisten zeitgenössischen Berichte thematisieren die Tatsache, dass die jeweilige Leistung nicht von einem Mann, sondern von einer Frau erbracht wurde: „Frauen, die sich durch hervorragende Leistungen einen weltbekannten Namen gemacht haben, sind überaus selten, viel seltener als Männer."[208] In vielen Fällen macht wohl eben diese Exzeptionalität den Nachrichtenwert des Themas aus. So betonen viele Autoren die Einzigartigkeit der Frauen und ihrer Erfolge: Marga von Etzdorf etwa sei „die einzige deutsche Frau, die das Segel-

---

200 Autoweltreise einer Stinnes-Tochter. Ein kühner Plan der weltbekannten Automobilistin Clairenore Stinnes. In: [Mühlheimer Zeitung. 4.2.1927]. (SAM:1440/90.00).
201 Amazonen der Luft [Fotografie]. O. Q. (DMA:NL 075/007 GF).
202 m. m.: Fliegendes Fräulein über Asien. [Tempo. o. D.] (DMA NL 075/007 GF).
203 Miss Etzdorf Follows Miss Johnson's Route. In: [Mainichi. 20.8.1931]. (DMA:NL 075/008).
204 Flugkapitän ‚Hanna' – ein fixes Mädel. Sie muß neue „Kisten" einfliegen – Schwere Alltagspflichten einer Frau. O. Q. (DMA:NL130 Reitsch 003, 50).
205 F. Mantler: Fräulein Flugkapitän ... Ein Gespräch mit Hanna Reitsch auf dem Flugplatz – Die bekannte Fliegerin erzählt aus ihrem Leben. – Vorbereitung zur Teilnahme am Alpensegelflug. O. Q. (DMA:NL130 Reitsch 003, 50).
206 Vgl. vor allem S. Balkin: Flugkapitän Hanna Reitsch. O. Q. (DMA:NL130 Reitsch 003, 50).
207 Fräulein Flugkapitän mit dem Schifferklavier [Cover]. In: Illustrierte für Jedermann. O. D. (DMA:NL130 Reitsch 003, 50); Gespräche mit schaffenden Frauen. Fräulein Flugkapitän ... Ein Gespräch mit Hanna Reitsch. In: [Hamburger Anzeiger. 29.6.1937]. (DMA:NL130 Reitsch 003, 50); F. Mantler: Fräulein Flugkapitän ... Ein Gespräch mit Hanna Reitsch auf dem Flugplatz – Die bekannte Fliegerin erzählt aus ihrem Leben. – Vorbereitung zur Teilnahme am Alpensegelflug. O. Q. (DMA: NL130 Reitsch 003, 50); Wilfred v. Ove: Fräulein Flugkapitän – zierlich und zäh. BLA-Unterredung mit Hanna Reitsch zwischen zwei Etappen des Segelflugwettbewerbs. In: [Berliner Lokal-Anzeiger. 10.7.1938]. (DMA:NL130 Reitsch 003,50).
208 L. W. Hellwig: Elly Beinhorn. In: Ders. (Hg.): Persönlichkeiten der Gegenwart. Luftfahrt – Wissenschaft – Kunst. Berlin: Verlag Dr. Richard Pape 1940, S. 49–56, hier 49.

flug-, Kunstflug- und Verkehrsflugexamen"[209] bestanden und „als erste Frau ganz allein"[210] den Flug nach Japan gewagt habe. Hanna Reitsch sei „als erste und einzige deutsche Frau, mit dem Eisernen Kreuz 1. Klasse"[211] ausgezeichnet worden und führe den Titel des Flugkapitäns „als einzige Frau der Welt."[212]

Über Clärenore Stinnes heißt es: „Es war das erste Mal, daß ein deutscher Wagen, zumal gesteuert von einer Frau und unter diesen außerordentlich ungünstigen Verhältnissen, von Europa aus Peking erreicht hatte."[213] Schon während ihrer Karriere als Tourenwagenfahrerin stach Stinnes als eine von wenigen Frauen unter den männlichen Teilnehmern hervor. Während in den Ranglisten für gewöhnlich Vor- und Nachname des Fahrers steht, führen die Autoren sie meist als „Frl. Stinnes"[214] auf, kennzeichnen also durch die förmliche Anrede die Geschlechtszugehörigkeit. Bei manchen Rennen wurden die Fahrerinnen zudem nicht in die reguläre Wertung aufgenommen und erhielten stattdessen „Damenpreise".[215] Doch nicht nur bei motorsportlichen Rekordleistungen spielt das Geschlecht der Pionierinnen eine große Rolle, auch ‚alltägliche' Leistungen wie eine Filmproduktion, werden zu außergewöhnlichen Ereignissen, sobald eine Frau sie verantwortet. So rekurriert die *NS-Frauen-Warte* 1938 bereits im Titel eines Artikels zu *Olympia* – „Der Olympia-Film. das Werk einer Frau"[216] – auf das Ge-

---

209 Tragischer Verlust der deutschen Fliegerei. Die einzige Frau mit Segel [sic], Sport-, Kunst- und Verkehrsflugexamen. Marga von Etzdorf abgestürzt. In: [Kölnische Zeitung]. O. D. (DMA:PERS/F 10082/2), Hervorh. i. Orig.
210 Marga von Etzdorfs Flugleistung. In 12 Tagen 11 000 Kilometer zurückgelegt. O. Q. (DAM:PERS/F 10082/2), Hervorh. i. Orig.
211 Charlotte Till: Hanna Reitsch. Ein Leben für die Fliegerei. In: [Koralle]. O. D. (DMA:NL130 Reitsch 003, 51).
212 Hanna, der Flugkapitän. Ein Mädel, das seinen Mann stellt. In: Leipziger Neueste Nachrichten. 12.5.1937. (DMA:NL130 Reitsch 003, 50).
213 Bilder von der Weltreise. Clärenore Stinnes im Adler Standard 6. In: Auto-Magazin. 1929, Nr. 20, o. S.
214 Nachträgliches vom Klausen-Rennen. Die Schnellsten. – der Kilometer Lancé. In: Allgemeine Automobil-Zeitung, Wien, 26 (1926), Nr. 17, S. 38; Siegfried Doerschlag: Deutsche Dauerprüfungsfahrt. Westdeutschlands große Autozuverlässigkeitsfahrt. In: Allgemeine Automobil-Zeitung, Berlin. 27 (1926), Nr. 30, S. 20 f.; Doerschlag, Siegfried: Internationales Klausenrennen. Das Bergderby der Welt. In: Allgemeine Automobil-Zeitung, Berlin. 27 (1926), Nr. 33, S. 18–20.
215 Ein Damenpreis. In: Allgemeine Automobil-Zeitung, Wien. 26 (1925), Nr. 14, S. 10.
216 S. Altgelt: Der Olympia-Film. Das Werk einer Frau. Gespräch mit Leni Riefenstahl. In: NS-Frauen-Warte. 5 (1936), H. 5, S. 148 f.

schlecht der Regisseurin und forciert damit eine gegenderte Perspektive auf das Thema.

Die bisher zitierten Textstellen verdeutlichen, dass der zeitgenössischen Fremdinszenierung ein dichotomes Geschlechterverständnis zugrunde liegt. Die Autoren wählen gezielt Bezeichnungen und Formulierungen, die bewusst machen, dass die betreffenden Berichte von Frauen handeln. Die Tatsache, dass die Frauen Ausnahmeerscheinungen sind, denen es in einer Zeit traditioneller Rollenverteilung gelungen ist, in die Männerdomäne Technik einzudringen, schwingt demnach in den zeitgenössischen Berichten stets mit. Fotografien und Filme lassen das Geschlecht der betreffenden Person darüber hinaus leicht anhand weiblicher Physiognomie, Stimme oder Kleidung erkennen und lenken die Aufmerksamkeit so durch (audio-)visuelle Hinweise auf das Geschlecht der Person. Stimme, Körperhaltung, Mimik und Gestik transportieren typisch weibliche oder männliche Verhaltens- und Ausdrucksweisen und fungieren in diesem Sinne gewissermaßen als geschlechtlich konnotierte Pathosformeln.[217]

Das dichotome Geschlechterverständnis äußert sich auch darin, dass die Autoren die Leistungen der Frauen oft in Verbindung mit vergleichbaren männlichen Taten bringen. So heißt es beispielsweise über Hanna Reitsch, sie stehe „an fliegerischem Können ihren männlichen Kameraden in nichts nach."[218] Marga von Etzdorf habe mit ihrem Flug nach Tokio alle „Männerrekorde"[219] gebrochen und damit „als Mädchen die Leistung eines ganzen Mannes"[220] erbracht. Ähnlich bewerten die Journalisten auch Clärenore Stinnes' Leistung: „Angesichts des gewählten und zum Teil ungemein gefahrvollen Reiseweges ein Unterfangen, das eines Mannes würdig wäre!"[221] Ihre Weltreise sei, so ein anderer

---

217 Vgl. Sigrid Schade: Körper – Zeichen – Geschlecht. „Repräsentation": zwischen Kultur, Körper und Wahrnehmung. In: Dies., Ina Härtel (Hg.): Körper und Repräsentation. Opladen: Leske + Budrich 2002 (= Schriftenreihe der Internationalen Frauenuniversität „Technik und Kultur" 7), S. 77–87, hier 84.
218 Hanna Reitsch aus Hirschberg in Schlesien ist Deutschlands einzige fest angestellte Pilotin [Fotografie]. In: [Illustrierter Beobachter Berlin. 3.12.1938]. (DMA:NL130 Reitsch 003, 50).
219 m. m.: Fliegendes Fräulein über Asien. [Tempo. o. D.] (DMA NL 075/007 GF).
220 [O. T.]. [O. Q.] (DMA:NL 075/009).
221 Autoweltreise einer Stinnes-Tochter. Ein kühner Plan der weltbekannten Automobilistin Clairenore Stinnes. In: [Mühlheimer Zeitung. 4.2.1927]. (SAM:1440/90.00).

Autor, „eine mutige Tat für den Mann, ein ernstes Wagnis aber für eine Frau."[222]

Mit derartigen Formulierungen präsupponieren die Autoren, dass sich Frauen für die betreffenden Aufgaben grundsätzlich schlechter eignen als Männer oder dass eine derartige Leistung von einer Frau nicht zu erwarten gewesen wäre. Zugleich gestehen sie den Technikpionierinnen zu, über ihre geschlechtlich bedingten Möglichkeiten hinaus gewachsen zu sein: „Nun, sie [Marga von Etzdorf, Anm. KK] hat, obwohl sie kein Junge ist, als Fliegerin soviel geleistet, [sic] wie wenige Männer."[223] In einigen wenigen Fällen sehen die Autoren in den Frauen gar eine Konkurrenz für die männlichen Kollegen: „[D]er Dauerrekord der letzten beiden Frauen von 122 Stunden und 20 Minuten ist wahrlich eine achtbare Leistung für »schwache« weibliche Wesen. – Die männliche Fliegergarde muß diesseits wie jenseits des großen Wassers aufpassen, sonst fliegt ihr der fixe Amazonentrupp mit Siegerpreisen und Lorbeeren auf und davon."[224]

Aus dem zugrunde liegenden dichotomen Geschlechterverständnis und der damit verbundenen traditionellen Rollenverteilung kann man folgern, dass die Autoren das Verhalten der Technikpionierinnen als körperlichen und gesellschaftlichen Normbruch auffassen und entsprechend inszenieren. Dass dieser mitunter als gewaltsame Übertretung bestehender Grenzen verstanden wird, spiegeln die mehrfach gewählten Begriffe aus dem Wortfeld Krieg wider: Die Frauen werden nicht dazu eingeladen, an der Männerdomäne Technik teilzuhaben, sie „erobern die Luft"[225] und erkämpfen sich mit einem „Triumphzug"[226] um die Welt ihren Platz in diesem Bereich.[227] Der physische Normbruch schlägt sich an erster Stelle darin nieder, dass sich vor allem die Fliege-

---

[222] Im Auto durch zwei Welten. Die Leistung einer deutschen Frau. O. Q. (SAM:1550/10 Stinnes).
[223] Marga von Etzdorf heute früh nach Australien gestartet! In: [12 Uhr. 27.5.1933]. (DMA:PERS/F 10082/2).
[224] Glück und Erfolg ist bei den Fliegerinnen. Die Frauen machen den Männern etwas vor. O. Q. [7.2.1931]. (DMA:NL 075/007 GF).
[225] Frauen erobern die Luft. Wilhelmine Reichardt flog schon 1810 – Deutschlands Fliegerinnen 1933. O. Q. [8.9.1933]. (DMA:NL130 Reitsch 003, 50).
[226] Bilder von der Weltreise. Clärenore Stinnes im Adler Standard 6. In: Auto-Magazin. 1929, Nr. 20, o. S.
[227] Vgl. auch die Darstellung der Filmaufnahmen als Kampf oder Schlacht in Riefenstahls Filmbericht (s. 4.1.3).

rinnen und Autofahrerinnen in ihrem Beruf Herausforderungen und Unternehmungen stellen, bei denen sie gegenüber ihren männlichen Kollegen und Konkurrenten körperlich benachteiligt sind.[228] Mehrfach betonen Autoren die „unsäglichen körperlichen Anstrengungen"[229] einer Weltreise im Automobil oder den Kraftaufwand, der notwendig ist, um ein Flugzeug im Sturm auf Kurs zu halten.[230]

Darüber hinaus offenbart sich der physische Normbruch auch in der erotisierenden bzw. sexualisierenden Inszenierung der Technikpionierinnen. Viele Autoren rekurrieren in ihren Beiträgen auf das äußere Erscheinungsbild, also Aussehen, Kleidung und Auftreten der Frauen und knüpfen damit an eines der wirksamsten weiblichen Geschlechterstereotype, die physische Attraktivität, an. In den Artikeln dominieren oft weiblich konnotierte Eigenschaften sowie typisch weibliche Physis die Personenbeschreibungen. Im Fokus stehen dabei vor allem die Elemente Schönheit, Schlankheit und Jugendlichkeit sowie modische Kleidung.[231] So berichtet ein Autor über Marga von Etzdorf, „mit ihrer auffallend zarten und leisen Stimme. Zart sieht sie aus, dunkelblond, schmal, zwar sportlich[,] doch keineswegs robust."[232] Ein anderer beschreibt von Etzdorf als „junges frisches Menschenkind, schlank u. rank [...]."[233] Die Fliegerin Elly Beinhorn sei „[h]übsch und strahlend, voll Schneid und Draufgängertum, erfolgreich, gefeiert und in aller Welt gleich geliebt und bewundert."[234] Im Kurzbiografien-Sammelband

---

228 Sowohl das Lenken eines Flugzeugs als auch der Umgang mit schweren Werkzeugen und Ersatzteilen bei anfallenden Reparaturen und im Grunde genommen auch das Hantieren mit einer schweren Filmkamera erforderten Kraft und waren oft nicht für die weibliche Physis konzipiert.
229 Bilder von der Weltreise. Clärenore Stinnes im Adler Standard 6. In: Auto-Magazin. 1929, Nr. 20, o. S.
230 Vgl. H. W.: Gewitterstürmer. Ein Kapitel aus dem Leben Marga von Etzdorfs. In: [Leipziger Neueste Nachrichten. 31.5.1933]. (DMA:PERS/F 10082/2).
231 Vgl. Gitta Mühlen Achs: Frauenbilder: Konstruktion des *anderen* Geschlechts. In: Dies. u. Bernd Schorb (Hg.): Geschlecht und Medien. München: KoPäd 1995 (= Reihe Medienpädagogik 7), S. 13–37, hier 16.
232 Sie steht ihren Mann. Interview mit der Fliegerin Marga Etzdorf. In: [Neue Leipziger Zeitung. 20.12.1930]. (DMA:PERS/F 10082/2).
233 Marga von Etzdorf sprach in einem Vortragsabend des Volksbildungsverbandes in Milspe. In: [O. T. 18.1.1933]. (DMA:NL 075/011).
234 Fliegen – Sport der Männer? Auch die Frau steht ihren „Mann" im Motor- und Segelflugzeug. O. Q. (DMA:NL130 Reitsch 003, 22); vgl. auch P. E.: Menschen – Wie noch nie! In: Leben. 10 (1932/33), H. 4, S. 28–31.

Frauen fliegen heißt es außerdem: „Schlank, von straffer Haltung, kühnem Gesichtsausdruck, von scharfem Verstand – sehr jung und unbekümmert – das ist Elly Beinhorn!"[235]

Gesondert zu betrachten ist die sexuelle Aufladung der Inszenierungen auf Fotografien und im Film. Bei den Regisseurinnen Riefenstahl und Thea von Harbou spielt das äußere Erscheinungsbild zwar eine große Rolle, in den Zeitschriftenartikeln allerdings überwiegend bezogen auf ihre Rolle als Schauspielerin bzw. Schriftstellerin. So findet man Riefenstahls Porträtfoto auf der ersten Seite des Artikels *Wer hat die schönsten Augen?*[236] oder neben jener Abbildung der Blume, die ihre „persönliche Eigenart und die Lebensgewohnheit" am besten widerspiegelt – dem Edelweiß.[237] Im Beitrag Leni macht einen »tiefen Eindruck« wird im Zusammenhang mit den Dreharbeiten zu Arnold Fancks aktuellem Bergfilm auch über Riefenstahls „Hintern" diskutiert.[238] F. W. Köbner stellt Thea von Harbou in seinem Text Anonyme Schönheit. Die Frauen unserer Filmregisseure[239] als Fritz Langs Ehefrau und bekannte Schriftstellerin vor und betont deren Qualitäten: „Diese große, schlanke, blonde Frau mit den stahlblauen Augen ist ein gütiger und kluger Mensch, so temperamentvoll und blutdurchpulst, wie es ihre Werke sind."[240] In den wenigen vorliegenden Texten, Bildern und Filmen, die auf Riefenstahl und von Harbou als Regisseurinnen, also auf ihre Sonderposition in der Männerdomäne Film, eingehen, spielt das Thema Geschlecht hingegen kaum eine Rolle.

Anders verhält es sich bei Clärenore Stinnes, Elly Beinhorn, Hanna Reitsch und Marga von Etzdorf. Für gewöhnlich verhüllt die Arbeitskleidung der Motorsportlerinnen weibliche Formen, oft sogar so weit, dass das Geschlecht nicht mehr eindeutig erkennbar ist. Umso effekt-

---

235 Carl Maria Holzapfel, Käte u. Rudolf Stocks: Frauen Fliegen. Sechzehn deutsche Pilotinnen in ihren Leistungen und Abenteuern. Berlin: Deutsche Verlagsgesellschaft 1931, S. 16.
236 Wer hat die schönsten Augen? In: Scherl's Magazin. 4 (1928), H. 9, S. 978 f.
237 Anni Loos: Du bist wie eine Blume ... Ein botanisches Gesellschaftsspiel. In: Das Magazin. 9 (1932/33), Nr. 97, S. 19–22.
238 Leni macht einen „tiefen Eindruck". In: Leben 9 (1931/32), H. 8, S. 21–24, hier vor allem 24.
239 F. W. Koebner: Anonyme Schönheit. Die Frauen unserer Filmregisseure. In: Das Magazin. 8 (1931/1932), H. 94, S. 42–45, hier 42.
240 Erna Wendriner: Frauen, die wir täglich lesen. Thea von Harbou. In: Leben. 9 (1931/32), H. 5, S. 20–26, hier 24.

voller wirken jene Bilder, auf denen die Frauen ‚in Zivil' abgelichtet sind. Clärenore Stinnes etwa präsentiert sich – wie auch in ihrer Autobiografie – meist mit Kniebundhosen, Hemd, Krawatte und Sakko.[241] Wie diese Kleidung die Autofahrerin vermännlicht, zeigen vor allem die Bilder, die in den Zeitungen 1929 anlässlich ihrer Rückkehr nach Deutschland veröffentlicht wurden: Stinnes trägt die gleiche Kleidung wie ihr Begleiter Carl-Axel Söderström und steht so im Kontrast zur ebenfalls abgebildeten Frau des Kameramanns und deren typisch weiblichem Aussehen mit Rock und hohen Schuhen.[242] Auf einigen zeitgenössischen Bildern tritt die Autofahrerin dagegen selbst in femininer Kleidung, mit Kostüm, Bluse und Schmuck[243] oder sogar im feinen Pelzmantel[244] vor die Kamera. In vielen Fällen handelt es sich bei diesen Fotografien wohl um gestellte Porträtaufnahmen, für die Stinnes sich entsprechend kleidete oder zurecht gemacht wurde. Die Aufnahmen in Arbeitskleidung sind dagegen Schnappschüsse bzw. Momentaufnahmen von besonderen Ereignissen, die im Zusammenhang mit ihrer Tätigkeit als Automobilistin stehen.

Andere Pionierinnen betonen ihre Weiblichkeit auch im beruflichen Umfeld, wie etwa Elly Beinhorn, die sich meist in sportlicher Freizeitkleidung[245] oder im Kostüm[246] präsentiert. Um ihre weibliche Schönheit vor rauen Wettereinflüssen zu bewahren trifft sie entsprechende Vorkehrungen und verhüllt ihr Gesicht bei längeren Flügen mit Brille, Papier und Sonnencreme.[247] Die Fliegerkleidung zieht sie, wie die Filmaufnahmen vom Gildehof-Flugtag 1931 erkennen lassen, erst kurz

---

241 Vgl. Opel-Deulig-Ufa-Wochenschau Sujets aus den 20er Jahren [Film] (BArch B 110525), 01:35–01:58.
242 Vgl. Die Weltreise von Clärenore Stinnes [Fotografie]. In: Allgemeine Automobil-Zeitung, Wien. 29 (1929), Nr. 14, S. 37.
243 Vgl. Opel-Deulig-Ufa-Wochenschau Sujets aus den 20er Jahren [Film] (BArch B 110525), 00.00–01.00; Clärenore Stinnes tritt demnächst [...] eine zweijährige Fahrt rund um die Welt an [Fotografie]. O. Q. (SAM:1440/90.00); Clärenore Stinnes mit ihrem Aga-Wagen, mit dem sie an der Rußlandfahrt teilnahm [Fotografie]. In: Der Querschnitt. 6 (1926), H. 5., o. S.; Clairenore Stinnes, auf „Adlers Flügeln". O. Q. (SAM:1440/90.00).
244 Clairenore Stinnes, die Tochter des verstorbenen Großindustriellen [...] [Cover]. In: Die Illustrierte der Mühlheimer Zeitung. Nr. 46, 1927. (SAM:1440/90.00).
245 Vgl. Hellwig 1940, S. 49.
246 Paula von Reznicek: Fliegerinnen. In: Leben. 9 (1931/32), H. 10, S. 25–27, hier 26.
247 Vgl. Zegenhagen 2007, S. 217.

vor dem Start über ihre normale Kleidung und legt sie unmittelbar nach der Landung wieder ab.[248] Ähnliches fällt auch bei der visuellen Inszenierung Hanna Reitschs auf. Bereits die Körpergröße der Fliegerin – Reitsch war nur 1,50m groß – lässt Rückschlüsse auf ihr Geschlecht zu.[249] Auf vielen Bildern trägt sie zudem figurbetonte Fliegerkleidung: weiße Hose, weiße Bluse und darüber einen dunklen Kurzarmpullover, manchmal zusätzlich tailliert durch einen Gürtel.[250]

Oft verrät die gesamte Körpersprache das eigentliche Geschlecht der abgebildeten Person: Es fällt auf, dass die Frauen auf den meisten publizierten Fotografien und Filmaufnahmen lächeln – im Gegensatz zu ihren männlichen Kollegen, die meist ernst in die Kamera blicken. Als „simples Gender-Zeichen (für Freundlichkeit oder Friedfertigkeit)"[251] muss auch dieser Aspekt als Element einer typisch weiblichen Inszenierung gewertet werden, der ungeachtet der maskulinen Arbeitskleidung auf das Geschlecht der Person verweist. Zegenhagen stellt fest, dass sich eine bewusst weibliche Inszenierung positiv auf die öffentliche Wahrnehmung von Fliegerinnen auswirkte – eine Beobachtung, die wohl auch auf andere Berufsgruppen übertragen werden kann: „[J]e »weiblicher« sich eine Fliegerin gebärdete oder zu gebärden schien, desto größerer Popularität konnte sie sich erfreuen. Die blonde, schlanke Elly Beinhorn wurde so zum Medienliebling, während weniger attraktive Fliegerinnen wie Liesel Bach, Marga von Etzdorf und Lisl Schwab oder selbstbewusst auftretende und unabhängig agierende Fliegerinnen wie Vera von Bissing und Thea Rasche deutlich weniger Popularität errangen."[252]

---

248 Gildehof-Flugtag der Hans Bergmann Zigarettenfabrik A.G. Dresden mit Gerhard Fieseler und Elly Beinhorn, Dresden, 26.7.1931 (1931) [Film]. (BArch K 11399), 04:36 ff.
249 Vgl. z. B. Klein – aber oho! [Fotografie]. In: [O. Q. 12.7.1937]. (DMA:NL130 Reitsch 003, 50).
250 Vgl. z. B. Flugkapitän Hanna Reitsch [Fotografie]. In: [Völkischer Beobachter München. 2.12.1943]. (DMA:NL 130 Reitsch 003, 51); Rhönvater Ursinus, Flugkapitän Hanna Reitsch und NSDAP-Gruppenführer v. Schwege vor dem Führersitz einer „Horten III" [Fotografie]. O. Q. [1938]. (DMA: NL130 Reitsch 003, 50); Joachim Senckpiehl: Sie haben keine Konkurrentinnen. 10 Frauen vertreten als einzige ihren Beruf. In: Illustrierter Beobachter Berlin. 11 (1938), Nr. 49, S. 2062 f.
251 Mühlen Achs 1993, S. 97.
252 Zegenhagen 2007, S. 215.

Tatsächlich tendiert die fotografische Inszenierung Marga von Etzdorfs weniger zu den typisch weiblichen Merkmalen. Von der Berliner Pilotin kursierten überwiegend Fotografien in Fliegerkleidung, die feminine Merkmale verdeckt,[253] und auch auf den Bildern, die von Etzdorf in Alltagskleidung zeigen, wirkt sie mit ihrem „streng nach hinten gestrichenen, herrenmäßig geschnittenen Haar"[254] und den markanten Gesichtszügen eher maskulin. Einen ähnlichen Anschein erweckt von Etzdorfs Körperhaltung auf vielen Bildern: Auf Ganzkörperfotos posiert sie meist aufrecht stehend vor ihrem Flugzeug, die Fußspitzen sind – typisch für eine männliche Körpersprache – nach außen gerichtet, die Hände stecken in den Hosentaschen des Fliegeranzugs.[255]

In einem zeitgenössischen Artikel über die verschiedenen weiblichen Körperbautypen schreibt Gerhard Venzmer zum ‚athletisch-muskulären Typ':

> Der athletisch-muskuläre Körperbau ist im allgemeinen bei Frauen seltener; wo er ausgeprägter auftritt, ist bisweilen ein gewisser männlicher Einschlag unverkennbar. Die Vertreterinnen dieses Typs beweisen durch Energie und Ausdauer, durch entschlossenen Willen zum Herrschen und Kämpfernatur ihre Zugehörigkeit zur Charaktergruppe des Tatmenschen. Dabei kann bisweilen der Einschlag des muskulären Körperbautyps nur noch in der Gesichtsbildung, so in der kräftigen Ausbildung der Nase und dem vorspringenden Kinn, deutlich sein, wie es z. B. das Bildnis der deutschen Langstreckenfliegerin Marga von Etzdorf zeigt.[256]

Die dazugehörige Abbildung zeigt von Etzdorf im Halbprofil, ungeschminkt und mit eng anliegender Fliegerkappe, die die Haare verdeckt – weibliche Züge sind tatsächlich nicht zu erkennen. Ähnlich wirkt auch die ganzseitige Profil-Aufnahme mit dem Titel „Amazonen

---

253 Vgl. z. B. Marga von Etzdorf, die erste Kunstfliegerin in Berlin [Fotografie]. O. Q. (DMA:PERS/F 10082/2); Eine Frau als Kunstpilotin! [Fotografie]. In: [Dortmunder Mittagsblatt. 18.3.1928]. (DMA:PERS/F 10082/1); Eine Kunstpilotin [Fotografie]. In: [Der Berliner Mittag. 20.3.1928]. (DMA:PERS/F 10082/1).
254 Marga von Etzdorf sprach in einem Vortragsabend des Volksbildungsverbandes in Milspe. O. Q. [18.1.1933]. (DMA:NL 075/011).
255 Vgl. Marianne Wex: „Weibliche" und „männliche" Körpersprache als Folge patriarchalischer Machtverhältnisse. Frankfurt a. M.: Verlag Marianne Wex 1980, S. 96 u. 130.
256 Gerhard Venzmer: Was der Körperbau der Frau verrät. In: Der Bazar. O. D. (DMA:NL 075/007 GF).

der Luft"[257] im gleichen Stil. Die Fotografie verzichtet klar auf die Akzentuierung weiblicher Gesichtszüge, etwa durch die Hervorhebung von Wangenknochen, Augen oder Lippen, und betont stattdessen vor allem die Kinnpartie, also den Bereich, der traditionell entscheidend zur maskulinen Attraktivität beiträgt. Der Vergleich mit der Porträtaufnahme Elly Beinhorns in deren Reisebuch *Ein Mädchen fliegt um die Welt*[258] verdeutlicht die Androgynisierung Marga von Etzdorfs. Auch Beinhorn trägt eine Fliegerkappe, die ihre Haare verdeckt, und ist im Halbprofil zu sehen. Hier fallen jedoch sofort die weiblichen Gesichtszüge Wangenknochen, geschwungene Lippen und betonte Augen auf.

Abgesehen von wenigen Ausnahmen – etwa dem Coverfoto der Funkwoche,[259] auf dem sich von Etzdorf im Badeanzug präsentiert,[260] oder Tonfilmaufnahmen, in denen die Stimme der Fliegerin sie eindeutig als Frau identifiziert – verzichten die Journalisten bei von Etzdorfs visueller Inszenierung darauf, an klassische weibliche Schönheitsideale anzuknüpfen. Obwohl in den 1920er Jahren ein androgyner Frauentyp, die Garçonne, als modischer Glanzpunkt gefeiert wurde,[261] dürfte das maskuline Erscheinungsbild der Fliegerin den breiten Erwartungen an weibliche Attraktivität widersprechen.[262]

Neben den bisher zitierten Quellen sind zwei Filmaufnahmen erwähnenswert, die die Problematik der genderzentrierten Inszenierung verdeutlichen. In der Einleitungssequenz zu den Filmaufnahmen ihres Afrikaflugs[263] tritt Beinhorn in Rock und Bluse, also bewusst weiblich

---

257 Vgl. Amazonen der Luft [Fotografie]. O. Q. (DMA:NL 075/007 GF).
258 Vgl. Elly Beinhorn: Ein Mädchen fliegt um die Welt. Berlin: Reimar Hobbing 1932.
259 Marga von Etzdorf, die bekannte Fliegerin [Cover]. In: Funk-Woche. 12. bis 18.6.1932. (DMA:NL 075/007 GF).
260 Vgl. Allein im Kleinflugzeug von Berlin nach Teneriffa [Fotografie]. O. Q. (DMA:NL 075/007 GF); Marga v. Etzdorf tot? In: [Leipziger Neue Nachrichten. 29.5.1933]. (DMA:PERS/F 10082/2); Marga von Etzdorf zum Fluge nach Tokio aufgestiegen. In: [Leipziger Neueste Nachrichten. 19.8.1931]. (DMA:NL 075/009); Die zarte Frau, Marga von Etzdorf [Fotografien]. O. Q. (DMA:NL 075/007).
261 Als Vertreterin dieses Frauentyps galt u. a. auch die androgyne Annemarie Schwarzenbach (vgl. Die Schriftstellerin Annemarie Schwarzenbach. In: Uhu. 9 [1932/1933], H. 13, S. 86].
262 Vgl. auch das der Autobiografie vorangestellte Porträt mit Fliegerkappe und Zigarette (siehe A.ME 67).
263 Bei den deutschen Kolonisten in Südwest-Afrika [Film]. Deutschland [1934]. (BArch K 200902), 00:10 ff.

gekleidet auf; die Fliegerkappe, die sie zu Beginn noch auf dem Kopf trägt, nimmt sie nach wenigen Sätzen lächelnd ab, entfernt also das letzte Anzeichen ihrer ‚unweiblichen' Tätigkeit. Indem sie ihre Kopfbedeckung, ein typisches Attribut der Fliegerinnen, entfernt, wechselt sie die Rolle und agiert während der weiteren Präsentation ihrer Filmaufnahmen nicht als Technikpionierin, sondern als ‚normale' Frau, die von einer Reise berichtet.

Diesem Muster folgt auch ein Werbespot der Firma *Sachsenwerk* für den neuen Radioapparat *Sachsenwerk Superhit*. Die erste Einstellung zeigt Marga von Etzdorf vor schwarzem Hintergrund in einem Schlangenleder-Fliegeranzug und mit dazugehöriger Kappe; darunter trägt sie Hemd und Fliege. Mit seitlich eingestützten Armen steht die Pilotin vor der Kamera und berichtet von ihren Langstreckenflügen: „Meine sehr verehrten Damen und Herren, ich möchte ihnen einmal zeigen, mit welcher Herzlichkeit deutsche Flieger im Ausland empfangen werden. Hier z. B. sehen sie den Empfang, den man mir in Madrid bereitete. Noch viel stürmischer aber war der Empfang, den ich bei meiner Landung in Tokio erlebte."[264]

Filmaufnahmen der entsprechenden Flüge zeigen, wie von Etzdorf in Spanien bzw. Japan landet und begeistert begrüßt wird. Diese erste Szene endet mit der Frage: „Aber wissen sie, wo ich meinen allerschönsten Empfang hatte?" Es folgt ein Schnitt auf einen Wohnraum, in dem ein Radioapparat auf dem Tisch steht. Marga von Etzdorf, nun als Hausfrau, mit Rock, Bluse und nach hinten gekämmten Haaren, tritt rechts ins Bild und beantwortet die zuvor gestellte Frage: „Hier bei mir zu Hause durch meinen SW [Sachsenwerk] Superhit, denn hier begrüßen mich alle Nationen." Während Kleidung und Haltung – vor allem die seitlich an den Hüften eingestützten Arme[265] – in der ersten Szene eindeutig maskulin konnotiert sind, unterstreicht in der zweiten Szene sowohl ihre Kleidung als auch die häusliche Umgebung von Etzdorfs Weiblichkeit. Der Werbespot konstruiert so zweit Identitäten: Wie Elly Beinhorn ist auch Marga von Etzdorf nicht nur Fliegerin, sondern auch Frau im traditionellen Sinn. Derartige Inszenierungsstrategien können als Versuche gewertet werden, den Normbruch der Frauen ein Stück

---

264 Sachsenwerk Radio [Film]. (BArch K 317931).
265 Vgl. Wex 1980, S. 148 f.

weit zu relativieren und damit auch zu naturalisieren. Anstatt das bestehende Weiblichkeitsstereotyp zu variieren, etablieren die Medien ein Image der ‚geteilten Persönlichkeit'.

Nur selten stellen die Autoren in ihren Texten einen ästhetischen Zusammenhang zwischen technischer und weiblicher Schönheit her. Eines der wenigen Beispiele findet sich in einem Interview mit Hanna Reitsch: „Unwillkürlich ist man versucht, daran zu denken, wie harmonisch dieses Bild ist, die schnittigen, graziösen Formen des Apparates und die zierliche Figur seiner Beherrscherin, die einem Kreis interessierter Piloten die Einzelheiten ihres neuen Segelflugzeuges erklärt."[266] Im Großen und Ganzen wird das Phänomen jedoch zumindest auf textueller Ebene ausgespart – anders verhält es sich dagegen in der visuellen Inszenierung. Wie in anderen Bereichen, z. B. Werbung und Malerei, in denen im Sinne der allgemeinen Technik-Aufgeschlossenheit der Zeit durchaus mit der erotischen Dimension von Weiblichkeit und Technik experimentiert wurde, zeigen auch viele Fotografien der Pionierinnen, die begleitend zu den Zeitungs- und Zeitschriftenartikeln oder auch einzeln publiziert wurden, und viele der zeitgenössischen Filme die Frauen zusammen mit ihren Maschinen. Letztere sind zwar oft nur im Hintergrund zu sehen, fungieren aber dennoch als wichtige Attribute innerhalb der visuellen Inszenierung. Sie untermauern den Status der abgelichteten Frauen als technikaffine Pionierinnen und Heldinnen in ihrem Metier. Hinzu kommen einige Bilder, auf denen die weibliche Technikbegeisterung zur Modeerscheinung stilisiert wird.[267] 1928 erklärt Hilde Pripram in der *Allgemeinen Automobil-Zeitung*, dass das Automobil als modisches Zubehör auf Typ und Garderobe der Fahrerin abgestimmt sein muss:

> Welchen Wagen soll sich eine Dame wählen? Für eine Frau ist ein hübsches zweisitziges Coupé oder Kabriolet das Beste. Es paßt nicht für eine Dame, einen großen, schweren offenen Wagen oder eine Limousine zu

---

266 F. Mantler: Fräulein Flugkapitän ... Ein Gespräch mit Hanna Reitsch auf dem Flugplatz – Die bekannte Fliegerin erzählt aus ihrem Leben. – Vorbereitung zur Teilnahme am Alpensegelflug. O. Q. (DMA:NL130 Reitsch 003, 50).
267 Schon in der Frühzeit des Automobils spielte die Ästhetik eine große Rolle. In speziellen Präsentationsräumen in der Stadt, auf Messen oder bei Automobil-Schönheitswettbewerben stand nicht die Technik, sondern das Aussehen des Fahrzeugs im Vordergrund (vgl. Möser 2002, S. 290; Merki 2002, S. 284 f.).

fahren. Ein vier- bis sechssitziger Wagen sieht meist ungeschickt aus. Eine Frau hat die Pflicht, ihren Wagen ebenso wie ihre Kleidung in Einklang mit ihrer Person zu bringen. Die mittelstarken Wagen mit einer indifferenten, unauffälligen Farbe sind für eine Dame am geeignetsten. [...] Wie soll nun die Kleidung sein? Zum größten Teil muß man es natürlich dem Geschmack der einzelnen überlassen. In der Stadt hängt die Kleidung von den Unternehmungen ab. Am Vormittag wird die Dame wohl meist nur Besorgungen machen, auch nur zu ihrem Vergnügen spazieren fahren! Dazu paßt immer ein gut gearbeitetes Tailormade, ein Complet oder ein Jumperkleid mit Sportmantel und Schal. Fährt die Dame am Nachmittag zum 5 – o'clock oder zum privaten Tee, so paßt auch dazu ein elegantes Complet oder ein Nachmittagskleid mit Pelzmantel oder sonst einem schicken Mantel. Für Touren natürlich nur Sportdreß. – Entweder Jumperkleid oder, wenn es kleidet, auch eine hochgeschlossene Bluse, Schlips mit Rock und sportlicher Jacke, Trenchcoat oder leichter Staubmantel. Im offenen Wagen ist die Kleidung sehr abhängig vom Wetter. Eine Dame kann auch sehr gut einen Overall tragen mit Baskenmütze oder Autokappe. Aber Vorsicht dabei! Es steht nicht jedem, eigentlich nur großen und schlanken Figuren. Auch soll eine Dame nie ein Lokal in Hosen betreten. Es ist eine Kleinigkeit, aus dem Oberall zu schlüpfen und in weiblicher Kleidung dazustehen.[268]

Fahrerin und Wagen werden hier als ästhetische Einheit präsentiert. Ähnliches trifft auch auf die oben bereits erwähnten Fotografien zu, die Stinnes in femininem Kleidungsstil zeigen. Das Auto, das auf all diesen Bildern ebenfalls zu sehen ist, wirkt kaum wie ein technisches Fortbewegungsmittel, sondern vielmehr wie ein modisches Accessoire – ähnlich wie in den Werbeanzeigen der 1920er Jahre, die sich an potenzielle weibliche Kunden richteten und feminine Schönheit mit dem eleganten Design des Wagens in Verbindung brachten.[269]

Schenkt man den Lifestyle-Artikeln der 1920er Jahre Glauben, hat sich neben dem Autofahren auch die Fliegerei zum idealen Sport für modebewusste moderne Frauen entwickelt:

---

268 Hilde Pripram: Die Dame, ihr Wagen und ihre Kleidung. In: Allgemeine Automobil-Zeitung, Berlin. 29 (1928), Nr. 14, S. 28.
269 Vgl. etwa Die Dame am Steuer. Mercedes-Benz [Werbeanzeige]. In: Uhu. 4 (1928), H. 10, o. S.; Der neue Brennabor. Der Wagen der Dame [Werbeanzeige]. In: Uhu. 4 (1928), H. 8, S. 10.

Exklusivität ist aber der wichtigste und kostspieligste Faktor in jeder Mode. So bietet das Fliegen also den Frauen in gesellschaftlicher Hinsicht die besten Möglichkeiten. [...]
Besonders auffällig zeigt sich das im gesegneten Dollar-Lande. Dort ist die Luftfahrt längst zu einem gesellschaftlichen Sport geworden, dort erblickte auch das Luftgirl das Licht der Welt. Jeder Staat in U. S. A. stellt seine Fliegerin heraus, wie er es auch mit seiner Schönheitskönigin tut.[270]

Den eben zitierten Artikel illustrieren mehrere großformatige Porträtfotos von vorrangig US-amerikanischen Fliegerinnen und ihren Flugzeugen. Die überwiegend attraktiven Frauen sind dabei modisch gekleidet, geschminkt, frisiert und posieren vor ihren Maschinen;[271] falls sie sich in Fliegerkleidung präsentieren, ist diese zumindest durch einen Gürtel tailliert, um die weibliche Figur zu betonen[272] und somit mehr als bloße Funktionskleidung, wie auf vielen Zeitungsfotos der deutschen Fliegerinnen.[273] Die Fliegerporträts werden hier zum Modefoto, die Pilotinnen zu ‚Luftgirls‘,[274] die einen neuen Trend präsentieren.[275] Dass die Technik in dieser Bilderreihe einen Teil der Erotik ausmacht, beweist nicht zuletzt ein Bild der eher unattraktiven Fliegerin Florence L. Barnes, mit der dazugehörigen Bildunterschrift: „Vor einem Flugzeug wird jede Frau interessant: Florence L. Barnes, die bei einem Frauen-Wettbewerb der Lüfte als »schnellstes« Flugzeug siegte".[276]

Sowohl die Abbildungen, die Frau und Maschine als ästhetische Einheit zeigen als auch jene, die Technik lediglich als Beiwerk inszenieren, stehen in gewisser Hinsicht prototypisch für die Darstellung von

---

270 Ernst Schäffer: „Bitte, lieber Papa, laß mich fliegen ...". Das Luft-Girl, ein neuer Modetyp. In: Uhu. 8 (1931/1932), H. 10, S. 8–14 u. 110 f., hier 110.
271 Ebd., S. 8, 11.
272 Ebd., S. 9, 12.
273 Vgl. z. B. Fliegerinnen [Fotografien]. In: [Berliner Börsen-Courir. 28.12.1930). (DMA:NL 075/007 GF); Eine Frau als Kunstpilotin! [Fotografie]. In: [Dortmunder Mittagsblatt. 18.3.1928]. (DMA:PERS/F 10082/1).
274 Ernst Schäffer: „Bitte, lieber Papa, laß mich fliegen ...". Das Luft-Girl, ein neuer Modetyp. In: Uhu. 8 (1931/1932), H. 10, S. 8–14 u. 110 f., hier 9.
275 Das Girl, ein Modetyp der 20er Jahre, trägt Bubikopf und lässige Kleidung und tritt stets sportlich auf (vgl. Meyer-Büser 1995, S. 26). Gerade die Technikpionierinnen aus dem Bereich des Motorsports werden oft mit dieser Spielart der Neuen Frau assoziiert.
276 Ernst Schäffer: „Bitte, lieber Papa, laß mich fliegen ...". Das Luft-Girl, ein neuer Modetyp. In: Uhu. 8 (1931/1932), H. 10, S. 8–14 u. 110 f., hier 13.

Frauen und motorbetriebener Technik. Generell dominiert in Abbildungen von Autos, Flugzeugen etc. eine gewisse Gewaltästhetik. Härte, Kaltblütigkeit und Risikobereitschaft der präsentierten Personen verweisen eindeutig auf typische männliche Geschlechterideale.[277] Bei der Inszenierung der Frauen spielt dieser maskuline Habitus im Umgang mit technischen Geräten dagegen keine Rolle – hier bestimmen Harmonie sowie ein emotionaler Zugang zur Maschine die Inszenierung. Entsprechend dieser visuellen Strategie fehlt die gewaltästhetische Ebene auch in der medialen Berichterstattung über Frauenwettbewerbe und ähnliche Veranstaltungen: Beispielsweise gab es im Rahmen vieler Autorennen in den 1920er Jahren häufig Schönheitskonkurrenzen, bei denen sich Frauen vor verschiedenen Automodellen präsentierten. Das bekannteste Damen-Flugrennen war nicht etwa als ‚härtester Flugwettbewerb Amerikas', sondern schlicht als „Puderquasten-Rennen" bekannt, weil die Fliegerinnen angeblich nach jeder Landung zuerst ihr Äußeres in Ordnung brachten, bevor sie vor die Kameras traten.[278]

Zusätzlich zum physischen Normbruch und der damit verbundenen sexuellen Aufladung der Inszenierung überschreiten die Technikpionierinnen gesellschaftliche Grenzen. Obwohl den Autoren bewusst ist, dass gesellschaftliche Modernisierungsbestrebungen in Europa wie z. B. „andere Erziehung, Lockerung der Frauenfrage, Erweiterung der technischen Möglichkeiten"[279] das weibliche Rollenbild liberalisiert haben,[280] fragen sie sich, wie die außergewöhnlichen Karrieren in den technischen Berufen gelingen konnten: „[W]ie kommt ein Mädchen [Hanna Reitsch, Anm. KK] zu dieser absolut männlichen Arbeit, wie ist es möglich, daß eine Frau in dieser Aufgabe aufgeht, die sich aus technischem Wissen, aus Mut und Aufopferung zusammensetzt?"[281] Inwiefern es

---

277 Vgl. Merki 2002, S. 257 ff. sowie die Abbildungen in Möser 2002, gegenüber S. 288.
278 Vgl. Thea Rasche: ... und über uns die Fliegerei. Berlin: Schützen-Verlag 1940, S. 128.
279 P. E.: Menschen – Wie noch nie! In: Leben. 10 (1932/33), H. 4, S. 28–31.
280 Als Auslöser dieser Umwälzungen gilt der Weltkrieg: „Das Wort vom Heldentum der Frau aber hat sich für unsere Generation in seiner ganzen Tiefe erst im Weltkriege so recht offenbart, indem das ganz selbstverständlich neben ihren weiblichen Pflichten auch noch einen Teil von denen des Mannes auf ihre Schultern nahm!" (Ulrich von Uechtritz: Frauen, ausgezeichnet von Staat und Volk. O. Q. (DMA:NL130 Reitsch 003, 50).).
281 Charlotte Till: Hanna Reitsch. Ein Leben für die Fliegerei. In: [Koralle]. O. D. (DMA:NL130 Reitsch 003, 51).

sich bei den genannten technischen Berufen um typische Männerdomänen handelt, erläutern die meisten Autoren nicht weiter und präsupponieren damit auch die Wahrnehmung des weiblichen Verhaltens als Normbruch. In vielen Texten rufen die Autoren Bilder des traditionellen weiblichen Rollenbildes auf und fokussieren so den Kontrast zum liberalen Lebensentwurf der Pionierinnen: „Diese Mädchen schwirren, von keinem Mann oder liebenden Mutter [sic] betreut, in ihren Maschinen durch die Welt. Und zur gleichen Zeit zerbrechen sich andere liebende Mütter und andere Männer manchmal noch den Kopf über die schwere Frage, ob man Mädchen allein auf Bälle gehen lassen soll oder nicht."[282] 1930 überlegt ein Autor im Rheinischen Anzeiger, wie Marga von Etzdorf in einem typischen Unterhaltungsroman von Hedwig Courths-Mahler oder Nataly von Eschstruth aufgetreten wäre:

> Etwa so: »... der Baron von Rittershausen bot dem Fräulein galant den Arm, als ein mehr als faustgroßer Stein ihnen beiden den Weg zu versperren suchte. Marga von Etzdorf senkte die dunklen Wimpern, eine leichte Röte stieg in das Elfenbein ihres zarten Antlitzes. Sie hauchte ein »O, Herr Baron, es wird schon gehen«, hob mit der Rechten zierlich den knisternden Seidenrock und sprang, von Rittershausen mit männlicher Kraft unterstützt leicht wie ein Reh über das unritterliche Hindernis. Baron von Rittershausen verfolgte ihre Bewegungen mit unbeschränkter Bewunderung. »Sie schweben wie eine Elfe«, kleidete er sein Erstaunen in sinnige Form. Und »ja mein Vater, der angesehene Majoratsherr Joachim von Etzdorf, hat mich fast zum Jungen erzogen«, erwiderte, holdlächelnd, das schöne Fräulein –«[283]

Die reale Marga von Etzdorf aber übertrifft die ‚Kühnheit' ihres „literarische[n] Schemen"[284]:

> Und nun bitte – nun fliegt also dieses Fräulein von Etzdorf so mir nicht, dir nicht, mutterseelenallein im Sportflugzeug mit 75 PS. nach Teneriffa, über die Alpen, Frankreich, die Pyrenäen, das Mittelmeer, die Wüsten Afrikas und den Atlantischen Ozean, über ganze 6000 Kilometer. Und der Baron von Rittershausen ist nicht dabei. Der faustgroße Stein ist zur halben Erdkugel geworden. Und der Baron ist trotzdem nicht dabei mit

---

282 Frauen als Fliegerinnen. O. Q. [10.8.1931]. (DMA:NL 075/007 GF).
283 E. B.: Ein Fräulein fliegt nach Teneriffa. Die Flugmaschine und die schöne Marga von Etzdorf. In: [Rheinischer Anzeiger]. 13.12.1930. (DMA:NL 075/007 GF).
284 Ebd.

seinem stützenden, kräftigen Arm. Der Baron ist vielleicht inzwischen über den faustgroßen Stein einer Finanzkrise gestolpert.[285]

Der Autor veranschaulicht in seinem Artikel den radikalen Wandel des weiblichen Selbstverständnisses sowie des allgemeinen Frauenbildes. Sein Gedankenspiel, das er mit einer Schilderung von Etzdorfs Ankunft in Teneriffa abschließt, zeigt, wie die Technikpionierinnen, in diesem Fall die Fliegerin, mit den an sie gestellten Rollenerwartungen brechen: „Die Leute auf Teneriffa werden [...] des Staunens voll gewesen sein. Denn es enthüpfte der männlichen Flugmaschine ein durchaus unmännliches Wesen, das durchaus nicht minder hübsch und durchaus nicht minder weiblich ist als die literarische Ahnfrau von dunnemals. Sie macht es wohl wie die Männer, besser vielleicht, aber sie ist noch lange keiner."[286]

Trotz der Interpretation der weiblichen Pionierleistungen als Normbruch überwiegt in den vorliegenden Texten meist ein positiver Grundton. Die Taten der Frauen werden bestaunt, als außergewöhnliche Leistungen anerkannt oder – wie meistens – sogar aufrichtig bewundert. So auch in einem nach von Etzdorfs Japanflug veröffentlichten Gedicht; noch mehr als die Flugkünste der Männer begeistert sich hier die Sprechinstanz für fliegende Frauen:

> Doch ungleich höher kommt die Achtung,
> Kommt eine Dame zur Betrachtung,
> Ein Wesen, das der Mann gern möchte
> Einreihn dem schwächeren Geschlechte.
> Da gibt es Kurzschluß im Gehirne,
> Da greifen wir uns an die Birne
> Und stellen fest mit trocknem Lachen:
> Es ist ganz einfach nicht zu machen!
> Nur ein Gedanke sitzt im Schädel:
> Potzwetter, welch' famoses Mädel![287]

Obwohl die eigentlichen Leistungen der Pilotin dem Autor zufolge den Eigenschaften des ‚schwachen Geschlechts' widersprechen, zollt er von Etzdorf Respekt. Aber trotz aller Faszination für ihre fliegerischen Leis-

---

285 Ebd.
286 Ebd.
287 Cato: Marga von Etzdorf. O. Q. (DMA:NL/008).

tungen bleibt der traditionelle weibliche Lebensentwurf der Ehefrau präsent:

> Wir wollen ihr die Daumen halten:
> Mög' sich ihr Leben froh gestalten!
> Will sie erneut sich aufwärts schwingen,
> Soll freudiges „Glück ab!" ihr klingen,
> Doch landet sie im Ehehafen,
> Ertöne dreifach Hoch der Braven!²⁸⁸

Die Formulierung impliziert, dass sich Fliegerkarriere und ein Leben als Ehefrau ausschließen. Bemerkenswert bleibt jedoch, dass der Autor den Entschluss für die Alternative des Ehelebens ebenso bejubelt wie zuvor die Fliegerei. Zudem platziert er die Verse zum traditionellen Lebensentwurf als Klimax am Ende des Gedichts und suggeriert so, dass die aus der Norm ausgebrochene Fliegerin letztendlich doch das erwartete Rollenbild erfüllen und im ‚Ehehafen landen' wird.

In dieser Gegenüberstellung zweier weiblicher Lebensentwürfe und deren gesellschaftlicher Akzeptanz klingt an, was auch in einigen anderen zeitgenössischen Texten klar wird: Trotz aller Begeisterung für die Technikpionierinnen ist der Normbruch den männlichen Zeitgenossen nicht ganz geheuer. Die Konfrontation mit den Ausnahmefrauen löst zugleich „innerliche Schauer der Bewunderung und des Unbehagens"²⁸⁹ aus – eine Divergenz, auf die die Journalisten mit verschiedenen Strategien reagieren. In einigen Texten versuchen die Autoren, die Normabweichung zu naturalisieren, indem sie die Exzeptionalität der technikaffinen Frauen herunterspielen. Oft berufen sie sich dabei auf historische Details, etwa die fliegenden Frauen in der Frühzeit der Luftfahrt. So schildert beispielsweise der Autor des Artikels *Frauen erobern die Luft* aus dem Jahr 1933 den weiblichen Beitrag zur Entwicklung der deutschen Luftfahrt von der ersten Ballonfahrerin, Wilhelmine Reichardt, über Fallschirmspringerinnen wie Käthe Paulus bis hin zu den ersten Fliegerinnen. Die Pilotinnen der 1930er Jahre betrachtet er nun nicht mehr als Pionierinnen, die in die Männerdomäne Technik eindringen, sondern erklärt jene Phase für abgeschlossen: „Heute hat sich die Frau auch in Deutschland längst die Luft, den Luftsport erobert,

---

288 Ebd.
289 Paula von Reznicek: Fliegerinnen. In: Leben. 9 (1931/32), H. 10, S. 25–27, hier 25.

ein interessantes Kapitel hat damit seinen Abschluß gefunden."[290] Der Autor verschiebt den eigentlichen Normbruch also in die Vergangenheit und ermöglicht es so, das Verhalten der Anfang der 1930er Jahre aktiven Fliegerinnen im Einklang mit der gesellschaftlichen Ordnung zu sehen.[291]

Ernst Schäffer setzt anders an, um das Verhalten der Fliegerinnen zu naturalisieren. Seinem Artikel „*Bitte, lieber Papa, laß mich fliegen ...*" schickt er ein Zitat Hermann Köhls voraus: „»... Sie (die Frauen) haben in flottem Schwunge einer Welt gezeigt, daß das Fliegen ja gar keine so große Kunst und gar nicht so gefährlich ist ...«"[292] Dieser Überlegung zufolge haben die Fliegerinnen nicht etwa bewiesen, dass Frauen eben so viel leisten können wie Männer, sondern lediglich gezeigt, dass das Fliegen nicht so schwer ist, wie ursprünglich angenommen. Anstatt die Leistung der Frauen anzuerkennen, reduziert der Autor den Wert der gesamten Fliegerei und bringt auf diese Weise sein durch den weiblichen Normbruch gestörtes Weltbild wieder ins Lot.

Neben Artikeln, die versuchen den Normbruch der Frauen zu naturalisieren, finden sich auch Texte, in denen die Divergenz von Bewunderung und Unbehagen Dissonanz auslöst, was sich vor allem im unklaren Umgang mit Geschlechterstereotypen äußert. Die Tätigkeit der Frauen auf dem männlich konnotierten Feld der Technik provoziert eine konzessive Verknüpfung: Die Pionierinnen wirken trotz ihrem typischen Männerberuf weiblich bzw. sie strahlen männliche Souveränität aus, obwohl sie dem ‚schwächeren Geschlecht' angehören. So betonen einige Autoren, dass die Frauen trotz ihrer männlichen Tätigkeit weiblich wirken. Gerade am Beispiel der Berliner Fliegerin Marga von Etzdorf wird die Dissonanz, die das normabweichende Auftreten der Frauen mitunter auslöst, sichtbar. Sie sei „[u]nbeschwert, unbeküm-

---

290 Vgl. Frauen erobern die Luft. Wilhelmine Reichardt flog schon 1810 – Deutschlands Fliegerinnen 1933. O. Q. [8.9.1933]. (DMA:NL130 Reitsch 003, 50).
291 Ähnlich verfahren auch andere Autoren (vgl. Glück und Erfolg ist bei den Fliegerinnen. Die Frauen machen den Männern etwas vor. O. Q. [7.2.1931]. (DMA:NL 075/007 GF); Walter Zuerl: Deutsche Mädel fliegen. In: Die deutsche Frau. Wochenbeilage zum Völkischen Beobachter. 4.4.1934/Folge 14.).
292 Ernst Schäffer: „Bitte, lieber Papa, laß mich fliegen ...". Das Luft-Girl, ein neuer Modetyp. In: Uhu. 8 (1931/1932), H. 10, S. 8–14 u. 110 f.

mert, aber nicht etwa jungenhaft"[293] und habe – so ein anderer Autor – „für das deutsche Ansehen gefochten und bei den fremden Nationen doppelt günstig für die deutsche Frau geworben, weil sie nicht nur kühne Fliegerin, sondern zugleich auch mädchenhaft war."[294] Wie die Zitate zeigen, beschreiben die Autoren oft Marga von Etzdorfs weibliches Aussehen, obwohl die Fliegerin tatsächlich eher androgyn, auf einigen Fotografien sogar maskulin, wirkt. Andere Texte fokussieren dagegen ihre maskulinen Züge: „Sie trägt eine feste Jacke aus Schlangenleder und eine Männerbluse, die die an und für sich ziemlich männlich wirkende Frau noch männlicher macht."[295] Besonders offenkundig wird die Unsicherheit im Umgang mit der Geschlechterzuordnung auf einer Fotoseite, die Marga von Etzdorf in verschiedenen Situationen zeigt. Die Bildunterschrift beginnt mit den Worten: „Diese zarte Frau, Marga von Etzdorf, der man die Liebe zu Blumen und überhaupt allen empfindsamen Dingen vom Gesicht abliest, ..."[296] Das Adjektiv ‚zart' sowie der Verweis auf die Blumenliebe suggerieren, dass Marga von Etzdorf dem traditionellen Frauenbild entspricht. Die Frau auf dem Bild zeigt jedoch kaum weibliche Züge; sowohl das ungeschminkte Gesicht und der Kurzhaarschnitt als auch ihre Kleidung wirken maskulin. Die in der Bildbetextung angesprochene Liebe zum Floralen bezieht sich offensichtlich auf eine Reihe Kakteen, die aufgereiht vor von Etzdorf stehen. Der Kaktus gilt allgemein wohl nicht als ‚Blume', die weibliche Schönheit, Zartheit und Anmut widerspiegelt, eher das Gegenteil ist der Fall; ebenso lässt er sich kaum als „empfindsames Ding" bezeichnen. Geht man davon aus, dass es sich hier nicht um einen satirischen Artikel handelt, illustriert die Text-Bild-Schere die Dissonanz, die die Ausnahmefrau in diesem Fall auslöst.

4.2.4 Zwischenfazit

Obwohl die Fremdinszenierung der Technikpionierinnen der 1920er und 1930er Jahre in den analysierten Quellen sehr unterschiedlich um-

---

[293] St.: Marga von Etzdorf. Werdegang der ersten Verkehrs-, Kunst- und Sportfliegerin. In: [Tempo]. O. D. (DMA:NL 075/007 GF).
[294] Letzter Flug ... Zum Tode Marga v. Etzdorfs. In: Die Frau. [4.7.1933]. (DMA:PERS/F 10082/2). (Hervorh. i. Orig.).
[295] Abenteuerliche Reise. O. Q. (DMA:NL 075/010).
[296] Die zarte Frau, Marga von Etzdorf [Fotografien]. O. Q. (DMA:NL 075/007).

gesetzt wurde, konnten einige wesentliche Tendenzen der Heroisierung und Mythisierung herausgearbeitet werden. Insgesamt lässt sich festhalten, dass die Medien die Biografien der Frauen bzw. Abschnitte daraus im Sinne der primären journalistischen Funktion als Themen zur Verfügung stellen, dabei jedoch nicht neutral, sondern im Sinne der Barthesschen Mythisierung vorgehen. Vor allem in den journalistischen Texten rufen die Autoren typische heroische Eigenschaften wie Opferbereitschaft und Mut auf, betonen im Gegensatz zur stereotypen Vorstellung weiblicher Passivität die Taten der Frauen und erschaffen so ein positives Bild heldenhafter Weiblichkeit.[297]

Weiter fiel auf, dass die Autoren den Heldenmut der Frauen häufig in einen nationalen Kontext stellen, also den Einsatz der Technikpionierinnen für Deutschland hervorheben. Zum einen erschienen die Ausnahmefrauen in den Medien als Werbeträger für deutsche Technik und Industrie, zum anderen als Aushängeschild für die sozialpolitische Modernität Deutschlands, dessen liberale Einstellung gegenüber berufstätigen Frauen durch die Berichterstattung national und international propagiert wurde. Vor allem bei den Motorsportlerinnen spielte das Geschlecht eine entscheidende Rolle, wie Zegenhagen in ihrer Studie zu den Fliegerinnen feststellt: „Auch wenn ihr Geschlecht für die einzelne Fliegerin in ihrer Entscheidung für die Fliegerei nicht das ausschlaggebende Kriterium war, so war es das dominante Kriterium für die Wirkungsmöglichkeiten und -bedingungen, die der einzelnen Pilotin offenstanden, sowie auch für die Nutzung und Bewertung ihres fliegerischen Potenzials."[298]

Ähnliches dürfte, wenn auch in geringerem Maße, für die Autofahrerinnen, hier also vor allem für Clärenore Stinnes gelten. Während die Heroinen in journalistischen Texten der Weimarer Republik so zu Ikonen einer liberalen, modernen Gesellschaft wurden, lassen die Belege aus den 1930er und 1940er Jahren eine klare nationalistische Färbung

---

297 Diese mediale Heroisierung der Technikpionierinnen kann als Teil eines in den 1920er Jahren einsetzenden Kompensationsprozesses verstanden werden: Nachdem der Erste Weltkrieg das Heroismuskonzept in Deutschland schwer erschüttert hatte, kamen nach und nach neue Leitbilder und Ersatzhelden – oft aus dem Bereich des Sports – auf (vgl. Gertrud Pfister: Ikarus' Töchter – Marga von Etzdorf und andere Pilotinnen. In: Sozial- und Zeitgeschichte des Sports. (1988), H. 2, S. 86–105, hier 86.).
298 Zegenhagen 2007, S. 20.

erkennen. Beide politischen Systeme machten sich also die außergewöhnlichen Leistungen der Frauen als ‚Mythen des Alltags' zu Nutzen, um das jeweilige System zu stabilisieren.

Das Thema Technik spielt in zeitgenössischen journalistischen Texten kaum eine Rolle, prägt jedoch die visuelle Inszenierung in Bild und Film. Hier setzen die Autoren die Schönheit und Dynamik der Technik in Szene, um die Faszination für die Ausnahmefrauen zu verstärken. Als dominante Inszenierungskategorie konnte jedoch für alle Medien eindeutig das Geschlecht herausgearbeitet werden. Das Eindringen von Frauen in die klassische Männerdomäne wird als physischer und sozialer Normbruch wahrgenommen und mitunter auch als solcher kommuniziert. Im Zentrum steht dabei oft das Faszinosum der technikaffinen Frau: In den meisten Fällen beruht der eigentliche Nachrichtenwert der Texte eben auf der Tatsache, dass eine Frau in einem technischen Beruf Karriere macht und damit in die Öffentlichkeit tritt. Diese Beobachtung trifft besonders auf die Fliegerinnen und Automobilistinnen zu. Die Regisseurinnen – die ohnehin deutlich weniger in den Medien präsent waren – wurden eher als Künstlerinnen denn als Technikerinnen inszeniert, was mit dem gängigen Frauenbild im Grunde genommen vereinbar war.

Die meisten Autoren registrieren, dass diese Frauen nicht dem stereotypen Weiblichkeitsbild der Zeit entsprechen, sondern wenigstens partiell auch typisch maskuline Eigenschaften vorzuweisen haben. In einzelnen Fällen löst dieser Normbruch ambivalente Gefühle, „innerliche Schauer der Bewunderung und des Unbehagens",[299] aus. Infolgedessen reihen die Journalisten häufig die stereotypen maskulinen und femininen Eigenschaften aneinander und erzeugen so in der Leserschaft durchaus kognitive Dissonanz. Im Umgang mit dieser Unstimmigkeit ließen sich verschiedene Ausweichbewegungen feststellen, um die Dissonanz zu reduzieren bzw. Konsonanz zu restaurieren: Erstens attestieren manche Autoren den Technikpionierinnen eine ‚doppelte Persönlichkeit', durch die sie zwar typisch männlichen Berufen nachgehen, zu Hause aber ‚normale' Frauen sind; zweitens verschieben einige den Normbruch in die Vergangenheit, sodass die Ausnahmefrauen als Resultat eines bereits abgeschlossenen Prozesses nicht mehr als Störfak-

---

[299] Paula von Reznicek: Fliegerinnen. In: Leben. 9 (1931/32), H. 10, S. 25–27, hier 25.

tor wahrgenommen werden müssen; drittens spielen verschiedene Autoren das berufliche Metier der Frauen an sich herunter und erkennen den Pionierinnen so die außergewöhnliche Leistung ab.

In den meisten Texten fällt die Reaktion auf den Normbruch der Frauen jedoch positiv aus. Obwohl die Verletzung präskriptiver Elemente der Geschlechtsstereotypie für gewöhnlich Ablehnung oder Bestrafung auslöst,[300] finden sich in den vorliegenden Texten kaum negative Stimmen, die das Verhalten der Technikpionierinnen kritisieren. Vielmehr entwickeln die Autoren Strategien zur Naturalisierung des abweichenden Weiblichkeitskonzepts und schaffen ein Substereotyp,[301] das dem gängigen Frauenideal – der Neuen Frau bzw. der nationalbewussten Frau – als eigene Kategorie neben- oder untergeordnet wird. So zeigt die zeitgenössische Inszenierung der Technikpionierinnen, dass die Frauen sowohl weiblich als auch männlich konnotierte Eigenschaften aufweisen und sich folglich nicht in die gängigen Stereotype einpassen. Ursprünglich typisch männliche Eigenschaften wie Mut, Ausdauer und Tatendrang, auf denen auch das traditionelle Bild des maskulinen Helden basiert, werden im Fall der Technikpionierinnen nun ebenso Frauen zuerkannt: „Eigenschaften, die man im allgemeinen nicht als Fraueneigentum betrachtet: Furchtlosigkeit, Geistesgegenwart, Freude an aller Technik, zeigen sich in hohem Maß bei unseren Autofahrerinnen und Fliegerinnen, und niemand weiß, wohin die Zeit treibt und in welchem Maße wir auch hier die Frau als gleichberechtigt ansehen werden."[302]

Zusätzlich betonen die Autoren aber auch immer wieder typisch weibliche Wesenszüge der Pionierinnen wie Bescheidenheit, Sanftmut und Friedfertigkeit. Mit der Zeit festigt sich so ein Substereotyp, ein Idealbild der Technikpionierin, das maskuline und feminine Charakteristika vereint, wie 1933 in einem Zeitungsbericht über Marga von Etzdorf beschrieben: „So muß sie sein, die allein fliegende Sportpilotin, männlich, kraftvoll und mutig zwar, aber nur bis zu einem gewissen Grade, im Grunde doch Frau."[303] Das Substereotyp bündelt so die positi-

---

300 Vgl. Eckes 2010, S. 178.
301 Vgl. ebd., S. 181 f.
302 Frauen als Fliegerinnen. O. Q. [10.8.1931]. (DMA:NL 075/007 GF).
303 Marga von Etzdorf sprach in einem Vortragsabend des Volksbildungsverbandes in Milspe. O. Q. [18.1.1933]. (DMA:NL 075/011). Vgl. auch: „Die Ausbildung in der

ven Eigenschaften männlicher Aktivität und weiblicher Passivität. Hinzu kommt die Etablierung entsprechender Attribute: Die Arbeitskleidung der Fliegerinnen und Autofahrerinnen, die in den meisten Fällen nicht dem traditionellen Frauenbild entspricht, sowie die technischen Geräte wie Flugzeuge, Autos und Kameras werden zu Kennzeichen des neuen Leitbildes. Als visuelle Symbole entwickeln sie eine eigene Ikonographie, die in der Inszenierung kontinuierlich wiederholt und dadurch gefestigt wird.

Als Analyse-Ergebnis lässt sich also festhalten, dass die zeitgenössischen Medien mit ihrer Berichterstattung über die Technikpionierinnen der 1920er und 1930er Jahre ein weibliches Substereotyp begründen; darüber hinaus findet im Barthesschen Sinne eine doppelte Bedeutungsaufladung statt: So wie der schwarze Soldat, der die Flagge grüßt, für die Größe der französischen Nation steht, repräsentieren die Technikpionierinnen den Fortschritt, die Liberalität sowie die Überlegenheit Deutschlands. Indem die Autoren mit ihren Berichten über die Fliegerinnen, Autofahrerinnen und Regisseurinnen Bilder von sozialer und technischer Modernität aufrufen, stilisieren sie die Frauen zu sozialpolitischen Modernisierungsikonen – sowohl in der Weimarer Republik als auch zur Zeit des Nationalsozialismus.

---

weiblichen Kolonialschule verlangt nach ganzen Mädels, die das Herz auf dem rechten Fleck haben und fest zuzupacken verstehen." (Hanna, der Flugkapitän. Ein Mädel, das seinen Mann stellt. In: Leipziger Neueste Nachrichten. 12.5.1937. (DMA:NL130 Reitsch 003, 50).).

5. Zwischenspiel: Autobiografien nach 1945

Neben den in Kapitel 4 und 7 analysierten Texten zur zeitgenössischen bzw. gegenwärtigen Inszenierung der Technikpionierinnen existieren autobiografische Texte, die in keinen der beiden Zeiträume fallen und von denen zwei hier untersucht werden sollen: Hanna Reitschs Autobiografie *Fliegen – mein Leben* (1951) und Leni Riefenstahls *Memoiren* (1987).[1] Nach 1945 wurde die Rolle der beiden Frauen im Nationalsozialismus anhaltend in den Medien diskutiert; vor allem im Fall Leni Riefenstahl nahm die Kontroverse über ihr Engagement für das NS-Regime, ihr stures Anreden gegen den eigenen Ruf als Hitlers Filmemacherin sowie ihre weitere Karriere als Fotografin nicht ab. Die vorliegenden Autobiografien veranschaulichen das Ringen um ein persönliches *life script* abseits aller Vorwürfe und sind damit auch relevant im Hinblick auf die spätere Fremdinszenierung.

Von Hanna Reitsch werde ich lediglich den ersten Band ihrer Autobiografie untersuchen, in dem sie die Zeit bis zum Ende des Zweiten Weltkriegs beschreibt. Der zweite Teil, *Höhen und Tiefen*, in dem Reitsch vor allem von ihrer Kriegsgefangenschaft, der Entnazifizierung sowie ihrer Rückkehr zum Segelflug und zahlreichen Auslandsaufenthalten berichtet, wird nicht eigens analysiert, ebenso wenig die kürzeren Texte *Ich flog für Kwame Nkrumah* und *Das Unzerstörbare in meinem Leben*. Analog konzentriere ich mich bei Leni Riefenstahls *Memoiren* auf die Abschnitte, die sich mit dem Zeitraum bis 1945 beschäftigen, also den Großkapiteln „Tanz und Film" sowie „Im Krieg".[2]

Ebenfalls verzichtet wird auf eine Analyse von Elly Beinhorns nach 1945 publizierten Texten. Ihre Autobiografie *Alleinflug* (1977) wiederholt in weiten Teilen frühere Texte wie etwa *Ein Mädchen fliegt um die Welt* (1932). Mehr noch als bei Marga von Etzdorfs *Kiek in die Welt* handelt es sich dabei um Reisebeschreibungen; zentrale Aspekte des Selbstver-

---

1 Marga von Etzdorf und Annemarie Schwarzenbach starben bereits vor 1945, Clärenore Stinnes ging nach ihrer Weltreise mit Carl-Axel Söderström nach Schweden und zog sich weitgehend aus der Öffentlichkeit zurück. Von Thea von Harbou, auf die zumindest im Rahmen der Analyse der zeitgenössischen Fremdinszenierung ein Blick geworfen wurde, existieren keine Dokumente.
2 1990 publizierte Ullstein eine zweibändige Ausgabe der *Memoiren*, deren erster Band die beiden hier untersuchten Kapitel umfasst.

ständnisses als Neue Frau sowie der Technikinszenierung können mit Marga von Etzdorfs Text gleichgesetzt werden.

5.1 Hanna Reitsch: *Fliegen – mein Leben*

Im Gegensatz zu den anderen hier ausgewählten Technikpionierinnen veröffentlichte Hanna Reitsch keine (Teil-)Autobiografie in den 1920er bzw. 1930er Jahren. Den ersten Band ihrer Lebenserinnerungen *Fliegen – mein Leben*[3] schrieb sie nach ihrer Entlassung aus amerikanischer Kriegsgefangenschaft. Der Text wurde nach der Erstpublikation 1951 noch mehrfach aufgelegt.[4] Von den Ereignissen nach dem Ende des Zweiten Weltkriegs sowie ihrer weiteren Karriere erzählt Reitsch im 1978 publizierten Folgeband *Höhen und Tiefen*.

Reitschs Autobiografie folgt dem genretypischen chronologischen Aufbau: Beginnend mit einer ausführlichen Beschreibung der Kindheit und Jugend in Schlesien und des prägenden Einflusses ihrer Mutter berichtet sie über ihre Fluganfänge, die Arbeit als (Segel-)Fliegerin und Versuchspilotin und schließlich ihre Kriegserlebnisse. Die Autorin entwirft in ihrem Text ein *life script*, das an mehreren Stellen Elemente des Monomythos erkennen lässt. So beginnt ihre Fliegerkarriere gewissermaßen mit einem ‚Ruf zum Abenteuer' – dem kindlichen Wunsch zu fliegen, der sich entgegen allen Erwartungen nicht im Laufe der Zeit wieder verflüchtigt: „Aber der Wunsch wuchs in mir. Er wuchs mit jedem Vogel, den ich fliegen sah, mit jeder sommerlichen Himmelsbläue und mit jeder segelnden Wolke darin. Es wurde ein Verlangen, eine Sehnsucht und schließlich ein tiefes Heimweh, das in mir saß und mich nicht mehr losließ." (A.HR 32)

Ihre spätere Tätigkeit als Segelfliegerin und Versuchspilotin schildert sie – ähnlich wie die reisenden Fliegerinnen der 1920er Jahre[5] – als einzelne Abenteuerepisoden. Rekord- und Gefahrenflüge sowie riskante Flugversuche werden so zu Prüfungen auf dem Weg der Heldin. Als

---

3   Hanna Reitsch: Fliegen – mein Leben. München: Herbig 1979. [Erstveröffentlichung 1951]. Im Folgenden zitiert als A.HR.
4   Textgrundlage für die folgende Analyse ist die Neuauflage von 1979, die sich von der Originalausgabe durch ein erweitertes Vorwort und einen umfangreicheren Bildteil unterscheidet.
5   Vgl. Marga von Etzdorfs *Kiek in die Welt* oder auch Elly Beinhorns Texte (z. B. Ein Mädchen fliegt um die Welt. Berlin: Reimar Hobbing 1932).

letztes und wohl größtes Abenteuer, in Vogels Terminologie die entscheidende Prüfung, kann Reitschs Flug ins bereits von den Russen besetzte Berlin gewertet werden (vgl. A.HR 315 ff.). Die Fliegerin beschreibt die Situation selbst als höchstes Wagnis: „Kaleidoskopartig jagten jetzt die schrecklichsten Bilder an meinem geistigen Auge vorbei. Eine fürchterliche Angst, wie ich sie noch nie erlebt hatte, überfiel mich plötzlich. Aber ich mußte sie überwinden. Ich durfte jetzt nicht kapitulieren." (A.HR 316) Was sich hier in der Verpflichtung äußert, trotz Lebensgefahr und Angst durchzuhalten, formuliert Reitsch auch an anderer Stelle als generelle Philosophie: „Ich suchte an allem Unvermeidlichen jetzt positive Seiten und machte es zu meiner Aufgabe, an der ich wachsen müsse." (A.HR 77) Reitsch betrachtet also alle schwierigen Situationen in ihrem Leben als Prüfungen, denen sie sich stellen muss, um voranzukommen. Diese Einstellung entspricht ganz dem Campbellschen Konzept, demzufolge der Protagonist im Laufe seiner Reise verschiedene Hürden überwinden muss und sich dadurch erst zum wahren Helden entwickelt.[6]

Ähnlich wie bei den anderen Technikpionierinnen fußt auch Hanna Reitschs Heroisierung auf der Verkörperung positiver Wesensarten wie physischer Stärke, Durchhaltevermögen und Disziplin, was sich sowohl während ihrer Ausbildung zur Segelfliegerin als auch später bei Wettkämpfen zeigt. Die Kriegssituation gibt ihr zudem die Möglichkeit, Tapferkeit und Treue zu beweisen, wie auch Hitler nach ihrem Flug ins besetzte Berlin bestätigt: „Greim erstattete Bericht. Ruhig und gespannt hörte Hitler zu. Am Ende des Berichts ergriff er Greims Hände, und sagte dann, zu mir gewandt: »Sie tapfere Frau! Es gibt noch Treue und Mut auf dieser Welt.«" (A.HR 320)

Ausschlaggebend für Reitschs Stilisierung zur Heldin ist jedoch die heroische Eigenschaft *par excellence*: Opferbereitschaft. Vogler formuliert in seiner Figurtypologie: „A Hero is someone who is willing to sacrifice his own needs on behalf of others, like a shepherd who will sacrifice to protect and serve his flock. At the root the idea of **Hero** ist connected with self-sacrifice."[7] Mit ihrer Tätigkeit als Versuchspilotin geht einher, dass Reitsch bei den täglichen Testflügen ihr Leben riskiert. Diese Ar-

---

6   Vgl. Campbell 2011, S. 205.
7   Vogler 2007, S. 29 (Hervorhebung i. Orig.).

beit versteht die Fliegerin als Einsatz für ihre Kollegen bzw. Kameraden sowie für Deutschland. Auch ihre Mutter, deren prägender Einfluss auf Reitsch die gesamte Autobiografie durchzieht, unterstützt diese Einstellung: „Und noch etwas spricht sie [Reitschs Mutter, Anm. KK] in ihren Briefen aus, die sie abends, wenn alle schon zur Ruhe gegangen sind, schreibt: Das Glück, welches sie mit mir darüber empfindet, daß jeder Versuchsflug dem Leben anderer und dem Namen Deutschlands dient." (A.HR 180)

Eine Steigerung erfährt Reitschs Opferbereitschaft in Kriegszeiten. Von ihren erfolgreichen Versuchsflügen hängen die Leben zahlreicher Soldaten sowie – in gewisser Weise – Sieg oder Niederlage der Nation ab. Beispielsweise versucht die Fliegerin unter Einsatz ihres Lebens eine Möglichkeit zu finden, um die Stahlseile der im Luftkrieg von den Engländern eingesetzten Abfangballone mit dem Flugzeug zu kappen. So wie der Protagonist der Heldenreise nach bestandener Prüfung belohnt wird,[8] verleiht Hitler Hanna Reitsch nach einem schweren Sturz infolge dieser militärischen Testflüge das Eiserne Kreuz II. Klasse (vgl. A.HR 267). Nachdem Reitsch wenig später bei der Erprobung der V1-Rakte erneut abstürzt und nur knapp überlebt, erhält sie zudem als einzige Frau das Eiserne Kreuz I. Klasse (vgl. A.HR 279).

Das persönliche Maximum an Opferbereitschaft hat sie damit jedoch noch nicht erreicht. Gegen Ende des Krieges wird Reitsch klar, dass ein Sieg nur noch errungen werden kann, wenn „die wichtigsten Schlüsselpositionen des Gegners und die Zentren seiner Widerstandskraft in schnell aufeinander folgenden Schlägen" (A.HR 294) zerstört werden. Die einzige Möglichkeit, dieses Vorhaben zu verwirklichen, sieht sie im Einsatz sogenannter Selbstmordbomber:

> Unsere Überlegungen sagten uns, daß das nur zu erreichen war, wenn sich Menschen fanden, die bereit waren, sich mit einem technisch geeigneten Mittel auf das Punktziel zu stürzen, um es in sein Zentrum zu treffen und damit jede Ausbesserung und Wiederinstandsetzung unmöglich zu machen. Bei einem solchen Einsatz würde es keinerlei Chance für das eigene Leben geben.
> Dieser Einsatz durfte weder ein Opfer von »reinen Toren« sein, welche die tatsächlichen Verhältnisse mißachten, noch ein Einsatz von blinden

---

[8] Vgl. ebd., S. 215.

Fanatikern oder lebensmüden resignierenden Menschen, die vielleicht damit eine geeignete Form des Abtretens von der Lebensbühne fänden. Der Selbstopfereinsatz verlangte Menschen, die bereit waren, sich selbst zu opfern in der klaren Überzeugung, daß kein anderes Mittel mehr Rettung bieten konnte. [A.HR 295]

Zu eben diesen Menschen, die im vollen Bewusstsein ihr eigenes Leben für die Sache geben, zählt sich auch Hanna Reitsch; diese fast schon besessene Vorstellung von Vaterlandsliebe und Opferbereitschaft prägt das Bild, das die Fliegerin in ihrer Autobiografie von sich vermittelt, maßgeblich.

Im Vergleich zu den bisher analysierten Autobiografien spielt in *Fliegen – mein Leben* die Technik eine relativ große Rolle. Als Versuchspilotin muss Reitsch sich beruflich intensiv mit Technik sowie den für die Fliegerei relevanten physikalischen Zusammenhängen auskennen. Mit ihrer Arbeit leistet sie einen wesentlichen Beitrag zur Weiterentwicklung der Maschinen und Geräte:

> Es gab ein Institut für Segelflug, dessen Einflieger ich später wurde. Es hatte sich mit der Entwicklung und Konstruktion von neuen Segelflugzeugtypen aller Art (Übungsflugzeugen, Leistungsflugzeugen, Flugzeugen für Sonderzwecke und so weiter) zu befassen. [...] Daneben wurden in anderen Instituten und Abteilungen noch andere flugtechnische Untersuchungen durchgeführt, wie Funk-, Fernlenkungs- und Windkanalversuche und andere. [A.HR 129]

Auch für die Langstreckenflüge und -fahrten der bisher analysierten Fliegerinnen und Automobilistinnen war das nötige Know-how erforderlich, um die Maschine im Zweifelsfall selbst reparieren oder in schwierigen Situationen entsprechend auf technische Anforderungen reagieren zu können, über tiefergehendes Wissen mussten sie jedoch nicht verfügen, da sie nicht konkret an der Entwicklung neuer Technologien beteiligt waren. Zudem artikulierten sie, wie die bisherigen Textanalysen ergaben, ihre technische Expertise nur selten – anders Hanna Reitsch.

Mit ihren Kolleginnen verbindet sie, dass sie die Technik zu Beginn ihrer Karriere als ‚andere Welt' betrachtet: „Da waren die Motoren, eine neue, fremde Welt! Ich merkte bald, daß es wenig besagte, wenn man eine Maschine fliegen konnte. Das lernte ich schnell. Doch wenn man den Motor nicht kannte, so kannte man nicht das Herz des Flugzeuges.

Ich nahm mir deshalb vor, den Motor bis in sein letztes Geheimnis hinein beherrschen zu lernen." (A.HR 59) Wie Marga von Etzdorf sucht auch Hanna Reitsch Möglichkeiten, sich das technische Wissen anzueignen, und arbeitet sich so mit der Zeit in das neue Metier ein:

> Von Haus aus verstand ich von Technik nichts. Um recht viel zu erfahren, war ich immer, wenn nicht geflogen wurde, in der Werkstatt, in der als Motorwarte alte, erfahrene Meister tätig waren. [...] Da ich von meinem Ziel unter keinen Umständen lassen wollte, ließ ich mich nicht einschüchtern und fragte weiter, fragte so lange, bis ich eines Tages die einfachsten technischen Grundlagen verstanden hatte und nun mit jedem Mal mehr und mehr vom Wesen eines Flugzeugmotors begriff. [A.HR 60]

Im weiteren Textverlauf konfrontiert Reitsch den Leser nun immer wieder mit ihrem technischen Verständnis, etwa wenn sie bestimmte Vorgänge und Abläufe während der (Test-)Flüge beschreibt:

> Dann hebe ich ab, nur wenige Meter über dem Boden und dabei prüfe ich, leicht tastend, die Stabilität um alle gedachten Achsen: mit dem Höhenruder um die Querachse, mit dem Querruder um die Längsachse und mit dem Seitenruder um die Hochachse. Stelle ich dabei eine Instabilität fest, so werde ich sofort ausklinken, denn noch bin ich nur vier bis fünf Meter über dem Boden und kann ohne Gefahr landen, um dann mit dem Konstrukteur die Beobachtungen zu besprechen. [A.HR 169]

Nur selten erklärt sie dabei technische Vorgänge für Laien (vgl. A.HR 51 f., 73), meist setzt sie ein gewisses Grundwissen voraus, ohne das der Leser ihren Schilderungen nur schwer folgen kann:

> Die eingebaute Walter-Rakete war eine Flüssigkeitsrakete, bei der hochkonzentrierter [sic] Wasserstoffsuperoxyd (T-Stoff) mit einem Spezialbrennstoff (C-Stoff) in einer Brennkammer bei etwa achtzehnhundert Grad zur Verbrennung gelangte. Beim Zusammenkommen von C- und T-Stoff tritt spontan Zersetzung ein, so daß kein Zündelement nötig ist. Die Treibstoffe werden in einem bestimmten Verhältnis unter etwa zwanzig atü Druck durch ein Rohrsystem in die Brennkammer am Schwanzende geleitet. Dort mischen sie sich durch zwölf Düsen zerstäubt und verlassen als Stichflamme mit einer Rückstoßkraft von etwa viertausendfünfhundert PS die Düse. [A.HR 273]

Wo also die anderen Technikpionierinnen sich klar an einer technisch wenig versierten Zielgruppe orientieren, zelebriert Reitsch ihr physikalisches und technisches Wissen und lässt den Leser daran teilhaben.

Diese Gewichtung spiegelt sich auch in der Bildauswahl wider. Viele Abbildungen in Reitschs Autobiografie – vor allem im erweiterten Bildteil der Neuauflage – zeigen verschiedene Flugzeugtypen, wie etwa die Segelflugzeuge „Reiher" und „Sperber Junior" (vgl. A.HR gegenüber 112), den „Focke-Hubschrauber" (vgl. A.HR gegenüber 209) oder die Militärmaschinen „HE 111", „Me 163 B" sowie die „V 1" (vgl. A.HR gegenüber 304).

Mitunter reflektiert Reitsch auch ihren Wissensvorsprung gegenüber technischen Laien, so etwa in ihrer Schilderung des ersten Hubschrauberflugs in der Deutschlandhalle. Die Organisatoren des Ereignisses hatten begeisterte Reaktionen des Publikums erwartet, das jedoch die Besonderheit der langsamen Rückwärts- und Seitwärtsbewegungen des Focke FW 61 nicht erkannte: „Er [der Flieger Ernst Udet, Anm. KK] hatte sich innerlich auf einen orkanartigen Beifall eingestellt. Nun mußte er einsehen, daß er das technische Verständnis der breiten Masse weit überschätzt hatte." (A.HR 211) Erst nach und nach setzte der erwartete Enthusiasmus bei Publikum und Presse ein:

> Die Vorführungen nahmen ihren Fortgang, und die ehrliche Begeisterung, ja Ergriffenheit aller derjenigen, die technisch oder fliegerisch genügend vorgebildet waren, um die Bedeutung des Hubschraubers und die Schwierigkeit dieses Fluges richtig einschätzen zu können, setzte sich in den folgenden Wochen auch in der breiten Masse durch. Auch das Echo der Welt, die in großer Aufmachung in ihrer Presse davon berichtete, blieb nicht aus. [A.HR 213]

Auf verschiedene Art distanziert sich Reitsch also von den technischen Laien, stellt ihr Herrschaftswissen und ihre Expertise unter Beweis und betont so ihre Exzeptionalität.

Neben Reitschs fliegerischem Expertentum liefert *Fliegen – mein Leben* jedoch noch eine zweite Perspektive auf das Metier, die auch schon bei Marga von Etzdorf auffiel: die Personifizierung der Technik. Vor allem, wenn es um den Segelflug geht, dessen Natürlichkeit und „langsames Einswerden mit der Natur" (A.HR 72) Reitsch mehrfach herausstellt, betrachtet die Fliegerin die Maschinen oft als lebendige Wesen:

> Wochen waren vergangen. Längst war ich wieder in Darmstadt in meiner Forschungstätigkeit. Jeden Morgen aber schlich ich mich in die Halle, in der mein »Sperber-Junior« stand und streichelte zärtlich seine Flächen und hielt leise Zwiesprache mit ihm.

> Weißt du noch ...
> Er war mein treuster Kamerad und hatte mit mir erlebt, was bis dahin noch niemand erlebt hatte. [A.HR 190 f.]

Mit eben diesem Segelflugzeug hatte Reitsch zuvor als eine der Ersten die Alpen im Segelflug überquert – ein Rekordflug, für den Frau und Maschine regelrecht zu einem Ganzen verschmolzen: „Die Flächen schienen mir wie eigene Flügel aus den Schultern zu wachsen. So bildeten mein »Sperber« und ich eine Einheit." (A.HR 183) Eine ähnliche Einstellung zur Technik zeigt sich, wenn Reitsch die Flugzeuge, an deren Entwicklung sie sich im Forschungsinstitut beteiligt, als ihre Kinder betrachtet: „Für mich war es ein eigentümliches Gefühl, unsere Vögel unter fremder Führung flügge werden zu sehen. Mir war es dabei nicht viel anders zumute als einer Mutter, die ihre Kinder aus ihrer Obhut entläßt mit der bangen Frage im Herzen, welches zukünftig ihr Schicksal sein wird." (A.HR 251) Trotz der sachlichen Expertise, die Reitschs Text prägt, schlägt also mitunter auch ein persönliches oder sogar familiäres Verhältnis zur Technik durch.

Die eben zitierte Passage liefert bereits erste Hinweise auf das im Text artikulierte Geschlechterverständnis. Wie in Kapitel 3.1 erläutert, propagierten die Nationalsozialisten ein weibliches Rollenideal, das für die Frau vor allem die Rolle als Hausfrau und Mutter vorsah; ein entsprechender, an einigen Stellen fast schon völkischer Grundton[9] bestimmt Reitschs Text. Die Fliegerin schildert ausführlich ihre Kindheit und Jugend im Kreis der Familie, die ganz dem traditionellen Schema entspricht:

> So vertrat mein Vater in unserer Familie eine starke Autorität, die unbestritten war und sich auf ein festes sittliches und geistiges Fundament stützte. [...]
> Das Glück unserer Familie aber war erst vollkommen durch meine Mutter. [...] Als Mutter war sie, wie alle Mütter in ihrem Herzen zu ihren Kindern sind: liebend, geduldig und nie ermüdend, tröstend und lehrend. Aber sie besaß auch die Gabe, die nicht allen Müttern gegeben ist, dies unauffällig sichtbar zu machen, so daß unser Leben wunderbar reich durch sie wurde. [A.HR 19 f.]

---

9 Vgl. Kapitel 3.2 zur nationalsozialistischen Literatur.

Die Mutter, die der Charakterisierung zufolge ganz das nationalsozialistische Weiblichkeitsideal erfüllt, wird zu Reitschs wichtigster Bezugsperson, die ihr in allen schweren Situationen beisteht und sie stets in ihren Entscheidungen unterstützt.[10]

Gemäß ihrer traditionellen Erziehung kommt für die junge Hanna Reitsch auch nur dieser Lebensentwurf in Frage: „Daß es für ein Mädchen eigentlich nur eine Lebensaufgabe geben konnte, nämlich Frau zu werden und dann eine gute Mutter zu sein, stand dabei so unverrückbar fest, daß es gar nicht erst in den Kreis meiner Betrachtung gezogen wurde." (A.HR 31) Dennoch äußert sie bereits im nächsten Abschnitt den Wunsch, „fliegende Missionsärztin" (A.HR 31) zu werden, will also die Rolle der Mutter mit einer beruflichen Karriere verbinden.

Auf die Tatsache, dass sie mit diesem Vorhaben und schließlich ihrem tatsächlichen Lebenslauf, sowohl privat – Hanna Reitsch heiratete nie und blieb kinderlos – als auch beruflich klar von den traditionellen Werten abweicht, geht die Autorin in ihrer Autobiografie nicht ein. An keiner Stelle zeigt sie Reue, dass sie nicht dem guten Vorbild ihrer Mutter gefolgt ist; allein die Tatsache, dass sie auf ihre Weise dem Vaterland dient, scheint entscheidend. Ebenso wenig versteht sie ihre Karriere als emanzipatorisches Handeln; sie präsentiert die außergewöhnliche Berufswahl, wie auch die anderen Technikpionierinnen, lediglich als Ergebnis persönlicher Interessen und Neigungen.

Dennoch stellt Reitsch im Zusammenhang mit ihren diversen Flugrekorden immer wieder das eigene Geschlecht heraus (vgl. A.HR 124, 126, 203), vor allem bei der Verleihung des Eisernen Kreuzes: „Doch da das EK II seit seiner Stiftung im Jahre 1813 nur 2 Frauen [...] verliehen worden war, wurde die Verleihung an mich als erster Frau in diesem Krieg für jene, deren Gedanken unablässig um Männer, Söhne, Väter und Brüder kreisen, ein Sinnbild ihrer Liebe und ihrer Sorge." (A.HR 269) Mehrfach reflektiert Reitsch auch, dass sie es als Frau in ihrem Metier nicht leicht hat, wie etwa bei ihrer ersten Segelflugstunde: „Klopfenden Herzens setzte ich mich auf den offenen Sitz der »Grunau 9«. Ich

---

10 Wie wichtig Reitsch ihre Mutter ist, zeigt sich u. a. auch darin, dass die Autorin der Erstauflage ihrer Autobiografie statt eines Porträtfotos eine Aufnahme von sich und ihrer Mutter voranstellt; in der Neuauflage – die auf ein vorangestelltes Foto verzichtet – beginnt der erste Bildteil mit dieser Aufnahme (vgl. A.HR gegenüber 16). Auch zahlreiche weitere Bilder illustrieren den Stellenwert der Familie in Reitschs Leben.

war hundertvierundfünfzig Zentimeter groß, kaum neunzig Pfund schwer. Zudem ein Mädchen. Kein Wunder, daß ich von den umstehenden Jungen manchen Spott hörte, denn ein Mädchen sollte vernünftigerweise bei den Kochtöpfen bleiben." (A.HR 38) Von ähnlichen spöttischen Reaktionen berichtet die Autorin im Zusammenhang mit ihren Anfängen auf der Verkehrsfliegerschule, wo ein Mädchen, so Reitsch, „nicht nur eine Sensation, sondern eine unangenehme Sensation sein [musste]" (A.HR 136 f.):

> Wie ich mich ganz schnell, und wie ich glaubte ungesehen, umschaute, was die anderen machten, wie sie sich nach rechts und links drehten, brüllte es mich auch schon von der Front her an:
> »Brust rein!«
> Ich störte die Linie. Natürlich platzten die Jungen mit Gelächter heraus. Sie wurden dafür sofort angepfiffen.
> Von nun an schnürte ich mich wie ein Brett, damit ich nicht mehr hörte: »Brust heraus« oder »Bauch herein« oder irgendetwas, was die männliche Linie gestört hätte. [A.HR 138]

In der Begegnung mit anderen Kulturen sammelt Reitsch als fliegende Frau unterschiedliche Erfahrungen. Während sie als fliegendes Mädchen in São Paulo nach einer spektakulären Notlandung auf einem Fußballfeld bewundert wird, fühlt sie sich in Afrika alleine unter Männern eher unwohl (vgl. A.HR 237). Vor allem fällt jedoch Reitschs Schilderung des liberalen Geschlechterbildes der Amerikaner auf:

> Der amerikanische Mann trägt seiner Frau die Einkaufstasche, schiebt auf der Straße den Kinderwagen und hilft ihr beim Abwaschen des Geschirrs. Das ist eine andere Art der Ritterlichkeit, als sie in der Vorstellungswelt des deutschen Mannes lebt, der nicht lieblos ist, wenn er es nicht tut, aber auch nicht unbedingt männlicher. Gegenüber dem amerikanischen Mann glaubt allerdings der deutsche Mann, das männliche Prinzip unverfälschter zu vertreten, ohne sich klarzumachen, daß sich die soziale Struktur der Familie schon seit fast einem Jahrhundert entscheidend gewandelt hat, so daß er eigentlich zu einer anderen Einstellung kommen müßte.
> In Nordamerika ist es die Frau, die sich ihres Wertes gegenüber dem anderen Geschlecht außerordentlich stark bewußt ist. Die deutsche Frau stellt dies leicht befremdet fest.
> Aber nirgends sah ich Frauen, die adretter in ihrem Aussehen und Sich-Geben gewesen wären, als sie es hier waren. Für mich war es einfach eine Augenfreude, sie zu sehen, wobei ich nicht die Frage aufwerfen will,

ob es zur deutschen Frau passen würde, den Lebensstil der Amerikanerin vorbehaltlos zu übernehmen. [A.HR 220]

Offensichtlich fasziniert die deutsche Fliegerin dieses andere Rollenverständnis, das sie hier mit einem durchaus positiven Grundton beschreibt. Bemerkenswert ist aber auch, dass Reitsch das amerikanische Modell in ihrer Bewertung nicht über das deutsche stellt: Sie betont, dass der deutsche Mann keineswegs schlecht handelt, wenn er die Frau nicht in ihren Aufgaben unterstützt, und bezweifelt, ob die liberale Einstellung auch in ihrer Heimat passend wäre. Wie schon bei Reitschs jugendlichen Zukunftsplänen zeigt sich also auch hier der Zwiespalt zwischen ihrem im Grunde genommen emanzipierten Selbstverständnis und dem gegensätzlichen (vaterländischen) Traditionsbewusstsein. Als Sinnbild dieses überwundenen Gegensatzes ließe sich Reitschs Vorstellung vom Fliegen als entgrenzendem Idealzustand anführen: „Da gibt's nichts Kleines mehr und Kleinliches: keinen Namen, keine Stellung, keinen Beruf. Der Stolz wird hier zur Demut – die Freude und das Glück zur Dankbarkeit. Hier gibt es keine Grenzen, keine Völker, keine Sprachen – alles bildet eine Einheit." (A.HR 67) Die räumliche Distanz sowie die physikalische Überlegenheit beim Fliegen nivellieren sämtliche Gegensätze – auch die Geschlechtergrenzen und die damit verbundenen Rollenideale.

In späteren Passagen der Autobiografie bringt Reitsch ihre emanzipierte Einstellung häufiger zum Ausdruck. So kritisiert sie etwa im Gespräch mit Himmler dessen eingeschränktes Frauenbild:

> Wir kamen dann auf ein anderes Problem zu sprechen, das mir am Herzen lag, es war die Einstellung zu Frau und Ehe. Ich warf Himmler vor, daß er sie nur vom rassischen Standpunkt betrachte, die Frau nur als Trägerin des Kindes werte und durch Richtlinien an die SS, von denen ich allerdings nur gerüchteweise gehört hatte, die Moral untergrabe und die Heiligkeit der Ehe zerstöre. Eine solche ehrfurchtlose Einstellung zur Frau mußte, nach meiner Ansicht, zum Niedergang eines Volkes führen. [A.HR 285]

Grund für ihre Hinwendung zum weiblichen Recht auf Selbstbestimmung dürfte Reitschs zunehmendes militärisches Engagement sein. Diese Karriere könnte man als Steigerung der Arbeit in der Männerdomäne Technik betrachten. Ihre Tätigkeit als Testpilotin sowie ihre Erfahrung mit den verschiedensten Flugzeugtypen eröffnete der Fliegerin die Möglichkeit, in diesen rein männlichen Bereich einzudringen. Doch immer wieder schildert Reitsch Situationen, in denen sie als Frau vom Geschehen ausgeschlossen bleibt, da sie nicht offiziell an militärischen Einsätzen teilnehmen darf. Auch strategische Anregungen kann sie als Frau kaum einbringen und muss stattdessen im Hintergrund taktieren, so etwa als sie sich für die Segelflieger engagieren will, deren Leben im militärischen Einsatz durch fehlende Testflüge gefährdet waren: „Dagegen wehrten sie sich und wehrte sich alles in mir. Doch sagte ich mir, daß die Stimme einer Frau noch weniger gehört werden würde. [...] Ich konnte nur helfen, wenn ich selbst nicht in Erscheinung trat; denn nach militärischen Vorstellungen wäre es einfach unmöglich gewesen, daß eine Frau in militärischen Dingen vorstellig geworden wäre." (A.HR 256) Deutlich artikuliert Reitsch ihren Ärger über derartige Situationen:

> Daß ich eine Frau war, störte viele, denen das Privileg des Mannes wichtiger war als die Not der Stunde. Mir hat diese Einstellung viele Kämpfe eingebracht, und sie hätte auch die Erfüllung wichtigster Aufgaben oftmals verzögert, wenn nicht einige verantwortungsbewußte Männer wie Udet und Ritter v. Greim, denen die sachliche Aufgabe mehr galt als der Kampf der Geschlechter um den Vortritt, kraft ihres Amtes und ihrer militärischen Stellung meinen Einsatz durchgesetzt hätten. [A.HR 257]

Von ihrem militärischen Engagement abbringen lässt sich die Fliegerin trotz all dieser Hindernisse nicht, sieht sie sich doch in der Pflicht, dem bestehenden Rollenverständnis zuwiderzuhandeln und ihr technisches Know-how zum Wohle des Landes einzusetzen: „Ich selbst litt natürlich unter dieser Einstellung, jedoch hätte sie mich nie von der Erfüllung meiner Pflicht abbringen können." (A.HR 257)

Nach und nach erarbeitet Reitsch sich so das Vertrauen der Befehlshaber und wird sogar von den Soldaten als Kameradin anerkannt (vgl. A.HR 292). 1943, nach ihrem ersten schweren Absturz, holt von Greim Reitsch an die Ostfront, um die Soldaten durch das Beispiel einer Frau, die alles für das Vaterland gibt, zu motivieren:

> Generaloberst v. Greim stand zu diesem Zeitpunkt schon vor der schweren Aufgabe, eine Front unterstützen zu müssen, ohne genug Flugzeuge zu haben. Um so wichter [sic] schien es ihm, die Moral der Truppen hoch zu halten. [...] Jedoch schien es ihm nicht genug, daß er selbst immer wieder zu ihnen in die vordersten Gräben ging, er war davon über-

zeugt, daß eine Frau, die das Ehrenzeichen des Soldaten trug, noch mehr in dieser Richtung erwirken konnte. [A.HR 289]

Reitschs im Laufe des Krieges erreichte Sonderposition im Militär und vor allem im Zirkel der Befehlshaber brachte ihr auch die Gelegenheit für ihren berühmten Flug ins besetzte Berlin sowie ihren Aufenthalt im Hitlerbunker.

Insgesamt bleibt festzuhalten, dass Reitsch in ihrer Autobiografie ein grundsätzliches Einverständnis mit den traditionellen Rollenbildern der Nationalsozialisten artikuliert. Ihr eigenes Handeln kommuniziert die Autorin nicht als Abweichung vom vorherrschenden Geschlechterideal, sondern lediglich als Einsatz persönlicher Talente zum Wohl des Vaterlands.[11]

Gesondert betrachten muss man die politische Dimension des Textes. Während in den bisher analysierten Autobiografien – ausgenommen Riefenstahls Making-of – die politische Tragweite der Technikpionierinnen wenn überhaupt nur am Rande eine Rolle spielt, dringt das Thema in *Fliegen – mein Leben* immer wieder durch. Zum einen liegt das schlicht an Reitschs Tätigkeit als Testpilotin im militärischen Umfeld, zum anderen an der Tatsache, dass sie sich nach dem Weltkrieg mit einem Ruf als begeisterte Anhängerin Hitlers und aktive Nationalsozialistin konfrontiert sah. Sie nutzt daher die Autobiografie als Rechtfertigung ihres Handelns sowie zur Richtigstellung angeblicher Vorwürfe und Falschaussagen, insbesondere ihren Aufenthalt im Führerbunker betreffend. Reitsch wehrt sich konkret gegen Trevor-Ropers[12] und Shirers[13] Schilderungen der letzten Tage im Führerbunker, die, wie es heißt, in weiten Teilen auf einem Augenzeugenbericht der Fliegerin basieren. Diese Aussage jemals abgegeben, gesehen oder unterzeichnet zu

---

11 Wie schon die Autorinnen der bisher analysierten Autobiografien verzichtet auch Reitsch auf eine Erotisierung ihrer Biografie; sämtliche Details, was private oder erotische Beziehungen angeht, spart Reitsch aus. Ihr Text vermittelt den Eindruck, als habe sie Zeit ihres Lebens nur für die Fliegerei gelebt. In ihrem späten autobiografischen Text überrascht daher die Aussage, der Mann, den sie „heiß liebte", habe am Kriegsende sein Leben verloren (vgl. Hanna Reitsch: Das Unzerstörbare in meinem Leben. Stegen am Ammersee: Druffel & Vowinckel 2008, S. 93).

12 Hugh R. Trevor-Roper: The Last Days of Hitler. New York: Macmillan 1947.

13 William L. Shirer: Aufstieg und Fall des Dritten Reiches. Aus dem Amerikanischen von Wilhelm und Modeste Pferdekamp. Köln/Berlin: Kiepenheuer & Witsch 1961 [engl. Erstveröffentlichung 1960].

haben, bestreitet die Autorin bereits im Vorwort ihrer Autobiografie[14] (vgl. A.HR 8). Mit ihrem Text wolle sie den verbreiteten Lügen die Wahrheit entgegenstellen: „Wahrheit über mein Leben ist das, was ich in diesem Buch »Fliegen – mein Leben« niedergeschrieben habe." (A.HR 9)

Zwar sieht sich Reitsch als aktiven Teil des deutschen Volkes, auch im Krieg (A.HR 329), dennoch betont sie mehrfach ihr fehlendes Interesse an parteipolitischen Problemen (vgl. A.HR 63 f.) und dass die Fliegerei an sich apolitisch sei (vgl. A.HR 157, 333). Hitler habe sie im Grunde genommen nicht persönlich, sondern nur auf professioneller Ebene kennengelernt (vgl. A.HR 269); zudem scheint Reitsch ihrer Schilderung des Aufenthalts im Führerbunker zufolge sämtliche vorher artikulierten militärisch-strategischen Ambitionen vergessen zu haben. Stattdessen sei sie dort lediglich typisch weiblichen und politisch unverfänglichen Tätigkeiten wie der Pflege des verletzten von Greim sowie der Betreuung der Goebbels-Kinder nachgegangen (vgl. A.HR 322 f.). Nachdem Hitler sie im Bunker über Himmlers Verrat und seine weiteren Pläne informiert hatte, beteuert Reitsch gegenüber den Lesern sogar, sie habe von militärischen Dingen kaum Ahnung (vgl. A.HR 325).

Im Schlusswort ihrer Autobiografie betont die Fliegerin nochmals das völkerverständigende Potenzial der Fliegerei und bringt so implizit ihre Reue über die eigene Rolle im technisierten Krieg zum Ausdruck: „Fliegen ist mein Leben. Der Flug über der Erde ist sein Sinnbild. Möge das Fliegen in Zukunft nur noch dazu dienen, die Menschen und Völker einander näherzubringen." (A.HR 333) Doch trotz aller Rechtfertigungen lässt der gesamte Text eine völkisch-nationale Färbung erkennen. Reitsch achtet Werte wie Familie, Mutterschaft und Vaterlandsliebe hoch und sieht ihre Tätigkeit als Beitrag, um „das Ansehen deutscher

---

14 Die hier zitierten Passagen stammen aus der Neuauflage der Autobiografie von 1979. In der ursprünglichen Ausgabe aus dem Jahr 1951 äußert Reitsch sich vorab kurz zu den kursierenden Augenzeugenberichten und beteuert, dass sie mit dieser Biografie zum ersten Mal selbst spreche (vgl. Hanna Reitsch: Fliegen – mein Leben. Stuttgart: Deutsche Verlags-Anstalt 1951, S. 7). Für die Neuauflage verfasste Reitsch ein längeres Vorwort. Neben einem kurzen Abriss, welche Ereignisse sie in den beiden Bänden ihrer Autobiografie thematisiert, geht die Autorin dann genauer auf den angeblich gefälschten Augenzeugenbericht ein und nennt namentlich die Personen – Trevor-Roper und Shirer –, die auf Basis des von den Amerikanern publizierten Augenzeugenberichts die Falschaussagen über sie verbreitet haben (vgl. A.HR 7–13).

Technik in der Welt" (A.HR 195) zu vermehren. Als höchstes persönliches Ziel versteht sie das Engagement für ihr Vaterland, falls nötig auch unter Einsatz des eigenen Lebens (vgl. A.HR 282, 295).

Reitsch nutzt also ihre Autobiografie, um sich gegenüber Vorwürfen zu rechtfertigen, indem sie den kursierenden Berichten über ihre Person sowie ihre Rolle im Zweiten Weltkrieg eine eigene Version entgegensetzt. Dabei verbirgt sie ihre grundsätzliche nationalistische Gesinnung und ihren Einsatz für das Vaterland nicht, sondern dementiert lediglich Aussagen, denen zufolge sie aktiv am politischen Geschehen teilgenommen habe. Die Autorin konstruiert folglich mit *Fliegen – mein Leben* ein *life script*, das dem über sie entstehenden Mythos entgegenwirken soll und stellt sich so gegen eine Politisierung der eigenen Biografie (vgl. A.HR 9).

5.2 Leni Riefenstahl: *Memoiren*

1987 veröffentlichte Leni Riefenstahl ihre *Memoiren*[15] – eine ausführliche Lebensbeschreibung von ihrer Kindheit bis in die 1980er Jahre. Im Folgenden untersuche ich die ersten beiden Großkapitel dieser Autobiografie, in denen die Autorin von ihrer Karriere als Tänzerin, Schauspielerin und schließlich Regisseurin bis zum Ende des Zweiten Weltkriegs erzählt.

Der erste Abschnitt, „Tanz und Film" (A.LR3 13–345), umfasst mehrere Kapitel zu ihrer Kindheit und Jugend sowie ihren Anfängen und Erfolgen als Solotänzerin. Überwiegend konzentriert sich die Autorin aber auf ihre Filmprojekte, in denen sie als Schauspielerin mitwirkte oder selbst Regie führte. Gerade die Passagen, in denen sie über ihren Weg vom Tanz zur Schauspielerei sowie die Dreharbeiten zu Arnold Fancks Filmen erzählt, erinnern stark an die in Kapitel 4.1.3 analysierte Teilautobiografie *Kampf in Schnee und Eis*. Während dieser frühere Text jedoch mit *S.O.S. Eisberg* endet, enthalten die *Memoiren* ausführliche Erinnerungen an Riefenstahls sämtliche eigene Regieprojekte. Zudem beschränkt sie sich in den *Memoiren* nicht auf Berufliches, sondern geht deutlich mehr auf private Beziehungen und Hintergründe ein. Im zwei-

---

15 Leni Riefenstahl: Memoiren. Köln: Evergreen (Taschen) 2000. Im Folgenden zitiert als A.LR3.

ten Großkapitel „Im Krieg" (A.LR3 347–420) erinnert sich die Regisseurin an ihr Leben während der Kriegsjahre, den Versuch die Arbeit am aktuellen Film *Tiefland* trotz der politischen Geschehnisse weiterzuführen und schließlich das Kriegsende sowie ihre ersten Verhaftungen.

Im Großen und Ganzen wirkt der Text kaum poetisch überformt, sodass die *Memoiren* strukturell wenig Ähnlichkeit mit Campbells Heldenreise aufweisen. Riefenstahl reiht die Ereignisse chronologisch aneinander und gestaltet die einzelnen Kapitel im Gegensatz zu Stinnes, von Etzdorf und Reitsch nur selten als Abenteuerepisoden, die an die einzelnen Prüfungen des Helden erinnern. Dennoch lassen sich auch hier verschiedene Strategien zur Heroisierung und gewisse Anknüpfungspunkte an den Monomythos herausarbeiten. Vergleichbar mit der Selbstinszenierung in *Kampf in Schnee und Eis* betont Riefenstahl immer wieder persönliche Eigenschaften wie physische Stärke und Ausdauer (vgl. z. B. A.LR3 64), Wagemut (vgl. z. B. A.LR3 91,401), Willenskraft (vgl. z. B. A.LR3 43) und eine hohe Arbeitsmoral (vgl. z. B. A.LR3 54, 303). Kontinuierlich präsentiert sie sich als Führungspersönlichkeit, die sich gegen Widersacher und Konkurrenten durchsetzen muss, um eigene Ideen zu verwirklichen (vgl. z. B. A.LR3 257, 266). Zwar zeigt sie sich mitunter auch als bescheidene Person (vgl. z. B. A.LR3 92, 148), die sich geschickt für andere einsetzt (vgl. z. B. A.LR3 286 f.), insgesamt bestimmen aber doch Härte und Unnachgiebigkeit die Selbstinszenierung.

Zusätzlich zur heroisierenden Charakterzeichnung inszeniert Riefenstahl ihren Lebenslauf als typische Underdog-Story: Geboren mit gewissen Defiziten – „[d]as Kind, das [Bertha Riefenstahl] am 22. August 1902 zur Welt brachte, schien freilich aber eine Ausgeburt an Häßlichkeit zu sein, verschrumpelt, mit struppigem dünnen Haar und schielenden Augen" (A.LR3 15) – wuchs sie in einfachen Verhältnissen im Berliner Wedding auf (vgl. A.LR3 15). Schon in ihrer Kindheit sah sie sich selbst als Außenseiterin:

> Ich quälte mich mit allen möglichen Gedanken ab. Es ging vor allem um die Todesstrafe, die damals wegen der vielen Kinder-Sexualmorde heftig diskutiert wurde, und über Fragen der persönlichen Freiheit, aber es waren auch religiöse Themen, die mich sehr beschäftigten. Mit meinen Schulkameradinnen konnte ich darüber nicht sprechen, die hatten kaum

Interesse daran, daher wurde ich schon ziemlich früh eine Einzelgängerin. [A.LR3 19]

Indem sie beschließt, Solotänzerin zu werden, tritt Riefenstahl ins Licht der Öffentlichkeit und überschreitet somit die Schwelle zu einer anderen Welt.

An mehreren Stellen thematisiert sie weitere schicksalhafte Entscheidungen, die ihren Weg der Prüfungen geprägt haben, beispielsweise die Wahl zwischen einer Karriere als Tänzerin oder Schauspielerin (vgl. A.LR3 95), den Wechsel hinter die Kamera (vgl. A.LR3 gegenüber 320) oder ihre Begegnung mit Hitler (vgl. A.LR3 152 ff.). Mehrfach schildert Riefenstahl Visionen, die den Wendepunkten in ihrem Leben vorausgehen, etwa vor Hitlers Rede im Sportpalast:

> Endlich, mit großer Verspätung, erschien Hitler, nachdem eine Blaskapelle Marsch um Marsch gespielt hatte. Die Leute sprangen von ihren Sitzen auf, schrien wie von Sinnen: »Heil, Heil, Heil!« – minutenlang. Ich saß zu weit entfernt, um Hitlers Gesicht sehen zu können. Nachdem die Rufe verhallten, sprach Hitler:»Volksgenossen, Volkgenossinnen.« – Merkwürdigerweise hatte ich im gleichen Augenblick eine beinahe apokalyptische Vision, die ich nie mehr vergessen konnte. Mir war, als ob sich die Erdoberfläche vor mir ausbreitete – wie eine Halbkugel, die sich plötzlich in der Mitte spaltet und aus der ein ungeheurer Wasserstrahl herausgeschleudert wurde, so gewaltig, daß er den Himmel berührte und die Erde erschütterte. [A.LR3 152]

Ähnliche Bilder tauchen vor ihren Augen auf, als sie ihrem späteren Ehemann Peter Jacob das erste Mal begegnet (vgl. A.LR3 360 f.).

An verschiedenen anderen Stellen im Text beschreibt die Autorin übersinnliche Erlebnisse, so erscheint z. B. der Olympiaprolog „visionär" (A.LR3 239), zudem verrät ihr ein Traum, dass ihr Bruder in tödlicher Gefahr ist (vgl. A.LR3 373), und auch das Ende des Zweiten Weltkriegs kündigt sich Riefenstahl im Traum an (vgl. A.LR3 407). Die Autorin betont durch derartige Episoden einerseits ihre Exzeptionalität und stellt andererseits klar, dass sie gewissermaßen ein Opfer des Schicksals und damit nicht vollständig selbst verantwortlich für ihre Entscheidungen und Handlungen ist.

Wie in den bisher analysierten autobiografischen Texten hat die Technikpionierin zahlreiche Hindernisse und Rückschläge zu überwinden, um ihre Ziele zu erreichen. So werden z. B. Verletzungen beim

Tanz (vgl. A.LR3 68), Schwierigkeiten bei den Dreharbeiten zu ihren Filmen (vgl. z. B. A.LR3 207, 253–259, 279, 400), Skandalberichte in der Presse (vgl. A.LR3 336, 361) oder der Verrat durch Freunde und Vertraute (vgl. A.LR3 329, 408 f.) zu Bewährungsproben auf ihrer Heldenreise.

Des Weiteren lassen sich einzelne Personen als typische Rollenträger des Monomythos identifizieren: Der Regisseur Arnold Fanck fungiert als Mentor,[16] der die junge Leni Riefenstahl als Schauspielerin entdeckt und sie nach und nach in die Kunst des Filmemachens einweist (A.LR3 75, 76, 82, 86, 96). Als die Protagonistin Fanck die Aufnahmen ihres ersten eigenen Regieprojekts *Das blaue Licht* anvertraut und dieser die Aufnahmen nach seinen Vorstellungen neu schneidet, kommt es zum Bruch zwischen Heldin und Mentor: „Seitdem war unser freundschaftliches Verhältnis gestört. Ich stand nicht mehr unter seinem Einfluß. Meine neue selbständige Karriere hatte begonnen." (A.LR3 150) Auch derartige Konflikte in der Lehrer-Schüler-Beziehung tauchen immer wieder in monomythischen Erzählungen auf[17] und bewirken eine Art Initiation des Helden, der fortan unabhängige Entscheidungen trifft.

Neben der Figur des Mentors etabliert Riefenstahl im ersten Großkapitel ihrer *Memoiren* einen typischen Gegenspieler, der ihr das Vorankommen auf ihrem Heldenweg erschwert – Propagandaminister Joseph Goebbels: „Meine glänzenden Erfolge als Tänzerin, Schauspielerin und junge Produzentin schienen in Deutschland beendet zu sein. Denn gegen die Macht des Propagandaministers, dem die gesamte deutsche Filmindustrie, Theater und Presse unterstand, und der mich als abgewiesener Liebhaber zu hassen begann, sah ich keine Chancen mehr für mich." (A.LR3 208) Goebbels missgönnt der Filmemacherin ihren Erfolg nicht nur, er versucht auch, ihr durch diverse Schikanen (A.LR3 269, 278, 365) die Arbeit zu erschweren. Der Grund dafür, so die Autorin, sei sein vergebliches Werben um Riefenstahl.

Diese Konstellation zeigt, dass der Genderdiskurs in den *Memoiren* eine wichtige Rolle spielt. Wie schon in *Kampf in Schnee und Eis* fällt auch hier auf, dass die Autorin im Gegensatz zu den anderen Technikpionierinnen, vor allem Marga von Etzdorf und Clärenore Stinnes, auf

---

16 Vgl. Vogler 2007, S. 117.
17 Vgl. ebd., S. 120.

sprachlicher Ebene Gefühle zeigt, also nicht in einem unweiblich-nüchternen Ton erzählt, sondern auch stark emotionale Zustände schildert (vgl. z. B. A.LR3 117, 169, 364, 377, 408).[18] Darüber hinaus ist Riefenstahl die einzige der hier analysierten Autorinnen, die intensiv auf private und auch erotische Beziehungen eingeht. Entgegen dem unweiblichen Auftreten der Fliegerinnen und Autofahrerinnen spielt sie bewusst mit ihren Reizen; sie reflektiert ihr Äußeres (vgl. A.LR3 52, 236, 245, 300, 326) sowie ihre Wirkung auf Männer, unter der sie oft leidet. Einer nach dem anderen verfällt ihr und wird abgewiesen (vgl. z. B. A.LR3 77, 78, 83), so auch Hitler: „Wir gingen stumm nebeneinander. Nach einer längeren Pause blieb er stehen, sah mich lange an, legte langsam seine Arme um mich und zog mich an sich. Ich war bestürzt, denn diese Wendung der Dinge hatte ich mir nicht gewünscht. Er schaute mich erregt an." (A.LR3 159) Während Hitler Riefenstahls Zurückhaltung akzeptiert, bleibt ihr Erzfeind Goebbels hartnäckig und stellt der Protagonistin immer wieder nach (vgl. A.LR3 191, 200, 203, 235), was schließlich die oben angesprochene Feindschaft auslöst.

Ihre Weiblichkeit setzt Riefenstahl mitunter bewusst ein, um eigene Ziele zu erreichen. Die Autorin schildert mehrere Szenen, in denen es ihr nicht gelingt, sich durchzusetzen, sodass sie vor ihren Widersachern in Tränen ausbricht und entsprechend Mitleid erntet, so etwa bei den Dreharbeiten zum Olympiafilm, als SS-Leute auf Goebbels' Anweisung hin ihre Kameras entfernen wollen, weil sie auf der Ehrentribüne die Aussicht versperren: „Zitternd vor Angst, Wut und Empörung stürzten mir die Tränen übers Gesicht, und ich stammelte: »Herr Minister, ich habe rechtzeitig den Führer um Genehmigung gebeten – und sie auch erhalten. Es gibt keinen anderen Platz, um die Eröffnungsansprache aufzunehmen. Es ist eine historische Zeremonie, die in einem Olympiafilm nicht fehlen darf.«" (A.LR3 266) Während Goebbels sich unnachgiebig zeigt, reagiert Göring auf die Szene und beruhigt die aufge-

---

18 Diese (typisch weibliche) Emotionalität prägt zum einen Szenen, in denen es um Riefenstahls private Beziehungen geht, wie etwa die Trennung von Hans Schneeberger (vgl. A.LR3 117), zum anderen bestimmt sie auch Episoden über Riefenstahls Filmarbeit (vgl. z. B. A.LR3 270, 279) oder das Kriegsgeschehen. Über ihre Reaktion auf die Nachricht, Hitler sei tot, schreibt Riefenstahl: „Was ich in diesem Augenblick empfand, kann ich nicht beschreiben. Ein Chaos von Gefühlen tobte in mir – ich warf mich auf mein Bett und weinte die ganze Nacht." (A.LR3 408)

brachte Regisseurin mit den Worten „Na, Mädchen, weine mal nicht. Ich werde mit meinem Bauch hier schon Platz finden." (A.LR3 267) Riefenstahls Einsatz verfehlt seine Wirkung nicht: Durch ihr Verhalten vermittelt sie Schwäche und Verletzlichkeit und ruft so bei ihrem männlichen Gegenüber eine tröstende und beschützende Reaktion hervor.

Dabei geht die Autorin im gesamten Text kaum darauf ein, dass sie es als Frau in ihrem Metier schwer hatte, und führt arbeitsspezifische Probleme nur selten auf ihr Geschlecht zurück.[19] Wie auch die anderen Technikpionierinnen stellt sie klar, dass sie sich schon früh nicht mehr in die traditionellen Rollenverhältnisse einfügen konnte und wollte: „So lebte ich als Kind in einer durch und durch bürgerlichen Welt, in der ich mich nicht besonders wohl fühlte." (A.LR3 22) Viele ihrer Interessen und Talente gehen über das hinaus, was Frauen damals zugeschrieben bzw. zugestanden wurde, wie beispielsweise ihre organisatorischen Fähigkeiten (vgl. A.LR3 25) oder ihre Begabung für Naturwissenschaft, Mathematik und Sport (vgl. A.LR3 26). Wie Marga von Etzdorf und Clärenore Stinnes wünscht sich auch Riefenstahl als Kind, ein Junge zu sein (vgl. A.LR3 36), um diese persönlichen Vorlieben besser ausleben zu können. Rückblickend sieht sie in diesem Traum die Anlagen für ihre spätere Karriere (vgl. A.LR3 37), die nicht nur auf künstlerischem Können basiert, sondern auch technisches Know-how erfordert.

Zentrales Moment der emanzipatorischen Veranlagung ist Riefenstahls Bedürfnis nach vollkommener Unabhängigkeit: „Mein Wunsch selbständig zu sein, wurde immer stärker. Niemals wollte ich in meinem Leben von irgend jemand abhängig werden." (A.LR3 30) Nach und nach erkämpft sie sich Eigenständigkeit, verlässt das Elternhaus (A.LR3 95) und verfolgt ihre beruflichen Ziele unabhängig von den väterlichen Vorstellungen. Zur Verwirklichung ihres ersten Regieprojekts gründet sie 1931 ihre eigene Filmgesellschaft (vgl. A.LR3 142) und schafft sich so

---

19 Meist kommuniziert sie diese Vermutung nur indirekt, etwa über Kommentare Hitlers: „Ich kann mir vorstellen, wie neidisch die Herren im Propagandaministerium auf diese junge, begabte Künstlerin sind. Sie können es nicht verkraften, daß eine so ehrenvolle Aufgabe einer Frau übertragen wird und noch dazu einer Künstlerin, die nicht einmal Parteimitglied ist." (A.LR3 204 f.) Oder auch: „Hitler lobte Helenes Apfelstrudel und sagte dann: »Sie sind für eine Frau ungewöhnlich aktiv und dynamisch. Das wirkt auf manche Männer herausfordernd und schafft Ihnen Feinde.«" (A.LR3 310)

den nötigen Freiraum, um ihre künstlerischen Ideale zu verwirklichen, ohne sich vor Vorgesetzten rechtfertigen zu müssen. Ebenso beteuert sie, dass sie auch politisch stets unabhängig bleiben wollte und eher unfreiwillig in Hitlers Kreise verstrickt wurde: „Ich wollte nicht in etwas hineingezogen werden, was meine Unabhängigkeit gefährden konnte." (A.LR3 180) Den Auftrag für die Parteitagsfilme *Sieg des Glaubens* und *Triumph des Willens* nimmt sie nur an, um sich die nötige Freiheit zur Verwirklichung anderer Projekte zu erkämpfen. So verspricht Hitler: „Ich werde mein Wort halten. Nach diesem Reichsparteitagfilm können Sie alle Filme machen, die Sie sich wünschen." (A.LR3 223)[20]

Doch Riefenstahl sehnt sich nicht nur nach wirtschaftlicher und künstlerischer, sondern auch nach emotionaler Unabhängigkeit. Erstmals äußert sie diesen Wunsch nach der Trennung von ihrem Freund Hans Schneeberger: „Aus mir wurde ein anderer Mensch. Nie wieder, das schwor ich mir, nie wieder wollte ich einen Mann so lieben." (A.LR3 117) Dieser Vorsatz scheitert jedoch immer wieder, es folgen weitere Beziehungen bzw. Affären, z. B. mit einem US-Leichtathleten während der Dreharbeiten zum Olympiafilm (vgl. A.LR3 273). Auch als die Protagonistin ihren späteren Ehemann Peter Jacob kennenlernt, gelingt es ihr nicht, sich zu entziehen:

> Da klopfte es an der Tür. Auf meine Frage, wer draußen sei, bekam ich keine Antwort. Es wurde heftiger geklopft. Keine Antwort. Dann wurde stürmisch an die Tür geschlagen. Empört öffnete ich sie ein wenig. Peter Jacob vor der Tür, zwängte seinen Stiefel durch den Spalt, drängte sich durch die Tür, schloß sie ab und hatte nach heftigem Widerstand sein Ziel erreicht.
> Noch nie hatte ich solche Leidenschaft kennengelernt, noch nie wurde ich so geliebt. Dieses Erlebnis war so tiefgreifend, daß es mein Leben veränderte. Es war der Beginn einer großen Liebe. [A.LR3 364]

Schließlich akzeptiert sie ihr Scheitern und gibt das Streben nach emotionaler Unabhängigkeit auf: „Ich war eine Gefangene meiner Gefühle." (A.LR3 386)

20 Riefenstahl träumt z. B. davon, die Amazonenkönigin Penthesilea – die mythische Symbolfigur weiblicher Emanzipation – zu spielen (vgl. A.LR3 338 ff.). Nach den Auftragsarbeiten für Hitler, sollte sie die nötige Rückendeckung sowie die nötigen finanziellen Mittel zur Verwirklichung dieses Films haben – bis die Pläne am Kriegsausbruch und an den darauf folgenden Einschränkungen der deutschen Filmindustrie scheiterten.

Obwohl die Bemühung um Souveränität nicht immer glückt, äußert sich darin doch deutlich die Tendenz, sich traditionellen Rollenidealen zu widersetzen. Riefenstahl will sich niemandem unterordnen und nicht einmal im Privaten von anderen abhängig sein – diese Einstellung lässt sich wohl mit dem emanzipierten Frauenbild der Weimarer Republik, nicht jedoch mit dem reaktionären Weiblichkeitsideal der Nationalsozialisten vereinbaren. Zumindest beruflich gelingt Riefenstahls Emanzipationsversuch, steht sie doch als Regisseurin in einer Führungsposition und dirigiert (vor allem bei filmischen Großprojekten wie *Olympia*) zahlreiche Mitarbeiter. Selbst gegenüber Hitler und anderen Mitgliedern der Regierung weiß sie ihre Vorstellungen durchzusetzen (vgl. z. B. A.LR3 229, 313).

Ebenso unweiblich wie Riefenstahls Drang zur Selbstständigkeit ist ihr Interesse für die technischen Aspekte des Filmemachens. Im Gegensatz zu ihrem frühen Text *Kampf in Schnee und Eis* thematisiert sie in den *Memoiren* mehrfach, wie sie sich neben der Schauspielerei immer auch mit der Arbeit hinter der Kamera sowie der Postproduktion des Films auseinandersetzt, und stellt dabei einschlägiges Know-how unter Beweis. Die Autorin erzählt, wie ihr Mentor Arnold Fanck ihr das Handwerk des Films beigebracht hat: den Einsatz von Licht, Filtern und verschiedenen Kameraobjektiven (vgl. A.LR3 75, 82), die Entwicklung des Filmmaterials (vgl. A.LR3 86 f.) sowie das Schneiden (A.LR3 87). Ähnlich wie die anderen Technikpionierinnen bezeichnet auch Riefenstahl diesen Bereich als persönliches „Neuland" (A.LR3 87) und stilisiert ihre berufliche Umorientierung so zur Grenzüberschreitung.

Bald erkennt sie die zentrale Bedeutung der Technik für die Umsetzung innovativer künstlerischer Ideen und befasst sich vor allem im Hinblick auf ihre eigenen Regieprojekte intensiv mit den verschiedenen technischen Bereichen, angefangen beim zugrunde liegenden Filmmaterial (vgl. A.LR3 141) über Licht-, Filter- (vgl. A.LR3 138) und Kameratechnik (vgl. A.LR3 259) bis hin zum Bildschnitt (vgl. z. B. A.LR3 230) und zu den Möglichkeiten der Archivierung (vgl. A.LR3 275). Dabei fallen ihre stetigen Bemühungen auf, neue Mittel und Wege zu erproben, um sowohl technisch als auch künstlerisch möglichst innovative Ergebnisse zu erzielen. Mehrfach betont die Autorin, dass sie Pionierarbeit leistete, sowohl mit *Triumph des Willens* – „[e]s gab für die Gestaltung dieses Films kein Vorbild, nichts, woran ich mich hätte orientieren können." (A.LR3 226) – als auch mit *Olympia* – „[w]ir wollten mit diesem Film etwas Neues schaffen, und das bedeutete, daß wir technisch experimentieren mußten." (A.LR3 267)

Der Pioniergeist, den Riefenstahl bei ihrer Arbeit beweist, trägt wesentlich zur Selbstheroisierung der Regisseurin bei. Mit ihren Filmen setzt sie sowohl technisch als auch künstlerisch neue Maßstäbe und wirkt somit als Wegbereiterin für spätere Entwicklungen – eine Funktion, die Allison und Goethals in ihrem Heroismuskonzept dem Helden zuschreiben: „[A] hero may be an indirect leader, one whose works and deeds provide an example oder model."[21] Zudem bestätigt Riefenstahls Innovationsdrang auch ihre Einzigartigkeit. Mehrfach zitiert die Autorin in ihren *Memoiren* andere Personen und Pressestimmen, die sie als Heldin des Films loben, wie z. B. Hitler nach der *Olympia*-Premiere 1938: „Sie haben ein Meisterwerk des Films geschaffen, für das Ihnen die Welt danken wird." (A.LR3 307)

Die bisherigen Betrachtungen zeigen, dass Riefenstahl sich in ihrer Autobiografie als starker Charakter inszeniert und mittels verschiedener Verfahren, wie des Abrufens heroischer Eigenschaften oder der Einordnung ihrer außergewöhnlichen beruflichen Leistung in den zeitgenössischen Kontext, zur Heldin stilisiert. Grundsätzlich lässt sich ihr Vorgehen also mit dem der anderen Technikpionierinnen bzw. ihrer eigenen Teilbiografie aus den 1930er Jahren vergleichen. Ausschlaggebend für die Selbstinszenierung in den *Memoiren* ist jedoch, dass Riefenstahl mit ihren Lebenserinnerungen gegen das nach dem Zweiten Weltkrieg in den Medien entstandene *life script* einer aktiven Unterstützerin des nationalsozialistischen Regimes ankämpft. Bereits während ihrer Karriere als Schauspielerin stellt sie fest, dass Meinungen über sie kursieren, mit denen sie nicht einverstanden ist: „Die Riefenstahl ist doch Bergsteigerin und Tänzerin. Unter diesem Vorurteil litt ich maßlos. Eine schwere Zeit begann für mich, in der ich sogar den Versuch machte, Filmmanuskripte zu schreiben." (A.LR3 98)

Problematisch werden die öffentlichen Zuschreibungen jedoch erst nach 1945: Immer wieder taucht Riefenstahl als ‚Hitlers Filmemacherin' in den Medien auf und wird für ihre Kooperation mit dem Nazi-Regime

---

21 Allison/Goethals 2011, S. 50.

verurteilt. Mehr noch als Hanna Reitsch in *Fliegen – mein Leben* kämpft Riefenstahl in den *Memoiren* gegen die existierenden „Legenden" (A.LR3 213) an; wie sie selbst am Ende des Textes beteuert, war es ihre „Absicht, vorgefaßten Meinungen zu begegnen und Mißverständnisse zu klären." (A.LR3 914) Bereits das Einstein-Zitat, das die Autorin dem Text als Motto voranstellt, weist auf diese korrigierende Funktion der Autobiografie hin: „Über mich sind schon massenweise so unverschämte Lügen und freie Erfindungen erschienen, daß ich längst unterm Boden wäre, wenn ich mich darum kümmern sollte. Man muß sich damit trösten, daß die Zeit ein Sieb hat, durch welches die Nichtigkeiten im Meer der Vergessenheit ablaufen." (A.LR3 11) Den hier implizierten Rat, die verbreiteten Unwahrheiten zu ignorieren, befolgt Riefenstahl jedoch nicht. Stellenweise gleicht ihre Autobiografie einer Verteidigungsschrift, in der sie sich gegen das auf angeblichen Falschmeldungen basierende öffentliche Bild ihrer Person wehrt, ihre Entscheidungen rechtfertigt und ihrer Ansicht nach falsch hergestellte Zusammenhänge berichtigt.

Die Autorin setzt in ihrem Text verschiedene Strategien ein, um das kursierende *life script* zu korrigieren; beispielsweise gesteht sie manche Dinge ein, distanziert sich jedoch klar von ihrem früheren Ich. So streitet sie etwa nicht ab, dass sie von Hitler fasziniert war und selbst den Kontakt zu ihm gesucht hat. 1932 schreibt sie in einem Brief an den Politiker: „[V]or kurzer Zeit habe ich zum ersten Mal in meinem Leben eine politische Veranstaltung besucht. Sie hielten eine Rede im Sportpalast. Ich muß gestehen, daß Sie und der Enthusiasmus der Zuhörer mich beeindruckt haben. Mein Wunsch wäre, Sie persönlich kennenzulernen." (A.LR3 154) An verschiedenen Stellen versucht sie, Hitlers fesselnde Wirkung zu analysieren und damit ihr damaliges Verhalten – und auch das Verhalten vieler anderer – zu rechtfertigen (vgl. z. B. A.LR3 180).

Allerdings nimmt die Autorin klar Abstand von ihrer damaligen Einstellung. Formulierungen wie, „Hitler, den ich damals noch immer verehrte" (A.LR3 198), verdeutlichen die Entwicklung, die Riefenstahl vom erlebenden zum erzählenden Ich durchlaufen hat. In reumütigem Ton schildert sie, wie sie sich nach und nach von Hitler löst und ihre Meinung ändert:

> Noch dachte ich damals, ein Politiker muß nicht unbedingt Kunstverständnis besitzen, aber die Leidenschaft, mit der Hitler von der ausschließlichen Wahrheit seiner Ansichten überzeugt schien, und die Inbrunst, mit der er versuchte, seine Zuhörer zu beeinflussen, ließen mich die Gefahr ahnen, die von seiner Suggestivkraft ausging.
> Zum ersten Mal erlebte ich bewußt, wie sehr Hitler sich täuschen konnte. Seit diesem Tag habe ich mir Hitlers Reden immer kritischer angehört, konnte mich jedoch erst wenige Monate vor Kriegsende ganz von ihm lösen. Als Hitler aber kurz vor dem makabren Untergang Deutschlands vor der zerschossenen Reichskanzlei in Berlin Kinder als »tapfere Soldaten« mit dem Eisernen Kreuz dekorierte, habe ich ihn gehaßt. [A.LR3 294]

Riefenstahl gibt sich zunehmend distanziert, beobachtet nun nur noch, wie Hitlers „magische Wirkung" (A.LR3 396) andere beeinflusst.

Darüber hinaus entzieht die Autorin sich mithilfe verschiedener Kommentare einer eventuellen politischen Mitverantwortung bzw. Mitschuld. Mehrfach beteuert sie ihr generelles Desinteresse an Politik:

> Als man mich fragte, was ich von diesem Mann erwarte, konnte ich nur verlegen antworten: »Keine Ahnung«. Immer öfter stellte man mir diese Frage. Ich fing an, mich für diesen Mann zu interessieren. Wohin ich auch kam, überall wurde leidenschaftlich über Hitler diskutiert. Viele von ihnen sahen offenbar in ihm den Retter Deutschlands, andere wieder spotteten über ihn. Ich konnte mir kein Urteil bilden. Politisch war ich so unwissend, daß ich mir nicht einmal unter Begriffen wie »rechts« oder »links« etwas vorstellen konnte. [A.LR2 151]

Die Autorin schildert, wie sie – teilweise ohne es zu wollen – immer mehr in Hitlers Kreise hineingezogen wurde. Dabei erzählt sie meist anekdotenhaft über Privates, politische Themen streift sie nur oberflächlich. Dass diese Verbindungen später große Auswirkungen auf ihr öffentliches Ansehen haben sollten, habe sie anfangs nicht begriffen bzw. nicht bedacht (vgl. A.LR3 157, 286). Zudem beteuert Riefenstahl mehrfach, dass sie „einen entscheidenden Unterschied zwischen Hitlers politischen Vorstellungen und seiner Person" (A.LR3 153) macht; mit der Machtübernahme verliert sie selbst ihr privates Interesse an Hitler (vgl. A.LR3 194), bis der Kontakt nach Kriegsausbruch schließlich ganz abbricht. Nur eine letzte Begegnung mit Hitler (vgl. A.LR3 394 ff.) erwähnt die Autorin in ihren *Memoiren*: Kurz nach ihrer Trauung 1944 in Kitzbühel lädt der Führer sie zusammen mit ihrem Ehemann Peter Jacob auf seinen „Berghof" (A.LR3 395) ein. In dem kurzen Kapitel betont Riefenstahl, dass sie auch bei diesem Treffen nichts von der Existenz der Vernichtungslager erfahren habe, und auch ansonsten deutet ihr Bericht darauf hin, dass sie nicht in politische oder militärische Pläne eingeweiht wurde.

Zudem betont die Regisseurin immer wieder, dass sie die nationalsozialistische Ideologie, vor allem den damit verbundenen Rassismus ablehnt. Diese Einstellung äußert sie auch gegenüber Hitler: „Zögernd sagte ich: »Sie haben doch Rassen-Vorurteile. Wenn ich als Inderin oder Jüdin geboren wäre, würden Sie überhaupt nicht mit mir sprechen. Wie soll ich für jemand arbeiten, der solche Unterschiede zwischen den Menschen macht.«" (A.LR3 158) Hitler weiß diese Offenheit zwar zu schätzen, eine wirkliche Diskussion des Themas findet jedoch nicht statt, auch nicht, als er Riefenstahls kritische Notizen in *Mein Kampf* entdeckt:

> Da bemerkte ich, daß Hitler an meinem Schreibtisch in einem Buch blätterte. Als ich näher kam, sah ich, daß es »Mein Kampf« war. Ich hatte einige kritische Bemerkungen an den Rand geschrieben, beispielsweise »stimmt nicht« – »Irrtum« – »falsch« oder auch »gut«. Mir war das einigermaßen unangenehm, aber Hitler schien sich zu amüsieren. Er nahm das Buch, setzte sich und blätterte weiter darin herum. »Das ist ja interessant, sagte er, Sie sind eine scharfe Kritikerin, aber wir haben ja eine Künstlerin vor uns.« [A.LR3 182]

Meistens, so gesteht die Autorin, sei sie schlicht zu feige gewesen, das Thema Antisemitismus gegenüber Hitler anzusprechen (vgl. z. B. A.LR3 214, 290).

Riefenstahl inszeniert sich in ihren Memoiren folglich als Person, die keinen aktiven Part im politischen Geschehen spielt. Ihr ständiges Netzwerken im Hintergrund dient laut ihrer Darstellung nur dem Zweck, eigene Interessen ihre Filmarbeit betreffend durchzusetzen; sie habe nie darauf abgezielt, in politische Angelegenheiten mit hineingezogen zu werden (vgl. A.LR3 254), und wurde allenfalls unwissend ausgenutzt (vgl. A.LR3 257). Überdies gibt sie sich in vielen Dingen ungläubig bzw. unwissend. So kann sie sich aufgrund ihrer persönlichen Erfahrungen mit Hitler nicht vorstellen, dass dieser von den Ausschreitungen gegen Juden in der Reichspogromnacht wusste, und verdächtigt stattdessen Goebbels als Drahtzieher der Aktion (vgl. A.LR3 324). Bis zuletzt kann sie kaum glauben, dass Hitler für die Verbrechen während des Krieges verantwortlich gewesen sein sollte (vgl. A.LR3 418).

Von den Vernichtungslagern habe Riefenstahl ebenso wenig gewusst wie die meisten anderen Deutschen (vgl. A.LR3 189). Auch während ihrer USA-Reise Ende der 1930er Jahre streitet sie die Existenz der Konzentrationslager in ihrer Unwissenheit ab: „Da rief ein Reporter: »What do you say the Germans burn down Jewish Synagoges and disturb Jewish shops an kill Jewish people?« Erschrocken widersprach ich: »That is not true, this cannot be true!«" (A.LR3 323) Die Wahrheit habe sie selbst erst nach Kriegsende von den Alliierten erfahren (vgl. A.LR3 395).

Neben allgemeinen Aussagen zu ihrer Rolle im politischen Geschehen finden sich in Riefenstahls *Memoiren* auch mehrere Kommentare zu konkreten Anschuldigungen,[22] gegen die sich die Autorin verteidigt: „Fast alles, was die Presse über mich an Nachrichten bringt, ist aus der Luft gegriffen, nichts, aber auch nichts entspricht den Tatsachen. Meine Feinde sind unsichtbar, namenlos, aber sie sind furchtbar. Ich führe einen verzweifelten Kampf gegen meine Gegner, die mich um jeden Preis vernichten wollen. Aber ich muß diesen Kampf führen, wenn ich leben will." (A.LR3 479) So dementiert sie wiederholt, eine erotische Beziehung zu Hitler gehabt zu haben (vgl. A.LR3 188, 419), beteuert sogar, dass es zwischen ihr und Hitler nie allzu persönlich wurde:

> Wie merkwürdig, dachte ich, daß er bei allem Interesse an meiner Arbeit noch nie eine persönliche Frage an mich gerichtet hat. Niemals hat er sich nach meiner Familie oder meinen Freunden erkundigt, nie gefragt, was ich gerne lese, was mir etwas bedeutet oder was ich nicht mag. Er sprach immer nur von seinen Ideen. Deshalb blieb er mir, trotz meiner Bewunderung und der Dankbarkeit, die ich damals noch für ihn empfand, im Innersten fremd. [A.LR3 290]

Kurz und knapp handelt sie den Vorwurf ab, eine enge Vertraute Hitlers gewesen zu sein, und distanziert sich klar von ihrer früheren Meinung über den Führer.

---

22 Deutlich wird dies vor allem im Großkapitel „Nachkriegszeit" (A.LR3 421–541) und auch in den späteren Kapiteln. Riefenstahl arbeitet hier sämtliche angeblichen Falschaussagen, die über sie publiziert wurden, ab, darunter verschiedene Zeitungsartikel z. B. über ihre Rolle im Nationalsozialismus sowie ihre Beziehung zu Hitler.

Weit mehr Energie verwendet Riefenstahl darauf, die Anschuldigung zurückzuweisen, sie habe mit *Sieg des Glaubens*, *Triumph des Willens* und *Olympia* Propagandafilme gedreht und damit das Nazi-Regime unterstützt. Sie erzählt, dass sie nie für Hitler arbeiten wollte und das Angebot, an Goebbels' Seite „die künstlerische Leitung des deutschen Filmschaffens [zu] übernehmen" (A.LR3 197) ohne langes Überlegen ablehnte.[23] Zur Regie der beiden Reichsparteitagsfilme wird sie mehr oder weniger gezwungen: Hitler beschwört sie, die Leitung der Filmaufnahmen des Parteitags 1933 zu übernehmen, da er von ihrem künstlerischen Können überzeugt ist. Widerwillig übernimmt Riefenstahl die Aufgabe und beschreibt auf wenigen Seiten, wie sie lustlos an dem Film arbeitet. Auch das Ergebnis stellt sie als Künstlerin nicht zufrieden (vgl. A.LR3 212).

Später betont sie, sie habe nicht das geringste Interesse an einem zweiten Parteitagsfilm gehabt (vgl. A.LR3 217), sei jedoch erneut gezwungen worden: „Der Führer besteht darauf, daß nur ich den Film herstellen solle. Heß bat mich, so bald als möglich mich mit ihm in Verbindung zu setzen. Das war nicht gut, war das nicht fast eine Drohung? Trotzdem war ich entschlossen, mich dieser Arbeit zu widersetzen." (A.LR3 221) Bis zuletzt kämpft sie darum, von ihrer Aufgabe entbunden zu werden. Eine Abbildung in der Autobiografie zeigt Riefenstahl und Hitler auf dem Reichsparteitagsgelände in Nürnberg. Riefenstahl kommentiert das Bild – übrigens eines von nur zwei Fotos, auf denen Hitler zu sehen ist – mit den Worten: „Auf dem Parteitaggelände in Nürnberg 1934. Mein letzter Versuch, Hitler zu bitten, mich von seinem Auftrag eines Films über den Parteitag zu entbinden." (A.LR3 gegenüber 480) Letzten Endes gibt Riefenstahl nach, erkauft sich aber mit der Auftragsarbeit ihre zukünftige Unabhängigkeit, wie die bereits zitierte Zusicherung Hitlers, sie könne nach Abschluss der Arbeiten alle Filme drehen, die sie sich wünscht, zeigt (vgl. A.LR3 223).[24]

---

23 Auch das spätere Angebot, einen Film über die Westfront zu drehen, lehnt Riefenstahl ab (vgl. A.LR3 365). Abgesehen von einem kurzen Aufenthalt in Polen als Kriegsberichterstatterin, beschäftigt sie sich in den Kriegsjahren fast ausschließlich mit der Fertigstellung ihres Films *Tiefland* – einem Projekt, dass sich nicht für propagandistische Zwecke missbrauchen ließ (vgl. A.LR3 354).

24 Den Werkstattbericht *Hinter den Kulissen des Reichsparteitagsfilms* (vgl. Kapitel 4.1.3), der die fanatische Begeisterung der Regisseurin für das Filmprojekt sowie den Führer

Zusätzlich argumentiert die Autorin, dass die Parteitagsfilme, auch wenn sie in Hitlers Auftrag entstanden, keine Propaganda- sondern Dokumentarfilme seien. So schreibt sie über *Triumph des Willens*:

> Da der Film weder eine Handlung noch ein Manuskript hatte, konnte ich nur versuchen, die Bilder aneinanderzureihen, daß eine optische Abwechslung und ein gewisser Bildrhythmus entstand. Der mir sooft gemachte Vorwurf, ich hätte Propagandafilme gemacht, ist abwegig. Es war ein Dokumentarfilm, was einen großen Unterschied macht: Niemand, auch nicht die Partei, hatte mir irgendeine Anweisung, wie ich den Film machen sollte, gegeben. Auch wurden die Aufnahmen nicht für die Kamera gestellt. [A.LR3 209 f.]

Dass ihr zweiter Reichsparteitagsfilm im Ausland gezeigt und ausgezeichnet wurde, sieht Riefenstahl als weiteren Beweis dafür, dass es sich nicht um einen Propagandafilm handeln kann: „Am nächsten Tag erhielt »Triumph des Willens« die Goldmedaille. Der französische Ministerpräsident Edouard Daladier überreichte sie. Damit wurde ein Dokumentarfilm, keineswegs ein Propagandafilm ausgezeichnet. Welches Interesse hätten die Leitung der Weltausstellung und der französische Ministerpräsident daran gehabt?" (A.LR3 288)

Ähnlich argumentiert die Autorin auch in Bezug auf ihre Olympiafilme. Den Vorwurf, auch hier habe sie in Hitlers Auftrag gehandelt, weist sie mit den Worten zurück, der Führer habe sich anfangs nicht mal für den Film interessiert (vgl. A.LR3 261). Allerdings erkannte Goebbels den Wert des Films als „Werbung für das Deutsche Reich" und sicherte Riefenstahl die Unterstützung des Propagandaministeriums zu. Aussagen, dass das Ministerium das Projekt initiiert habe, duldet Riefenstahl vorerst, betont jedoch später im Text, dass die Idee für den Film von ihr bzw. dem IOC entwickelt wurde, *Olympia* also keine Auftragsarbeit für die NSDAP gewesen sei. Ebenso wenig handle es sich bei *Fest der Völker* und *Fest der Schönheit* um Propagandafilme, sondern – wie auch bei den Reichsparteitagsfilmen – um Dokumentarfilme. Die Autorin betont, dass der Film keineswegs nationalsozialistische Ideale und deutsche Überlegenheit zur Schau stelle: „Beim Schneiden des Films hatte ich mich bemüht, ihn so zu gestalten, daß ein und dieselbe

---

verdeutlicht, will Riefenstahl nicht verantworten. Sie beteuert, den Text nicht selbst verfasst und vor der Freigabe nicht gelesen zu haben (vgl. A.LR3 264).

Fassung in allen Ländern gezeigt werden konnte. Die vielen unerwarteten deutschen Siege hatte ich nicht hervorgehoben und nicht einmal erwähnt, daß Deutschland die meisten Medaillen gewann." (A.LR3 317 f.)

Um ihre Argumentation zu stützen, zitiert Riefenstahl zahlreiche zeitgenössische Presserezensionen, vor allem aus dem Ausland, die beweisen sollen, dass der Film damals nicht als Nazi-Propaganda wahrgenommen wurde:

> So schrieb in den »Hollywood Citizen News« Henry McLemore, der United-Press-Korrespondent: »Gestern abend erlebte ich den besten Film, den ich jemals gesehen habe. Mir kam zu Ohren, daß der Film wegen des Anti-Nazi-Liga-Boykotts und weil er deutsche Propaganda enthalten soll, hier niemals gezeigt werden wird. Der Film enthält keine Propaganda – er ist so überragend, daß er überall, wo eine Bildwand vorhanden ist, gezeigt werden sollte.« Und in der Los Angeles Times stand: »Der Film ist ein Triumph der Kameras und ein Epos der Leinwand. Entgegen den Gerüchten ist er keineswegs ein Propagandafilm, und als Propaganda für irgendeine Nation ist seine Wirkung definitiv gleich Null.« [A.LR3 328]

Auch Vorwürfe gegenüber anderen am Film beteiligten Personen weist Riefenstahl zurück, etwa die Anschuldigung, Henri Nannen müsse ein Nazi gewesen sein, weil er in *Olympia* mitgewirkt hatte:

> Wir mußten noch eine kleine Rolle besetzen [...]. Ich beauftragte Herrn Bartsch, einen meiner Mitarbeiter, mit diesem jungen Nannen Kontakt aufzunehmen und mit ihm die Aufnahmen [...] zu probieren. Eine kurze Szene mit nur einem Satz. Ich konnte nicht dabeisein, ich war im Schneideraum beschäftigt.
> Erst fünfzehn Jahre später habe ich den jungen Mann [...] wiedergesehen, als Chefredakteur des »stern«. Es gibt namhafte Journalisten, die sich nicht geniert haben, Henri Nannen zu unterstellen, er müsse auch deshalb ein Nazi gewesen sein, weil er 1938 in meinem Olympiafilm eine wichtige Rolle hatte. Um dies aufzuklären, habe ich diese kleine Episode erzählt. [A.LR3 293]

Sowohl dieser Textausschnitt als auch die auf den letzten Seiten zitierten Passagen veranschaulichen die bereits erwähnte Funktion der *Memoiren*, das in den Medien kursierende Bild der Regisseurin zu korrigieren. Indem Riefenstahl auf die über sie kursierenden Gerüchte eingeht, ruft sie das medial präsente *life script* auf, stellt diesem jedoch durch ihren Text eine konkurrierende Version gegenüber. Riefenstahl schreibt gewissermaßen gegen den eigenen Mythos an und verknüpft dabei die Richtigstellung der in ihren Augen fehlerhaften Ikonisierung mit verschiedenen Heroisierungsstrategien. Statt als „Nazi-Monstrum" (A.LR3 598) stilisiert sie sich zur Heldin des Films, die nur zufällig in die falschen Kreise geraten ist und als Opfer einer nachträglichen Rufmordkampagne um ihre fachliche Anerkennung gebracht wurde.

5.3 Zwischenfazit

Hanna Reitsch und Leni Riefenstahl sehen sich nach dem Weltkrieg mit dem in den Medien entstandenen Bild ihrer Person konfrontiert,[25] das sie basierend auf ihrer beruflichen Tätigkeit während der Herrschaft der Nationalsozialisten und dem damit verbundenen Engagement für das Regime als Mitschuldige zeigt. Beide, die Fliegerin und die Regisseurin haben das Bedürfnis, dieses Image zu korrigieren, und nutzen das Medium Autobiografie, um sich zu verteidigen und gegen den eigenen Mythos anzuschreiben bzw. diesen zu korrigieren.

Beide zeigen sich als Opfer von Falschaussagen oder sogar Rufmordkampagnen, auf denen das in den Medien verbreitete Image basiert. Mit den bekannten Heroisierungsstrategien überschreiben sie das bestehende *life script* und inszenieren sich in einem anderen Licht: als Unwissende und vor allem als Unpolitische. Hanna Reitsch zeigt sich als Person, die das Regime nur aus allgemeiner (nicht per se nationalsozialistischer) Vaterlandsliebe unterstützt hat, Leni Riefenstahl als Künstlerin, die immer nur versucht habe, persönliche (künstlerische) Interessen und Ideale durchzusetzen. Darüber hinaus verankern die Frauen ihre Lebensgeschichte im sozialgeschichtlichen Kontext und betonen so, dass ihre Karriere in der Männerdomäne Technik in dieser Zeit als außergewöhnliche Leistung zu bewerten sei. Dieses Verhalten kann als Versuch gewertet werden, die eigene Biografie mit zusätzlichen Konnotationen zu versehen und auf übergeordnete Themen wie das

---

25 Die mediale Inszenierung der Technikpionierinnen zwischen 1945 und 1990 ist nicht Teil dieser Untersuchung; dennoch kann man davon ausgehen, dass auch hier eine Funktionalisierung der Frauenbiografien stattfindet. Im Fall Hanna Reitschs und Leni Riefenstahls ist eine Etablierung von Feindbildern als gesellschaftsstabilisierende Maßnahme denkbar.

emanzipierte weibliche Selbstverständnis zu verweisen. Indem die beiden Technikpionierinnen dem kursierenden *life script* eine konkurrierende Version gegenüber stellen, wirken sie auf den gesamten Mythisierungsprozess ein; wie die Textanalysen in Kapitel 7 zeigen werden, greifen Selbst- und Fremdinszenierung nachfolgend stark ineinander.[26]

---

26 Das wird sich vor allem in der Fremdinszenierung Leni Riefenstahls zeigen (vgl. Kapitel 7.1, 7.2.1 und 7.3.1).

Teil II: Gegenwärtige Inszenierung

6. Theoretische Vorüberlegungen zur gegenwärtigen Inszenierung

Analog zur Analyse der zeitgenössischen Quellen sollen auch bei der Untersuchung der gegenwärtigen Inszenierung funktionale und ästhetische Kriterien fokussiert werden. Mehr als 60 Jahre nach den technischen und sozialpolitischen Pionierleistungen der Fliegerinnen, Automobilistinnen und Regisseurinnen dringt das Thema in der öffentlichen Kommunikation wieder in den Vordergrund. Während in den 1920er und 1930er Jahren aktuelles Zeitgeschehen verhandelt und mythisiert wurde, erfolgt heute ein erinnernder Zugriff auf das Phänomen – Barthes' Mythenkonzept muss folglich in den Kontext der aktuell in den Sozial- und Kulturwissenschaften viel diskutierten Gedächtnis- und Erinnerungstheorie eingepasst werden. Als Basis dienen im Folgenden in vielerlei Hinsicht die erinnerungstheoretischen Arbeiten Jan und Aleida Assmanns, die durch die in Kapitel 2.1 bereits eingeführten systemtheoretischen Begriffe sowie das Konzept des symbolischen Interaktionismus ergänzt werden. Hinzu kommen zahlreiche Impulse aus der Gedächtnisforschung, in der das Verhältnis von Mythos und Erinnerung bereits ausführlich diskutiert wurde.

6.1 Gedächtnis- und Erinnerungstheorie

Seit den 1990er Jahren wird das Thema Gedächtnis- und Erinnerung anhaltend diskutiert und entwickelt sich zunehmend zu einer Leitkategorie der Kultur- und Sozialwissenschaften. Dennoch ist bis heute kein Konsens über die Definition und Relation zentraler Begriffe, wie etwa das soziale, kulturelle oder kommunikative Gedächtnis, erreicht; die verschiedenen disziplinären Herangehensweisen und Konzepte lassen sich kaum mehr überblicken. Als einflussreicher Impulsgeber für zahlreiche theoretische Ansätze hat sich – besonders im deutschsprachigen Raum – die Gedächtnistheorie Jan und Aleida Assmanns etabliert. In seiner Schrift *Kollektives Gedächtnis und Erinnerungskulturen*[1] entwickelt Jan Assmann ein Erinnerungskonzept, das auf sozialer Interaktion basiert und damit an die in Kapitel 2.1 referierten systemtheoretischen Konzepte sowie den symbolischen Interaktionismus angeschlossen werden kann.

Jan Assmann greift bei seinen Überlegungen zum kulturellen Gedächtnis u. a.[2] auf die Theorie des französischen Soziologen Maurice Halbwachs zurück,[3] der das Gedächtnis nicht als individuelle Leistung, sondern als soziales Phänomen beschreibt, bei dem Erinnerungen durch „Kommunikation und Interaktion im Rahmen sozialer Gruppen"[4] entstehen und bestehen. Innerhalb dieses sozialen Gedächtnisses werden frühere Ereignisse in einem bestimmten Kontext rekonstruiert und dabei in Bezug zur Gegenwart der Gesellschaft gesetzt: „[D]ie Erinnerung ist in sehr weitem Maße eine Rekonstruktion der Vergangenheit mit Hilfe von der Gegenwart entliehenen Gegebenheiten und wird im übrigen durch andere, zu früheren Zeiten unternommene Rekonstruktionen vorbereitet"[5].

Maßgeblich für diese Form der Wirklichkeitskonstruktion sind – so Halbwachs – soziale Bezugsrahmen, die Denkschemata prägen und damit Wahrnehmung und Erinnerung präfigurieren. Als soziales Phänomen ist Erinnerung nichts anderes als eine Form der Kommunikation, die folglich nach dem Prinzip des symbolischen Interaktionismus funktioniert. Halbwachs' sozialer Rahmen gibt eine kollektive symbolische Ordnung vor, auf deren Basis die Kommunikationsteilnehmer Verständnis erzielen. Die Erinnerungsinhalte fungieren als signifikante Symbole, die über einen längeren Zeitraum bestehen und deren Bedeutung im sozialen Erinnern aktualisiert wird.

Anknüpfend an Halbwachs' sozial-konstruktivistisches Erinnerungskonzept unterscheidet Assmann zwei Arten von kollektivem Gedächtnis: Während im kommunikativen Gedächtnis Ereignisse der jüngsten Ver-

---

[1] Vgl. Jan Assmann: Das kulturelle Gedächtnis. Schrift, Erinnerung und politische Identität in frühen Hochkulturen. 6. Aufl. München: C. H. Beck 2007.
[2] Grundlegend für Assmanns Theorie sind zudem auch Aby Warburgs Schriften, vor allem sein Konzept der Pathosformeln bzw. des europäischen Bildgedächtnisses.
[3] Vgl. Assmann 2007, S. 34 ff.
[4] Vgl. ebd., S. 36.
[5] Maurice Halbwachs: Das kollektive Gedächtnis. Stuttgart: Ferdinand Enke 1967, S. 55.

gangenheit kommuniziert werden, enthält das kulturelle Gedächtnis bereits gefestigte Erinnerungen, die sich durch ihre Geformtheit und Verbindlichkeit von den Inhalten des kommunikativen Gedächtnisses unterscheiden. Jäger beschreibt Assmanns Modi der Erinnerung daher als *„mediale Dispositive"*: „Während das kommunikative Gedächtnis im Wesentlichen *diskursiv* verfährt, operiert das kulturelle Gedächtnis im Wesentlichen *skriptural.*"[6] Die Inhalte des kommunikativen Gedächtnisses basieren auf Alltagskommunikation und den Erinnerungen von Zeitgenossen, eine feste Bedeutungszuschreibung existiert auf dieser Stufe der Erinnerung nicht. Erst wenn Erinnerungsinhalte als fundierend für die Gemeinschaft interpretiert werden, gehen sie als bedeutungsstabile „Erinnerungsfiguren"[7] in den „Bestand an Wiedergebrauchs-Texten, -Bildern und -Riten",[8] also das kulturelle Gedächtnis ein. Im Erinnerungsprozess entstehen so signifikante Symbole, die in einem bestimmten Kulturkreis über längere Zeit hinweg die Konsensfindung im kommunikativen Akt garantieren.

Wesentliche Bedingung dieser Einschreibung ins kulturelle Gedächtnis ist die Medialität der Erinnerung. Nur medial repräsentierte Erinnerungsinhalte können in der kollektiven symbolischen Ordnung verortet werden, andernfalls wäre die Fortdauer der festen symbolischen Kodierungen nicht möglich. Dabei prägt das jeweilige ‚Leitmedium' die Form der Erinnerung: Das Gedächtnis oraler Kulturen ist stark rituell geprägt und infolge fehlender Speicherkapazitäten auf wesentliche Inhalte beschränkt. Die Entwicklung der Schrift und besonders die Erfindung des Buchdrucks sowie die folgende Ausdifferenzierung des Massenmediensystems ziehen einen Wandel der Erinnerungskultur nach sich, da nun mehr gespeichert als erinnert werden kann.[9] Aleida Ass-

---

6 Ludwig Jäger: Gedächtnis als Verfahren – zur transkriptiven Logik der Erinnerung. In: Stephanie Wodianka u. Dietmar Rieger (Hg.): Mythosaktualisierungen. Tradierungs- und Generierungspotentiale einer alten Erinnerungsform. Berlin/New York: de Gruyter 2006 (= Medien und kulturelle Erinnerung 4), S. 57–79, hier 61 (Hervorhebungen i. Orig.).
7 Assmann 2007, S. 37 f.
8 Jan Assmann: Kollektives Gedächtnis und kulturelle Identität. In: Ders. u. Tonio Hölscher (Hg.): Kultur und Gedächtnis. Frankfurt a. M.: Suhrkamp 1988, S. 15.
9 Elena Esposito postuliert vier Stadien des Gedächtnisses in Abhängigkeit von den dominierenden Medien – gesprochene Sprache, Schrift, Buchdruck und Computer –, die ineinander übergehen oder parallel existieren (vgl. Elena Esposito: Soziales Ver-

mann differenziert in diesem Zusammenhang zwei grundsätzliche Funktionen des kulturellen Gedächtnisses, das *„Verfahren des Speicherns* [und den] *Prozeß des Erinnerns"*[10].

Diesen zentralen Aufgaben des Gedächtnisses, die Assmann als *ars* und *vis*[11] bezeichnet, entsprechen die zwei Gedächtniskategorien Speicher- und Funktionsgedächtnis. Letzteres enthält ‚aktive' Erinnerungen, die aus einem „Prozeß der Auswahl, der Verknüpfung, der Sinnkonstitution – oder, mit Halbwachs zu sprechen: der Rahmenbildung"[12] resultieren. Sie konstituieren sich aus dem Speichergedächtnis, das sämtliche Informationen enthält, die momentan nicht aktiv erinnert werden, aber jederzeit abgerufen werden können. Aus systemtheoretischer Perspektive sichert das Speichergedächtnis das soziale Vergessen und erfüllt damit eine zentrale Funktion innerhalb der Gesellschaft: „Ohne das Vermögen des Vergessens wäre ein hypothetisches System in Ermangelung der Fähigkeit zur Abstraktion oder zur Generalisierung (die nur zustande kommen, wenn man vom Detail absehen oder eben vergessen kann) dem augenblicklichen Geschehen preisgegeben."[13]

Erinnerung lässt sich im Anschluss an Luhmann als Kommunikation, die sich auf Kommunikation bezieht, definieren, in der bereits bekannte Themen wiederholt werden. Zum einen stellt diese Reflexion Kohärenz her, zum anderen verhindert sie, dass dieselbe Information erneut generiert werden muss. Durch aktives Erinnern – oder eben aktives Vergessen – entstehen abstrakte Schemata, die eine Strukturierung der folgenden Kommunikation ermöglichen. „Im Falle der Gesellschaft", so Elena Esposito, „sind die Schemata die *Themen* der Kommunikation", deren Strukturen wiedererkannt werden.[14] Das soziale Gedächtnis ist in diesem Sinne nicht eine Sammlung von Informationen, sondern vielmehr die Fähigkeit zur Selektion und zum Vergessen. Die nicht aktiv erinnerten Informationen werden dabei nicht endgültig gelöscht, sondern lediglich abgelegt, bis sie re-aktiviert, also in einem kon-

---

gessen. Formen und Medien des Gedächtnisses der Gesellschaft. Aus dem Italienischen von Alessandra Corti. Frankfurt a. M.: Suhrkamp 2002).
10 Aleida Assmann: Erinnerungsräume. Formen und Wandlungen des kulturellen Gedächtnisses. 5. Aufl. München: C. H. Beck 2010, S. 29 (Hervorhebung i. Orig.).
11 Vgl. ebd., S. 27 ff.
12 Ebd. 2010, S. 137.
13 Esposito 2002, S. 28.
14 Ebd., S. 33 (Hervorhebung i. Orig.).

struktiven Akt mit Sinn aufgeladen werden. In Aleida Asmanns Terminologie entspricht dieser Vorgang dem Übergang vom Speicher- ins Funktionsgedächtnis.[15] Jäger versteht Erinnerung an sich als Vorgang, der die aktive Verbindung von Speicher- und Funktionsgedächtnis verdeutlicht:

> Das kollektive Gedächtnis – könnte man sagen – ist nicht nur ein textueller, archivarischer Ort der Speicherung, sondern zugleich und vor allem auch ein Raum kommunikativer Prozeduralität, d. h. ein Raum performativer Erinnerungsverfahren, in dem durative und transitorische Medien bzw. durative und transitorische Zustände kommunikativer Prozesse ständig ineinander verschränkt sind und so die kulturelle Semantik in Gang halten.[16]

Während das Gedächtnis im systemtheoretischen Sinne – also das Vergessen und Erinnern – als grundlegendes, stabilisierendes Prinzip gesehen werden kann, erfüllt die aktive und damit die mit Sinn konnotierte Erinnerung weitere, spezielle Aufgaben innerhalb der Gesellschaft.

Laut Aleida Assmann besteht die Funktion des aktiven Teils des kulturellen Gedächtnisses vorrangig darin, Herrschaft zu legitimieren und dadurch bestehende politische Verhältnisse zu stabilisieren. So werden in der hegemonialen Gedächtnispolitik etwa große Ereignisse der Vergangenheit zu Gründungsmythen stilisiert, negativ bewertete Episoden schlicht ausgeblendet. Andererseits kann aktive Erinnerung aber auch delegitimieren, wenn die Opposition Gegen-Erinnerung entwirft und so die „Erinnerungshegemonie"[17] der Herrschenden infrage stellt: „Die Erinnerung, die in diesem Falle ausgewählt und aufbewahrt wird, dient zur Fundierung nicht der Gegenwart, sondern der Zukunft, d. h. jener Gegenwart, die auf den Umsturz der bestehenden Machtverhältnisse folgen soll."[18] In beiden Fällen trägt die Erinnerung wesentlich zur Identitätsbildung einer Gesellschaft bei und schafft distinktive Merkmale zur Abgrenzung gegenüber anderen Erinnerungsgemeinschaften.

---

15 Trotz der systemtheoretischen Annäherung werden diese beiden Begriffe in der weiteren Argumentation beibehalten.
16 Jäger 2006, S. 68.
17 Astrid Erll: Kollektives Gedächtnis und Erinnerungskulturen. Eine Einführung. 2., aktualis. u. erw. Aufl. Stuttgart/Weimar: Metzler 2011, S. 212.
18 Assmann 2010, S. 139.

Hier lässt sich Barthes' Mythentheorie an die Gedächtnistheorie anschließen: Auch in der erinnernden Themenbereitstellung ist die für die Mythisierung konstitutive doppelte Bedeutungsaufladung möglich, die bestehende Herrschaftsverhältnisse fundiert und stabilisiert. Erinnerung ist in diesem Sinne Re-Semiotisierung, also Wiederaufladung mit Bedeutung im aktuellen Kontext. Im Kommunikationsprozess sind Erinnerungen Teil der symbolischen Umwelt, die bedeutungstragenden Symbole, die dem Erinnerungsprozess zugrunde liegen, ermöglichen durch ihre überzeitliche Stabilität generationenübergreifende Kommunikation. Den vergangenen Ereignissen wird so im sozialen Erinnern ein fester Platz in der kollektiven symbolischen Ordnung einer Gesellschaft zugewiesen, die Symbolbedeutung dabei beibehalten oder dem aktuellen Kontext angepasst. Folgt man Luhmann, liegt in diesem aktualisierenden Operieren die eigentliche Funktion des Gedächtnisses.[19]

6.2 Ästhetische Aspekte – Rhetorik des Erinnerns nach Astrid Erll

Auch in der erinnernden Inszenierung der Technikpionierinnen spielt die ästhetische Gestaltung der Mythenträger eine entscheidende Rolle. Generell greifen auch hier die in Kapitel 2.2 vorgestellten narrativen und visuellen Vermittlungsstrategien, basierend auf Joseph Campbells Monomythos und Aby Warburgs Pathosformeln. Ergänzend sollte jedoch auch eine zusätzliche Markierung der Texte als Erinnerungsmedium beachtet werden. Jan Assmann zufolge verstärkt der memorierende Zugriff auf ein Thema dessen Mythisierung: „Durch Erinnerung wird Geschichte zum Mythos."[20] Entscheidend ist dabei auch die ästhetische Ausgestaltung des Erinnerten, denn – wie Stephanie Wodianka es formuliert –, das „Wie des Erinnerns kann unter Umständen konstitutiver für einen Erinnerungsakt sein als das Was."[21] Astrid Erll, auf deren Untersuchung ich mich im Folgenden stütze, erarbeitet in ihrer Einführung *Kollektives Gedächtnis und Erinnerungskulturen* verschiedene Merkmale literarischer Texte, die „zur Rezeption als Gedächtnismedium an-

---

19 Vgl. Jäger 2005, S. 74.
20 Assmann 1992, S. 52.
21 Stephanie Wodianka: Mythos und Erinnerung. Mythentheoretische Modelle und ihre gedächtnistheoretischen Implikationen. In: Günter Oesterle (Hg.): Erinnerung, Gedächtnis, Wissen. Studien zur kulturwissenschaftlichen Gedächtnisforschung. Göttingen: Vandenhoeck & Ruprecht 2005, S. 211–230, hier 224.

regen können."²² Innerhalb dieser „Rhetorik des kollektiven Gedächtnisses" macht sie fünf verschiedene Modi aus, die den jeweiligen Umgang mit dem Erzählten aus erinnerungstheoretischer Perspektive beschreiben.²³

Die Charakteristika des erfahrungshaftigen und monumentalen Modus gründet Erll auf der bei Jan und Aleida Assmann formulierten Differenz zwischen kommunikativem und kulturellem Gedächtnis. Texte, die vor allem „Individuen, ihr Handeln, Denken und Fühlen" thematisieren, schaffen eine „Illusion der sinnlichen Wahrnehmung"²⁴ und evozieren so Erfahrungshaftigkeit. Sie inszenieren „lebensweltliche Details und spezifische Erfahrungen",²⁵ also Inhalte, die für gewöhnlich im kommunikativen Gedächtnis verhandelt werden. Im monumentalen Modus rekurrieren die Texte dagegen auf Inhalte des „Fernhorizont[s] kultureller Kommunikation"²⁶, also auf Elemente des kulturellen Gedächtnisses.

Der Umgang mit verschiedenen literarischen Verfahren, so Erll, begünstigt einen erfahrungshaftigen oder monumentalen Modus, z. B. die Selektion der Inhalte: Je nachdem ob die dargestellten Personen und Ereignisse der Erinnerungspraxis des kommunikativen oder kulturellen Gedächtnisses entstammen, tendiert der Text zum entsprechenden rhetorischen Modus. Auch paratextuelle Verweise, wie etwa „Widmungen an Mitglieder einer (fiktiven) kommunikativen Gedächtnisgemeinschaft"²⁷ oder der Aufruf kultureller Traditionen, beispielsweise vorangestellte biblische oder literarische Zitate, rücken den Text in die Nähe der Erfahrungshaftigkeit bzw. des Monuments. Ebenso etablieren textuelle Bezüge auf literarische Prätexte, die interdiskursive Übernahme „formelhafte[r] und archaisierende[r] Wendungen"²⁸ sowie die Integration von Medien des kulturellen Gedächtnisses einen monumentalen Modus. Alltagssprachliche und gruppenspezifische Ausdrücke sowie

---

22   Vgl. Erll 2004, S. 202.
23   Vgl. ebd.
24   Erll 2004, S. 203.
25   Ebd.
26   Aleida Assmann: Kultur als Lebenswelt und Monument. In: Dies. u. Dietrich Harth (Hg.): Kultur als Lebenswelt und Monument. Frankfurt a. M.: Fischer Taschenbuch 1991, S. 11–25, hier 14.
27   Erll 2004, S. 204.
28   Ebd., S. 205.

fingiertes mündliches Erzählen und der Bezug auf Medien des kommunikativen Gedächtnisses, wie etwa Fotos oder Tonbandaufnahmen, provozieren dagegen den erfahrungshaftigen Modus.[29]

Darüber hinaus stellt Erll fest, dass bestimmte Plotstrukturen und Gattungsmuster den verschiedenen Modi näher stehen als andere. So tendieren sogenannte *high mimetic modes*, wie Tragödie und Epos, zum monumentalen Modus, während *low mimetic modes*, wie Romanze oder Reiseroman, eher Erfahrungshaftigkeit transportieren.[30] Ebenso beeinflusse auch die erzählerische Vermittlung, etwa durch einen dem erfahrungshaftigen Modus nahestehenden homo- oder autodiegetischen Erzähler, die Rhetorik der Erinnerung.[31] Schließlich führt Erll noch die Innenweltdarstellung, die sich besonders eignet, um individuelle Lebenserfahrungen darzustellen, sowie die Raum- und Zeitstruktur eines Textes, die sowohl auf die unmittelbare Lebensumwelt als auch auf einen kulturellen Fernhorizont verweisen kann, als Strategien der beiden Modi an.[32]

Je nachdem, welche literarischen Darstellungsverfahren im Text dominieren, konstituiert sich das Erzählte im erfahrungshaftigen oder im monumentalen Modus. Erll betont dabei jedoch, dass die einzelnen Modi nicht in Reinform vorliegen müssen, sondern meist ineinander greifen.[33] Dieses Oszillieren, so Erll, erfüllt im Erinnerungsprozess eine wichtige Funktion: Es „dient im literarischen Text [...] der Überführung alltagsweltlicher Erinnerungen in kulturelles Gedächtnis ebenso wie der Anreicherung von Inhalten des kulturellen Gedächtnisses durch Erfahrungshaftigkeit."[34] Die beiden Modi garantieren also eine Etablierung von Inhalten des kommunikativen Gedächtnisses, ebenso wie die Aktualisierung von Inhalten des kulturellen Gedächtnisses.

Neben den eben beschriebenen Modi der Erinnerung, die vermutlich am häufigsten Anwendung finden, beschreibt Erll drei weitere Ausprägungen der Rhetorik des kollektiven Gedächtnisses: den historisierenden, den antagonistischen und den reflexiven Modus. Im historisieren-

---

29 Vgl. ebd., S. 204 f.
30 Vgl. ebd., S. 205.
31 Vgl. ebd., S. 206.
32 Vgl. ebd., S. 207 f.
33 Vgl. ebd., S. 208 f.
34 Ebd., S. 209.

den Modus wird das Erzählte historisiert, also „als abgeschlossene Vergangenheit"[35] behandelt. Das erinnerte Geschehen erscheint im historisierenden Modus nicht als gegenwärtig wie die Elemente des kommunikativen Gedächtnisses oder des kulturellen Fernhorizonts, sondern als „Bestandteil des kulturellen Wissenssystems."[36] Zu den typischen literarischen Darstellungsverfahren dieses Modus zählt Erll z. B. „all jene Strategien, die sein spezifisch historisches Zeitbewusstsein zur Darstellung bringen"[37], die Untermauerung des Erzählten durch wissenschaftliche Belege sowie die Einarbeitung historischer Details.

Im antagonistischen Modus etabliert der literarische Text eine Gegen-Erinnerung, tritt also in Konkurrenz zu bereits bestehenden Gedächtnissen bestimmter Gemeinschaften.[38] Ausschlaggebend für den antagonistischen Modus ist meist schon die Selektionsstruktur des Textes, also die Auswahl der sozialen Gruppen, deren Erfahrungen thematisiert werden, bzw. die bewusste Auslassung anderer Erinnerungen – auch von Inhalten des kollektiven Gedächtnisses. Bestehende Vergangenheitsversionen werden gewissermaßen umgeschrieben,[39] neue Gedächtnisnarrative plausibilisiert bzw. unerwünschte revidiert.[40] Als weitere typische Darstellungsverfahren des antagonistischen Modus beschreibt Erll eine bewusst eingesetzte „Kontrast- und Korrespondenzrelation im Text"[41] – etwa in Raumdarstellung oder Figurenkonstellation – sowie die Tendenz zu Wir-Erzählungen, die eine Stimme der Gemeinschaft inszenieren.[42]

Schließlich geht Erll noch auf den reflexiven Modus ein, der Gedächtnisse reflektiert, anstatt selbst Inhalte ins kulturelle Gedächtnis einzuschreiben;[43] der Text wird so zum Medium zweiter Ordnung. Die konstitutiven Mittel zur Konstruktion von Vergangenheitsversionen, etwa die Selektion von Gedächtnisversionen, werden in Texten mit dominierendem reflexiven Modus beobachtbar gemacht. Häufig finden

---

35 Ebd., S. 211.
36 Ebd.
37 Ebd.
38 Ebd, S. 212.
39 Vgl. ebd., S. 215.
40 Vgl. ebd., S. 216.
41 Ebd, S. 214.
42 Vgl. ebd.
43 Vgl. ebd., S. 218.

sich zudem „Referenzen auf die Diskurse, Medien, Institutionen und Praktiken der Erinnerungskultur",[44] zeitgenössische Gedächtnismetaphern und Selbstreferenzen. Sowohl implizite Verfahren, wie etwa „die Darstellung der Bildung und Kontinuierung von kollektivem Gedächtnis auf der Handlungsebene"[45], als auch explizite Verfahren, etwa die Rede der Erzählinstanzen und Figuren über die Gedächtnisproblematik, etablieren die Erinnerungsreflexion innerhalb des Textes.

Wie bereits erwähnt tendieren verschiedene Gattungen zu bestimmten Modi, generell können aber alle in Kapitel 1.3 eingeführten Textsorten als Medien der erinnernd-konstruierenden Mythosvermittlung fungieren. Die Biografie erscheint dabei als „Gedächtnisgattung *par excellence*",[46] doch auch in journalistischen und fiktionalen Texte findet mitunter ein memorierender Zugriff auf bestimmte Themen statt.

---

44 Ebd.
45 Ebd., S. 219.
46 Vgl. Astrid Erll: Biographie und Gedächtnis. In: Christian Klein (Hg.): Handbuch Biographie. Methoden, Traditionen, Theorien. Stuttgart/Weimar: Metzler 2009, S. 79–86, hier 86.

7. Analyse der gegenwärtigen medialen Inszenierung

7.1 Journalistische Inszenierung

Als Grundlage für die Analyse der gegenwärtigen journalistischen Inszenierung dienen etwa 100 Artikel aus verschiedenen Zeitschriften (*Der Spiegel, Focus, stern, EMMA*) und überregionalen Tageszeitungen (*Die Zeit, Die Welt*), in denen mindestens einmal der Name einer der Technikpionierinnen auftaucht. Eine umfassende Recherche in regionalen Tageszeitungen war im Rahmen dieser Arbeit nicht möglich, ebenso wenig werde ich ausschließlich im Internet publizierte Artikel berücksichtigen. Aufgrund des hohen Rechercheaufwands habe ich zudem (wie auch bei der zeitgenössischen Inszenierung) Radiobeiträge ausgeschlossen und ergänze das Textkorpus lediglich durch drei Dokumentarfilme[1] bzw. Fernsehporträts, auf die ich im Laufe meiner Suche gestoßen bin.

In etwa 60% der gefundenen Texte fällt der Name der Technikpionierinnen nur nebenbei, im Zusammenhang mit einem anderen, titelgebenden Thema, so z. B. der Name Leni Riefenstahl in Beiträgen zur Olympiade 1936, Hanna Reitsch in Texten zu den letzten Tagen des Zweiten Weltkriegs oder Annemarie Schwarzenbach in Artikeln über Ella Maillart. Teilweise werden dabei knapp biografische Daten der jeweiligen Person referiert, manchmal findet sich lediglich der Name ohne weiteren Kommentar. Ca. 20% der vorliegenden Texte sind Kurzbeiträge über die Frauen zu bestimmten Anlässen wie Geburts- und Todestagen, aktuellen Publikationen oder Veranstaltungen. Bei den verbliebenen 20% handelt es sich um längere Artikel zu den einzelnen Personen, in denen die Autoren ausführlich auf Biografie, Werk und Wirkung der Pionierinnen eingehen. Auch diese Texte wurden meist zu einem bestimmten Anlass publiziert, nur wenige Artikel thematisieren

---

1   Ich behandle die Dokumentarfilme und Fernsehporträts hier als journalistische Arbeiten; eine gesonderte Analyse unter Berücksichtigung von Genrespezifika wäre zwar möglich, verspricht aber in diesem Zusammenhang keine abweichenden Ergebnisse und erscheint mir aufgrund des kleinen Textkorpus nicht sinnvoll. In der Bibliographie habe ich die Filmquellen mit einem Vermerk in eckigen Klammern als solche gekennzeichnet.

die Personen aus latentem Interesse und ohne ausdrücklichen Verweis auf Jubliläen, Neuerscheinungen usw.

Während die Autoren der 1920er und 1930er Jahre in ihren Texten über die Technikpionierinnen aktuelles Zeitgeschehen verarbeiteten, erfolgt in den gegenwärtigen Beiträgen ein erinnernder Zugriff auf das Thema. Egal in welchem Zusammenhang heute über die Technikpionierinnen berichtet wird, allein die Tatsache, dass die Medien die Biografien neu thematisieren, in manchen Fällen sogar aus der Vergessenheit holen, legt die Grundlage für eine neuerliche Bedeutungsaufladung. Dabei greifen Strategien der Heroisierung sowie der Einschreibung ins kommunikative und kulturelle Gedächtnis ineinander.

Die Kurztexte und die Erwähnungen in Artikeln zu anderen Themen lassen eine Heroisierung in Grundzügen erkennen. Die Autoren referieren Eckpunkte der Biografien und heben dabei meist die Exzeptionalität der Frauen sowie verschiedene Ereignisse hervor, die auch in den 1920er und 1930er Jahren den Nachrichtenwert ausmachten, und verkürzen dadurch das vermittelte Bild der Heroinen auf wenige Aspekte: So bleibt von Elly Beinhorns Biografie lediglich eine Liste ihrer Flugrekorde sowie die Ehe zu Bernd Rosemeyer, in Kurzartikeln zu Marga von Etzdorf werden ebenfalls Rekorde aufgezählt, gelegentlich wird auf ihren rätselhaften Selbstmord verwiesen, und Hanna Reitschs Bekanntheit gründet fast ausschließlich auf dem Flug ins besetzte Berlin und ihrem Aufenthalt im Führerbunker. Auch Leni Riefenstahls Biografie wird in Kurztexten oft reduziert auf ihre Tätigkeit als ‚Hitlers Regisseurin'.

Die längeren Texte (und auch die Filme) lassen mehr Raum für den Einsatz von Heroisierungsstrategien, die sich jedoch im Wesentlichen nicht von der Vorgehensweise der zeitgenössischen Journalisten unterscheiden. Dabei bezeichnen die Autoren die Frauen etwa konkret als Heldinnen,[2] betonen, wie außergewöhnlich die Leistungen der Frauen sind,[3] und stellen heroische Eigenschaften wie Mut, Durchhaltevermö-

---

[2] Vgl. z. B. Klaus Geitel: Pionierin der Lüfte. Die Welt. 03.12.2007, o. S.
[3] Alice Bota: Der Flug ist das Leben wert. In: Die Zeit, 23.1.2014, Nr. 5, S. 57; Barbara Supp: Das Jahrhundert der Befreiung. Die Emanzipation der Frau. In: Der Spiegel. 1999, Nr. 9, S. 135; Susanne Beyer: Hundert Jahre Weiblichkeit. In: Der Spiegel. 2008, Nr. 16, S. 174–176, hier 175.

gen, Opferbereitschaft und Willensstärke heraus.[4] So behauptet der britische Flieger Eric Brown im Dokumentarfilm *Hanna Reitsch – Hitlers Fliegerin*: „Ob man Hanna mag oder nicht, man muss ihren fantastischen Mut bewundern. Diese Frau kannte einfach keine Angst."[5] Auch der Pioniergeist der Heroinen wird thematisiert, beispielsweise in Alice Botas Artikel über die Fliegerin Marga von Etzdorf: „Sie ist wie eine Hexe der Moderne, rastlos, allein, immer unterwegs, immer das nächste Ziel im Blick, das noch fremder, noch unerreichbarer schien."[6] Handlungselemente der Heldenreise lassen sich dagegen nur in Grundzügen erkennen und auch nur bei Biografien, die eine derartige Interpretation nahelegen, wie z. B. Clärenore Stinnes' Weltreise: „Der Weg, der vor der Weltreisenden liegt, ist beschwerlich und gefährlich. In den meisten Gegenden, die sie passieren werden, gibt es weder Straßen noch Wege. Dafür lauern unberechenbare Witterungsbedingungen, Wölfe und Banditen auf die Abenteurer."[7]

Grundsätzlich weisen die gegenwärtigen journalistischen Texte also dieselben Heroisierungsstrategien wie die Artikel der 1920er und 1930er Jahre auf;[8] zusätzlich können jedoch Merkmale herausgearbeitet werden, die die Texte als Erinnerungsmedien erscheinen lassen. Die von Erll erarbeiteten ästhetischen Verfahren der Rhetorik des kollektiven Gedächtnisses kommen wohl überwiegend in fiktionalen bzw. künstle-

---

4   Vgl. Reinhard Osteroth: Abenteuer Himmel. In: Die Zeit. 16.5.2007, Nr. 21, o. S.; Elisabeth Bronfen: Die zerkratzte Schallplatte. In: Die Zeit. o. D., o. S.; Wolfgang Reuter: Ein Schicksal in 100 deutschen Jahren. In: Focus. 2003, Nr. 38, o. S.; Elke Schmitter: Triumph des Widerwillens. In: Der Spiegel. 2002, Nr. 34, S. 157 f.; Susanne Beyer: Hundert Jahre Weiblichkeit. In: Der Spiegel. 2008, Nr. 16, S. 175; Holger Kreitling: Sie umrundete als erster Mensch per Auto die Welt. In: Die Welt. 20.08.2009, o. S.
5   Gerhard Jelinek u. Fritz Kalteis: Hanna Reitsch – Hitlers Fliegerin. [Film] Deutschland 2010, 32:15–32:26.
6   Alice Bota: Der Flug ist das Leben wert. In: Die Zeit, 23.1.2014, Nr. 5, S. 57; vgl. auch: Elke Schmitter: Triumph des Widerwillens. In: Der Spiegel. 2002, Nr. 34, S. 157 f.; Holger Kreitling: Sie umrundete als erster Mensch per Auto die Welt. In: Die Welt. 20.08.2009, o. S.
7   WAZ. Nr. 307, 1996. o. S. (SAM: 1440/90.00). Vgl. auch: Eine Frau, moderner als ihre Zeit. In: Neue Ruhr Zeitung. Nr. 239, 13.10.2001, o. S. (SAM: 1440/90.00); Holger Kreitling: Sie umrundete als erster Mensch per Auto die Welt. In: Die Welt. 20.08.2009, o. S.; Vor 80 Jahren um die Welt. In: Die Welt. 03.03.2007, o. S.
8   Einzelne Aspekte der zeitgenössischen Fremdinszenierung fehlen dagegen (fast) vollständig, wie etwa das Ringen um die Integration des störenden Weiblichkeitskonzepts (vgl. die späteren Erläuterungen in diesem Kapitel).

risch stärker überformten Texten zum Einsatz, doch in Ansätzen finden sich auch in den Zeitschriftenartikeln und Dokumentarfilmen entsprechende Methoden. Vor allem die intermediale Arbeitsweise fällt auf: Sämtliche Autoren kombinieren ihre Texte bzw. Filme mit Fotografien oder bewegten Bildern der Technikpionierinnen, also mit Medien, „die für das kommunikative Gedächtnis eine zentrale Rolle spielen."[9] Folgt man Erlls Argumentation, evozieren die Autoren auf diese Weise Erfahrungshaftigkeit, holen die Biografien der Frauen also in die Lebenswelt der Rezipienten. Gleichwohl schafft der Einsatz von historischen Bildern und Filmen aber auch eine gewisse Distanz zum Thema, verweisen die schwarz-weißen Aufnahmen doch eindeutig darauf, dass das Besprochene der Vergangenheit zuzuordnen ist und damit eher dem kulturellen als dem kommunikativen Gedächtnis entstammt.

Auch in der erzählerischen Vermittlung lassen sich sowohl Strategien des erfahrungshaftigen als auch des monumentalen Modus erkennen. Vor allem in den Dokumentarfilmen wechseln sich Passagen, in denen ein historisch nicht involvierter Sprecher berichtet, und solche, in denen die Pionierinnen selbst oder Zeitzeugen zu Wort kommen, ab. Der (Off-)Sprecher überblickt Raum und Zeit, verweist mitunter proleptisch auf später erst dargestellte Zusammenhänge, kommentiert und bewertet das Gezeigte. So verrät der Erzähler zu Beginn von *Himmelsstürmerinnen*, dass die kleine Beate, ihren Traum vom Fliegen später verwirklichen wird:

> Wargenau in Ostpreußen 1927. Immer wieder hatte sich die 8-jährige Gutsbesitzertochter die Geschichte von Dädalus und Ikarus vorlesen lassen. Sie ist fasziniert von diesen Flugpionieren aus der antiken Sagenwelt. Und sie hat eine Idee. Sie bastelt sich aus Holzlatten, Drachenpapier und Putenfedern ein Flügelpaar. Mit dieser Ausrüstung will die kleine Beate ihren allerersten Flugversuch wagen: vom Vordach ihres Elternhauses, heimlich. Ihr Traum vom Fliegen soll wahr werden. Aber es bleibt zunächst ein Traum. Die Landung ist hart, die Flügel sind hin, der ostpreußische Ikarus hat ein aufgeschürftes Knie. Aber Beate gibt ihren Traum vom Fliegen nicht auf und sie wird es schaffen. 17 Jahre später ist Beate Uhse Hautpmann der Luftwaffe.[10]

---

9 Erll 2011, S. 205.
10 Johanna Kaack u. a. (Redaktion): Himmelsstürmerinnen. In: Guido Knopp u. Annette Tewes: ZDF-History. ZDF 2011, 01:24–02:25.

Auch der Sprecher in einer Dokumentation über Hanna Reitsch verweist schon zu Beginn der Lebensbeschreibung auf die spätere Karriere der Fliegerin und problematisiert ihre Rolle im Dritten Reich: „Hanna Reitsch wird als Fliegerin zahllose Rekorde aufstellen, den Segelflug prägen wie niemand vor ihr. Aber dafür wird sie auch mit dem Nazi-Regime kollaborieren und Hitlers Wunderwaffen testen. Fliegen um jeden Preis."[11]

In den Interviewsequenzen geben die Autoren dagegen den Pionierinnen eine ‚persönliche Stimme'[12] und vermitteln dadurch wiederum den Eindruck von Nähe zur eigenen Lebenswelt. So lässt auch Ray Müller in seiner Dokumentation *Die Macht der Bilder* Leni Riefenstahl im Gespräch immer wieder selbst zu Wort kommen, etwa beim Betrachten verschiedener Fotografien, die sie als Tänzerin, Schauspielerin oder bei Dreharbeiten zeigen:

> Ray Müller: Was fühlen Sie, wenn Sie diese Bilder betrachten?
> Leni Riefenstahl: Ja ... Eigentlich, als wenn die Person, die auf diesem Bild ist nicht ich bin, irgendeine Schauspielerin.
> Ray Müller: Diese Unschuld, dieser Enthusiasmus und später vom Gipfel des Ruhms der Sturz, die große Enttäuschung – wie sehen Sie das heute?
> Leni Riefenstahl: Ach Gott ... Das ist schon so lange her, das habe ich schon so lange überwunden, dass ich mich damit gar nicht mehr befasse. Das ist – bei meinem Alter, denken Sie mal, ich werde in diesem Jahr 90 Jahre alt – da sind schon Jahrzehnte wieder vergangen. Es war eine schlimme Zeit, ja, aber das ist wie eine andere Welt, ich lebe nicht mehr in dieser Vergangenheit.[13]

In den gegenwärtigen journalistischen Texten greifen folglich Verfahren des erfahrungshaftigen und des monumentalen Modus ineinander, was Erll zufolge „der Überführung alltagsweltlicher Erinnerung in kulturelles Gedächtnis ebenso wie der Anreicherung von Inhalten des kulturellen Gedächtnisses durch Erfahrungshaftigkeit"[14] dient. Man kann also argumentieren, dass die Autoren gegenwärtiger journalistischer Texte die Einschreibung der Biografien der Technikpionierinnen ins kulturelle

---

11 Gerhard Jelinek u. Fritz Kalteis: Hanna Reitsch – Hitlers Fliegerin. [Film] Deutschland 2010, 02:33–02:45.
12 Vgl. Erll 2011, S. 206.
13 Ray Müller: Die Macht der Bilder. Teil 1. [Film] Deutschland 1993, 03:19–04:14.
14 Erll 2011, S. 209.

Gedächtnis vorantreiben bzw. die Lebensgeschichte bereits etablierter Heroinen neu in Erinnerung rufen.

Ausgehend von den systemtheoretischen Vorüberlegungen (vgl. Kapitel 2.1) kann dieser Erinnerungsprozess als Re-Thematisierung klassifiziert werden, bei der ein bereits bekanntes Thema in einem neuen Kontext wiederbelebt und aktualisiert wird. Durch den Bezug auf die im Speichergedächtnis abgelegte Information muss diese nicht neu generiert, sondern lediglich reaktiviert werden. Dabei kommt es wiederum zu einer neuerlichen Aufladung mit Bedeutung, das Thema durchläuft also ein weiteres mal den Barthesschen Mythisierungsprozess. Dieser erfolgt, wie erwähnt, stets Kontextgebunden; im Falle der erinnernden Re-Thematisierung der Frauenbiografien in gegenwärtigen journalistischen Texten liegt einerseits eine rückblickende Kontextualisierung als auch eine Einbettung in gegenwärtige gesellschaftliche Zusammenhänge vor.

Die Autoren betonen, wie außergewöhnlich das Handeln der Frauen im sozialpolitischen Kontext der 1920er und 1930er Jahre war, etwa, dass sie sich in typischen Männerberufen durchsetzten bzw. die Männerdomäne Technik eroberten.[15] Auch die damalige mediale Inszenierung wird kommentiert, vor allem aber die Funktionalisierung der Technikpionierinnen für nationalsozialistische Propagandazwecke problematisiert, wie etwa in Reinhard Osteroths Artikel über die Fliegerin Elly Beinhorn:

> Flieger wie Rennfahrer gehörten zu den Lieblingsfiguren des Regimes, das gern »Modernität« beweisen wollte. [...] Während ihr Mann von Sieg zu Sieg rast, fliegt sie weiter über Länder und Meere. Immerhin, wenn es eben geht, zeigt sie sich am Pistenrand und er beschließt, den Flugschein zu machen. Zum Rennen nach Kapstadt fliegt Elly Beinhorn ihren Mann in ihrer neuen Messerschmitt Taifun. Da gibt es wieder schöne Fotos in der Presse.[16]

Eine ähnliche Einschätzung des propagandistischen Wertes der Pionierinnen, in diesem Fall Marga von Etzdorf, liefert Alice Bota: „Die Nationalsozialisten wollten eine Heldin begraben. Eine, die für Deutschland

---

15 Vgl. z. B. Klaus Geitel: Pionierin der Lüfte. Die Welt. 03.12.2007, o. S.; Die Welt. 1.12.2007, o. Nr., o. S.; Alice Bota: Der Flug ist das Leben wert. In: Die Zeit. 23.1.2014, Nr. 5, S. 57.
16 Reinhard Osteroth: Abenteuer Himmel. In: Die Zeit. 16.5.2007, Nr. 21, o. S.

starb. [...] Marga von Etzdorf war nicht politisch, sie wollte nur hoch hinaus. Doch in dieser Zeit war Fliegen Politik, und Politik war Dienst am NS-Staat."[17] Auch Clärenore Stinnes' Einsatz für die Nation findet Erwähnung: „Ihre Fahrt soll nicht zuletzt für die Qualität deutscher Industrieprodukte werben, die seit dem Ersten Weltkrieg noch immer bei einstigen Gegnern mit Boykotten zu kämpfen haben."[18] Im Fall Riefenstahl sprechen die Autoren häufig von freiwilligem Engagement für das Regime, so bezeichnet Jens Jessen die Regisseurin als „Filmkünstlerin [...], die den Nazis ihr Genie geschenkt hat".[19] Abgesehen von der Diskussion um Riefenstahls Mitschuld fällt auf, dass die Autoren die Leistung der Frauen trotz aller politischen Verwicklungen anerkennen und bewundern; selbst die negative Konnotation des (freiwilligen oder unfreiwilligen) Einsatzes für nationalsozialistische Propaganda stört die heroisierende Tendenz der Texte nicht. Die zeitgenössische Funktionalisierung wird so als ein Element im Mythisierungsprozess in die Neu-Inszenierung integriert.

Bei der Analyse der neuerlichen Mythisierung der Heroinen muss jedoch auch die Verankerung im aktuellen Kontext berücksichtigt werden. Die meisten der hier ausgewählten Frauenbiografien[20] sind kein Teil des kommunikativen Gedächtnisses, werden also durch die Re-Thematisierung aus dem Speichergedächtnis ins Funktionsgedächtnis geholt; statt ein Thema neu zu generieren, greifen die Autoren bereits vorhandenes Material auf und präsentieren es in einem neuen Bezugsrahmen. Eine derartige Verschiebung von Gedächtnisinhalten erfolgt nicht willkürlich, sondern erfüllt eine gesellschaftsstabilisierende Funktion, insofern, als dass die im aktiven Teil des kulturellen Gedächtnisses verhandelten Themen die gesellschaftliche Ordnung festigen und damit Herrschaft legitimieren.[21]

Viele Autoren verorten die Biografien der Technikpionierinnen ausdrücklich in der Emanzipationsgeschichte und rücken sie dadurch auch

---

17 Alice Bota: Der Flug ist das Leben wert. In: Die Zeit. 23.1.2014, Nr. 5, S. 57.
18 Vor 80 Jahren um die Welt. In: Die Welt. 03.03.2007, o. S.
19 Jens Jessen: Triumph des Willens über das Gewissen. In: Die Zeit. 11.9.2003, Nr. 38, o. S.
20 Leni Riefenstahl muss man an dieser Stelle ausschließen – zu diesem Sonderfall später mehr.
21 Vgl. Assmann 2010, S. 138 f.

aktuell in den Zusammenhang weiblicher Gleichstellungsbemühungen. In eben dieser Kontextualisierung fußt die neuerliche Bedeutungsaufladung: Die Frauen werden als Vorreiterinnen im Kampf um weibliche Emanzipation präsentiert, denen es gelang, sich in einer Zeit, in der an die Gleichstellung von Mann und Frau noch nicht zu denken war, durchzusetzen und persönliche Ideale auszuleben. So fragt Susanne Beyer in ihrem Text *Hundert Jahre Weiblichkeit*, der insbesondere Annemarie Schwarzenbachs Leben und Karriere thematisiert, nach den Ursprüngen des Kampfes um Geschlechtergerechtigkeit: „Die wahre Emanzipation begann erst, so scheint es, in den siebziger Jahren mit Alice Schwarzer. [...] Ist die wahre Emanzipation tatsächlich so jung und unvollendet? Oder war da schon mal mehr?"[22] Mit ihren folgenden Ausführungen bejaht sie die letzte Frage und zeigt Annemarie Schwarzenbach – stellvertretend für die Neuen Frauen der 1920er – als frühes Leitbild weiblicher Selbstbehauptung.

In der Gegenwart – so suggerieren die Texte – ist der Emanzipationsprozess weit fortgeschritten, wenn nicht sogar erfolgreich abgeschlossen, die genderbedingten Restriktionen betreffend weiblicher Berufstätigkeit sind, auch im technischen Bereich, aufgehoben. So resümiert Kommentator Guido Knopp am Ende der ZDF-Dokumentation *Himmelsstürmerinnen*: „Im oft noch biederen Nachkriegsdeutschland war für Frauen der Beruf Pilotin lange Zeit tabu. Es sollte Jahre dauern, bis das Bild von einer Frau im Cockpit wieder halbwegs akzeptabel wurde. Heute ist das Gott sei dank kein Thema mehr. Allein bei einem großen deutschen Luftfahrtunternehmen sind mit Stichtag heute mehr als 300 Pilotinnen im Einsatz – und es werden mehr und mehr."[23] Heutzutage lässt sich der Lebensentwurf der Technikpionierinnen also durchaus mit gängigen Weiblichkeitsidealen vereinbaren, weshalb ein Ringen um die Integration des emanzipierten Selbstverständnisses der Frauen, wie es in den zeitgenössischen Texten häufig auffiel, im aktuellen Kontext nicht nötig ist.

Man kann also behaupten, dass die Autoren gegenwärtiger journalistischer Texte die Technikpionierinnen der 1920er und 1930er Jahre zu

---

22 Susanne Beyer: Hundert Jahre Weiblichkeit. In: Der Spiegel. 2008, Nr. 16, S. 174.
23 Johanna Kaack u. a. (Redaktion): Himmelsstürmerinnen. In: Guido Knopp u. Annette Tewes: ZDF-History. ZDF 2011, 44:41–45:07.

Gründungsmythen der modernen, emanzipierten Gesellschaft stilisieren.[24] Indem sie die Heroinen der Technik als Anfangspunkt einer nunmehr abgeschlossenen Entwicklung hin zu einer gerechteren Gesellschaft inszenieren, entfalten die Texte ihre herrschafts- bzw. systemstabilisierende Wirkung. Der Rezipient kann sich als Erbe dieser mutigen Frauen sehen und stolz sein, selbst Teil dieses Systems zu sein – ein Effekt heroisierender medialer Darstellungen, den auch Allison und Goethals in ihrer Studie beschreiben: „How do heroes shape us? They give us exactly what we need. There is an underlying human need for heroes to show us the best side of human nature. [...] They make us feel good to be a member of the group or society in which they do their heroic work."[25]

Es bleibt festzuhalten, dass die Technikpionierinnen in journalistischen Texten auch gegenwärtig zu sozialpolitischen Ikonen stilisiert werden. Im Gegensatz zur zeitgenössischen Funktionalisierung erfolgt jedoch ein erinnernder Zugriff auf das Thema und die damit verbundene Verschiebung des Zeithorizonts: Die Frauen markieren nun den Anfang einer Jahrzehntelangen Entwicklung hin zu einer gerechten Gesellschaft, werden also, wie viele Autoren es formulieren, zur „Legende"[26] bzw. zum Mythos. Die Frauenbiografien erfahren also wiederum eine doppelte Bedeutungsaufladung im Barthesschen Sinne und repräsentieren die historische Dimension einer liberalen, emanzipierten Gesellschaft.

Bisher habe ich in meinen Überlegungen zur gegenwärtigen journalistischen Inszenierung alle Technikpionierinnen zusammengefasst, da die meisten meiner Beobachtungen auf alle Frauen bzw. deren Präsen-

---

24 Manche Autoren reflektieren den Erinnerungsprozess in ihren Texten und machen die Funktionalisierung bewusst, so schreibt z. B. Susanne Beyer über Annemarie Schwarzenbach: „Doch gerade wegen ihrer Andersartigkeit wird Annemarie Schwarzenbach heute wiederentdeckt" (Susanne Beyer: Hundert Jahre Weiblichkeit. In: Der Spiegel. 2008, Nr. 16, S. 176). Bei Klara Obermüller heißt es, Annemarie Schwarzenbach „ist mit ihrer Lebensweise, ihrem literarischen Schaffen und ihrem politischen Engagement zu einer Art Projektionsfläche geworden, auf der Feministinnen und Systemkritiker sich gleichermaßen wiedererkennen" (Klara Obermüller: Die Legende Schwarzenbach. In: Emma. 2005, Nr. 6, o. S.).
25 Allison/Goethals 2011, S. 188.
26 Vgl. z. B. Alice Schwarzer: Leni Riefenstahl: Propagandistin oder Künstlerin? In: Emma. Januar/Februar 1999, S. 32–47; Klara Obermüller: Die Legende Schwarzenbach. In: Emma. 2005, Nr. 6, o. S.

tation zutreffen, aber wie oben bereits angedeutet, erfordern die Texte zu Leni Riefenstahl eine differenzierte Betrachtung. Während die anderen Frauenbiografien nach 1990 re-aktiviert und damit ins kulturelle Gedächtnis eingeschrieben werden, scheint dieser Prozess bei Leni Riefenstahl bereits abgeschlossen zu sein. In vielen Texten fällt ihr Name wie nebenbei, die Kenntnis ihrer Biografie, ihrer filmischen Ästhetik sowie der Mitschuld-Debatte wird vorausgesetzt, wie etwa im Bericht über die Verleihung des Kandinsky-Preises an Alexej Beljajew-Gintow: „Beljajew-Gintow ist ein Gegner zeitgenössischer Kunst. Er hätte einen Leni-Riefenstahl-Preis verdient, aber keine Auszeichnung, die nach einem so modernen Künstler wie Kandinsky benannt ist."[27] Auch andere Autoren, darunter z. B. Elisabeth Bronfen, attestieren, dass Riefenstahl bzw. ihre Filme bereits in die moderne Popkultur integriert sind.[28] Darüber hinaus muss berücksichtigt werden, dass die Regisseurin auch nach 1989 bis zu ihrem Tod 2003 nahezu durchgehend in den Medien präsent war. Gewissermaßen kann ihre Biografie also gleichzeitig als Inhalt des kulturellen und des kommunikativen Gedächtnisses klassifiziert werden.

In journalistischen Texten wird Riefenstahls Biografie oft auf zwei Episoden reduziert: ihre Rolle als ‚Hitlers Regisseurin' sowie ihre Verweigerung nach dem Weltkrieg, eine gewisse Mitschuld einzusehen bzw. einzugestehen. Oft kommentieren die Autoren Riefenstahls mediale Selbstinszenierung, vor allem durch die *Memoiren,* und enttarnen diese als stark geschönte Version des außergewöhnlichen Lebenslaufs, wenn nicht gar als Lüge und Erfindung.[29] Darauf aufbauend liefern sie eine konkurrierende Erinnerungsversion, in der sie die Regisseurin eher negativ, als „Monument des Starrsinns und der Uneinsichtigkeit"[30] prä-

---

27 Armer Kandinsky. In: Der Spiegel. 2008, Nr. 52, S. 125.
28 Vgl. Elisabeth Bronfen: Die zerkratzte Schallplatte. In: Die Zeit. o. D., o. S. Vgl. auch: Hart wie Riefenstahl. In: Focus. 2002, Nr. 34, o. S.
29 Vgl. z. B. Hart wie Riefenstahl. In: Focus. 2002, Nr. 34, o. S.; Jens Jessen: Triumph des Willens über das Gewissen. In: Die Zeit. 11.9.2003, Nr. 38, o. S.; Michael Kloft: Der blaue Beton. In: Der Spiegel. 2002, Nr. 4, S. 34 f. Interessant ist, dass in den vorliegenden Texten zu Hanna Reitsch an keiner Stelle auf ihre Autobiografie verwiesen wird, die ebenso als Verteidigungsschrift gelesen werden kann wie Riefenstahls *Memoiren.*
30 Jens Jessen: Triumph des Willens über das Gewissen. In: Die Zeit. 11.9.2003, Nr. 38, o. S.

sentieren.[31] In den vorliegenden Zeitungs- und Zeitschriftentexten fällt nun auf, dass einige Autoren wiederum auf diesen Aspekt der Fremdinszenierung rekurrieren und in der Abkanzelung als Unverbesserliche eine mediale Funktionalisierung der Frauenbiografie erkennen – so z. B. Alice Schwarzer:

> 70 Jahre Arbeit, davon drei Monate im Dienste Hitlers – und sie gilt lebenslang als Nazi-Künstlerin. Nach 1945 wurde sie zwar restlos „entnazifiziert", aber trotzdem an den Pranger gestellt. Die Verfolgung dieser einen Frau wurde vor allem in Deutschland zu einer Hexenjagd, die bis heute andauert. Dabei hat die eine sich nicht mehr – aber auch nicht weniger – zuschulden kommen lassen als Millionen Deutsche ihrer Generation auch: ihre Faszination für den Führer, ihr Wegsehen bei den Opfern, ihre Verdrängung. Warum aber wird gerade Riefenstahl zum Symbol für nicht geleistete Trauerarbeit?[32]

Elke Schmitter zitiert in ihrem Artikel den Riefenstahl-Biografen Jürgen Trimborn, der „in der Filmkünstlerin eine »brauchbare Symbolfigur«, mit deren Beschuldigung die Gesellschaft sich entschuldete",[33] sah, und legt so ebenfalls die Funktionalisierung offen.

Ausgehend von dieser Erkenntnis rücken einige Autoren von der Dämonisierung Riefenstahls ab und schlagen einen versöhnlicheren Ton an. Sie erkennen zumindest die künstlerische Leistung an, manchmal auch ihre Leistung als starke Frau in einer Männerdomäne und legitimieren damit eine Heroisierung in Ansätzen. Während jedoch die anderen Technikpionierinnen zu Gründungsmythen unserer Gesellschaft stilisiert werden, scheint eine derartige Bewertung als positives Vorbild, dessen Erbe wir antreten, in Riefenstahls Fall unmöglich: „Sie galt als Jahrhundertgenie – und da legen wir besondere Maßstäbe an. [...] Denn wie sollen sich die Ansprüche an uns alle retten lassen, wenn selbst die Größten, die Ausnahmen ihnen nicht genügen?"[34] Eine endgültige Inszenierung als Heldin ohne negativen Beigeschmack

---

31   Zu dieser Funktionalisierung tendierten auch schon Texte vor 1989, die hier nicht berücksichtigt werden.
32   Alice Schwarzer: Propagandistin oder Künstlerin? In: Emma. Januar/Februar 1999, S. 32–47.
33   Elke Schmitter: Triumph des Widerwillens. In: Der Spiegel. 2002, Nr. 34, S. 157 f., hier 157.
34   Ebd., S. 158.

scheint also trotz all der nachträglichen Anerkennung derzeit unmöglich.

7.2 Biografische Inszenierung

Ein wichtiger Teilbereich der gegenwärtigen Inszenierung der Technikpionierinnen sind biografische Texte. Zu den Fliegerinnen existieren keine ausführlichen Biografien, sondern lediglich einige kürzere, separat oder in Sammelbänden publizierte Texte,[35] die sich für eine ausführliche Analyse biografischer Fremdinszenierung in diesem Zusammenhang wenig eignen und im folgenden ausgeklammert werden. Über Annemarie Schwarzenbach und Leni Riefenstahl liegen dagegen gleich mehrere längere Biografien vor, von denen ich jeweils eine ausführlich analysiere.

In Kapitel 7.2.1 widme ich mich Jürgen Trimborns Biografie *Riefenstahl. Eine deutsche Karriere* (2002), die das Leben der Regisseurin umfassend beschreibt und sich im Gegensatz zu den anderen Publikationen nicht von vornherein auf bestimmte Aspekte konzentriert.[36] Kapitel 7.2.2 liegt Alexis Schwarzenbachs *Auf der Schwelle des Fremden. Das Leben der Annemarie Schwarzenbach* (2008/2011) zugrunde. Im Vergleich

---

35 Vgl. Anna Maria Sigmund: Hanna Reitsch. In: Dies.: Die Frauen der Nazis II. Wien: Ueberreuter 2000, S. 127–159; Anna Maria Siegmund: Leni Riefenstahl. In: Dies.: Die Frauen der Nazis. Wien: Ueberreuter 1998, S. 99–117; Gertrud Pfister: Marga von Etzdorf – der Flug ist ihr Leben wert. In: Dies.: Fliegen – ihr Leben. Die ersten Pilotinnen. Berlin: Orlanda Frauenverlag 1989, S. 156–163; Ernst Probst: Marga von Etzdorf. Die tragische deutsche Fliegerin. München: GRIN 2010. Es sei erwähnt, dass von Thomas Medicus eine ausführlich Biografie über Melitta von Stauffenberg vorliegt, deren Fall jedoch nicht zur in dieser Arbeit berücksichtigten Auswahl an Technikpionierinnen gehört (Thomas Medicus: Melitta von Stauffenberg. Ein deutsches Leben. 2. Aufl. Berlin: Rowohlt Berlin 2012).

36 Ausgeklammert werden demnach folgende Biografien: Rainer Rothers *Leni Riefenstahl. Die Verführung des Talents* (2002) – die erste in Deutschland publizierte Riefenstahl-Biografie, die sich dem Thema aus filmwissenschaftlicher Perspektive nähert; Mario Leis' Biografie aus dem Jahr 2009, die sich weitgehend auf die vorhergehenden Publikationen von Rother und Trimborn stützt; Lutz Kinkels *Die Scheinwerferin* (2002), in der der Autor Riefenstahls „Beziehungen zu Hitler und Goebbels, ihre Rolle als Frau und ihre Position zum NS-Rassismus" (Kinkrl 2002, S. 9) fokussiert; Ilse Collignongs *„Liebe Leni"* (2003) – eine Schilderung der schwierige Beziehung der Autorin zu ihrer Schwägerin Leni Riefenstahl; die Doppelbiografie *Dietrich & Riefenstahl* (2011) von Karin Wieland sowie der Bildband *Leni Riefenstahl. Fünf Leben: Biografie in Bildern* (2000), den Angelika Taschen in enger Zusammenarbeit mit der Regisseurin erstellt hat.

zu den anderen Schwarzenbach-Biografien von Charles Linsmayer[37] und Areti Georgiadou[38] wählt der Großneffe der Reisejournalistin eine persönliche Perspektive, was den Text besonders aus erinnerungstheoretischer Perspektive interessant macht.[39] In Kapitel 7.2.3 beschäftige ich mich schließlich mit Michael Winters Romanbiografie *PferdeStärken. Die Lebensliebe der Clärenore Stinnes* (2001).

Ausgehend von den drei grundlegenden Verfahren der Aneignung von Vergangenheit – Selektion, Konstruktion und Gegenwartsbezug[40] – soll mit den folgenden Textanalysen untersucht werden, wie die Autoren an die Lebensgeschichte der Technikpionierinnen erinnern. Inszenierungsstrategien kommen zum Einsatz, wie gehen die Autoren mit früheren Texten der (Selbst-)inszenierung um, und werden die Frauen auch hier funktionalisiert, also als Mythen im Barthesschen Sinne etabliert?

7.2.1 Jürgen Trimborn: *Riefenstahl. Eine deutsche Karriere*

Im Gegensatz zu vielen anderen Technikpionierinnen der Weimarer Republik und des Dritten Reiches geriet Leni Riefenstahl nach Kriegsende nicht in Vergessenheit, sondern blieb nahezu durchgehend in den Medien präsent, vor allem durch die anhaltende Diskussion um ihre mögliche Mitschuld an den Verbrechen der Nationalsozialisten bzw. ihre Weigerung, eine solche einzugestehen, aber auch dank verschiedener juristischer Prozesse, ihrer weiteren Karriere als Fotografin sowie ihrer *Memoiren*. Die Biografen wählen in diesem Fall also keine unbekannte Biografie aus, sondern eine viel diskutierte Lebensgeschichte, die zum Zeitpunkt der Publikation noch als Inhalt des kommunikativen Gedächtnisses verhandelt wurde und z. T. schon ins kulturelle Gedächt-

---

37 Charles Linsmayer: Annemarie Schwarzenbach. Ein Kapitel tragische Schweizer Literaturgeschichte. Frauenfeld/Stuttgart/Wien: Verlag Huber 2008.
38 Areti Georgiadou: „Das Leben zerfetzt sich mir in tausend Stücke". Annemarie Schwarzenbach. Eine Biographie. Frankfurt/New York: Campus 1995.
39 Alexandra Lavizarri konzentriert sich in ihrer Biografie auf ein Detail aus Annemarie Schwarzenbachs Leben, die Beziehung zur amerikanischen Schriftstellerin Carson McCullers, und ist damit für die Analyse eher uninteressant.
40 Vgl. Astrid Erll: Biographie und Gedächtnis. In: Christian Klein (Hg.): Handbuch Biographie. Methoden, Traditionen, Theorien. Stuttgart/Weimar: Metzler 2009, S. 79–86, hier 82.

nis eingegangen war.[41] Doch das am Anfang jedes biografischen Erinnerungsprozesses stehende Verfahren der Selektion betrifft nicht nur die Auswahl der Person als solcher, sondern auch die Entscheidung, welche Aspekte der Biografie im Text hervorgehoben und welche vielleicht ganz weggelassen werden. Während viele Autoren sich auf Riefenstahls Karriere als Regisseurin konzentrieren und die Lebensgeschichte dadurch auf einen wesentlichen Aspekt reduzieren, versucht Jürgen Trimborn, ein möglichst umfassendes und detailgenaues Bild der Biografierten zu entwerfen. Basierend auf dieser Auswahl des Stoffes konstruiert der Autor Riefenstahls Lebensgeschichte.[42]

Im Prolog erläutert der Autor sein Vorhaben:

> Bereits bekannte, aber auch bislang noch unveröffentlichte Quellen widerlegen in vielfacher Hinsicht die Darstellungen der Künstlerin, die nach den intensiven Nachforschungen teils signifikanten Korrekturen unterzogen werden müssen. Dabei soll die Diskrepanz zwischen dem, was sich tatsächlich ereignet hat, und dem, was die Legende um die Person Leni Riefenstahl ausmacht, offengelegt werden. [B.LR 17 f.]

Trimborns Auseinandersetzung mit Riefenstahls Biografie kann folglich als Dekonstruktion verstanden werden, da der Autor seinem Text verschiedene andere Versionen der Lebensgeschichte zugrundelegt, diese betrachtet und darauf aufbauend seine eigene Version formuliert. Er zieht verschiedene Quellen heran und diskutiert, welche der kursierenden Varianten der Ereignisse die wahrscheinlichste ist, so z. B. im Kapitel über die *Olympia*-Uraufführung. Riefenstahls Erzählung, wie es zum Premierentermin an Hitlers Geburtstag kam – eine angebliche Notlösung, da das Studio den Film aufgrund des Anschlusses Österreichs nicht wie geplant im Frühjahr, sondern erst im Herbst zeigen wollte –, bezeichnet der Autor als Lüge: „Diese Version, die als Musterbeispiel Riefenstahlscher Geschichtsklitterung angesehen werden kann, ist falsch." (B.LR 263)

---

[41] Konkreter Anlass der biografischen Auseinandersetzung mit Leni Riefenstahl dürfte ihr 100. Geburtstag im Jahr 2002 gewesen sein, da rund um diesen Termin gleich mehrere Biografien erschienen sind (vgl. die Einleitung zu diesem Kapitel).

[42] Jürgen Trimborn: Riefenstahl. Eine deutsche Karriere. Berlin: Aufbau 2002. Im Folgenden zitiert als B.LR.

Dass Riefenstahl Hitler nicht wie behauptet in Innsbruck getroffen haben konnte, um ihn zu überreden, eine Filmpremiere im Frühjahr zu unterstützen, hatte bereits die Historikerin Anna Maria Siegmund bewiesen, doch auch deren Version übernimmt Trimborn nicht:

> Die Historikerin übersah jedoch, daß sich Hitler schon kurze Zeit später wieder nach Österreich begab und wegen der bevorstehenden Wahl [...] in vielen Österreichischen Städten, unter anderem auch in Innsbruck, sprach. In dieser Zeit, in der ersten Aprilwoche, muß auch das Treffen mit Riefenstahl stattgefunden haben. Als Riefenstahl Anfang April mit Hitler in Innsbruck zusammentraf, hatte die Presse die Uraufführung von *Olympia* längst für den April angekündigt, allerdings nicht für »Führers Geburtstag«, sondern für den 19. April. Bei der Unterredung kann es Riefenstahl folglich nur noch darum gegangen sein, die Premiere um einen Tag auf den prestigeträchtigeren Termin zu verschieben. [B.LR 264]

Ähnlich geht der Autor auch an anderen Stellen vor, z. B. in den Kapiteln über den Regisseur Zielke (vgl. B.LR 251) oder über den Końskie-Vorfall (vgl. B.LR 289 ff.).

Die wichtigste Grundlage für dieses dekonstruierende Verfahren sind die *Memoiren* und das von Riefenstahl selbst geschaffene Bild ihrer Person. So fragt der Biograf am Anfang seines Textes: „Was ist wahr an der Lebensgeschichte, die sie erzählt, wie vielfältig sind die Korrekturen, die sie vorgenommen hat, um ein bestimmtes Bild von sich zu zeichnen?" (B.LR 14)[43] Immer wieder kommentiert Trimborn die Selbstheroisierung und präsentiert diese als Lüge, Legendenbildung oder Mythisierung. Er erläutert, wie die Regisseurin ihren Lebenslauf schönt, indem sie z. B. Kritiken falsch oder verkürzt zitiert (vgl. B.LR 49, 55) und Fakten verdreht, bis sie selbst in besserem Licht steht (vgl. z. B. B.LR 242). Es ließen sich noch zahlreiche andere Textstellen anführen, mit denen Trimborn die *Memoiren* widerlegt. So wie die „harmonisierende Verklärung der Vergangenheit [...] einen Leitfaden in allen Selbstzeugnissen

---

43 Dabei ist dem Autor bewusst, dass manche Informationen nur in Riefenstahls persönlicher Beschreibung vorliegen oder nur im Gespräch mit ihr zu ermitteln wären, sodass sich ein gewisser Einfluss der Biografierten auf die Darstellung nicht vermeiden lässt: „Leider existieren zu vielen Abschnitten ihres Lebens außer ihren eigenen Bekundungen keine verläßlichen Aussagen, auf die man sich stützen kann, um ihre Selbstdarstellung zu verifizieren." (B.LR 17)

Leni Riefenstahls" (B.LR 29) bildet, zieht sich die Dekonstruktion der Selbstinszenierung durch die gesamte Biografie.

Darauf aufbauend konstruiert Trimborn seine eigene Version der Lebensgeschichte. Er folgt dabei dem klassischen chronologischen Aufbau, beginnend mit einigen Seiten zu „Kindheit und Jugend" (B.LR 21 ff.) der Regisseurin bis hin zu ihren Plänen, zu ihrem 100. Geburtstag einen neuen Film zu veröffentlichen (vgl. B.LR 501 f.). Die Kapiteleinteilung verrät eine gewisse ‚dramatische Überformung': auf „Aufstieg" und „Ruhm" folgen „Fall" und „Neubeginn" sowie im Epilog schließlich „Renaissance und Rehabilitation" der Biografierten. Trimborn versucht damit, eine hundertjährige Lebensgeschichte als abgeschlossene Erzählung zu präsentieren. Als Höhepunkt derselben bezeichnet er Riefenstahls Tätigkeit als Regisseurin, insbesondere ihre Auftragsarbeiten für Hitler. So heißt es: „Von daher ist das Verhältnis Riefenstahls zum Diktator auch der Dreh- und Angelpunkt in der Lebensgeschichte der Filmemacherin" (B.LR 142) und „[d]er Film [*Triumph des Willens*, Anm. KK] wurde zum Dreh- und Angelpunkt in Riefenstahls Biographie" (B.LR 200).

Nachdem sie mit dem zweiten Reichsparteitagsfilm den „Gipfel des Ruhms" (B.LR 222) erreicht hat, kommt der Zusammenbruch des Dritten Reichs einer persönlichen Katastrophe gleich: „Ihr bisheriges Leben wurde mit einem Mal völlig in Frage gestellt, wieder und wieder konfrontierte man sie mit Fragen zu ihrer Vergangenheit im Dritten Reich." (B.LR 381) Es folgen zahlreiche Versuche, die Karriere als Filmemacherin weiterzuführen, und letztlich ein „Neubeginn" als Fotografin. Schließlich findet die Lebensgeschichte in Trimborns Darstellung ein versöhnliches Ende in der „Renaissance und Rehabilitation", wenn auch nicht ohne kritischen Blick auf diese Wendung. So schreibt der Autor, das Interview mit dem einstigen Riefenstahl-Kritiker Hilmar Hoffmann

> markiert [...] den vorläufigen Schlußpunkt einer Entwicklung, die Anfang der neunziger Jahre auch in Deutschland begann und die als höchst problematisch betrachtet werden muß – wenngleich die Riefenstahl-Renaissance auch durchaus positive Aspekte mit sich brachte: Daß Riefenstahls Werk heute unvorbelasteter als in den vergangenen Jahrzehnten diskutiert wird, daß die Auseinandersetzung mit ihren Filmen und Fotos kein Tabu mehr darstellt, ist zweifellos begrüßenswert. (B.LR 504 f.)

In Ansätzen lässt die Biografie also eine traditionelle Plotstruktur erkennen und erfüllt damit die „erinnerungskulturell geprägten Erwartungen der Rezipienten";[44] Parallelen zu Campbells Heldenreise finden sich darüber hinaus allerdings nur wenige: Wie auch in anderen hier analysierten Texten lassen sich Probleme und Schwierigkeiten als Prüfungen des Helden interpretieren; außerdem präsentiert Trimborn Hitler in den entsprechenden Kapiteln als typischen Verbündeten (vgl. Vogler 2007, S.71 ff.), der der Protagonistin in verschiedenen Situationen zur Seite steht (vgl. B.LR 181, 255, 258, 323).

Wie in den gegenwärtigen journalistischen Texten fällt auch bei der Analyse von Trimborns Biografie auf, dass eine endgültige positive Heroisierung Riefenstahls nicht möglich ist. Gleich zu Beginn verweist der Autor auf die verschiedenen Extreme in der Beurteilung der Regisseurin: „Den einen gilt Leni Riefenstahl als geniale Filmschaffende, den anderen als Künstlerin, die sich durch ihre Arbeiten für Hitler auf einen Pakt mit dem Bösen eingelassen hat." (B.LR 11) Er selbst möchte sich nicht von vornherein auf einen der beiden Pole – Riefenstahl als „Unperson" bzw. als „geniale Regisseurin [...], die mit normalmenschlichen Maßstäben nicht zu messen sei" (B.LR 14) – festlegen, sondern sich dem Thema möglichst objektiv nähern (vgl. ebd.). Dennoch finden sich im Text verschiedene Inszenierungsstrategien, die einer ‚neutralen' Sichtweise entgegenwirken.

So nutzt der Autor an manchen Stellen bekannte Heroisierungsstrategien, z. B. die Zuschreibung positiver Eigenschaften wie Ausdauer und Durchhaltevermögen (vgl. B.LR 82), „Beharrlichkeit, Selbstbewußtsein und [...] Durchsetzungsvermögen" (B.LR 104). Auch Riefenstahls besondere „Energie" (B.LR 111), die ihre Arbeitsweise prägt und sich noch im hohen Alter zeigt (vgl. B.LR 431, 456 f.). kann als heroische Eigenschaft klassifiziert werden. Gleiches gilt für ihren Pioniergeist und das Streben nach technischer und künstlerischer Innovation. So heißt es z. B. über *Olympia*: „Riefenstahl schuf in vielfacher Hinsicht vollkommen neue, unübertroffene Bilder und etablierte die bis heute geltenden Standards der modernen Sportberichterstattung, so daß *Olympia*, egal wie man ihn vor dem historischen Hintergrund oder hinsichtlich seiner

---

[44] Erll 2009, S. 84.

politischen Dimension bewerten mag, unbestritten als ästhetischer Meilenstein der Filmgeschichte gelten kann" (B.LR 246).[45]

Darüber hinaus betont Trimborn mehrfach die Exzeptionalität der Biografierten, die sowohl als Schauspielerin als auch als Regisseurin Außergewöhnliches leistet. Vor allem ihr Wechsel hinter die Kamera beeindruckt in der Retrospektive: „Als Riefenstahl sich mit dem *Blauen Licht* anschickte, als Produzentin, Regisseurin, Drehbuchautorin, Cutterin und Hauptdarstellerin ihren Platz in der Filmgeschichte zu sichern, stellte sie eine absolute Ausnahmeerscheinung dar. Mit ihrem Regiedebüt wurde Riefenstahl zur ersten Filmregisseurin in Deutschland" (B.LR 102).[46] Mehrfach führt der Autor Zahlen an, um die Dimensionen des bemerkenswerten Erfolgs zu verdeutlichen, z. B. Riefenstahls Gage für *Olympia*: „Nachdem sich abzeichnete, daß der Film ein internationaler Erfolg werden würde, erhöhte man die Gage Riefenstahls auf exorbitante 400 000 Reichsmark. Dies war ein absolutes Spitzenhonorar im nationalsozialistischen Filmschaffen." (B.LR 243) Darüber hinaus präsentiert er Riefenstahl als Schöpferin eines einflussreichen cinématographischen Werks: „*Triumph des Willens* ist wahrscheinlich das meistzitierte Werk der Filmgeschichte. Keine Dokumentation über den Nationalsozialismus kommt heute ohne Bilder aus diesem Film aus, kein anderer Film hat unsere visuelle Vorstellung, was Nationalsozialismus war, so tief geprägt wie er." (B.LR 199 f.)

Schließlich geht Trimborn auch auf einige Episoden ein, in denen Riefenstahl ihre Sonderstellung im Dritten Reich nutzt, um sich für andere einzusetzen, z. B. um ihre Mitarbeiter nach Kriegsausbruch vor dem Militärdienst zu bewahren (vgl. A.LR2 355). In der Tatsache, dass Riefenstahl auch einigen politischen Verfolgten half (vgl. B.LR 374), sieht der Autor einen Widerspruch, der darauf hinweist, dass Riefenstahls Biografie nicht eindeutig positiv oder negativ zu bewerten ist: „Daß Leni Riefenstahl einerseits mit dem Regime kooperierte und

---

45 Ähnliche Kommentare finden sich auch an anderen Stellen (vgl. B.LR 105, 190, 245).
46 Generell gendert Trimborn seine Biografie kaum; nur an wenigen Stellen hebt er Riefenstahls geschlechtsbedingte Ausnahmeposition hervor (vgl. B.LR 75, 181, 200). Dass das Geschlecht auch die Riefenstahl-Rezeption in der Nachkriegszeit beeinflusst haben dürfte, erwähnt der Autor (vgl. B.LR 451), geht aber nicht näher darauf ein – anders als Rainer Rother, der in seiner Biografie ausführlich argumentiert, dass sowohl die Karriere als auch die Nachwirkung der Regisseurin einen anderen Verlauf genommen hätte, wenn sie keine Frau gewesen wäre (vgl. z. B. Rother 2001, S. 134).

Filme für den »Führer« drehte, andererseits aber einzelnen Verfolgten half, gehört wohl zu den Widersprüchlichkeiten ihres Lebens, deren ganze Dimension sich rückblickend nur schwer rekonstruieren läßt." (B.LR 375)

Zudem schildert Trimborn verschiedene Situationen, in denen die Hilfsbereitschaft ins Gegenteil umschlägt, wie etwa im Fall Willy Zielkes. Riefenstahl engagierte den Regisseur für den *Olympia*-Prolog, obwohl dieser nach seinem Film *Das Stahltier* in konservativen politischen Kreisen in Ungnade gefallen war. Ihrer Behauptung, sie habe sich auch dann um den Kollegen gekümmert, als dieser einen Nervenzusammenbruch erlitt, stellt Trimborn Zielkes Aussage gegenüber:

> Die Regisseurin, so vermutete Zielke, habe ihn aus dem Weg räumen lassen, weil sie sich seiner Aufnahmen für den Prolog bedienen wollte, ohne den Erfolg mit ihm teilen zu müssen: »Da sie maßlos eitel und krankhaft ehrgeizig war, wollte sie nur allein glänzen, bewundert werden und als die einmalige Erscheinung im deutschen Filmwesen gelten. Deshalb passte es ihr nicht, daß sie den Verdienst an diesem Film mit einem Zielke teilen sollte.« [B.LR 253]

Statt als hilfsbereite Künstlerin zeigt der Autor Riefenstahl so als rücksichtslose Karrieristin, die „weder zu Kompromissen bereit war noch jemanden neben sich duldete" (B.LR 254).

Tatsächlich überwiegen im gesamten Text nicht die zuvor geschilderten heroisierenden Elemente, sondern, die kritischen Blicke auf Riefenstahls Charakter. Es finden sich zahlreiche Episoden und Einschätzungen, die negative Züge der Regisseurin akzentuieren. Im Fokus steht dabei besonders das eben schon angesprochene, auf den eigenen Vorteil bedachte Karrierestreben (vgl. z. B. B.LR 121, 155, 157, 162 f., 206, 315) und eine damit verbundene generelle Rücksichtslosigkeit gegenüber Konkurrenten und Kollegen. Über die Dreharbeiten zu *Triumph des Willens* berichtet Trimborn:

> Daß sie im »Auftrag des Führers« filme, ließ sie dabei jeden wissen und benutzte dieses Privileg bedenkenlos auch als Druckmittel. Wenn sich etwa Kameraleute, die sie einzusetzen beabsichtigte, gegen das Engagement sträubten, wandte sie sich, einen Boykott ihres »Führerauftrags« unterstellend, an die entsprechenden Behörden. Daß sie Menschen durch eine derartige Denunziation in ernsthafte Gefahr brachte, mußte ihr bewußt sein. [B.LR 209]

Ähnlich eigennützig verhält die Regisseurin sich auch während der olympischen Spiele. Wie Trimborn anhand eines Zitats des Autors Curt Riess zeigt, schert Riefenstahl sich nicht darum, ob die Dreharbeiten Sportler, Pferde oder Zuschauer beeinflussten oder störten (vgl. B.LR 256). Mit Riefenstahls rücksichtslosem Egoismus geht mitunter auch eine gewisse Profitgier einher, die Trimborn z. B. im Zusammenhang mit den Nuba-Bildbänden erkennt und anprangert. Mit ihren Fotoarbeiten und der folgenden öffentlichen Aufmerksamkeit für das afrikanische Volk habe sie selbst zur Zerstörung der ursprünglichen Stammeskultur beigetragen, dies jedoch nie als Konsequenz des eigenen Handelns reflektiert (vgl. B.LR 439).

Zusätzlich zu den bisher zitierten Passagen unterstützen auch diverse Textstellen, in denen Trimborn auf die antisemitische Haltung der Regisseurin verweist, den negativen Eindruck von ihrem Charakter; so habe sie beispielsweise jüdische Journalisten beschuldigt, mit deren Verrissen zu *Das blaue Licht* ihre Karriere als angehende Regisseurin zu ruinieren (vgl. B.LR 125). In den meisten Fällen resultiert dieser Antisemitismus aus einem dem Karrierestreben geschuldeten Opportunismus. So ist sie Trimborn zufolge zwar kein Mensch „der auch nur im entferntesten befürwortete, daß der Antisemitismus der Nazis in einem Völkermord gipfelte, aber doch zumindest [eine] Frau, die nicht zuletzt aufgrund ihrer persönlichen Vorbehalte gegen Juden von deren Ausgrenzungen im deutschen Kulturbetrieb zu profitieren hoffte." (B.LR 362) Die Regisseurin, so der Biograf, sucht die Nähe zu den Machthabern, um sich Protektion und Förderung zu sichern. Auch wenn sie nicht als Apologetin der nationalsozialistischen Ideologie auftritt, unterstützt sie das Regime doch durch ihre öffentliche Zustimmung (vgl. V.LR2 366).

Trimborn typisiert Riefenstahl in seiner Biografie also nicht als rein positiv besetzte Heldin, sondern schreibt seiner Protagonistin durchaus negative Charaktereigenschaften zu. Darüber hinaus widerlegt er kontinuierlich einzelne Behauptungen Riefenstahls und relativiert dadurch die heroisierenden Aspekte ihrer Selbstdarstellung, etwa die Legende um ihr Debüt als Schauspielerin:

> Sokal gab Riefenstahl zuliebe seine Bankkarriere bei der Österreichischen Kreditanstalt in Innsbruck auf, stieg ins Filmgeschäft ein und

kaufte 1925 Arnold Fancks vor dem Ruin stehende Freiburger Berg- und Sportfilm GmbH mitsamt der Kopieranstalt, um die Firma gemeinsam mit der Ufa zu sanieren. [...] Nicht unwahrscheinlich ist, daß gerade dieses taktische Vorgehen der Grund für Fanck war, die Tänzerin zu engagieren und ihren Namen schließlich sogar vor dem Trenkers auf die Plakate schreiben zu lassen. Riefenstahls Einstieg bei Fanck wäre insofern nicht, wie von ihr suggeriert, allein durch ihr eigenes, »unbändiges Wollen« und ihr Engagement erreicht, sondern durch überzeugende finanzielle »Argumente« ihres gutmütigen Förderers Sokal forciert worden. [B.LR 69]

Ebenso sieht Trimborn keine Belege für die angebliche Feindschaft zu ihrem – angeblich – größten Widersacher Joseph Goebbels (vgl. B.LR 165).

Der Autor nutzt folglich die oben bereits geschilderte dekonstruktive Vorgehensweise, um das heroische Selbstbild der Regisseurin zu zerlegen und durch ein anderes, nicht idealisiertes Image zu ersetzen. So urteilt Trimborn am Ende des Textes:

Die nähere Beschäftigung mit Leni Riefenstahls Biografie liefert den Beweis, daß die Art und Weise, wie Riefenstahl ihre Karriere im Dritten Reich vorangetrieben hat, in welchem Ausmaß sie Privilegien genossen, Forderungen gestellt hat, mit welcher Kompromißlosigkeit sie gegen Menschen vorgegangen ist, die sich ihr in den Weg stellten, moralisch in höchstem Maße bedenklich ist. [B.LR 455]

Die Dekonstruktion kann in diesem Sinne also als De-Heroisierung verstanden werden.

Aus erinnerungstheoretischer Sicht heißt das, dass Trimborn mit seinem Text eine Gegen-Erinnerung etabliert, indem er eine bestehende Vergangenheitsversion umschreibt.[47] Er operiert also im antagonistischen Modus[48] und macht Riefenstahl so die Erinnerungshegemonie über ihre eigene Lebensgeschichte streitig.[49] Des Weiteren lassen sich aber auch Darstellungsmittel des erfahrungshaftigen und des monumentalen Modus erarbeiten, beispielsweise in Trimborns Rekurs auf

---

47 Vgl. Erll 2011, S. 215.
48 Vgl. ebd., S. 212.
49 Zusätzlich bezieht er auch noch weitere Erinnerungsmedien ein, z. B. Ray Müllers Dokumentarfilm *Die Macht der Bilder* (vgl. B.LR 362) oder Margarete Mitscherlichs Text *Über die Mühsal der Emanzipation* (vgl. B.LR 410).

Medien des kommunikativen Gedächtnisses. Die einleitende Textpassage wirkt, als betrachte der Autor eine Reihe von Fotografien:

> Leni Riefenstahl, mit verzücktem Gesichtsausdruck exaltierte Bewegungen ausführend – *die Tänzerin*. Leni Riefenstahl, barfuß und unerschrocken eine steile Gebirgswand hinaufkletternd – *der Bergfilmstar*. Leni Riefenstahl, die selbstbewußt einem Heer von Kameramännern Anweisungen gibt – *die Regisseurin*. Leni Riefenstahl bei Dreharbeiten, lachend neben Adolf Hitler – *die Karrieristin*. Leni Riefenstahl, wild gestikulierend bei einem Gerichtsprozeß in der Nachkriegszeit – *die Angeklagte*. Leni Riefenstahl mit einer Fotokamera an der Seite eines hochgewachsenen Nuba-Kriegers – *die Fotografin*. Leni Riefenstahl, die als älteste Tiefseetaucherin der Welt dem Indischen Ozean entsteigt – *die Ikone*. Leni Riefenstahl, hochbetagt, bei der Eröffnung einer ihr gewidmeten Retrospektive in Rom, Tokio oder Potsdam – *der Mythos*. [B.LR 11]

Zusätzlich finden sich im Buch Fotografien dieser oder ähnlicher Szenen, die Riefenstahls Lebensgeschichte für den Rezipienten ins Jetzt holen; außerdem arbeitet der Autor mit Erinnerungsmedien wie Briefen (B.LR 369) oder Zeitzeugenaussagen (z. B. B.LR 148, 180, 220, 241). Besonders die Wiedergabe aktueller (journalistischer) Diskussionsbeiträge zu Riefenstahl (vgl. z. B. B.LR 453) verdeutlicht, dass die Biografie der Regisseurin auch aktiv im kommunikativen Gedächtnis der Gesellschaft verhandelt wird.

Andere Elemente tendieren dagegen eher zum monumentalen Erzähl- und Erinnerungsmodus, da sie auf einen kulturellen Fernhorizont verweisen.[50] Vielfach referiert der Autor den historischen Kontext, wie etwa die Entwicklung des Mediums Film, die zeitgeschichtliche Bedeutung des Bergfilms (vgl. B.LR 61 ff.) oder das Frauenbild im Nationalsozialismus (vgl. B.LR 138 ff.), und veranschaulicht so, dass die erzählte Lebensgeschichte Teil der Vergangenheit ist. Einen ähnlichen Effekt erzielt Trimborn mit der Einarbeitung von zeitgenössischen Pressetexten oder historischen Dokumenten, wie etwa einem von ihm entdecktem geheimen Schreiben aus dem Propagandaministerium (vgl. B.LR 304). Auch der bereits angedeutete dramatische Aufbau der Biografie, der an die Gattung Tragödie erinnert, die „als high mimetic mode [...] dem kulturellen Gedächtnis zugeordnet"[51] wird, unterstützt den monumentalen

---

50 Vgl. Erll 2011, S. 209.
51 Ebd., S. 205.

Modus. Schließlich finden sich auch in *Riefenstahl. Eine deutsche Karriere* immer wieder Prolepsen, die die übergeordnete Perspektive des Erzählers verdeutlichen, der durch seinen „olympischen Überblick das Erzählte im Fernhorizont der Vergangenheit und Zukunft einer Kultur verorten"[52] kann (vgl. z. B. B.LR 28, 285, 351).

Das Oszillieren zwischen den verschiedenen Modi verdeutlicht Riefenstahls Sonderstellung innerhalb des gesellschaftlichen Gedächtnisses: Während sie noch immer in den Medien präsent ist und aktiv an ihrem eigenen Mythos mitschreibt, fungieren Teile ihres Werks sowie bestimmte Charakterzüge wie ihre Unbelehrbarkeit oder die außergewöhnliche Altersaktivität bereits zu Lebzeiten als Meme. Der Autor artikuliert diese Beobachtung, bezeichnet Riefenstahl als „Faszinosum", „Medienstar" oder „Kultfigur" (B.LR 475) und kommt zu der Einschätzung, „[j]e älter Leni Riefenstahl wurde, desto weiter wurde das vorangetrieben, was Susan Sontag bereits 1974 als die »Beförderung Leni Riefenstahls zum Kulturdenkmal« bezeichnete." (B.LR 468) Trimborn reflektiert also die mediale Inszenierung sowie die öffentliche Wahrnehmung der Biografierten und geht auch darauf ein, dass Riefenstahl in der Vergangenheit in verschiedener Form von den Medien funktionalisiert wurde, etwa als Aushängeschild im Dritten Reich (vgl. B.LR 267), als Symbol der Verdrängung in der Nachkriegszeit (vgl. B.LR 406) oder in bestimmten Kreisen sogar als Emanzipationsikone (vgl. B.LR 477).

Zugleich partizipiert der Autor selbst mit *Riefenstahl. Eine deutsche Karriere* an solchen Fremdinszenierungen und funktionalisiert die Lebensgeschichte der Regisseurin seinerseits. Wie oben erläutert, beginnt der Biograf zwar mit der Absicht, „quasi »bei Null« anzufangen und [sich] so objektiv wie möglich diesem Leben zu nähern" (B.LR 14), lässt jedoch nach und nach immer mehr Wertungen einfließen – manche positiv, der überwiegende Teil eher negativ. Nach eingehender Betrachtung seiner Quellen kommt er zu dem Ergebnis, dass Riefenstahls Fall komplex ist und ihre Lebensgeschichte sich nicht eindeutig einordnen lässt: „Sie war eine große Künstlerin und eine willfährige Propagandistin des NS-Regimes. Sie war eine politisch Naive und hat dennoch in einer höchst politischen Zeit mit politischen Themen Furore gemacht. Sie war nie Parteimitglied der NSDAP und doch eine der glühendsten Ver-

---

52 Ebd., S. 206.

ehrerinnen Hitlers. So komplex und widersprüchlich, wie es die Person Leni Riefenstahl ist, war die öffentliche Diskussion um sie gleichwohl nie." (B.LR 454) Trimborn argumentiert also, dass eine Komplexitätsreduktion im Fall Riefenstahl, wie sie sowohl die Apologeten als auch die Dämonisierer vornehmen, aufgrund der Faktenlage nicht möglich sei.

Dadurch funktionalisiert er Riefenstahls Biografie zumindest indirekt: Die Lebensgeschichte der Regisseurin, einschließlich ihrer Selbst- und Fremdinszenierungen, wird zum Appell gegen den vereinfachenden Umgang mit komplexen, widersprüchlichen Lebensläufen und warnt davor, kursierenden Mythen vorschnell zu ‚verfallen' und deren Hintergründe nicht mehr zu hinterfragen.[53] So schließt Trimborn seine Biografie mit den Worten:

> Gerade die Verwässerung der Diskussion um Leni Riefenstahl macht ein genaueres Hinschauen, eine neue, sorgfältige Auseinandersetzung mit ihrem Leben, ihrem Werk und ihrer Karriere dringend notwendig. Nur wenn man die Stationen ihres Lebens wie ihrer öffentlichen Wahrnehmung und Rezeption kennt, nur wenn man versucht hat, die Beweggründe ihres Handelns nachzuvollziehen, und auch die Widersprüche ihrer Biographie registriert, verhindert man, daß Menschen unkritisch und unreflektiert der Macht der Bilder erliegen, daß das Faszinosum Leni Riefenstahl ein größeres Gewicht bekommt als die historischen und biographischen Fakten. [B.LR 505]

Riefenstahl. Eine deutsche Karriere erfüllt damit zwei wesentliche Aufgaben der Biografie: „Gedächtnisbildung und Gedächtnisreflexion".[54] Trimborn veranschaulicht zum einen die komplexitätsreduzierende Tendenz der Erinnerung und plädiert zum anderen für einen überlegten Umgang mit Riefenstahls widersprüchlicher Lebensgeschichte, um nicht den Bezug zur Vergangenheit zu verlieren. An seinem Text zeigt sich, „wie Biographie kulturelle Erinnerung konstruiert, tradiert, konso-

---

53 Zu diesem Ergebnis kommt auch Rainer Rother, Autor der filmwissenschaftlich orientierten Biografie *Leni Riefenstahl. Die Verführung des Talents*, den auch Jürgen Trimborn zitiert: „In der neuen Wertschätzung Riefenstahls spielt die Haltung, es nicht so genau erfahren zu wollen, eine merkliche Rolle." (Rainer Rother, zitiert nach B.LR 469) Dieselben Inszenierungstendenzen finden sich also in verschiedenen aktuellen Biografien.
54 Erll 2009, S. 84.

lidiert, aber auch kritisch und selbstreflexiv hinterfragt – und sie dabei unablässig erneuert."[55]

7.2.2 Alexis Schwarzenbach: *Auf der Schwelle des Fremden. Das Leben der Annemarie Schwarzenbach*

Nach ihrem Tod 1942 geriet Annemarie Schwarzenbach weitgehend in Vergessenheit; erst Ende der 1980er Jahre wurden ihre Werke neu verlegt und auch ihre außergewöhnliche Lebensgeschichte von verschiedenen Biografen aufgearbeitet. Sowohl ihre Tätigkeit als Schriftstellerin und Reisejournalistin als auch ihre Teilhabe am intellektuellen Leben der 1930er Jahre machen Annemarie Schwarzenbach zu einer erinnerungswürdigen Person, deren Re-Aktivierung für das Funktionsgedächtnis die Schweizer Kulturgeschichte bereichert. In der jüngsten Publikation *Auf der Schwelle des Fremden. Das Leben der Annemarie Schwarzenbach*[56] beschäftigt sich der Historiker Alexis Schwarzenbach mit dem Leben seiner Großtante.

Wie frühere Biografen zeigt auch er Annemarie als Ausnahmeerscheinung, wählt aber basierend auf seiner Verwandtschaft zur Biografierten eine persönliche Perspektive, die er gleich am Anfang seines Textes verdeutlicht: „Ich selbst hätte sie vermutlich Tante Annemarie genannt, obschon sie eigentlich meine Großtante war. Auch die übrigen Geschwister meines Großvaters Hans Schwarzenbach redete ich so an – Tante Suzanne, Onkel Freddy. In diesem Buch nenne ich sie daher einfach beim Vornamen." (B.AS 6) Schwarzenbach (re-)konstruiert also die Lebensgeschichte eines Familienmitglieds, zugleich aber auch die einer Schriftstellerin und Reisejournalistin und damit einer zeitgenössisch in den bzw. durch die Medien bekannten Person.

Dabei weist *Auf der Schwelle des Fremden* keine der typischen Heroisierungsstrategien auf, d. h., der Autor zeigt Schwarzenbach weder als besonders opferbereite Person, noch schreibt er ihr eine überdurchschnittliche physische oder psychische Stärke zu. Ebenso wenig erscheinen ihre Handlungen als Heldentaten. Dennoch inszeniert der Biograf

---

55 Ebd., S. 80.
56 Alexis Schwarzenbach: Auf der Schwelle des Fremden. Das Leben der Annemarie Schwarzenbach. Überarb. Ausg. München: Collection Rolf Heyne 2001. Im Folgenden zitiert als B.AS.

Schwarzenbach als starkes Individuum, das in verschiedener Hinsicht aus der Menge ihrer Zeitgenossen heraussticht. Die Heroisierung im vorliegenden Text basiert folglich fast ausschließlich auf dem Kriterium der Exzeptionalität der Protagonistin, die der Autor schon mit der einleitenden Passage aufgreift:

> Annemarie Schwarzenbach kam mitten in einem klimahistorischen Ausnahmeereignis zur Welt. »Mit dem Wetterphänomen vom 23. Mai diesen Jahres stehen wir tatsächlich an der Grenze dessen, was in unserem klimatischen Reich an meteorologischen Exzessen überhaupt möglich ist.« Diese Bemerkung machte die Schweizerische Meteorologische Zentralanstalt zum Tag der Geburt einer Frau, deren gesamtes Leben von außergewöhnlichen Zufällen und Begegnungen gezeichnet war. In einem Roman würde eine solche Häufung symbolträchtiger Momente unglaubwürdig erscheinen. In einem tatsächlich erlebten und über weite Strecken erlittenen Leben sind sie freilich nichts mehr, aber auch nichts weniger als bemerkenswerte historische Tatsachen. [B.AS 9]

Das „klimahistorische[] Ausnahmeereignis" – ein plötzlicher Kälteeinbruch mitten im Mai – markiert also den Anfang einer Lebensgeschichte, in der sich derartige schicksalhafte Zufälle und extraordinäre Ereignisse häufen.

Außergewöhnlich, so Alexis Schwarzenbach, ist auch die Herkunft seiner Protagonistin: „Annemaries familiärer Hintergrund ist kaum weniger bemerkenswert als die meteorologischen Umstände ihrer Geburt. Ihre Eltern stammten aus zwei der bekanntesten, einflussreichsten und, im Fall des Vaters, auch vermögendsten Familien der Schweiz." (B.AS 10) In den ersten Kapiteln setzt der Autor sich intensiv mit Annemaries Familie sowie ihrer Kindheit und Jugend auseinander und thematisiert damit die – wie Engelberg und Schleier es in ihrem Beitrag zur Gattung Biografie ausdrücken – „ psychische[n] Voraussetzungen individuellen Verhaltens".[57] Mit dieser genretypischen Vorgehensweise motiviert der Autor die Charakterentwicklung sowie spätere Handlungen und Entscheidungen der Protagonistin. Darüber hinaus zeigt Schwarzenbach so den Ursprung zentraler Konflikte in Annemaries Leben auf, wie vor allem das Verhältnis zu ihrer Mutter Renée Schwarzenbach-Wille.

---

57 Ernst Engelberg u. Hans Schleier: Zu Geschichte und Theorie der historischen Biographie. Theorieverständnis – biographische Totalität – Darstellungstypen und -formen. In: Zeitschrift für Geschichtswissenschaft. 38 (1990), H. 1, S. 195–217, hier 208.

Der mütterliche Einfluss begründe Annemaries liberales Geschlechterverständnis, aber auch die lebenslange Auseinandersetzung mit der eigenen sexuellen Orientierung und der Kampf um deren Akzeptanz in der Familie. Dabei war sie – so der Autor –

> nicht das erste Mädchen in ihrer Familie, das sich eine männliche Identität zulegte. Schon ihre Großmutter Clara Wille wollte als Kind »Offizier« werden und spielte mit ihrem Bruder und seinen Freunden immer nur »Soldatis«. Ihre Mutter Renée Wille nannte sich mit neun »Kavallerieleutnant Franz Wille« und hob die Rechte stolz zum militärischen Gruß, als man sie in einer speziellen Kinderuniform samt Säbel auf dem Pferd ihres Vaters fotografierte. [B.AS 29]

Während jedoch die Mutter selbst ein liberales Geschlechterverständnis lebt und offen eine Beziehung zur Altistin Emmy Krüger pflegte, akzeptiert sie Annemaries Homosexualität nie. Dabei ist die Mutter, wie so viele andere, fasziniert vom androgynen Wesen ihrer Tochter; immer wieder fotografiert sie Annemarie in Jungen- bzw. Männerkleidern, z. B. verkleidet als Page oder Rosenkavalier (B.AS 32).

Auch unabhängig von dieser mütterlichen Obsession kann Annemarie Schwarzenbachs außergewöhnliche Schönheit sowie ihre bemerkenswerte Ausstrahlung als wichtigster Aspekt der biografischen Inszenierung gewertet werden. Gemessen am Anteil der Fotografien in *Auf der Schwelle des Fremden* ließe sich gar von einem biografischen Bildband sprechen: Zahlreiche Fotos zeigen die Schriftstellerin, viele davon aufgenommen von ihrer Mutter, andere von professionellen Fotografen. Auch im Text nimmt Alexis Schwarzenbach immer wieder Bezug auf die Bilder und erzählt einzelne biografische Episoden im Bezug auf bestimmte Fotos (vgl. z. B. B.AS 89).

An verschiedenen Stellen zitiert Alexis Schwarzenbach Zeitgenossen, die sich von Annemaries Äußerem beeindruckt zeigen, wie etwa die Fotografin Marianne Breslauer: „Ich weiß nicht mehr, wann es genau war, dass sie [Ruth Landshoff-Yorck. Anm. KK] mit Annemarie vorbeikam, doch ist mir noch lebhaft gegenwärtig, wie mich bei ihrem ersten Anblick schier der Schlag traf. Denn Annemarie war – ich muss es immer wieder sagen – das schönste Lebewesen, dem ich je begegnet bin." (B.AS 89) Auch Thomas Manns Reaktion auf den ersten Besuch der Schweizerin in seinem Haus führt der Autor an: „Als sie zum ersten mal in München bei uns zu Mittag speiste, sah der Zauberer sie mit einer Mischung aus Besorgnis und Wohlgefallen von der Seite an, um schließlich festzustellen: ›Merkwürdig, wenn sie ein *Junge* wären, dann müssten Sie doch als *ungewöhnlich* hübsch gelten.‹" (B.AS 74, Hervorh. i. Orig.)

Oft setzt der Autor derartige Aussagen typografisch vom Haupttext ab, etwa als Kommentar auf gesonderten Fotoseiten oder – wie im folgenden Fall – als Motto vor einzelnen Kapiteln: „»Ich bewunderte ihre Schönheit und die Eleganz ihrer Bewegungen, auch wenn ich ahnte, dass ihr dies womöglich gar nicht recht war. Denn in ihrer Schönheit blieb sie allein und war ein sehr einsames, unglückliches Wesen.« Marianne Breslauer, Erinnerungen" (B.AS 215). Der Autor verdeutlicht also visuell und textuell, dass Annemaries Exzeptionalität zu einem großen Teil auf ihrer Schönheit bzw. Ausstrahlung basiert. Auch wenn es sich dabei nicht um eine primär-heroische Eigenschaft handelt, inszeniert er seine Protagonistin auf diese Weise doch als Ausnahmeerscheinung.

Zusätzlich zu ihrer familiären Herkunft, dem liberalen Geschlechterverständnis und ihrem Äußeren hebt Alexis Schwarzenbach auch Annemaries Technikaffinität hervor. Er beschreibt ihren selbstverständlichen Umgang mit technischen Geräten, wie etwa dem Fotoapparat (vgl. B.AS 113), sowie ihre Auto-Begeisterung, etwa im Kapitel über ihren Aufenthalt in Berlin: „Annemarie entdeckte mit ihrem Victory die Großstadt und raste besonders gerne über die AVUS." (B.AS 80) Auch im Zusammenhang mit Schwarzenbachs letzter Orientreise geht er auf die Bedeutung des Autos ein und berichtet, dass ein Auto der Auslöser für die Afghanistanfahrt gewesen sei (vgl. B.AS 308) und auch während der Reise eine bedeutende Rolle gespielt habe: „Gleichwohl war das Auto die »Heldin der Reise«, wie Ella Maillart 1989 bei einer Vorführung ihres Afghanistan-Films bemerkte." (B.AS 309)

Diese Faszination spiegelt auch die Fotoauswahl wider. Auf einigen Porträts posiert Annemarie im oder vor ihrem Auto (vgl. B.AS 53, 80 f., 312, 317), andere Bilder zeigen den Wagen auf ihren eigenen Reisefotos (vgl. B.AS 114, 319, 320, 368). Dass sie ihr jeweiliges Auto immer wieder als Motiv wählte, lässt – so der Autor – die zentrale Bedeutung des Transportmittels erkennen:

> Immer wieder hat sie die Straßen fotografiert, auf denen sie reiste, und immer wieder nahm sie ihr Auto mit ins Bild. Erstmals wählte sie im

Herbst 1933 in Anatolien eine solche Bildkomposition, auf der im Vordergrund die Windschutzscheibe und der Kühler eines Autos zu sehen sind. Dahinter erstreckt sich die Landstraße, die auf ein Dorf am Fuße eines Berges zuläuft, während die letzten Strahlen der untergehenden Sonne die Wolken in ein bizarres Licht tauchen. Als Annemarie sechs Jahre später zusammen mit Ella Maillart in ihrem Ford nach Afghanistan fuhr, führte sie diese Art der Reisedokumentation konsequent fort. Der Wagen steht im Mittelpunkt ihrer bildlichen Erzählung, sich und ihre Gefährtin fotografierte sie fast nie. [B.AS 114]

Die Passage zeigt, dass der Autor die für die damalige Zeit außergewöhnliche Technikaffinität bemerkt und diese durch Text und Bild als exzeptionelles Merkmal der Biografierten inszeniert. Zusammen mit den oben erarbeiteten außergewöhnlichen Eigenschaften kann die Präsentation der Protagonistin als Heroisierung in Ansätzen verstanden werden.

Auch auf der ‚Handlungsebene' finden sich rudimentäre Anklänge an das Schema der Heldenreise, muss Annemarie Schwarzenbach doch als Heldin ihrer Lebensgeschichte diverse Konflikte austragen und Prüfungen bestehen. In den Fokus rückt der Autor dabei besonders die problematische Beziehung zu ihrer Mutter Renée und deren ablehnende Haltung gegenüber Annemaries Freunden Erika und Klaus Mann. So heißt es im Kapitel „Die andere Seite. Privatleben 1933–1939":

Gleichzeitig ergaben sich schwere Spannungen mit der Familie Mann, die 1933 in die Schweiz emigrierte und um deren Gunst Annemarie ebenso beständig warb wie um die Liebe ihrer eigenen Familie. »Ich stand zwischen den Gegnern, – meiner Familie einerseits, meiner Adoptiv-Familie von Thomas Mann andererseits«, erklärte sie später einer Freundin. [B.AS 215]

Renées negative Einstellung zu den Manns gründet zum einen auf deren politischer Gesinnung – während die Mutter der nationalsozialistischen Ideologie nahesteht, engagieren sich Annemaries Freunde nach Hitlers Machtergreifung im Widerstand und ziehen mit ihrer „Pfeffermühle" Renée Schwarzenbachs Zorn auf sich. Zum anderen gibt Renée den Manns die Schuld für Annemaries Drogenprobleme:

Denn Alfred und Renée Schwarzenbach hatten eben erst vom gravierenden Drogenproblem ihrer Tochter erfahren und machten Annemaries Freunde dafür verantwortlich. Für Annemarie völlig unerwartet, aber aus der Perspektive der Eltern durchaus verständlich, reagierten diese mit dem schärfsten ihnen zur Verfügung stehenden Mittel: Sie drohten mit totalem Liebesentzug. [B.AS 237]

Die Auseinandersetzung gipfelt schließlich in Annemaries erstem Selbstmordversuch (vgl. B.AS 237). Daraufhin „entspannte sich die Situation ein wenig" (B.AS 237), doch Annemaries folgende Hochzeitspläne bringen erneut Unruhe in die Familie. Renée Schwarzenbach betrachtet die Ehe mit dem ebenfalls homosexuell orientierten Diplomaten Claude Clarac als „Farce" und weigert sich, mit der Tochter zur Trauung zu reisen.

Die entscheidende Prüfung in ihrem Leben, sich im Loyalitätskonflikt zwischen Familie und Freunden zu behaupten, besteht Annemarie nicht, wie der Autor anhand einer Reihe von Fotos, die Renée vor Annemaries Abreise zur Hochzeit machte, verdeutlicht:

> Die Bilder legen aber auch die tiefen Wunden offen, die die emotionalen und gesundheitlichen Strapazen der letzten Monate bei Annemarie hinterlassen haben. Richtig erholt hat sich Annemarie von der Zerreißprobe zwischen der eigenen Familie und den Manns nie. Sie kam, wenn es ihr besonders schlecht ging, immer wieder auf den absoluten Tiefpunkt zu sprechen, den Selbstmordversuch. Während ihrer ersten Drogenentziehungskur hielt sie fest: »Das Entsetzliche, – ja, das wirklich Entsetzliche ist, dass ich noch immer bedaure, damals in Samaden nicht einfach weggestorben zu sein.« [B.AS 242]

Auch in den folgenden Jahren steht die Schriftstellerin zwischen den Fronten; es folgen weitere Drogenprobleme, und auch ihre verschiedenen Reisen bringen nicht die erhoffte Besserung: „Statt in Alaska neue Straßen, Berge und Täler zu entdecken, wuchs sich der fast neunmonatige Aufenthalt in den USA zu einer Katastrophe aus, die in einem Selbstmordversuch und der Zwangseinweisung in die psychiatrische Abteilung des New Yorker Bellevue-Hospitals gipfelte." (B.AS 337) Bis zu Annemaries tragischem Fahrradunfall, der folgenden Fehlbehandlung im Krankenhaus und schließlich ihrem frühen Tod lösen sich die Spannungen in ihrem Umfeld nicht.

Alexis Schwarzenbach konstruiert die Lebensgeschichte seiner Großtante rund um den zentralen Konflikt, eine Überformung nach dem Muster der Heldenreise lässt sich dabei jedoch nicht feststellen. Vielmehr entwirft der Autor ein vom tradierten Handlungsmuster unabhängiges Psychogramm der Biografierten. Das dabei vermittelte Bild basiert überwiegend auf der Kombination und Interpretation verschiedener Erinnerungsdokumente. Der Biograf lässt Annemarie Schwarzenbach oft selbst zu Wort kommen, indem er Auszüge aus ihren literarischen Werken zitiert, deren Entstehung er in enger Verbindung mit den entsprechenden Stationen der Lebensgeschichte präsentiert. Analog stellt er immer wieder autobiografische Einflüsse fest und schließt umgekehrt von den in den Texten verarbeiteten Themen auf die Psyche der Autorin.

Besonders relevant sind in dieser Hinsicht Annemaries literarische und journalistische Reisetexte, wie z. B. *Das glückliche Tal*. Ein Zitat daraus dient als Überschrift für das Kapitel über Annemaries Drogenprobleme:

> Im Dezember 1939 erschien nach *Freunde um Bernhard* und der *Lyrischen Novelle* Annemaries drittes literarisches Buch, *Das glückliche Tal*. Darin lässt sie die Hauptfigur in Persien mit ihrer zwar nie direkt benannten, aber überdeutlich dargestellten Drogensucht hadern. Das zwölfte Kapitel beginnt mit den Worten: »Die Hand aus den Wolken ...: in meiner Not wandte ich mich zur Verbotenen Magie. [...] Sie stillte keinen Hunger, löschte keinen Durst; aber ich begehrte nicht mehr zu essen, zu trinken. Sie stimmte dieses fremde Land nicht milder; aber in ihrem Bann wusste ich, dass ich das heimatliche Seeufer nie wieder erreichen würde.« [B.AS 256]

An späterer Stelle geht der Autor genauer auf die Gemeinsamkeiten ein: „Die Parallelen zwischen den Krisen der Hauptfiguren und Annemaries eigenem Leben sind offensichtlich. Sie sollten aber nicht dazu verleiten, die von der Autorin selbst als Kunst begriffenen Texte als autobiografische Selbstdarstellungen zu lesen, auch wenn Annemarie ihr Publikum bewusst dazu verleitete." (B.AS 269) Je stärker Annemarie unter ihren persönlichen Krisen leidet, desto deutlicher werden die autobiografischen Verweise, bis sie schließlich in ihren letzten Reportagen „den eigenen Lebensweg [...] fast hemmungslos und kaum noch verfremdet in ihren Artikeln nachzeichnete" (B.AS 352).

Ausgehend von Annemaries Texten konstruiert der Autor ein konsistentes Bild ihres Charakters und schafft so einen Einblick in ihre Psyche. Im Fokus steht dabei vor allem die Bedeutung des Reisens und Annemaries „Drang, immer wieder von Neuem ins Ungewisse aufzubrechen und dabei uralten Spuren zu folgen" (B.AS 130). Der Autor zeichnet einerseits die Reiseeindrücke der Journalistin nach (vgl. z. B. B.AS 319), analysiert andererseits aber auch die Gründe für das Reisen: Zusätzlich zu beruflichen Interessen sieht die Protagonistin ihre Reisen oft als Abenteuer (vgl. B.AS 307), aber auch als Chance, ihrem konfliktreichen Alltag zu entkommen und möglicherweise Heilung zu finden (vgl. B.AS 311, 379). Eng mit dieser Vorstellung verknüpft ist ein weiteres wiederkehrendes Motiv, das Aufschluss über Annemaries Charakter verspricht: „[d]ie Suche nach der anderen Seite, ein Thema, das in ihren Texten in unzähligen Variationen wiederkehrt" (B.AS 128). Doch auch mit ihren Reisefotos greift sie dieses Sujet auf: „Mit den Bildern des anatolischen Dorffriedhofs setzt Annemarie ein weiteres Thema, das sich durch ihr gesamtes fotografisches Schaffen ziehen wird: Der Tod als die andere Seite des Lebens." (B.AS 128)

Diese Beobachtung zeigt einmal mehr, dass Alexis Schwarzenbach neben Annemaries Texten auch die Fotografien als Grundlage für sein Psychogramm nutzt. Zu einer Reihe von Privataufnahmen vermerkt er: „Datierung und Identifizierung der abgebildeten Personen und Örtlichkeiten sind [...] nicht immer einfach, der emotionale Gehalt der Bilder aber umso größer. Denn wie ihre Mutter hat auch Annemarie auf solchen Bildern in erster Linie Gefühle festgehalten." (B.AS 246) Mehrfach rekonstruiert der Autor emotionale und seelische Zustände anhand der ihm vorliegenden Fotografien, so z. B. auch bei der Betrachtung der Aufnahmen, die Annemarie als Rosenkavalier zeigen: „Im Sommer 1926 entstanden zwei Aufnahmen, auf denen Annemarie glücklich ist und die zeigen, dass sie die Rolle des Rosenkavaliers nicht mehr länger nur für die Mutter zu spielen bereit war." (B.AS 40) Meisten notiert er in der Bildunterschrift das Entstehungsdatum sowie den Urheber der Aufnahme, sodass die jeweilige Perspektive auf das Gezeigte klar wird. Mitunter deckt er dadurch Widersprüche in der Erinnerung an bestimmte Ereignisse auf, beispielsweise im Fall eines Films, den Renée Schwarzenbach Anfang der 1930er Jahre gedreht hat: „Der Titel des Films, »Bockener Idyllen 1931«, ist trügerisch. Denn in diesem Sommer kam es wegen Annemaries Freundschaft zu Erika Mann bereits zu schweren Auseinandersetzungen zwischen Mutter und Tochter." (B.AS 88)

Die Betrachtung des Text-Bild-Gewebes zeigt, dass die Fotografien nicht nur Basis eines Psychogramms der Schriftstellerin, sondern auch das zentrale Erinnerungsmedium der Biografie sind. Astrid Erll beschreibt die Fotografie als erinnerungsinduzierendes Medium: „Fotografien können einen Anlass für Erzählungen bieten oder als cue, als Abrufhinweis für eine bestimmte, im Gedächtnis des Betrachters bereits vorhandene Geschichte dienen – d. h. auf verschiedene Weisen geschichteninduzierend wirken. Fotografien können erst dann als Gedächtnismedium funktionieren, wenn sie narrativ kontextualisiert sind."[58] Ebenso verfährt Alexis Schwarzenbach, indem er die Fotografien als Anlass für die Rekonstruktion der Lebensgeschichte seiner Großtante nutzt. Er erzählt entlang ausgewählter Bilder, die den grundsätzlich chronologischen Aufbau der Biografie bestimmen. Dazwischen finden sich sogenannte „Rückblenden", die als visuelle Zwischenspiele die Chronologie durchbrechen. In diesen kurzen Abschnitten zeigt Schwarzenbach jeweils thematisch zusammengehörige Fotos bzw. Fotoserien, z. B. „Die ersten Porträts" (B.AS 44 ff.), „Familienbilder" (B.AS 246 ff.) oder „Szenen einer persischen Ehe" (B.AS 280 ff.).[59]

Besonders fällt dabei das wiederkehrende Motiv der Porträtfotos auf: Annemarie mit Herrenhaarschnitt, maskuliner Kleidung und melancholischem Gesichtsausdruck. Die Sammlung der Bilder illustriert zum einen die oben bereits erläuterte Bedeutung von Annemaries Aussehen und Ausstrahlung für die Außenwahrnehmung, legt zum anderen aber auch den Grundstein für die Überlegungen zur Nachwirkung bzw. zur gegenwärtigen Rezeption. Der Autor veranschaulicht mit seiner Biografie, wie sich Schwarzenbachs Porträt als visuelles Symbol etabliert, das durch die an Warburgs Pathosformeln erinnernde Wiederholung im Laufe der Zeit zum Mem wird. So führt er am Ende seines Textes einige Beispiele für die Auswirkungen „der enormen Anziehungskraft von Annemaries fotografischem Abbild" (B.AS 425) an, etwa die am Anfang der Schwarzenbach-Renaissance stehende Plakataktion der Zürcher Kulturzeitschrift *Der Alltag*, mit einem Porträt Annemarie Schwarzenbachs auf dem Cover: „Überall in der Stadt wurden Titelblätter der aktuellen

---

58 Erll 2011, S. 160.
59 Schwarzenbach verwendet auch andere visuelle Erinnerungsmedien, wie Faksimiles von Pässen (B.AS 121, 182, 313), Covers von Erstausgaben (B.AS 121, 183, 270), Zeitschriftenartikel (B.AS 212 f.), Typoskripte (B.AS 422), Briefe (B.AS 17, 41, 237, 239, 272 f., 382 f., 420 f.), Krankenberichte (B.AS 264), Tagebucheinträge (B.AS 345) sowie Annemaries handschriftliches Testament (B.AS 418).

Ausgaben angebracht, an Hauswänden, Baugerüsten, Laternenpfählen." (B.AS 415)

Ebenfalls genannt wird ein besonders interessantes Beispiel der gegenwärtigen Schwarzenbach-Rezeption, Hannes Binders Vexierbild *Wo ist der Ford?* (B.AS 424). Es zeigt die Schriftstellerin – bzw. ihr berühmtestes Fotoporträt – „vor einer imaginären afghanischen Landschaft und darin versteckt den Ford" (B.AS 425). Mit diesem Beispiel demonstriert der Autor, dass das berühmte Porträt der Schweizerin sich gewissermaßen ‚verselbstständigt' hat und nunmehr als kultureller Baustein weiterverarbeitet wird. Der bei Erll beschriebene Prozess, bei dem eine Lebensgeschichte durch Zirkulation, Diskussion und Tradierung in der Erinnerungskultur verankert wird (vgl. Erll 2009, S. 85), scheint in Annemarie Schwarzenbachs Fall bereits weit fortgeschritten zu sein. Folgt man dem Biografen, hat Annemarie Schwarzenbach es nur etwa zwei Jahrzehnte nach ihrer Wiederentdeckung bereits zur „Popikone" (B.AS 425) gebracht.

Es bleibt festzuhalten, dass Alexis Schwarzenbach in seiner Biografie nur wenige der typischen Heroisierungsstrategien einsetzt. Dennoch zeigt er, wie sich Annemarie Schwarzenbach in den letzten Jahrzehnten als Ikone etablierte, und wirkt mit seinem biografischen Bildband selbst an dieser Entwicklung mit. Im Zusammenhang der verschiedenen Textanalysen dieser Arbeit markiert *Auf der Schwelle des Fremden* eine Ausnahme: Obwohl die Lebensgeschichte das Potenzial dazu hätte, wird Annemarie Schwarzenbach nicht als Emanzipationsikone funktionalisiert. Der Autor schildert zwar ihre emanzipierte Haltung, die ‚unweibliche' Technikaffinität sowie ihr politisches Engagement, rückt es jedoch nicht ins Zentrum seines Textes. Ebenso wenig missbraucht er die Schriftstellerin als bloße Zeugin kulturell-intellektuellen Lebens der 1930er Jahre, wie es etwa Areti Georgiadou in der Biografie „*Das Leben zerfetzt sich mir in tausend Stücke*" stellenweise handhabt. Schwarzenbach betrachtet die Lebensgeschichte seiner Großtante durchaus im historischen Kontext, versucht jedoch in erster Linie, sich ihrem Charakter zu nähern und seelische Befindlichkeiten sichtbar zu machen.

Der Autor erinnert sich sowohl aus familiär-persönlichem als auch aus kulturellem Interesse heraus an eine außergewöhnlich Person. *Auf der Schwelle des Fremden* changiert folglich zwischen dem kommunikativen und dem kulturellen Gedächtnis: Einerseits holt der Autor die Lebensgeschichte seiner Großtante mittels verschiedener Verfahren des erfahrungshaftigen Modus, insbesondere des Einsatzes visueller Erinnerungsmedien, in die Gegenwart, andererseits reflektiert er Schwarzenbachs fortschreitende Ikonisierung und trägt durch seine Publikation selbst zu ihrer Einschreibung ins kulturelle Gedächtnis bei. Er zeigt seine Großtante als Ausnahmeerscheinung, die selbst in ihrer – verhältnismäßig – liberalen Zeit nicht ins gesellschaftlich akzeptierte Schema moderner Weiblichkeit passte.

7.2.3 Michael Winter: *PferdeStärken. Die Lebensliebe der Clärenore Stinnes*

Michael Winters *PferdeStärken*[60] beginnt mit einer Vorbemerkung zum Wahrheitsgehalt des Textes:

> Dieses Buch ist eher ein Lebensbericht mit romanhaften Zügen als eine Biographie im traditionellen Sinn und eher Wahrheit als Dichtung. Allen, die dieses Buch lesen, um Auskunft über das Leben von Clärenore Stinnes zu erhalten, sei gesagt, dass nicht alles genau so war, wie es hier beschrieben wird. Aber denjenigen, die das Schicksal einer außergewöhnlichen Frau interessiert, die moderner war, als ihre Zeit es ihr erlaubte, sei versichert, dass sie getrost glauben können, was hier über Clärenore Stinnes erzählt wird. [B.CS 7]

Der Autor stuft seinen Text als Mischform zwischen Biografie und Roman ein, bereitet die Leser also darauf vor, dass er historische Fakten mit fiktionalen Elementen verknüpft. Tatsächlich unterscheidet *Pferde-Stärken* sich grundsätzlich von den beiden bisher analysierten Biografien über Leni Riefenstahl und Annemarie Schwarzenbach, die beide genretypisch faktenorientiert sind. Abgesehen von zwei separaten Bildteilen, auf die sich der Autor im Text nicht bezieht, verzichtet Winter auf die sichtbare Einarbeitung von Erinnerungsmedien. Die Quellen, die seiner Lebensbeschreibung zugrunde liegen, nennt er im Anhang, Einzelverweise auf Belege der historischen Fakten existieren nicht, ebenso wenig Hinweise darauf, welche Teile der Handlung verbürgt und welche erfunden sind. Auch eine Identifikation des Biografen mit der Erzähler-

---

60 Michael Winter: PferdeStärken. Die Lebensliebe der Clärenore Stinnes. Hamburg: Hoffmann und Campe 2001. Im Folgenden zitiert als B.CS.

stimme fehlt. Winter baut so eine in sich geschlossene Fiktion auf, die nicht durch genretypische Verweise auf Dokumente oder Zeugnisse der präsentierten Lebensgeschichte durchbrochen wird.[61]

Zudem fällt im Vergleich zu den andere Biografien, die überwiegend chronologisch die Lebensstationen der Frauen abarbeiten, die ‚literarische' Konstruktion von *PferdeStärken* auf: Winter bettet Stinnes' Geschichte, von der Kindheit bis zur Rückkehr von der Weltreise 1929 bzw. zu ihrer Hochzeit mit Carl-Axel Söderström, in eine Rahmenhandlung ein. In insgesamt vier Kapiteln schildert er, wie Stinnes im Jahr 1973 unerwartet mit der eigenen Vergangenheit konfrontiert wird und das große Rätsel ihres Lebens, das sich wiederum durch die gesamte Binnenhandlung zieht, löst. Der Anruf einer ihr unbekannten Sarah Armstrong sowie der plötzliche Tod einer älteren Dame in einem Thermalbad nahe ihres Wohnortes führen Stinnes nach Greifswald, wo sie ihre Jugendfreundin Laura nach vielen Jahren wiedertrifft. Die beiden klären im Gespräch auf, dass sie sich unberechtigt gegenseitig des Mordes an Lauras Pflegeeltern bezichtigt hatten und dass die Freundin – wie schon länger vermutet – Söderströms erste Ehefrau war.

In der Binnenhandlung präsentiert Winter eine Heldenreise par excellence, die – wie noch zu zeigen sein wird – auf verschiedenen Ebenen abläuft. So erzählt der Autor in 20 Kapiteln, zweimal unterbrochen durch die Rahmenhandlung, Clärenores Lebensgeschichte, wobei die Weltreise nur drei Kapitel umfasst. Im Gegensatz zur Fremdinszenierung in journalistischen Texten reduziert er die Automobilistin also nicht auf diese eine Episode ihres Lebens, sondern geht auch auf vorliegende Ereignisse ein und gibt der Protagonistin dadurch Hintergrund und Motivation. So erfährt der Leser in der ersten Hälfte des Buches, wie Stinnes ihr Interesse für Technik, genauer gesagt für Automobile sowie das Autofahren, entdeckt und nach und nach ihre einschlägigen Kenntnisse vertieft. Zugleich schildert Winter den ständigen Kampf seiner Protagonistin um Anerkennung in der Familie und um ihren Platz in der Firma des Vaters.

---

61 Basierend auf diesen Feststellungen wäre auch eine Einordnung des Textes im folgenden Kapitel zur fiktionalen Inszenierung der Technikpionierinnen denkbar, von der ich aufgrund der Vorbemerkung des Autors jedoch absehe.

Von Anfang an präsentiert der Autor Clärenore Stinnes als starken Charakter sowie außergewöhnliche Frau und legt damit den Grundstein für ihre spätere Heroisierung. Die Beschreibung der über 70-jährigen Protagonistin in der Rahmenhandlung gibt dabei den Ton vor: „Ihr Alter hatte nichts Untertäniges, nichts Mitleid Erheischendes. Sie war kein Halm im Wind. Sie war eine Generalin. Unbeugsam, uneinsichtig, kompromisslos, emotionslos und rücksichtslos gegen sich selbst und andere." (B.CS 13) Die hier angedeutete Härte ist die wohl prägendste Charaktereigenschaft der Automobilistin, die immer wieder – auch in Anspielung auf das Unternehmen des Vaters – als „Mädchen aus Stahl" (vgl. z. B. B.CS 217) bezeichnet wird. Allein der implizite Verweis auf Superman, den „Mann aus Stahl", zeigt die Heroisierung der Protagonistin an.

Doch dieser Beiname verweist auch auf den zentralen Aspekt der Inszenierung der Heldin: Clärenores emanzipierte Haltung sowie ihre Weigerung, sich dem traditionellen Rollenbild zu fügen. Schon die einleitende Szene der Binnenhandlung zeigt ihre robuste Art, die dem weiblichen Charakterideal der Sanftmut und Emotionalität gänzlich widerspricht. Als ihr Kindermädchen eines Tages vor ihren Augen in Tränen ausbricht, reagiert Clärenore mit Ratlosigkeit, da sie noch nie einen Erwachsenen, sondern bisher nur ihre Brüder hatte weinen sehen (vgl. B.CS 20). Sämtliche Versuche, sich selbst zum Weinen zu bringen, scheitern, bis sie schließlich zu der Erkenntnis kommt, „dass Tränen erstens Kinder- und Jungenkram sind, zweitens, dass man lügt, wenn man weint, und drittens, dass Mädchen vollkommenere Wesen sind als Jungen" (B.CS 21).[62] Trotzdem will sie sich nicht in das weibliche Rollenschema fügen, eine Zukunft als „Hausvorstand und Mutter" (B.CS 140) kommt für sie nicht infrage: „Clärenore hieß offiziell Clärenore Hugo Stinnes. Mit ihrem halben männlichen Vornamen fühlte

---

62 Der Überzeugung, dass Frauen ‚besser' seien als Männer, bleibt sie ihr Leben lang treu und sieht sogar ihre Entscheidung, sich nach der überstandenen Weltreise aus dem Motorsport bzw. der Öffentlichkeit zurückzuziehen, als Zeichen weiblicher Überlegenheit: „»Ich habe alles erreicht, was ich wollte. Ich bin die erste Frau, die um die Welt gefahren ist. Am Anfang stand Deutschlands Industrie. Dann der Name der Firma. Dann mein Name. Wenn ich jetzt an einem südschwedischen See verschwinde, werden alle fragen, warum hat sie nicht weitergemacht.« »Was würdest du ihnen antworten?« »Vielleicht, dass Frauen noch etwas besser können als Männer, nämlich loslassen.«" (B.CS 469 f., Hervorh. i. Orig.)

sie sich in ihrer Idee bestärkt, ein Mann zu werden." (B.CS 46) Sowohl mit ihrem äußeren Erscheinungsbild – maskuliner Kleidung und Kurzhaarfrisur – als auch mit ihrem beruflichen Karrierestreben stellt sie sich gegen die an eine Frau in ihrer familiären Situation gestellten Erwartungen.

Auch im Privatleben gibt sie sich selbstbewusst und lehnt ein passives Verhalten bei der Wahl ihres Partners ab, so auch auf einem Empfang auf der Heimburg, bei der Begegnung mit ihrem Jugendschwarm: „Sich von Ferguson küssen zu lassen und Nora zu übertrumpfen! Nein, wenn, dann wollte sie Ferguson küssen!" (B.CS 162) Noch deutlicher äußert sich der Wunsch nach Selbstbestimmung während ihres Aufenthaltes in Südamerika, bei dem gleich mehrere Gutsbesitzer in der Heirat mit einer Stinnes-Tochter eine gute Partie erkennen und um Clärenore werben, die jedoch nichts von derartigen Beziehungen hält: „Während sie mit Fernando tanzte, wurde ihr klar, dass sie darüber bestimmen wollte, ob überhaupt und mit welchem Mann sie zusammen leben würde. Sie und nicht er sollte über die Mittel verfügen, die ihre Lebensgrundlage sein würden." (B.CS 177)

Als Stinnes aus Südamerika zurück nach Berlin kommt und ihre Schwester sieht, die sich ganz im Sinne der aktuellen Mode als ‚Neue Frau' gibt, ist sie begeistert: „Das war nicht ihre Schwester, das war ein neuer Menschentyp. Der Frauentyp, von dem sie geträumt hatte." (B.CS 194) Doch schon bald merkt sie, dass ihr Wunsch nach Emanzipation mehr ist als nur eine Mode: „Clärenore hatte Mühe, sie [ihre Schwester Hilde sowie ihre Schwägerin Nora, Anm. KK] einzuholen, weil sie Cowboystiefel gewohnt war und in Pfennigabsätzen nicht laufen konnte. Sie hatte das Gefühl, auf Glas zu gehen oder auf einer dünnen Eisschicht. Sie machte vorsichtige Schritte, um diese Welt nicht zum Einsturz zu bringen, die Welt der Reichen und die der Frauen." (B.CS 197)[63]

---

[63] Wie Winter in dieser Szene andeutet, spiegelt sich Clärenores Selbstverständnis auch in ihrer Kleiderwahl wider: Schon bevor in den 1920er Jahren maskuline Kleidung für Damen in Mode kam, weigerte sie sich, Kleider und Röcke zu tragen. Am wohlsten fühlt sie sich im Overall bzw. ihrer „Rennfahrerkluft" (B.CS 243), die sie mit überzeugender Selbstverständlichkeit trägt – im Gegensatz zur typischen Damenmode, in der sie eher „aussah wie die Ablagehilfen, die man »stummer Diener« nannte" (B.CS 353).

Selbst im liberalen Berlin der 1920er Jahre fällt sie also mit ihrer unweiblichen Art auf (vgl. B.CS 198). Mehrfach überspitzt Winter die Inszenierung seiner emanzipierten Protagonistin, die davon überzeugt ist, dass Frauen in jeder Hinsicht besser seien als Männer. So macht sie während eines Ausflugs ins Berliner Nachtleben mit ihrem unkonventionellen Tanzstil auf sich aufmerksam. Daraufhin verlässt sie das Lokal zusammen mit ihrem Tanzpartner und beschließt mit ihm eine Runde auf der Avus zu drehen:

> Sie fuhr geradeaus in die Dunkelheit. Der Beifahrer schien seine abendliche Hartnäckigkeit zu bereuen. Er wurde immer kleiner in seinem Sitz, aber er war zur gleichmäßigen Belastung des Wagens durchaus nützlich. [...] In der Nordkurve wurde ihrem Beifahrer endgültig schlecht. Er erbrach sich in den Fußraum. Sie war fast mit Höchstgeschwindigkeit durch die Kurve gerast.
> »Noch eine Runde?«
> Der Kopf ihres Beifahrer fiel an ihre Schulter. Der Mann war ohnmächtig geworden. Zum ersten Mal kam ihr der Gedanke, dass man als Frau auf Männer vielleicht Rücksicht nehmen müsse. [B.CS 200]

An ihrer trockenen Art sowie dem mitunter schonungslosen Umgang mit ihren Mitmenschen ändert diese Erkenntnis allerdings nichts.

Die eben zitierte Passage lässt darüber hinaus einen weiteren Grund dafür erkennen, dass Clärenore aus der Masse ihrer Mitmenschen heraussticht: Mit ihrem technischen Verständnis sowie dem fahrerischen Können ist sie eine absolute Ausnahmeerscheinung in der Männerdomäne Automobilsport. So kommentiert die Erzählerstimme Stinnes' nächtliche Fahrt auf der Rennstrecke mit den Worten: „Wahrscheinlich fuhr sie an diesem Abend den ersten Rundenrekord einer Frau auf der AVUS." (B.CS 205) Bereits als Kind interessiert sich die Protagonistin für Technik und vor allem für Motoren. Als der Wagen der Familie während einer Autofahrt liegen bleibt, hält Clärenore es nicht aus, im Gasthof mit den anderen zu warten, bis der Motor wieder läuft, und beobachtet stattdessen den Chauffeur bei der Reparatur des Wagens (vgl. B.CS 23 f.). Sooft sie die Möglichkeit dazu findet, verbringt sie ihre freie Zeit in der Autowerkstatt der Familie und verfolgt die Arbeit der Mechaniker. So lernt sie, wie Motoren funktionieren, was bei bestimmten Problemen repariert bzw. optimiert werden muss, und beeindruckt schon bald durch ihr technisches Know-how (vgl. B.CS 88).

Analog zum technischen Verständnis entwickelt Stinnes auch eine große Begeisterung für die ästhetische Seite des Automobilismus. Mehrfach spielt der Autor darauf an, dass seine Protagonistin Liebe bzw. Erotik eher im Zusammenhang mit Technik als mit anderen Menschen bzw. Männern empfindet, etwa bei einer Besichtigung des familieneigenen Fuhrparks in Berlin: „In diesem Moment wurde ihr klar, dass das Auto nicht für Männer, sondern für Frauen erfunden worden war. Sie verliebte sich sofort in den Maybach W3, Sechszylinder, 70 PS." (B.CS 195) Noch deutlicher wird die Liebe zur Maschine bei Stinnes' erster Begegnung mit dem legendären Automobilfabrikanten Ettore Bugatti:

> Clärenore war hingerissen von Ettore Bugatti. Diesen Mann hätte sie auf der Stelle geheiratet. [...] Bugatti war in Berlin, um seinen neuesten Wagen im Autosalon vorzustellen. Es gab zwei baugleiche handgefertigte Modelle. Das eine stand in der Ausstellungshalle, das andere vor der Tür. Ein Zweisitzer-Tourensportwagen der Baureihe 35. Der Prototyp für die erfolgreichsten Rennwagen Bugattis. Clärenore war hingerissen. Von dem Auto. Kompressor. 2,3 Liter, Achtzylinder-Reihenmotor, zwei Blöcke, 140 PS bei 5000 U/min. Zum ersten Mal erfuhr sie Erotik pur. Schauer jagten ihr über die Haut, als sie in dem Auto Platz nahm. [B.CS 218 f.]

Während anfangs noch der Automobilfabrikant selbst Clärenores Interesse weckt, gilt ihre Begeisterung kurz darauf ausschließlich dem neuen Rennwagen. Der Konstrukteur selbst gibt zu: „Frauen und Rennwagen, das gehört einfach zusammen." (B.CS 218)

Zum Zeitpunkt dieser Begegnung hatte Stinnes bereits einige Erfahrung mit Rennautos gemacht. Zusammen mit ihrem Onkel Robert Dunlop, der selbst regelmäßig an Autorennen teilnimmt, trainiert sie ihre Fahrkünste; er erkennt ihr Talent und engagiert sie als Beifahrerin, obschon sie als Frau von den anderen Rennfahrern nicht vollständig akzeptiert wird (vgl. B.CS 159). Ähnlich ergeht es ihr bei ihrem ersten eigenen Rennen, einer Tourenwagenfahrt durch Russland, bei dem sie selbst als Fahrerin antritt: „Die Herren gaben sich galant und waren dennoch beunruhigt, dass eine Frau in ihre Kreise eindrang. Die Tatsache, dass sie nicht als Frau auftrat, erleichterte ihr den Umgang mit der Männerwelt. Sie war ein Trojanisches Pferd. Sie hielt mit – beim Fahren, beim Rauchen, beim Trinken." (B.CS 251) Die Protagonistin passt sich mit ihrer unweiblichen Art also in jeder Hinsicht in die männlich dominierte Welt des Motorsports ein, fällt aber dennoch auf. Schon zuvor hatte Dunlop ihr prophezeit, dass es egal sei, ob sie gewinnt oder nicht – die Teilnahme einer Frau sei Sensation genug. (vgl. B.CS 247) Umso mehr Aufsehen erregt sie, als sie das Rennen trotz eines Unfalls als Siegerin beendet (vgl. B.CS 265). Eine Weile mischt Stinnes so die Rennsportszene in Europa auf, bis sie beschließt, als erste Frau mit dem Auto um die Welt zu fahren und damit alle bisherigen Rekorde in den Schatten zu stellen.

In der Auseinandersetzung mit fremden Kulturen und deren Geschlechterbildern wird Stinnes der revolutionäre Aspekt ihres Verhaltens erst wirklich bewusst. Überall auf der Welt muss sie dieselben Fragen beantworten: „Warum bist du nicht verheiratet? Warum hast du keine Kinder?" (B.CS 424) Die Konfrontation mit anderen Weiblichkeitskonzepten veranlasst sie dazu, über die Unterdrückung der Frau sowie ihre eigene Rolle im Kampf um die Geschlechtergerechtigkeit nachzudenken:

> Clärenore erschütterte vor allem das Los der Frauen. Welche Frauen sollte sie am meisten bedauern – die Russinnen mit ihren achtzehn Kindern und den prügelnden, betrunkenen Ehemännern? Die Moslemfrauen, die in häuslichen Kerkern gefangen gehalten wurden? Oder die Frauen Europas, die von ihren Müttern und Brüdern tyrannisiert wurden? Zur Freiheit und zu einem selbstbestimmten Leben war es für Frauen weltweit noch ein weiter Weg. Autofahren war einer dieser Wege, das wurde ihr in Russland klar. Aber es war ein sehr privilegierter Weg. [B.CS 369]

Mit ihrer Karriere als Automobilistin und der damit verbundenen Absage an das traditionelle weibliche Rollenideal stellt sie sich gegen die Einschränkungen durch Familie und Gesellschaft und kommt damit der Aufforderung der zu Beginn des 21. Kapitels zitierten Vivien Etin nach, die den Kampf um Gleichberechtigung als eigentliche Aufgabe der Frau bezeichnet (vgl. B.CS 373).

Winter inszeniert Stinnes also als außergewöhnliche Frau, die sich sowohl durch eine in den 1920er Jahren nicht selbstverständliche emanzipierte Haltung als auch durch eine hohe Technikaffinität von ihren Zeitgenossinnen unterscheidet. Zusätzlich schreibt er seiner Protagonistin verschiedene heldenhafte Eigenschaften zu und rundet so seine heroisierende Darstellung der Automobilistin ab. Einige dieser positiven

Charakterzüge werden schon in den ersten Kapiteln zu Clärenores Kindheit und Jugend sichtbar, etwa ihre Wohltätigkeit und Opferbereitschaft (vgl. B.CS 66) oder ihr bemerkenswertes Organisationstalent (vgl. B.CS 216), die meisten kommen jedoch erst im Laufe der Weltreise zur Geltung. Im Fokus steht dabei häufig Stinnes' Durchhaltevermögen, an dem ihr Begleiter Söderström zu Beginn der Fahrt noch zweifelt:

> Die wenigen Stunden, die Clärenore zum Schlafen blieben, saß sie über ihren Karten, korrigierte den Zeitplan nach unten und kalkulierte die künftigen Streckenabschnitte neu. Dann schrieb sie ihre Presseberichte. Carl-Axel war beeindruckt, als er es merkte, und er bekam Mitleid mit der Frau. Er wusste nicht, ober er fürchten oder hoffen sollte, dass sie die Reise körperlich nicht durchstand. Er hätte sich solche Überlegungen sparen können. [B.CS 309]

Wie der Autor hier schon andeutet, stellt sich rasch heraus, dass „das Mädchen aus Stahl" weit mehr erträgt als Söderström und die mitreisenden Mechaniker und in gefährlichen Situationen stets die Nerven bewahrt.

Mehr als einmal beschämt sie mit ihrem Mut die männlichen Begleiter, wie etwa beim Überqueren einer wenig vertrauenerweckenden Brücke im türkischen Sakarya-Tal:

> Sie mussten die Brücke mit hoher Geschwindigkeit nehmen, damit sie nicht zusammenbrach. Clärenore nahm die Kühlerfigur des Adler ins Visier und gab Gas wie bei einem Rennstart. Natürlich war Herr Söderström vorher ausgestiegen. Sie fuhr auch den Lastwagen hinüber, nachdem sich die Mechaniker geweigert hatten, die Brücke zu überqueren. Es war eine Blamage für die Herren, die sich zu Fuß über die Brücke tasteten und stumm von ihr empfangen wurden. [B.CS 313 f.]

Auch die anschließende Fahrt durch das Gebirge fordert Stinnes' Entschlossenheit: „Von einem bestimmten Moment an war allen klar, dass es kein Zurück mehr gab und dass nur noch schnelles Fahren sie vor einem Absturz in die Tiefe bewahrte. Clärenore fuhr wie der Teufel, schaute nicht nach links und rechts. Sie hatte einen Spielraum von zehn Zentimetern. Löcher in der Piste überfuhr sie, indem sie Gas gab." (B.CS 314) Stinnes' Begleiter, vor allem Carl-Axel Söderström, sind beeindruckt von dieser Frau, die „nur aus dem Willen [besteht], voranzukommen" (B.CS 318).

Neben dem heldenhaften Durchhaltevermögen und Mut der Protagonistin thematisiert Winter aber auch andere positive Eigenschaften. So schildert er eine Szene, in der Söderström einen russischen Bauern anschießt, der ihn mit seiner Sense bedroht hatte. Stinnes bringt den verwundeten Bauern zu einem Arzt und bezahlt die Rechnung. Auf Söderströms Frage, warum sie jemandem helfe, der ihn fast umgebracht hätte, antwortet sie knapp, „Er ist ein Mensch" (B.CS 365), und beweist damit trotz ihrer unerbittlichen, rücksichtslosen Art Menschlichkeit und Nächstenliebe. Des Weiteren zeigt Winter mehrfach, dass sie bestimmte Werte wie Treue respektiert und achtet. Bis zuletzt versucht sie zu verhindern, dass Carl-Axel seine Frau für sie verlässt: „»Ich will und darf ihn nicht seiner Frau wegnehmen«, sagte Clärenore. »Im Gegenteil, ich habe etwas gutzumachen. Er war fast zwei Jahre von zu Hause weg, in völlig anderen Welten. [...] Frau Söderström soll das letzte Stück der Fahrt bis Berlin und bis Stockholm mit ihm, mit uns zusammen machen.«" (B.CS 442) Die Trennung geht schließlich von Carl-Axels Frau selbst aus (vgl. B.CS 482).

Es bleibt festzuhalten, dass Winter verschiedene typische Inszenierungsstrategien anwendet, um die Protagonistin seiner Biografie als Heldin zu präsentieren. Analog zu dieser Figurenzeichnung konstruiert der Autor die Binnenhandlung nach dem Muster der Heldenreise. Diese verläuft auf mehreren Ebenen und besteht nicht allein aus der Weltumrundung mit dem Auto, sondern beginnt bereits mit Clärenores familiären Auseinandersetzungen und ihrem Kampf um Anerkennung. Während Hugo Stinnes das organisatorische Talent seiner ältesten Tochter erkennt und ihr immer wieder in Aussicht stellt, sie als Privatsekretärin anzustellen (vgl. B.CS 193) und so ihre berufliche Karriere zu fördern, will die Mutter Clärenore ‚standesgemäß' verheiraten und in der Rolle als Ehefrau und Mutter sehen.

Auch ihr ältester Bruder hält nichts von Clärenores Ambitionen und empfängt sie nach einer längeren, vom Vater organisierten Geschäftsreise nach Südamerika mit kühlen Worten: „»Ach da bist du ja schon«, sagte Edmund, als sie zur Tür hereinkam, »wie geht es den Geschäften in Südamerika?«" Diese Episode markiert für Clärenore den Anfang ihrer Trennung von der Familie: „Das war keine Explosion; es war ein Sprung in einem Glas, ein Riss in einer Wand, eine Materialschwäche, die künftiges Unheil in sich birgt. Mehr trennte Clärenore nach dem Empfang durch Edmund in Genua noch nicht von ihrer Familie. Und doch war der Stinnes-Clan plötzlich ein sich entfernender Kontinent, zu dem sie nur noch über ihren Vater Zutritt hatte." (B.CS 189) Mit dem Tod des Vaters zerschlagen sich Stinnes' Hoffnungen, die Mutter verweigert ihr eine Anstellung in der Firma. Sie fordert, dass Clärenore standesgemäß heiratet, woraufhin die Tochter das Haus verlässt und sich von ihrer Familie lossagt (vgl. B.CS 227 f.).

Übertragen auf das Schema der Heldenreise entspricht die Handlung bis zu diesem Punkt der Präsentation der Heldin in der gewohnten Welt, der Bruch mit der Familie kommt der Grenzüberschreitung und damit dem Aufbruch ins Abenteuer gleich. Während der Teilnahme an dem oben erwähnten Tourenwagenrennen in Russland kommt ihr die Idee für die Weltreise per Automobil. Ihr Wagen ist im Matsch stecken geblieben, der gesamte Motor mit Schlamm bedeckt und doch läuft der Wagen weiter: „In diesem Moment erkannte sie, dass sie über eine stärkere Kraft verfügte als Lenin. Sie saß am Steuer eines Autos. Einmal im Schlamm um die Welt. Allen zeigen, dass die Technik – natürlich die deutsche Technik – die Natur überwindet, und dass der Wille eines Menschen mehr vermag als Regen und Eis." (B.CS 262) Dieses Erweckungserlebnis zeigt, dass Stinnes sich mit der Weltreise auch selbst beweisen und gegenüber der Familie sowie – posthum – dem Vater behaupten will. So heißt es an späterer Stelle über die Beweggründe für die Fahrt: „Die Reise war eine Schinderei, ein Kampf mit dem Auto gegen rückständige Straßenverhältnisse. Sie war aber auch ein Privatkampf von Fräulein Stinnes. Wollte sie der Welt beweisen, dass die deutsche Industrie Weltspitze war, oder wollte sie ihrem Vater beweisen, dass sie nicht nur ein Mann, sondern besser war als alle Männer?" (B.CS 315) Diese Überlegungen zeigen, dass Stinnes die Ursache für den familiären Konflikt in ihrem Geschlecht sieht, und verweisen auf die ihrer Weltreise zugrunde liegende Motivation.

Im Laufe der Reise findet Stinnes sich selbst und erkennt den eigentlichen Zweck der Fahrt: „Zumindest hatte sich der Sinn der Reise vollkommen geändert. Sie war losgefahren, um ihren Vater wiederzufinden. Jetzt fuhr sie, um seinem Schatten zu entkommen." (B.CS 411) Ihren Höhepunkt findet diese Flucht in den Anden. In ihrer Erschöpfung nach der bereits mehrere Wochen andauernden, kräftezehrenden Überquerung des Hochgebirges, meinen Stinnes und Söderström bei der Fahrt durch eine bolivianische Salzpiste Personen aus ihrer Vergangenheit in den „gespenstischen Salzfiguren" (B.CS 439) wiederzuerkennen, auch den übermächtigen Vater (vgl. B.CS 440). Mithilfe ihres Begleiters bringt sie die Figur zu Fall und tritt so aus dem Schatten ihres Vaters. In gewisser Weise hat Stinnes damit ihre entscheidende Prüfung bestanden und wird mit Selbsterkenntnis belohnt – in Voglers Interpretation der Campbellschen Heldenreise ein typisches Handlungselement.[64]

Parallel zu Stinnes' persönlichem Kampf beleuchtet Winter jedoch auch die propagandistische Seite der Fahrt und zeigt, wie die Protagonistin mit ihrem Vorhaben versucht, ein Zeichen für den Fortschritt zu setzen und die Überlegenheit deutscher Technik zu demonstrieren. Er inszeniert die Unternehmung als wahre Heldentat, Stinnes selbst als Wegbereiterin, die durch Sand- und Eiswüsten, Gebirge und sogar über das Wasser fährt – wie sie mit ihrer Überquerung des zugefrorenen Baikalsees beweist: „Das Automobil besiegte an diesem Tag nicht nur die Landschaft, es mischte sich ein für alle Mal in die Erdgeschichte ein. Überall dort fahren, wo es nicht möglich war, sogar auf dem Wasser. Eine Industriellentochter aus Mülheim an der Ruhr brach im biblischen Ausmaß Regeln, die bis dahin als unumstößlich galten." (B.CS 383)

Als entscheidende Prüfung beschreibt Winter jedoch – analog zu Stinnes' autobiografischem Reisetext *Im Auto durch zwei Welten* (vgl. Kapitel 4.1.1) – die Fahrt durch die Anden, während der das Unternehmen mehrfach zu scheitern droht (vgl. B.CS 423 f., 431). Mit der Ankunft in den USA scheinen alle Abenteuer bestanden, der letzte Streckenabschnitt auf den gut ausgebauten Straßen Nordamerikas ist lediglich die Kür der Reise. Bereits hier wird den Reisenden viel Anerkennung entgegengebracht, und sogar Henry Ford, selbst ein Bote des technischen Fortschritts, würdigt Stinnes' Leistung: „So ist das mit dem Fortschritt. Man muss ihn den Menschen sinnlich begreifbar machen. Was Sie getan haben, Clärenore, ist der einzig richtige Weg. Sie haben

---

64 „They [the heroes. Anm. KK] see who they are and how they fit into the scheme of things. [...] The scales fall from their eyes and the illusion of their lives is replaced with clarity and truth" (Vogler 2007, S. 181).

Menschen ein Auto vorgeführt, ohne dass es Straßen gab. Im Angesicht des Autos kommt der Wunsch zur Fortbewegung. Erst das Auto, dann der Weg." (B.CS 464) Zusätzlich zum überwundenen Konflikt mit dem Vater reüssiert Stinnes also auch in ihrem Vorhaben, eine technische Pionierleistung zu erbringen und damit die Welt zu verändern.

Entscheidend für Winters Inszenierung der Lebensgeschichte ist jedoch die dritte Ebene der Heldenreise. Ab dem Beginn der Weltreise folgt die Erzählung dem typischen Handlungsschema, bei dem ein ungleiches Paar gemeinsam Abenteuer besteht und am Ende zueinander findet.[65] Der Autor charakterisiert Carl-Axel Söderström als sensible, nachdenkliche Person und damit als genaues Gegenteil der selbstbewussten Clärenore Stinnes. Auch die Autobegeisterung der Protagonistin teilt der Kameramann nicht (vgl. B.CS 279). Zahlreiche Passagen illustrieren Söderströms Abneigung gegen Clärenore Stinnes, die ihm schon kurz nach ihrer ersten Bewegung bewusst wird: „Bei der Überlegung, was schlimmer sei, eine Autofahrt oder eine Segelfahrt um die Welt, schlief er ein und wurde bald vom Klopfen des Hotelboys geweckt. Er händigte ihm eine Depesche von Fräulein Stinnes mit dem Abfahrtstermin und dem Treffpunkt aus. Schläft diese Frau denn nie, dachte er. Sie war ihm ein Rätsel. Mit so jemandem zusammenleben! Ein Grund, sich zu erschießen." (B.CS 305 f.) Das enge Zusammenleben während der Fahrt verstärkt seine negativen Gefühle noch:

> Carl-Axels Wut auf Fräulein Stinnes nahm täglich zu. Anderthalb Jahre würde er es nicht neben dieser Frau im Auto aushalten. Was redet man mit einer eingebildeten Zicke, die nur aufs Steuerrad und auf Autofahren fixiert ist, die nicht nach rechts und links schaut, die keinen Blick hat für Landschaften, die um die Welt hetzt, ohne sie wahrzunehmen. Wozu hat sie einen Kameramann dabei, wenn sie nirgends anhält? (B.CS 306 f.)

Die Antipathie beruht auf Gegenseitigkeit: Auch Stinnes ist nicht begeistert von ihrem Mitfahrer und der Aussicht, mit ihm die Welt zu umrunden:

> Wie sollte sie es aushalten mit diesem Kameramann, der ständig nörgelte, der ewig Hunger hatte und dem schlecht wurde, wenn er sich den Magen vollgeschlagen hatte und dann neben ihr einschlief? [...] Sie wollte

---

[65] Vgl. ebd., S. 323 ff.

die Welt umfahren zum Ruhm der deutschen Industrie. Es ging ihr nicht um pittoreske Bilder von Zigeunerorchestern [...] Die Stimmung war schlecht. Fräulein Stinnes und Herr Söderström redeten während der Fahrt nur das nötigste miteinander. Das Motorengeräusch war sowieso zu laut für sensible Unterhaltungen. [B.CS 308]

Bereits in Russland droht die Situation zu eskalieren, erst nach einem Streit, bei dem sich beide wüst beschimpfen (vgl. B.CS 425), ändert sich die Beziehung. Als Stinnes Söderström vor einem schwierigen Streckenabschnitt mit einem der Mechaniker vorausschickt und selbst nicht wie besprochen nachkommt, macht der Kameramann sich Sorgen und fährt ihr entgegen. Die Erleichterung, sie wohl behalten wieder zu sehen, verbirgt er: „Carl-Axel holte tief Luft und presste die Lippen zusammen. Beinahe hätte er sie umarmt." (B.CS 326) Nur wenig später folgt eine ähnliche Situation, nun ist es aber Stinnes, die um das Wohl des Kameramanns bangt: „Söderström trat hinter dem Wagen hervor, und sie merkte, wie erleichtert sie war. Sie atmete schwer und presste die Lippen zusammen. Beinahe hätte sie ihn umarmt." (B.CS 328)

Die bis zu diesem Zeitpunkt wohl gefährlichste Aktion – die Überquerung der Sura auf einer nur notdürftig umgebauten Fähre – markiert den Beginn ihrer Freundschaft und wachsenden Zuneigung. Stinnes ignoriert ihre streikenden Mitarbeiter, denen die Fahrt endgültig zu mühsam und zu riskant geworden ist, und setzt den Wagen kurzerhand allein über. Als sie auch noch den Lastwagen mit den Ersatzteilen und Vorräten auf das Floß fahren will, drängt Söderström sich vor und erledigt die gefährliche Aufgabe selbst (vgl. B.CS 359). Mit dieser Situation beginnt sich das Bild, dass sie sich vom jeweils anderen gemacht hatten, zu verändern, „[d]ie Wasserstrudel der Sura hatten eine geizige, sperrige und spleenige Millionärszicke in eine mutige, schöne Frau verwandelt." (B.CS 362)

Von nun an unterstützen sie sich in schwierigen Situationen gegenseitig (vgl. z. B. B.CS 425, 431) und bringen so das Vorhaben, mit dem Auto die Welt zu umrunden, erfolgreich zu Ende. Bis zur Ankunft in den USA haben sich beide sichtlich verändert: „Clärenore hatte eine Lebensschlacht geschlagen, und Carl-Axel war nicht mehr der etwas schüchterne, etwas unbeholfene, heitere und humorvolle Schwede, sondern ebenso kantig. Er sah aus wie ein Mann, dem die Welt nicht mehr so leicht etwas vorgaukeln konnte, einer, der wusste, was er gewonnen und was er verloren hatte." (B.CS 442) Aus dem ungleichen Paar ist im Laufe der Reise ein „Lebenspaar" (B.CS 442) geworden, dem nun langsam bewusst wird, „dass das Schwierigste an der Reise die Rückkehr sein würde" (B.CS 467). Auf dieser Ebene der Heldenreise steht trotz vollbrachter Heldentat die entscheidende Prüfung noch bevor: „Es war eine andere Welt in ihnen. Sie brauchten den Rest ihres Lebens, um den Sturz zurück in den Alltag zu bewältigen" (B.CS 458).

Als nach einer Weile aus dem „Lebenspaar" auch ein Liebespaar wird, gelingt schließlich auch die Versöhnung mit der Familie – mit ihrer Heldenreise hat „sie für sich einen Kompromiss zwischen Revolution und Tradition gefunden" (B.CS 140). So hat die Automobilistin einerseits ihr ambitioniertes Vorhaben umgesetzt und alle bisherigen Rekorde in den Schatten gestellt, andererseits aber auch ihren zukünftigen Ehemann kennengelernt und den Grundstein für ihr folgendes, traditionelles Leben gelegt. Die verschiedenen Ebenen der Heldenreise finden so ein gemeinsames, versöhnliches Ende.

Die Analyse der Figurenzeichnung und der Handlungskonstruktion zeigt, dass Winter sich der verschiedenen Elemente der mythischen Heldenreise bedient, um Clärenore Stinnes' Lebensgeschichte nachzuerzählen. Seine Inszenierung der Technikpionierin fußt folglich auf kulturell etablierten Zeichen, die die Wahrnehmung der Protagonistin als Heroine nahelegen. Vor allem im Hinblick auf Stinnes' selbstbewusste, emanzipierte Haltung kann von einer Mythisierung im Barthesschen Sinne ausgegangen werden. Winter inszeniert seine Protagonistin als Emanzipationsikone und Streiterin für den technischen Fortschritt, die sich über geschlechtsbedingte Restriktionen hinwegsetzt, mit ihrem Handeln ein global-gesellschaftliches Zeichen setzt und zugleich auch ihr privates Glück findet.

Gesellschaftsstabilisierendes Potenzial entfaltet die Heldengeschichte nicht zuletzt durch den erinnernden Zugriff auf die Frauenbiografie. Wie in den anderen hier analysierten Biografien greifen auch in *Pferde-Stärken* verschiedene Modi der Erinnerung ineinander. Die analysierten Anleihen an das traditionelle Handlungsschema sowie die allwissende Perspektive des Erzählers rücken den Text in die Nähe des Monuments. Insgesamt dominieren jedoch eher die Mittel des erfahrungshaftigen Modus, basierend vor allem auf der Innenweltdarstellung der Protagonisten, die dem Leser die individuelle Lebenserfahrung der Figuren näher bringt. Zugleich verankert Winter die Handlung im historischen Kontext, indem er entsprechende Details einarbeitet, die auf das damals aktuelle Zeitgeschehen verweisen. So verzichtet der Autor zwar auf die Nennung von Jahreszahlen, schildert aber am Anfang vieler Kapitel markante Ereignisse, die parallel zur Handlung stattfinden – etwa die Oktoberrevolution (vgl. B.CS 142) oder die Konferenz von Spa (vgl. B.CS 168) – und ermöglicht so eine zeitliche Einordnung des Geschehens.

Durch die Kombination der verschiedenen Erinnerungsmodi kann *PferdeStärken* als „Personalisierung von Zeitgeschichte"[66] verstanden werden. Winter setzt mit seinem Text die grundlegenden erinnerungskulturellen Aufgaben einer Biografie um: „die Beantwortung von Fragen nach gemeinsamer Herkunft, die Stiftung nationaler Identität und die Vermittlung bestimmter Werte und Normen."[67] Durch die heroisierende Inszenierung wird die Protagonistin zum Symbol für einen starken Fortschrittsglauben, sowohl im Hinblick auf technische Neuerungen als auch auf die Verwirklichung von Geschlechtergerechtigkeit. Indem nun Winter Clärenore Stinnes' Lebensgeschichte als Teil einer gemeinsamen Vergangenheit zeigt, erscheinen ihre Handlungen als Grundlage der gegenwärtigen sozialen Ordnung, die Automobilistin selbst im Sinne der doppelten Bedeutungsaufladung als Symbol für den technischen und sozialen Progress unserer Gesellschaft. Eben darauf basiert die herrschaftstabilisierende Wirkung dieser Lebensgeschichte: Wie die gegenwärtigen journalistischen Texte evoziert auch Winters Biografie Stolz auf die gemeinsame Vergangenheit mit der Heldin[68] und trägt so zur Festigung des Status quo der Gesellschaft bei.

7.2.4 Zwischenfazit

Die Analyse dreier Biografien über die Technikpionierinnen Leni Riefenstahl, Annemarie Schwarzenbach und Clärenore Stinnes hat gezeigt, dass in der gegenwärtigen Inszenierung der Ausnahmefrauen verschiedene Inszenierungs- und Funktionalisierungsstrategien existieren; eine einheitliche Linie bei der Präsentation der individuellen Frauenschick-

---

66 Erll 2009, S. 84.
67 Ebd., S. 79.
68 Vgl. Allison/Goethals 2011, S. 188.

sale ist nicht zu erkennen. Während Michael Winter fiktionale mit faktualen Elementen mischt und Stinnes' Lebensgeschichte erzählerisch stark überformt, arbeiten Jürgen Trimborn und Alexis Schwarzenbach genretypisch mit Erinnerungsmedien und wählen eine faktenorientierte Darstellung. Dabei differiert bei letzteren die Ausgangslage deutlich: Schwarzenbach beschäftigt sich mit einer Technikpionierin, die nach ihrem Tod zunächst völlig in Vergessenheit geraten und erst durch die biografische Aufarbeitung wieder ins Gedächtnis zurückgerufen wurde, Trimborn dagegen setzt sich mit einer Person auseinander, die auch nach 1945 durchgehend in den Medien präsent war und stets versucht hat, ihren eigenen Mythos mitzuformen.

Auf den jeweiligen Gegebenheiten bzw. Erzählabsichten fußend konstruieren die Autoren ihre Version der Lebensgeschichten; in unterschiedlichem Maße nutzen sie dabei typische Heroisierungsstrategien, um ihre Protagonistinnen zu präsentieren, greifen also auf die Elemente der klassischen ‚Heldenreise' zurück. Jürgen Trimborn zeigt Riefenstahl durchaus als Heldin, wenn auch mit Blick auf negative Eigenschaften der Regisseurin. Mit seiner differenzierten Aufarbeitung ihrer Biografie problematisiert er die komplexitätsreduzierende Tendenz heroisierender Erinnerung. Alexis Schwarzenbach verzichtet weitgehend auf eine heroisierende Inszenierung Annemarie Schwarzenbachs. Statt die technikaffine Reisejournalistin zur Emanzipationsikone zu stilisieren, zeichnet er das Psychogramm einer Frau, die am Leben leidet und an persönlichen Konflikten zerbricht. Mit *Auf der Schwelle des Fremden* entzieht der Autor die Frauenbiografie so in weiten Teilen einer gesellschaftlichen Funktionalisierung. Michael Winter liefert mit seiner Romanbiografie *PferdeStärken* dagegen eine Heroisierung bzw. Mythisierung *par excellence*: Er zeigt Clärenore Stinnes als mutige, selbstbewusste Frau, die sich für den technischen und sozialpolitischen Fortschritt einsetzt und zugleich private Selbstbestimmung lebt.

Alle drei Biografien tragen auf ihre Weise dazu bei, die jeweilige Technikpionierin ins kulturelle Gedächtnis der Gesellschaft einzuschreiben. Folgt man Astrid Erlls Rhetorik des Erinnerns, etablieren die Autoren durch die Anknüpfung an monomythische Erzählstrukturen einen monumentalen Erzählmodus;[69] anders gesagt, sie kommunizie-

---

69 Vgl. Erll 2004, 203 ff.

ren die Heroinen als Monumente, also als Themen von gesellschaftlicher Bedeutung, die die Gegenwart überdauern sollen.[70] Zugleich gelingt den Autoren mit ihren Biografien eine „Personalisierung von Zeitgeschichte, die Zirkulation von bestimmten Bildern der Vergangenheit, die sinnhafte Verknüpfung gegenwärtiger Entwicklungen mit historischen Prozessen und die kollektive Selbstvergewisserung".[71] Zumindest bei Trimborn und Winter geht damit auch die für Bartessche Mythen typische gesellschaftsstabilisierende Funktion einher.

Riefenstahls Lebensgeschichte und der öffentliche Umgang mit derselben wird bei Trimborn zum Plädoyer für eine differenzierte Auseinandersetzung mit widersprüchlichen Lebensläufen. Diese Art der Gedächtnisreflexion bewirkt eine erinnernde Auseinandersetzung mit der gemeinsamen Vergangenheit sowie aktuellen Methoden und Tendenzen der Einschreibung ins kulturelle Gedächtnis. Der Autor erzeugt so ein Bewusstsein für Erinnerungsprozesse und deren Auswirkungen auf die Gesellschaft. Michael Winter zeigt seine Technikpionierin dagegen – analog zu vielen der in Kapitel 7.1 analysierten journalistischen Texten – als Gründungsmythos unserer Gesellschaft. *PferdeStärken* entfaltet sein gesellschaftsstabilisierendes Potenzial also vor allem über den evozierten Stolz auf die gemeinsame Vergangenheit mit der Heldin. Die grundlegenden Aufgaben der Biografie in der Erinnerungskultur, nämlich „die Beantwortung von Fragen nach gemeinsamer Herkunft, die Stiftung nationaler Identität und die Vermittlung bestimmter Werte und Normen"[72] können bei Trimborn und Winter als erfüllt betrachtet werden.

---

70 Vgl. Assmann 1991, S. 11–25, hier 14.
71 Vgl. Erll 2009, S. 84.
72 Ebd., S. 79.

7.3 Fiktionale Inszenierung

Parallel zur biografischen Auseinandersetzung mit den Technikpionierinnen der 1920er und 1930er Jahre entstanden in den letzten Jahren einige wenige fiktionale Bearbeitungen des Themas. Meine Recherche zu den hier ausgewählten Personen ergab acht Texte bzw. Filme, die die Lebensgeschichte jeweils einer Ausnahmefrau aufgreifen und ästhetisch inszenieren. Einige Autoren stellen dabei den Realitätsbezug heraus, andere verzichten auf derartige Verweise; es ist davon auszugehen, dass darüber hinaus auch Texte existieren, in denen die Frauenbiografien lediglich als Inspiration oder Basis für Handlung oder Figurengestaltung dienen, die Pionierinnen aber nicht unter ihren echten Namen auftreten. Solche fiktionalen Inszenierungen berücksichtige ich in meiner Untersuchung allerdings nicht. Für die Einzelanalysen habe ich Texte bzw. Filme zu drei verschiedenen Personen ausgewählt. In Kapitel 7.3.1 beschäftige ich mich mit Thea Dorns Theaterstück *Marleni* – einem von wenigen Beispielen für die fiktionale Inszenierung Leni Riefenstahls. Kapitel 7.3.2 dreht sich um Uwe Timms Roman *Halbschatten*, in dem der Autor die Lebensgeschichte der Fliegerin Marga von Etzdorf aufgreift. Im abschließenden Kapitel analysiere ich Erica von Moellers Film *Fräulein Stinnes fährt um die Welt*.

Die weiteren recherchierten Beispiele werden aus verschiedenen Gründen nicht berücksichtigt: Edgar Lipkis Hörspiel *Massai Hitler*[73] setzt sich vor allem mit Riefenstahls Ästhetik und nur nebenbei mit ihrer Person auseinander. Eine Analyse der Heroisierungs- bzw. Mythisierungsstrategien scheint daher wenig ergiebig. Ähnlich verhält es sich mit Oliver Hirschbiegels *Der Untergang*.[74] Zwar tritt im Film, der Hitlers letzte Tage im Führerbunker thematisiert, auch die Fliegerin Hanna Reitsch auf, eine ausführliche Analyse der Szene lohnt jedoch nicht. Fosco und Donatello Dubinis Spielfilm *Die Reise nach Kafiristan*[75] erzählt von Annemarie Schwarzenbachs und Ella Maillarts gemeinsamer Orientreise. Die Regisseure greifen das Motiv der Reise sowie verschiedene Inszenierungsstrategien, die auch in der Analyse autobiografischer

---

73 Edgar Lipki: Massai Hitler. WDR 2005.
74 Oliver Hirschbiegel: Der Untergang. Deutschland: Constantin Film 2004.
75 Fosco u. Donatello Dubini: Die Reise nach Kafiristan. Deutschland: Dubini Filmproduktion 2001.

Texte erarbeitet wurden, auf. Insgesamt zeigt der Film jedoch auf fiktionaler Ebene, was Alexis Schwarzenbach mit seiner Biografie geleistet hat – ein Psychogramm der Reisejournalistin –, weshalb eine ausführliche Analyse keine wesentlichen neuen Ergebnisse verspricht. Auch die jüngsten fiktionalen Inszenierungen, Hansjörg Thurns *Beate Uhse – Das Recht auf Liebe*[76] sowie Christine Hartmanns Film über Elly Beinhorns *Alleinflug*,[77] klammere ich für die Einzelanalysen aus, da die jeweiligen Protagonistinnen nicht zur engeren Auswahl der hier fokussierten Heroinen zählen; Thurns Film konzentriert sich zudem auf Uhses zweite Karriere, nicht auf ihre Arbeit als Stuntpilotin und Fliegerin im zweiten Weltkrieg.

7.3.1 Thea Dorn: *Marleni*

Thea Dorns Theaterstück *Marleni*, das 2000 am Hamburger Schauspielhaus uraufgeführt wurde, ist eines von wenigen Beispielen für die fiktionale Inszenierung Leni Riefenstahls. Die Handlung spielt sich in Marlene Dietrichs Pariser Wohnung im Mai 1992 ab: Leni – wie Dorn ihre Protagonistin nur nennt – sucht mitten in der Nacht die Schauspielerin Marlene Dietrich auf, um sie zu überreden, in ihrem nächsten großen Film, Kleists *Penthesileia*, mitzuspielen. Es folgen lange Diskussionen zwischen den beiden Figuren, verschiedene – teilweise sogar handgreifliche – Streitereien sowie Gespräche über die Vergangenheit und das Leben mit derselben.[78]

Meiner Analyse liegt der im Jahr der Uraufführung publizierte Text des Dramas zugrunde;[79] im Anhang dieser Ausgabe findet sich ein Kommentar der Autorin zur Person Leni Riefenstahl und dem öffentlichen Umgang mit ihr. Dorn geht hier auf die Tatsache ein, dass Riefenstahl nach dem Krieg in den deutschen Medien systematisch boykottiert wurde: „Die öffentliche Frage lautet: Ist eine Frau, die sich von den Nazis hat vor den braunen Karren spannen lassen, wert, daß man sich mit

---

76 Hansjörg Thurn: Beate Uhse – Das Recht auf Liebe. ZDF 2011.
77 Christine Hartmann: Elly Beinhorn – Alleinflug. Deutschland: UFA 2014.
78 Mit den beiden Personen sowie den Parallelen der Lebensgeschichten beschäftigt sich auch Karin Wieland in ihrer Doppelbiografie *Dietrich & Riefenstahl. Der Traum von der neuen Frau* (München: Carl Hanser 2011).
79 Thea Dorn: Marleni. Preußische Diven blond wie Stahl. Frankfurt a. M.: Verlag der Autoren 2000. Im Folgenden zitiert als F.LR.

dem beschäftigt, was sie im Leben sonst noch getan hat? Die Antwort (wenigstens im deutschen Feuilleton) ist ein klares: Nein." (F.LR 90 f.) Ausgehend von der moralphilosophischen Differenzierung von Schuld – etwas Böses tun oder etwas Gutes unterlassen (vgl. F.LR 91) – analysiert sie Riefenstahls Verhalten und kommt zu dem Schluss: „Leni Riefenstahl hat kein monströses Verbrechen begangen. Ein moralisch besonders wertvoller Mensch ist sie allerdings auch nicht. Und deshalb geht es nicht darum, Leni Riefenstahl heilig zu sprechen. Es geht darum, sich mit ihrem außergewöhnlichen Leben und Werk auseinanderzusetzen." (F.LR 95)

Eine Heiligsprechung, also eine Heroisierung Riefenstahls, lehnt Dorn ab, plädiert aber für eine Auseinandersetzung mit der Biografie einer Frau, die sich in einer Männerdomäne durchgesetzt und Karriere gemacht hat, und deren Filme und Fotografien „zum Eindrucksvollsten [zählen], das in diesem Jahrhundert produziert worden ist." (F.LR 94) Die Autorin verdeutlicht damit, dass sowohl Riefenstahls künstlerische Leistung als auch ihre Lebensgeschichte gesellschaftlich relevant sind und nicht ignoriert oder gar vergessen werden dürfen.

Tatsächlich gelingt es Dorn, Riefenstahl zu inszenieren, ohne sie zu heroisieren oder in den ablehnenden Ton der Kritiker zu verfallen; dabei zeigt sie sie auch nicht als sympathische, sondern eher als egoistische, rücksichtslose und kritikresistente Person (vgl. z. B. F.LR 19). Sie präsentiert die Regisseurin ohne Einschränkungen als starke Frau, die stets selbstbewusst und entschlossen auftritt. Schon den eigenen Nachnamen versteht die grotesk vitale (vgl. F.LR 9) Leni als Programm: „Mein Name ist Riefenstahl. Nicht Riefenblech." (F.LR 15) Zudem zweifelt sie in keiner Weise an ihrem Talent, das sie mit der geplanten *Penthesileia*-Verfilmung ein weiteres Mal unter Beweis stellen will: „Mit diesem Film werde ich die Welt sehen lehren. Ich werde der Welt bewegte Bilder zeigen, wie sie sie noch nie gesehen hat. Bilder, wie nur ich sie bewegen kann." (F.LR 17) Dabei überspitzt Dorn die Charaktereigenschaften ihrer Heldin derartig, dass deren Bild fortwährend ins Komische kippt. So ist Leni restlos überzeugt von der eigenen Perfektion, Fehler sieht sie nur bei anderen, wie z. B. bei Marlene, deren Aussehen und körperliche Fitness Leni im Blick auf das gemeinsame Filmprojekt Sorgen macht:

„Marlene, wir werden hart arbeiten. Du wirst hart an dir arbeiten müssen. Ich werde hart an dir arbeiten müssen." (F.LR 20)[80]

Absurd-komisch wirkt auch Lenis Ästhetisierungswahn, der immer wieder durchbricht, etwa im Gespräch über den Zweiten Weltkrieg: „Das war kein schöner Krieg mehr. Ein blödes Gemetzel war das. Ohne Sinn und Form. Ohne jegliches Gespür für Rhythmus und Stil. Mit Kriegskunst hatte das soviel zu tun wie Metzgerei mit Bildhauerei." (F.LR 22) In allem, sogar dem Krieg, suche sie Schönheit und Ursprünglichkeit (vgl. auch F.LR 29, 32 f., 65), ihre Kunst stehe über allem – schon damals, als die Nazis an die Macht kamen und Leni mit ihren Dokumentarfilmen Berühmtheit erlangte: „So einfach ist die Geschichte nicht. Gerade meine Ehre, meine künstlerische Ehre – und das ist doch die einzige, die letzten Endes zählt – hat mich gezwungen, die politischen Fronten nicht zu wechseln." (F.LR 54) Zum Zeitpunkt der Begegnung mit Marlene ist die Kunst Lenis Rückzugsort geworden, an den sie vor der Welt flüchtet: „Manchmal wünsche ich mir tatsächlich, ich wäre blind, und die Kamera meine einzige Sehprothese. Nur noch der Kamerablick und ansonsten schwarz. Es wird mir immer widerlicher, die Welt mit unbewaffnetem Auge anzuschauen." (F.LR 38)

Abgesehen von den komischen und teilweise absurden Elementen rückt Dorn, im Gegensatz zur zeitgenössischen Selbst- und Fremdinszenierung sowie den *Memoiren*, das emanzipatorische Potenzial der Frauenbiografie in den Fokus. Besonders im Vergleich zu Marlene offenbart sich Lenis außergewöhnliches Weiblichkeitskonzept. Zwar sehen beide die eigene Biografie als Abweichung oder sogar Aufstand gegen das reaktionäre Frauenbild der Nationalsozialisten (vgl. F.LR 68), dennoch können ihre Lebensentwürfe als Antagonismen verstanden werden: Die Schauspielerin setzt – oder setzte – ihre femininen Reize als Machtinstrument ein und verkörpert damit eine selbstbewusste Weiblichkeit. Riefenstahl dagegen steht für ein energisches Hinwegset-

---

80 Auch die Anlehnung an Ray Müllers Dokumentarfilm sorgt für komische Momente. So beschwert Leni sich – wie auch in *Die Macht der Bilder* – fortwährend über das „Scheißlicht": „Aber Marlene, bei diesem Scheißlicht kann sich doch niemand vernünftig unterhalten." (F.LR 13, vgl. auch F.LR 44, 47) Ray Müller zeigt eine Szene, in der Riefenstahl nicht über den ersten Reichsparteitagsfilm reden will, weil die Lichtverhältnisse nicht stimmen: „Das ist so wichtig, [ein Thema] über das ich gerne spreche und ausführlich, aber bei diesem Scheißlicht doch nicht!" (Ray Müller: Die Macht der Bilder. Teil 1. Deutschland 1993, 58:22 ff.)

zen über die eigene Weiblichkeit; sie macht ungeachtet des eigenen Geschlechts in einer Männerdomäne Karriere und ist sich bewusst, dass diese Laufbahn in den 1930er Jahren einzigartig war. So sieht sie davon ab, ihre Bedeutung in der deutschen Filmbranche an spezifisch weiblichen Maßstäben zu messen: „Neunzehnhundertachtunddreißig war ich die mächtigste Frau – na ja, das sagt nicht viel – war ich der mächtigste Mann im deutschen Filmgeschäft." (F.LR 56)

Darüber hinaus zieht Leni mehrfach Parallelen zwischen sich und Kleists Dramenfigur Penthesileia – einer der bekanntesten starken Frauenfiguren der deutschen Literatur. Sie gesteht, dass sie die Hauptrolle im geplanten Film gerne selbst übernehmen würde, es jedoch aus unbestimmtem Grund nicht könne (vgl. F.LR 42 f.).[81] Marlenes Interpretation der Amazonenkönigin als ein mit weiblichen Reizen kämpfender Vamp lehnt Leni kategorisch ab und gibt stattdessen eine andere Umsetzung vor: „Du bist eine Frau, die sich ihre Männer nicht im Séparée, sondern auf dem Schlachtfeld fängt." (F.LR 61) Etwas später geht sie näher auf ihre Vorstellung von Penthesileia ein: „Sie ist einerseits hundertprozentige Frau, und sie hat die Wünsche einer Frau, aber sie muß mit männlichen Waffen dafür kämpfen." (F.LR 63) Die Formulierung legt nahe, dass Leni sich in der Figur selbst wiederfindet bzw. ihr Selbstbild auf die Protagonistin überträgt, übernimmt sie doch die Formulierung „hundertprozentige Frau" als wörtliches Selbstzitat aus Alice Schwarzers 1999 publiziertem Riefenstahl-Porträt.[82]

Dorn lässt durch die Referenzen auf Riefenstahls außergewöhnliche Karriere sowie den Vergleich mit Penthesileia anklingen, dass die Regisseurin durchaus zur Emanzipationsikone hätte werden können. In ihrem dem Stück angehängten Kommentar äußert sie die Vermutung, dass gerade das emanzipierte Selbstverständnis der Filmemacherin die ablehnende bzw. feindselige Haltung der deutschen Medien hervorruft: „Es drängt sich der Verdacht auf, daß der wackere antifaschistische Haß vor allem einer Frau gilt, die mit großer Unabhängigkeit, eisernem Selbstbewußtsein und rücksichtsloser Entschlossenheit ihre Ziele ver-

---

[81] Wie es auch für ihre ursprüngliche, in den 1930er Jahren begonnene Umsetzung geplant war.
[82] Vgl. Alice Schwarzer: Leni Riefenstahl: Propagandistin oder Künstlerin? In: Emma. Januar/Februar 1999, S. 32–47.

folgt hat. Also alles das getan hat, was frau nicht tut. Im Faschismus nicht. Und in der Demokratie auch nicht." (F.LR 96) Ein Hinweis auf diese These, dass die Missgunst gegenüber den beiden Frauen auf sexistischen Motiven basiere, findet sich auch im Schauspiel selbst. Marlene meint hier im Gespräch über die mögliche Reaktion des Publikums auf ein gemeinsames Filmprojekt: „Denn ganz egal, ob rot, ob braun: Nichts haßt der Deutsche so wie große Frau'n." (F.LR 76) Obwohl die beiden Frauen selbstbewusst auftreten und ihr emanzipiertes Weiblichkeitsverständnis nach außen tragen, scheint so – wie Dorn es in der vorangestellten Personenbeschreibung formuliert – der „biographische Genickbruch" (F.LR 9) durch.

Im Dialog der beiden berühmten Deutschen ruft die Autorin verschiedene, wiederholt vorgebrachte Anschuldigungen gegenüber Dietrich und Riefenstahl auf, etwa wenn die Figuren sich gegenseitig als „Amihure" bzw. „Nazinutte" (F.LR 16) beschimpfen. Gerade Leni reagiert gereizt auf die bekannten Vorwürfe, sie sei eine Faschistin (vgl. z. B. F.LR 15) und habe mit ihren Regiearbeiten das Naziregime aktiv unterstützt:

> LENI *stöhnt auf* Bitte. Wann werde ich es endlich einmal erleben, das Wort Film in den Mund nehmen zu können, ohne daß mir einer sofort ›Triumph des Willens‹ ins Gesicht blökt. Ja, ich habe diesen verdammten Parteitagsfilm gedreht. Aber ich habe vorher und nachher zwei reine Spielfilme gedreht, so wie ich jetzt einen reinen Spielfilm drehen werde. Herrgottnochmal. Wann kriegt ihr das endlich in eure vernagelten Widerstandsschädel hinein. Ich bin nicht die Propagandafilmerin, für die ihr mich haltet. Realität interessiert mich nicht. Hat mich nie interessiert. [F.LR 52 f.]

Mit der Rechtfertigung, Realität interessiere sie nicht, zitiert Leni sich selbst und ihr mehrfach vorgebrachtes Argument, dass sie im Grunde genommen nie Dokumentarfilme habe drehen wollen und sich folglich auch nie initiativ um den Auftrag für die Reichsparteitagsfilme bemüht habe (vgl. A.LR3 220 ff.).

Zusätzlich zu den Verweisen auf die mediale Fremdinszenierung verarbeitet Dorn also auch diverse Versatzstücke der Riefenstahlschen Selbstinszenierung. An verschiedenen Stellen zitiert die Autorin wörtlich aus den *Memoiren*, etwa als Leni von ihrer ersten Begegnung mit Hitler berichtet (F.LR 26, vgl. außerdem 36, 49, 66, 69). Es fällt auf, dass

Leni immer dann, wenn es um ihre Vergangenheit geht, die persönliche Version der eigenen Lebensgeschichte wiederholt und so den selbstgeschaffenen Mythos forciert. Marlene übernimmt an diesen Stellen die Rolle der Riefenstahl-Kritiker, die die Selbstinszenierung als Lüge oder Legendenbildung werten. Mitunter reagiert die Regisseurin hysterisch auf die vorgebrachten Vermutungen über ihre Vergangenheit, so z. B. auch, als Marlene das Verhältnis zu Joseph Goebbels anspricht:

> MALENE: Ich meine nicht deinen albernen Bergdoktor. Ich meine Doktor Joseph Goebbels.
>
> LENI *stößt einen Schrei aus* Wann hört das endlich auf! Nein! Ich war nicht Goebbels' Geliebte. Nie! Goebbels hat mich gehaßt. Und ich habe ihn gehaßt, diesen Schweinehund. Mit allen Mitteln hat er mich bekämpft. Bei meinem Olympiafilm, und auch sonst hatte er mich schikaniert, wo er nur konnte. »Hysterische Person« hat er mich genannt. Einmal wollte er mich sogar die Treppe hinunterwerfen. [F.LR 48]

Sofort verfällt Leni in ihre selbstverteidigende, die eigene Vergangenheitsversion wiederholende Abwehrhaltung. Den Ton der *Memoiren* aufgreifend, vermutet sie in allem ein Komplott gegen sich. Auch in der Bedingung der Filmemacher, die ihren *Penthesileia*-Film nur finanzieren, wenn Marlene Dietrich die Hauptrolle spielt, erkennt sie – nachdem sie die gealterte Schauspielerin gesehen hat – eine Falle: „Eine Katastrophe [...] – ob diese Schweinehunde gewußt haben und mich absichtlich – aber so hinterhältig kann niemand sein – obwohl – ich alte Traumtänzerin – ich hätte es ahnen können – die Hinterhältigkeit der Welt kennt keine Grenzen." (F.LR 15)

In ihrer stetigen Repetition der vorformulierten Erinnerungsversion, mit der sich Leni beharrlich als Opfer präsentiert, scheint die Tragik ihrer Lebensgeschichte durch. Die geplante *Penthesileia*-Verfilmung mit Marlene Dietrich sieht sie als ihre letzte Hoffnung, die Arbeit hinter der Kamera wieder aufnehmen zu können und die öffentliche Ablehnung ihrer Person zu beenden; das drohende Scheitern des Projekts offenbart ihre Verzweiflung:

> Nein. Dieser Film ist kein Quatsch. Dieser Film ist das einzige, das meinem Leben noch einmal Sinn geben kann. Das letzte. Seit fünfzig Jahren boykottieren sie mich, seit fünfzig Jahren haben sie mich hinter keiner Filmkamera mehr stehen lassen. Alles haben sie mir genommen. Hätten sie mich doch damals gleich umgebracht. Es wäre eine mildere Strafe

gewesen, als mich leben und nicht filmen zu lassen. So ist es schlimmer als tot zu sein. [F.LR 71]

Trotz aller Rückschläge zeigt Leni sich zuversichtlich, dass ihre Karriere noch nicht endgültig vorbei ist und sie irgendwann die Anerkennung bekommen wird, die ihr bzw. ihrer künstlerischen Arbeit ihrer Ansicht nach zusteht:

> Nein. Wir können es schaffen. Wir beide können es schaffen, wenn du nur willst. Wir werden der Welt zeigen, daß sie uns zu Unrecht abgeschrieben hat. Mich. Und dich. Daß es Unrecht war, mich in die Wüste und ins Wasser zu schicken. Und daß es Unrecht war, dich in dieser Rumpelkammer verrotten zu lassen. Wir sind noch nicht am Ende. Unsere Zeit hat erst begonnen. Die Welt kann es sich nicht leisten, auf zwei Frauen wie uns zu verzichten. [F.LR 71]

Als Marlene Leni danach auffordert, ihren Nachttopf auszuleeren, bricht der Zorn über ihre Behandlung in der Öffentlichkeit während der letzten Jahrzehnte durch:

> Seit fünfzig Jahren geht das jetzt so. Seit fünfzig Jahren sitzt ihr da mit euren selbstgerechten Visagen und leert eure antifa-, eure saubere antifaschistische Pisse über mir aus. Seit fünfzig Jahren scheißt ihr euch aus über mir. Und steht dann da mit euren erhobenen Armen und zeigt auf mich: »Schaut sie euch an, die braune Leni, die dreckige alte Nazi. Seht ihr nicht, wie ihr das Braun aus allen Poren quillt?« Seit fünfzig Jahren sitze ich in der Scheiße, die dieses ganze verdammte Volk produziert hat. Seit fünfzig Jahren muss ich mich anscheißen lassen, damit das neue Deutschland mit ruhiger Verdauung schlafen kann. – Ich bin der Sündenbock des Zwanzigsten Jahrhunderts. [F.LR 73]

Dorn lässt Leni mit diesem Wutausbruch einen Standpunkt wiedergeben, der sich in den letzten Jahren auch in den Medien mehr und mehr etabliert hat: Wie in Kapitel 7.1 gezeigt, finden sich seit Ende der 1990er Jahre immer wieder Texte, die Riefenstahl bzw. den öffentlichen Boykott ihrer Arbeit als Sinnbild für die kollektive Verdrängung nach dem Weltkrieg sehen. Eine über diesen Verweis hinausgehende Stilisierung zum Opfer deutscher Verdrängungskultur findet in Dorns Stück jedoch nicht statt. Direkt im Anschluss an die eben zitierte Passage wird Lenis Aussage durch Marlene relativiert, die die zornige Rede beschwichtigend abtut: „Na, na, na. Nu steig mal wieder runter von deinem Kreuz. – Außerdem bist du überhaupt kein Sündenbock. – Bestenfalls eine Sündenkuh." (F.LR 73 f.)

Dorn setzt ihr Programm also um und diskutiert Riefenstahls außergewöhnliche Lebensgeschichte, ohne die Regisseurin „heilig zu sprechen" (F.LR 95), doch eben so wenig schließt sie sich der verbreiteten De-Heroisierung an. Vielmehr bezieht sie Riefenstahls Selbststilisierung sowie deren mediale Inszenierung und Funktionalisierung in ihre fiktionale Bearbeitung mit ein und reflektiert so die bisherige (De-)Heroisierung. Sie zeigt zwei alte Frauen, die unter dem Mythisierungsprozess, insbesondere unter der damit verbundenen Reduzierung auf einige wenige Charaktereigenschaften und biografische Stationen leiden. Mit der Personenbeschreibung im Anhang bringt Dorn diesen zentralen Gedanken noch einmal auf den Punkt. Hier betitelt sie das Aufeinandertreffen der beiden „Jahrhundertfrauen" Marlene Dietrich und Leni Riefenstahl in ihrem Theaterstück als „Begegnung, bei der die Fronten geklärt scheinen; ein Vexierspiel" (F.LR 97).

In zehn Absätzen greift die Autorin, teilweise mit kritischen Untertönen, verschiedene Elemente der medialen Selbst- und Fremdinszenierung auf und inszeniert die beiden Personen als Gegensatzpaar, auf der einen Seite Marlene, den „antifaschistische[n] Engel", auf der anderen Leni, „die braune Hexe" (F.LR 97). Nach und nach wird klar, dass die beiden mehr gemeinsam haben, als anfangs zu vermuten war, vor allem die Tatsache, dass sie im Nachkriegsdeutschland um ihre Reputation zu kämpfen hatten:

> MARLENE: die »Amihure«, der die Nachkriegsdeutschen Go home! Entgegenbrüllten
>
> LENI: die »Nazinutte«, die seit 1954 systematisch boykottiert wird
>
> MARLENE: die den Berlinern nur nach langen Grabenkämpfen einen Straßennamen wert war
>
> LENI: deren Hamburger Photo-Ausstellung aus biederen Nachgeborenen nachholende Widerstandskämpfer machte [F.LR 98f.]

Die Fronten sind – wie die Autorin bereits angekündigt hat – eben nur scheinbar geklärt; die Gegenüberstellung der beiden Personen verrät das Vexierspiel – dem Grimmschen Wörterbuch zufolge ein „spiel im engeren und weiteren sinne, das auf eine neckerei, mehr oder minder harmlose täuschung hinausläuft"[83] –, und so endet diese abschließende Passage mit der Fusion beider Personen:

> MARLENI: ein deutsches Schwesternmärchen, in dem die gute Schwester die böse Schwester, die gute Schwester die böse Schwester ist [F.LR 99]

Eine eindeutige Unterscheidung von gut und böse ist in Dorns Gegenüberstellung also nicht möglich; vielmehr stellt sie der Lebensgeschichte Leni Riefenstahls eine andere gegenüber, die in gewisser Hinsicht ähnliche Wendungen genommen hat, und schärft so den Blick für die Ambivalenzen in der Biografie der Regisseurin.

Indem Dorn Elemente der medialen Selbst- und Fremdinszenierung in ihre fiktionale Bearbeitung einbaut, zeigt sie Leni Riefenstahl zwar als Mythos, jedoch ohne dessen typische gesellschaftsstabilisierende Wirkung. Ihr Bild der Technikpionierin wirkt nicht systemstärkend, sondern eher destabilisierend, da sie mit ihrem kritischen Blick auf die bisherige De-Heroisierung und die teilweise Rehabilitation der Künstlerin das Feindbild der bestehenden Herrschaftsordnung hinterfragt. Insofern sollte *Marleni* als mythenkritischer Text verstanden werden, der am Beispiel Leni Riefenstahls auf die Schattenseiten solcher Heroisierungsprozessese hinweist. Wie Leni im Stück selbst postuliert, sind Marlene und sie bereits Teil der gesellschaftlichen Erinnerung und haben die Transformation vom tatsächlich gelebten Leben zum Denkmal durchlaufen: „Wir sind Denkmäler, die niemals geschleift werden können. Wir sind aus Stahl, wo andere Menschen zerbrechlich sind. Wir sind aus Stein, wo andere Menschen Eingeweide haben. Nichts Menschliches ist uns vertraut. Wir sind unsterblich, weil wir niemals wirklich gelebt haben." (F.LR 76) Durch die Mythisierung wird die Biografie ins kulturelle Gedächtnis eingeschrieben und dadurch unsterblich, das eigentliche Leben der Person geht dabei jedoch verloren.

---

83 Deutsches Wörterbuch von Jacob und Wilhelm Grimm. Bd. 26. Zwölfter Band II. Abteilung. Vesche – Vulkanisch. Bearbeitet von Rudolf Meiszner. München: dtv 1984, S. 45.

7.3.2 Uwe Timm: *Halbschatten*

Uwe Timm thematisiert in seinem Roman *Halbschatten*[84] das Leben der Fliegerin Marga von Etzdorf: Der rätselhafte Selbstmord der jungen Frau veranlasst einen namenlosen Erzähler, sich auf Spurensuche zu begeben, die ihn zu von Etzdorfs Grab auf dem Berliner Invalidenfriedhof führt. Gemeinsam mit einem seltsamen Stadtführer geht der Erzähler durch die Gräberreihen und hört die Stimmen der Toten – bekannte und unbekannte Personen der deutschen Geschichte von der Zeit Kaiser Friedrichs bis zum Fall der Berliner Mauer –, darunter auch Marga von Etzdorf. Der Führer, genannt „der Graue" (F.ME 9), begleitet den Erzähler auf seinem Weg, erzählt, was er selbst über die Fliegerin weiß, und erklärt, wessen Stimmen gerade zu hören sind.[85]

Fragmentarisch wird so von Etzdorfs Biografie rekonstruiert, von der Kindheit bei den Großeltern, über ihre viel beachteten Langstreckenflüge nach Teneriffa und Japan, bis hin zur Bruchlandung in Syrien und ihrem Selbstmord. Anders als in von Etzdorfs Autobiografie und den journalistischen Texten beschränkt sich die Inszenierung der Fliegerin in *Halbschatten* nicht auf biografische Eckdaten und die Flugabenteuer der Protagonistin; Timm ergänzt das Bild der Technikpionierin um eine private Szene: In mehreren Teilepisoden schildert er, wie von Etzdorf nach ihrer Landung in Japan eine Nacht im Haus des Diplomaten Christian von Dahlem verbringt. Im selben Raum, lediglich getrennt durch eine als Vorhang gespannte Stoffbahn, erzählen sich die beiden ihre Lebensgeschichte. Zusätzlich zu den ‚üblichen' „Legenden und Anekdoten" (F.ME 89) zeigt er von Etzdorf so auch in einer privaten Situation.

Im Laufe des Romans setzt sich aus den biografischen Bruchstücken das Bild einer jungen Frau zusammen, die nach ihren ersten fliegerischen Erfolgen eine vielversprechende Karriere vor sich zu haben scheint. Doch die Nacht mit von Dahlem in Japan wird zum Wendepunkt ihres Lebens: Die Fliegerin verliebt sich in den Diplomaten, der sie jedoch abweist. Auf dem Rückflug nach Europa stürzt sie ab, gilt

---

84 Uwe Timm: Halbschatten. München: dtv 2008. Im Folgenden zitiert als F.ME.
85 Einen Verweis auf die tatsächliche Existenz der Fliegerin gibt es nicht; eine mögliche Einstufung von Etzdorfs als reale Person basiert folglich auf dem Vorwissen des Lesers.

fortan als „Bruchmarie" und findet keine Unterstützer mehr für ihre Projekte, bis sie schließlich einwilligt, auf einem Australienflug Waffen zu schmuggeln und Spionageaufträge für die Nationalsozialisten auszuführen. Nach einer Bruchlandung in Syrien erschießt sie sich in ihrer Unterkunft mit einer der verbotenerweise mitgeführten Maschinenpistolen.

Die Inszenierung der Protagonistin verläuft dabei auf verschiedenen Ebenen: Zum einen kommt Marga von Etzdorf selbst zu Wort und erzählt von ihren Flügen sowie der Nacht mit von Dahlem. Zum anderen sprechen Dritte über sie, z. B. der Schauspieler Miller, der von Etzdorf in Japan kennengelernt hat, aber auch andere Zeitgenossen wie die Fliegerlegende Ernst Udet. Hinzu kommen diverse historische Dokumente wie Zeitungsartikel oder offizielle Berichte (vgl. F.ME 55, 79, 154 f., 187 f.), die durch Kursivierung als Zitate gekennzeichnet sind. Uwe Timms Charakterisierung der Heldin basiert folglich auf einer Kombination aus fiktivem autobiografischem Erzählen, Statements anderer Charaktere und nicht-fiktionalem Quellenmaterial.

Mit den Passagen, in denen von Etzdorf selbst berichtet, präsentiert Timm die Fliegerin als sensible Person, die genau beobachtet und stets überlegt handelt. Vor allem durch ihr Gespräch mit von Dahlem erscheint Marga von Etzdorf als Ruhepol zwischen vielen männlichen Stimmen auf dem Friedhof und deren Gesprächen über Krieg, Tod und Zerstörung.[86] Während die Fliegerin in ihrer Autobiografie *Kiek in die Welt* äußerst selbstbewusst wirkt, zeigt die Figur in Timms Roman mitunter Unsicherheit vor bevorstehenden schwierigen Flügen (vgl. z. B. F.ME 21). Die persönliche Perspektive wirkt in dieser Hinsicht wie ein Blick hinter die Fassade der in der Öffentlichkeit stets selbstsicher auftretenden Technikpionierin. Andere Textabschnitte zeigen die emphatische Seite der Fliegerin, die ins Schwärmen kommt, sobald sie vom Fliegen bzw. von ihrem Flugzeug spricht:

> Und was war das für eine Maschine, sie war wunderbar, diese Perfektion. Man musste den Motor laufen hören, wenn er ansprang, ein Zögern, dann dieser gleichmäßige Lauf. Perfekte Proportionen, die

---

86 Vgl. auch Gert Sautermeister: Uwe Timms *Halbschatten*. Zur Erzähltechnik, Thematik und zur Protagonistin des Romans. In: Peter-Weiss-Jahrbuch für Literatur, Kunst und Politik im 20. und 21. Jahrhundert. Bd. 23. 2014, S. 149–170, hier 156 ff.

> Tragflächen setzen unter dem Rumpf an. Zwei Windschutzscheiben aus Plexiglas vor den beiden Sitzen. Man saß im Freien und war doch vom Wind geschützt, das war das Wunderbare, man tauchte wirklich ein in die Wolken. [...] Und wie wunderbar, wenn sich die Räder vom Boden lösen, das Abheben. Um nicht zu jubeln, was ich anfangs tat, begann ich zu singen. [F.ME 68 f.]

Auch die im Roman zitierte „Rede, die sie in einer kleinen Stadt in Pommern gehalten hat" (F.ME 177), illustriert von Etzdorfs Technikbegeisterung:

> Nicht allein das Flugzeug am Himmel, in seinen Flugfiguren, sondern seine Konstruktion, seine technischen Teile sind bewunderungswürdig. Sehen Sie sich den Propeller an, diese höchst komplizierte, komplexe, in sich perfekte Form des mit größter Genauigkeit gearbeiteten, leicht geschwungenen, vom Gerundeten ins Flache und Schmalere auslaufenden Holzteils, mittels dessen das schier Unglaubliche möglich wird, sich in die Lüfte zu erheben. Das, wozu Muskelkraft allein niemals ausreichen könnte. [F.ME 176]

Dieselbe Rede liefert auch einen der wenigen Hinweise darauf, wie die Fliegerin die auf der Geschlechterdifferenz basierenden Restriktionen erlebt: „Diese Flugapparate werden nicht durch Muskelkraft in die Luft gehoben, sondern durch Erfindergeist. So kann man auch als Frau den Aeroplan fliegen. Es ist eines dieser Beispiele der Technik, die einen Ausgleich schaffen in der naturgegebenen Ungerechtigkeit." (F.ME 175) Andere Selbsteinschätzungen ihrer Situation in der Männerdomäne Technik fehlen.

Hinweise darauf, wie schwer von Etzdorf es als Frau in der Fliegerei hat, liefern eher die anderen Stimmen. So unterbricht eine „ferne, brüchige Stimme" von Etzdorfs Erzählung über einen Gewitterflug mit den Worten „Ist doch wider die Natur des Weibes" (F.ME 138). Schauspieler Miller berichtet von den geschlechtsbasierten Vorurteilen über fliegende Frauen, die infolge des Absturzes der Protagonistin auf dem Rückflug von Japan laut wurden:

> Da ist sie richtig abgeschmiert. Aus 80 Meter Höhe. Totalschaden. Und sie hatte sich schwer verletzt, einen Wirbel angebrochen. Aber die Leute machten Witze hinter ihrem Rücken. Grinsten. Dahlem sagte, das kann jedem passieren. Und es passiert auch immer wieder. Bei Männern ist man beeindruckt, wenn die blutend aus ihrem Wrack klettern, heldenhaft. Bei Frauen lacht man und sagt, wussten wir doch. [F.ME 143]

Eine andere Stimme sieht in von Etzdorfs Absturz und den folgenden Ressentiments die Ursache für ihren späteren Selbstmord: „Niemand würde ihr wieder ein Flugzeug geben. Frauen sollen bleiben, wo sie hingehören: Kinder, Kirche, Küche." (F.ME 238)

Insgesamt überwiegt im Chor der Stimmen jedoch die Bewunderung für die Fliegerin. Den größten Redeanteil im Blick auf von Etzdorfs Fremdinszenierung hat wohl Miller, der schon bei der ersten Begegnung von ihr begeistert ist:

> Einfach wunderbar dieser Anblick, wie sie über uns kreiste, wie sie die Maschine schräg legte, herunterzog, knapp über die Dächer auf den Platz zuflog, wie sie sanft aufsetzte, wie sie die Maschine vor der Menschenmenge zum Stehen brachte, wie sie aus dem Cockpit kletterte, dastand, vom Himmel kommend, da war sie nicht nur diese junge und schöne Frau, sondern an ihr war auch etwas von der beherrschenden Kraft, die diesen Flugapparat erst zu einem solchen macht. [F.ME 17]

Diese Beschreibung ihres Auftritts in Japan spiegelt die Wirkung der außergewöhnlichen Frau in der Öffentlichkeit wider. Auch ‚der Graue' geht zu Beginn der Friedhofsführung auf von Etzdorfs aufsehenerregende Langstreckenflüge ein: „Sensationelle Unternehmungen, damals, sie wurde bewundert und gefeiert." (F.ME 10)

Immer wieder werden von Etzdorfs einzigartige und ungewöhnlich Leistungen erwähnt, wie die Tatsache, dass sie eine der ersten fliegenden Frauen in Deutschland war (vgl. F.ME 10, 74) oder dass ihr als erster Frau ein Alleinflug nach Japan gelungen ist (vgl. F.ME 16). Zusätzlich schreiben Miller, der Graue und andere Stimmen ihr typische heroische Eigenschaften wie Mut (vgl. F.ME 54, 141, 156), aber auch allgemeine positive Charakteristika wie Empfindsamkeit und Klugheit (vgl. z. B. F.ME 220) zu. Dabei fällt auf, dass die Sprecher oft die weibliche Nuance der maskulin-heroischen Figurierung hervorheben. Miller etwa spricht von einem „sanften Heroismus" (F.ME 54) und einer bemerkenswerten Ruhe: „So etwas von Mut. Und eine Entschiedenheit, aber sanft, kein Dröhnen, ruhig und freundlich." (F.ME 141) An anderer Stelle heißt es: „Sie war mutig und, sagt Miller, anmutig." (F.ME 156) Trotz des selbstbewussten, heroischen Auftretens in der Öffentlichkeit strahlt Timms Heldin also auch weibliche Sanftmut und Ruhe aus.

Das Bild der zierlichen, zartfühlenden Frau wird aus anderer Perspektive gestört durch von Etzdorfs zupackendes, standhaftes Wesen.

Mehrfach fällt das auch in der zeitgenössischen journalistischen Inszenierung oft gebrauchte Schlagwort „Energie", häufig als Gegenkonzept zur weiblichen Physiognomie und Wesensart, so auch in Millers Schilderung der Landung in Japan: „Zierlich war sie, strahlte aber eine große Energie aus." (F.ME 17) Von Etzdorfs Monteur beschreibt seinen Eindruck von der Fliegerin mit ähnlichen Worten: „So klein und zierlich, winzige Hände, wie die zugreifen konnte. Hatte ne enorme Energie." (F.ME 145) Diese Formulierungen lassen erkennen, dass beide Männer beim bloßen Anblick der Fliegerin nicht mit einer derartigen Kraft gerechnet hatten.

Erstaunen äußern einige Zeitgenossen auch im Bezug auf von Etzdorfs technisches Verständnis sowie die Tatsache, dass sie Reparaturen am Flugzeug selbst durchführt; so auch der eben zitierte Monteur: „War schon was, die Frau, wie die sich auskannte, alle Achtung. Konnte nicht nur Zündkerzen reinigen. Baute selbst nen Motor aus." (F.ME 144) Ähnlich beeindruckt zeigt sich der Fliegerkollege Ernst Udet: „Ja, die Frau fiel aus dem Rahmen, sagt der Saufaus. Ganz selbstständig. Konnte Zündkerzen auswechseln oder Kolben ausbauen. Reinigte Benzinleitungen. Und vor allem – sie konnte fliegen. Kein Unterschied zu den Männern." (F.ME 30 f.) Miller beschreibt an verschiedenen Stellen die anziehende Wirkung dieser Verbindung von Weiblichkeit und Technik: „Ich habe ihr die Hand geküsst. Eine auffallend kleine Hand, eine Kinderhand, die nach Öl und Benzin roch, und da war ein Hauch von Parfum, Maiglöckchen oder Gardenien, einzigartig, die Verbindung von Maschine und Boudoir." (F.ME 17)

Wie die Autoren der zeitgenössischen journalistischen Texte nehmen auch die Romanfiguren die Diskrepanz zwischen femininen und maskulinen Charakteristika wahr. Mehrfach wird von Etzdorf mit ihrer Fliegerkollegin oder -konkurrentin Elly Beinhorn verglichen, die Udet zufolge im Gegensatz zur etwas distanzierten Protagonistin eher „mädchenhaft" und „weich" war (vgl. F.ME 31). Anders als die Journalisten der 1920er und frühen 1930er Jahre reagieren die Stimmen in Timms *Halbschatten* darauf jedoch nicht mit Verstörung oder dem Drang, das abweichende Weiblichkeitskonzept ins bekannte Schema zu integrieren (vgl. Kapitel 4.2.3). Zwar konstruiert Miller analog zu den Integrationsstrategien der zeitgenössischen Autoren zwei Identitäten, zwischen denen die Protagonistin hin und her wechselt (vgl. F.ME 30), doch insgesamt erscheint die Fliegerin in seiner Darstellung sowie in der der anderen Stimmen als ausgeglichenes Wesen, das zwischen den Polen der Weiblichkeit und Männlichkeit die Balance hält.

Der Moment, in dem sie dieses Gleichgewicht verliert, markiert den Wendepunkt in ihrem Leben. So schildert Miller, wie die Fliegerin nach der Nacht mit von Dahlem sichtlich verändert wirkt: „Ich hab sie dann am nächsten Tag gesehen, sagt Miller, und ich hab sofort erkannt, es war etwas geschehen. Sie war verwandelt. Sie zeigte eine kleine mädchenhafte Unsicherheit, ein Erröten, ein wie um Entschuldigung bittendes Lächeln, etwas Unstetes im Blick, als ich die beiden begrüßte. Sie hatte etwas von ihrer Stärke verloren." (F.ME 50) Bereits mit dem Heimflug von Japan beginnt von Etzdorfs Pechsträhne: In Bangkok stürzt sie ab, wird schwer verletzt und ihr Flugzeug komplett zerstört. Der Versuch, trotzdem selbstbewusst aufzutreten, scheitert, wie der Graue berichtet:

> Sie hat bei dem Versuch, etwas von dem kühnen Flug herüberzuretten, dann aber zu dem falschen Mittel gegriffen, als sie sich in dieser Pilotenmontur aus Schlangenleder zeigte. Wäre sie mit einer ölverdreckten, zerschlissenen Lederjacke aus der Maschine gestiegen, dann hätte das an die Strapazen, die Schmerzen, dieses abenteuerliche Scheitern erinnert. So aber war ihre Erscheinung wie Kosmetik. Jeder wusste, sie war finanziell ruiniert, und jetzt stiegt sie aus einem geliehenen Flugzeug in einer elegant exotischen Aufmachung. [F.ME 220]

Zusätzlich zum Absturz und dem daraus resultierenden beruflichen Misserfolg weist von Dahlem die Protagonistin, die sich in ihn verliebt hat, ab. Von Etzdorf scheitert folglich sowohl im Privaten als auch im Beruflichen. Um trotz ihres Rufs als Bruchmarie weiter fliegen zu können, gibt sie die bisher mit ihrem Fliegen verbundene Vorstellung von Freiheit und Unabhängigkeit auf und willigt in Waffenschmuggel und Spionage ein. Letztlich endet Marga von Etzdorfs Verlust der inneren Balance mit ihrem Selbstmord.

Betrachtet man die Aussagen zum Tod der Fliegerin, fällt auf, dass von Etzdorfs Freitod – wiederum analog zur zeitgenössischen Fremdinszenierung – als heroische Tat wahrgenommen bzw. interpretiert wird. Verschiedene Stimmen äußern sich zu dem Vorfall in Aleppo, manche meinen, sie habe sich aus „Ehrgefühl" (F.ME 195) oder „Scham" (F.ME

221) erschossen. Die Mutmaßung des Grauen, von Etzdorf sei schlicht des Lebens überdrüssig gewesen (F.ME 245), verneint einer der Toten ganz klar: „Nein. Es war Stolz. Würde. Etwas, was mehr und mehr verloren geht. Ein Beispiel geben. Beispielhaft für sich selbst, zugleich auch für andere." (F.ME 245) Auch Ernst Udet, der sich 1941 gleichfalls erschossen hat, bewundert von Etzdorfs Tat: „Dass die Etzdorf zweimal geschossen hat, ganz unglaublich. Eiserner Wille." (F.ME 249)

Den bisher zitierten Aussagen zufolge spiegelt von Etzdorfs Freitod ihr heroisches Wesen wider, doch es finden sich auch Hinweise im Text, dass der Selbstmord vielmehr als Inszenierungsstrategie der Fliegerin und des nationalsozialistischen Regimes zu werten ist. So wird nahegelegt, dass von Etzdorf nach der Bruchlandung in Aleppo einen Skandal vermeiden wollte: „Die Presse hätte Schlagzeilen gehabt: Bruchlandung. Fliegerin landet mit dem Wind. Verwickelt in Waffengeschäfte. Spionageauftrag. Es wäre ein Skandal gewesen. So wird sie als Heldin gefeiert werden." (F.ME 266) Tatsächlich arrangieren die Nationalsozialisten, die zuvor schon den Wert der Fliegerin als mediales Aushängeschild für Deutschland erkannt hatten (vgl. z. B. F.ME 224, 251), die Überführung der Leiche nach Berlin, die Ehrenwache der SA und SS vor dem aufgebahrten Sarg sowie ein Heldenbegräbnis auf dem Invalidenfriedhof (vgl. F.ME 252).

Es bleibt festzuhalten, dass Timm in seinem Roman *Halbschatten* verschiedene typische Heroisierungsstrategien nutzt, um die Protagonistin aus unterschiedlichen Perspektiven als Heldin zu präsentieren. Ausgehend vom wiederkehrenden Motiv des Engels tendiert die Inszenierung der Fliegerin darüber hinaus zur religiösen Überhöhung. Schon bei seiner Schilderung der Ankunft in Japan nutzt Schauspieler Miller das Bild, um seinen Eindruck von der Fliegerin in Worte zu fassen:

> Sie kam wie ein lärmender Engel vom Himmel. Von ihr ging eine erstaunliche Anziehung aus und gleichermaßen etwas Unbeschwertes, Leichtes. Das war der erste, überwältigende Eindruck, als sie hier einschwebte. Nicht Frau, nicht Mann, sie hatte etwas von einem mittelalterlichen Engel. Es lag vielleicht an der Jacke, gewiss an der Lederkappe, die einem Helm ähnelte, so einer mittelalterlichen Sturmhaube, aber vor allem lag es daran: Sie kam aus dem Himmel. [F.ME 18]

Verschiedene Aspekte veranlassen den Schauspieler zum Vergleich mit einem Engel: eine bemerkenswerte Ausstrahlung, das androgyne Auftreten sowie die Tatsache, dass sie vom Himmel zur Erde fliegt. Auch der Graue kommt beim Gang über den Friedhof und dem Anblick der teilweise stark zerstörten steinernen Engelsstatuen mehrfach auf das Thema zu sprechen und sieht die Parallele zur Fliegerin:

> Die Boten Gottes, mehr heißt es zunächst nicht, die Boten des göttlichen Worts der Verkündigung, oder der Kunde: Er ist auferstanden. Oder die Boten, die lediglich eine Nachricht überbringen, Nachrichten von dem Nächsten, von dem Fernsten, aber auch von der Bürokratie. [...] Auch sie, Marga, hat sich ja als Botin verstanden. Sie wollte nicht einfach nur in die Ferne, sie wollte verbinden, sie wollte Verständigung über die Grenzen hinweg schaffen. [F.ME 125]

Engel, so der Graue, sind in einer Mittlerposition: „Das Wesen der Engel ist das Wort, das zwischen Körper und Geist ist, zwischen Himmel und Erde, Mittler zwischen Gott und Mensch." (F.ME 125 f.) Eine ähnliche Bestimmung könnte man den Fliegern und damit auch Marga von Etzdorf zuschreiben, die auf ihren Flügen als Botschafterin, wenn man so will, als Botschafterin des Friedens und der Völkerverständigung auftritt.

Inmitten der Geräuschkulisse des Invalidenfriedhofs, der Toten, die allesamt von Krieg und Elend berichten, des Stöhnens und Schreiens sowie des Klapperns der Knochen, wird jedoch klar, dass kein Engel die menschliche Grausamkeit verhindern kann: „Nein, kein Engel kam, nichts geschah, kein Beben, kein Blitz, keine Finsternis. Alles ging wie gewohnt weiter." (F.ME 203). Analog scheitert auch Marga von Etzdorf auf ihrem privaten Lebensweg, angefangen bei ihrem Absturz in Bangkok: „Eben noch kühn in der Luft, und im nächsten Moment liegt der Flugapparat zerknautscht und zerborsten plump am Boden. Ein sinnloses Gewirr von Blech, Drähten, Metallstützen. Ein Sinnbild für: Hochmut kommt vor dem Fall. Im Alten Testament stürzt Gott den anmaßenden Engel Luzifer, der non servio sagte. Wer den Hochmut mit dem Tod bezahlt, wird als tragisch angesehen, wer weiterhumpelt, als komisch." (F.ME 219 f.) Mit seiner Beschreibung der Bruchlandung ruft Timm das Bild der mythischen Figur Ikarus auf. Anders als die zeitgenössischen Journalisten, die ebenfalls auf diesen Mythos verweisen (vgl. 4.2.1), klammert Timm das in diesem Mem implizierte Scheitern nicht aus. Er zeigt, wie sich das Bild der himmlischen Botschafterin ändert, wie sie als ‚gefallenes Mädchen' zum gefallenen Engel wird: „In Bangkok hatte sie sich eine Fliegerjacke und eine Kappe aus dem Leder einer Pythonschlange anfertigen lassen, und so stieg sie in Schlangenleder aus der Maschine. Wie der gefallene Engel." (F.ME 204) Uwe Timms Inszenierung der Technikpionierin schreitet also die Stationen zwischen Heroisierung, Verklärung und tragischem Scheitern ab.

Auch wenn die außergewöhnliche Frau an verschiedenen Stellen für ihr mutiges, atypisches Verhalten bewundert wird, erfolgt in *Halbschatten* keine Stilisierung zur Emanzipationsikone. Vielmehr setzt sich Timm in seinem Roman und dem darin kommunizierten Schicksal der Fliegerheldin von Etzdorf mit dem Heroismus in Deutschland auseinander. Der Gang über den Invalidenfriedhof erweckt den Eindruck, als repräsentiere dieser Ort die gesamte jüngere deutsche Vergangenheit von Friedrich dem Großen bis zum Fall der Berliner Mauer: „Ist es Zufall, dass an diesem Ort, dem Invalidenfriedhof, wo all die Militärs liegen, die letzten Kämpfe stattfanden? Dass er zerstört, später durch die Mauer getrennt wurde? Alles hat sich hier versammelt, die Schlachtenlenker, die Helden der Lüfte, die Widerstandskämpfer, Reaktionäre und Reformer, Demokraten und Nazis." (F.ME 73) An diesem geschichtsträchtigen Ort liegen die Helden der Vergangenheit begraben, darunter viele, die aus heutiger Sicht keine mehr sein dürfen, weil ihre Heldentaten im Dienst der Nation immer mit Krieg, Gewalt und Zerstörung verbunden waren. Mit seinem literarischen Blick auf Udet, von Richthofen und die anderen zeigt Timm das schwierige Verhältnis der Deutschen zum Heroismus; die „Zeit, in der man noch mit größerer Berechtigung von Helden sprach, von Treue, Mut, Opfer und Ehre" (F.ME 110) ist hierzulande offenbar längst vorüber. Nach zwei großen Kriegen stehe man dem Konzept des Heldentums kritisch gegenüber, wie auch Vogler in seiner Figurentypologie für Drehbuchschreiber anmerkt: „German culture seems ambivalent about the term »hero«. The hero has a long tradition of veneration in Germany, but two World Wars and the legacy of Hitler and the Nazis have tainted the concept."[87]

Doch Timms von Etzdorf passt nicht so recht in die Reihe der gängigen (männlichen) Nationalhelden und vermittelt ein gegenläufiges Bild von Heroismus. Auch sie setzt sich für Deutschland ein, jedoch auf Basis des friedenstiftenden Potenzials der Fliegerei, wie sie selbst einmal

---

[87] Vogler 2007, S. XX.

in einer Rede verdeutlicht hat: „Wir sind Botschafter eines Deutschlands, das friedlich ist und eine große Tradition in der Musik, der Literatur, der Philosophie, aber auch in Technik und Wissenschaft hat." (F.ME 177) Um nach ihren diversen Bruchlandungen und Stürzen dennoch weiter fliegen zu können, lässt sie sich für politische Zwecke missbrauchen: „Der Waffenvertreter Hauptmann Heymann sagt beim Abschied zu der Fliegerin: Mögen Sie durch Ihren Flug dazu beitragen, in unserer Jugend den Glauben an die eigene Kraft unseres Volkes und Vaterlandes, der in diesen schweren Zeiten manchmal zu wanken droht, wieder zu festigen, auch den Ruf deutscher Wertarbeit. So wird auch wieder der Wehrwille gestärkt." (F.ME 251) Nur durch ihren Selbstmord entgeht die Fliegerin der endgültigen Vereinnahmung. Überlegungen, wie die Nationalsozialisten sie nach der Machtergreifung funktionalisiert hätten, bleiben Spekulation:

> Vielleicht wäre sie ja auch Testpilotin der Luftwaffe geworden, wie die Hanna Reitsch.
> Die Etzdorf nicht, sagt der Graue. Wer Heine-Gedichte auswendig kann, der nimmt einen anderen Weg.
> Wer weiß?
> Ja, wer weiß. [F.ME 251]

Letzten Endes erweist sich von Etzdorfs friedlicher Heroismus als bloßer Idealismus, der an der (politischen) Realität scheitert.

Wie in Kapitel 6.1 erläutert, gehen Erinnerungsinhalte erst dann als bedeutungsstabile „Erinnerungsfiguren"[88] in den „Bestand an Wiedergebrauchs-Texten, -Bildern und -Riten",[89] also das kulturelle Gedächtnis ein, wenn sie als fundierend für die Gemeinschaft interpretiert werden. Timm bedient sich der Stimmen historischer Persönlichkeiten, um Bilder aufzurufen, die im Funktionsgedächtnis der Gesellschaft aktiv sind, und reiht die tragische Fliegerin in diese Riege großer Deutscher ein. Der Autor präsentiert von Etzdorfs Lebensgeschichte als Teil der deutschen Geschichte und attestiert dieser Frauenbiografie so eine gewisse Relevanz für unsere Erinnerung an die gemeinsame Vergangenheit. Der Schauplatz des Romans sowie die religiösen Anspielungen

---

88 Assmann 2007, S. 37 f.
89 Jan Assmann: Kollektives Gedächtnis und kulturelle Identität. In: Jan Assmann u. Tonio Hölscher (Hg.): Kultur und Gedächtnis. Frankfurt a. M.: Suhrkamp 1988, S. 15.

und Bibelzitate[90] unterstützen dabei von Etzdorfs Inszenierung im monumentalen Modus. *Halbschatten* tendiert somit zu der Form von Texten, die „eine an die Mit- und Nachwelt gerichtete Botschaft kodieren", und ist folglich Monument, also etwas, das „dazu bestimmt ist, die Gegenwart zu überdauern und in diesem Fernhorizont kultureller Kommunikation zu sprechen."[91]

Durch diesen erinnernden Zugriff wird von Etzdorfs Lebensgeschichte im aktuellen Zusammenhang re-semiotisiert. Innerhalb des von Timm geschaffenen Rahmens ist dieser Kontext eine kritische Reflexion des Heroismus in Deutschland, insbesondere des gefährlichen herrschaftsstabilisierenden Potenzials von Helden. Mit seiner biografischen Erzählung entwirft Timm ein Gegenbild zum maskulinen Helden, der sich für Nation und Vaterland einsetzt und opfert, zeigt jedoch auch das Scheitern dieses anderen, friedlichen Heroismus. So kommt auch von Etzdorfs Grabinschrift, „Der Flug ist das Leben wert", in der man die heldentypische Opferbereitschaft erkennen kann, immer wieder ins Gespräch. An verschiedenen Stellen wird die Wahrheit dieses Satzes und damit letztlich der gesamte Heroismus infrage gestellt. Am Ende des Romans formuliert Timm von Etzdorfs Motto als Frage und entzieht sich zugleich einer abschließenden Bewertung ihres Heroismus:

> Der Flug ist das Leben wert?
> Vielleicht.
> Ich denke, eher nicht.
> Wer weiß. [F.ME 67]

7.3.3 Erica von Moeller: *Fräulein Stinnes fährt um die Welt*

Wie Clärenore Stinnes in ihrem autobiografischen Reisebericht *Im Auto durch zwei Welten* erzählt auch Erica von Moeller in ihrem Film *Fräulein Stinnes fährt um die Welt*[92] von der Weltreise der Automobilistin – vom ersten Zusammentreffen mit dem Kameramann Carl-Axel Söderström

---

90 Vgl. Erll 2011, S. 204.
91 Aleida Assmann: Kultur als Lebenswelt und Monument. In: Dies. u. Dietrich Harth (Hg.): Kultur als Lebenswelt und Monument. Frankfurt a. M.: Fischer Taschenbuch 1991, S. 11–25, hier 14.
92 Erica von Moeller: Fräulein Stinnes fährt um die Welt. Deutschland: taglicht media/ WDR 2008. Realfiction 2010. Im Folgenden zitiert als F.CS.

bis zur Rückkehr nach Deutschland. Doch der Film ist keine schlichte Nacherzählung des Reisebuchs: Von Moeller kombiniert gespielte Szenen mit Söderströms historischen Kameraaufnahmen von der Fahrt, Fotografien und kurzen Animationen sowie wörtlich zitierten und fingierten Zitaten aus dem Reisetagebuch des Kameramanns[93] und schafft damit eine postmoderne Neuinszenierung der Automobilistin.

Beim Aufbau des Films orientiert von Moeller sich an der typischen monomythischen Dreiteilung „Trennung – Initiation – Rückkehr"[94] (vgl. Kapitel 2.2.1), indem sie den Aufbruch, die Reise selbst sowie die Rückkehr beschreibt. Die Anfangssequenz zeigt Stinnes, Söderström und den Mechaniker Heidtlinger, die um einen im Schlamm versunkenen Wagen stehen und streiten. Während die Reiseleiterin ihre Begleiter antreibt, das Auto aus dem Matsch zu ziehen, stehen diese nur untätig herum. Heidtlinger weigert sich, für die „Schnapsidee" einer Weltreise mit dem Auto weiter seine Gesundheit zu riskieren, Söderström versucht zu vermitteln, scheitert aber an der Sturheit der Reiseleiterin, die schließlich versucht, den Wagen alleine weiter zu ziehen (vgl. F.CS 00:16–01:33). Von Moeller illustriert mit dieser Szene nicht nur die Schwierigkeit des Vorhabens, mit dem Auto die Welt zu umrunden, sie führt vor allem die Hauptfiguren und deren prägende Charakterzüge ein – Stinnes' Sturheit, Härte und Durchhaltewillen sowie Söderströms ausgleichendes Wesen und seine Bereitschaft, sich für die Unternehmung einzusetzen.

Mit einem Zeitsprung setzt nach dem Vorspann die eigentliche Handlung ein, beginnend mit Stinnes' und Söderströms erster Begegnung in Berlin. Ein Textinsert informiert über den Stand der Technisierung in Deutschland zu Reisebeginn und ermöglicht eine Einordnung der Handlung in den historischen Kontext:

Deutschland 1927

4.730 Automobile fahren über die Strassen
Treibstoff kauft man in Drogerien
Der Film ist noch stumm [F.CS 02:23 f.]

---

93 Vgl. Michael Kuball u. Clärenore Söderström (Hg.): Söderströms Photo-Tagebuch 1927–1929. Die erste Autofahrt einer Frau um die Welt. Frankfurt a. M.: S. Fischer 1981.
94 Campbell 2011, S. 42.

Zudem werden – ebenfalls mittels Texteinblendungen – die beiden Protagonisten vorgestellt:

> Clärenore Stinnes
>
> Industriellentochter
> Rennfahrerin
> 26 Jahre, ledig [F.CS 03:32 f.]

sowie

> Carl-Axel Söderström
>
> schwedischer Kameramann und Fotograf
> 34 Jahre, verheiratet [F.CS 04:08 f.]

In der folgenden Szene präsentiert Stinnes ihrem Kameramann die geplante Reiseroute, eine weitere Einblendung liefert nähere Details zur Fahrt:

> Ausrüstung
>
> 1 PKW Adler Standard 6
> 1 LKW für Material
> Winden, Stemmbalken, Drahtseile
> 2 Pistolen
> 3 Abendkleider [F.CS 04:41 f.]

Die Kombination aus Fahrzeugen, schweren Gerätschaften, Waffen und Abendgarderobe verleiht der gesamten Unternehmung einen etwas absurden Anschein. Mit diesen und ähnlichen Inserts sowie einigen gespielten Szenen aktiviert von Moeller das humoristische Potenzial der Weltreise.

Eine Szene vom Aufbruch in Frankfurt am 25. Mai 1927, begleitet von einigen historischen Aufnahmen der Abreise, beschließt den ersten Erzählabschnitt und eröffnet zugleich den Beginn des Hauptteils, der sich analog zum Reisebuch von 1929 in mehrere Episoden gliedern lässt, die den jeweiligen Reiseetappen entsprechen. Diese werden begleitet von kurzen Textinserts, die über den historischen Kontext im entsprechenden Land bzw. in der entsprechenden Region informieren, so z. B. über die politische Situation in der Türkei:

Türkei 1927

Atatürk reformiert die Gesellschaft.
Der Schleier wird verboten.
Die Frauen tragen ihn trotzdem. [F.CS 13:31 f.]

Ähnliche Tafeln zu Beirut (vgl. F.CS 24:20 f.), der Sowjetunion (vgl. F.CS 27:35 f.), China (vgl. F.CS 56:36 f.), Peru (vgl. F.CS 1:03 f.) und den USA (vgl. F.CS 01:17:33 f.) markieren die weiteren Episoden.

Der letzte Erzählabschnitt, die Rückkehr nach Hause, umfasst nur wenige Szenen: Historische Aufnahmen von der Ankunft in Berlin (F.CS 01:24:06 f.), ein Interview mit den Weltreisenden (F.CS 01:24:25 f.), ein Insert zum historischen Kontext in Deutschland 1929 sowie eine kurze Einstellung zur Vertonung der Dokumentaraufnahmen (F.CS 01:25:35 f.). In dieser letzten Sequenz filmt Söderström Stinnes' Vorbemerkung zu *Im Auto durch zwei Welten*, in der sie die Bedeutung des Films für die Weltreise verdeutlicht. Nach wenigen Sätzen geht die Szene direkt in die historische Originalaufnahme über, unterbrochen durch eine Texteinblendung betreffend Söderströms Scheidung. Es folgt Stinnes' Dank an den Kameramann: „Der einzige Begleiter unserer Truppe, der mit uns aushielt, war der Schwede Carl-Axel Söderström. Er allein ist Schöpfer des Films, ganz abgesehen davon, dass er ihn gedreht hat. Denn ohne ihn hätte die Expedition kläglich Schiffbruch erlitten." (F.CS 01:27:06–01:27:25) Der Film endet schließlich mit einem Hochzeitsfoto von Stinnes und Söderström sowie einer Texteinblendung über die Heirat der Weltreisenden und ihr Leben als Landwirte in Schweden (F.CS 01:27:28 f.).

Von Moeller inszeniert Stinnes' Weltreise im Automobil also nach dem Modell des Monomythos und interpretiert sie damit als Heldentat. Sie stilisiert ihre Protagonistin zur Heroine, die mit ihrer Weltumrundung Außergewöhnliches leistet. Besonders die historischen Aufnahmen, die das mühsame Vorankommen mit dem Adler zeigen, rufen Bewunderung für die Pionierleistung hervor. Hinzu kommt die heldentypische Charakterisierung der Automobilistin: Wie in Winters Biografie stehen auch in *Fräulein Stinnes fährt um die Welt* Clärenores Härte und Willensstärke im Mittelpunkt – sowohl in den gespielten Szenen als auch in den ausgewählten Zitaten aus Söderströms Reisetagebuch. Zusätzlich verdeutlichen mehrere Szenen Stinnes' Furchtlosigkeit, etwa im Gespräch mit einem Reporter am Anfang der Reise:

> Reporter: Was ich sie mal fragen wollte ...
> Stinnes: Ja?
> Reporter: Haben sie gar keine Angst?
> Stinnes: Angst? Nein. Ne. Also höchstens davor, dass mich irgendetwas zwingen würde aufzugeben. Das will ich natürlich auf keinen Fall.
> Reporter: Ich meinte eher vor den Menschen in manchen Regionen der Welt, durch die sie fahren.
> Stinnes: Nun ja, also die Chinesen sollen sehr nette Menschen sein, habe ich gehört, und die Russen kenne ich ja von meinen Rennen, nicht wahr? [F.CS 08:27–08:47]

In Anlehnung an Stinnes' Reisebericht von 1929 werden auch in von Moellers Film die Schwächen der Heldin nur durch ihren Begleiter Söderström sichtbar (vgl. 4.1.1), etwa in einer Szene in der syrischen Wüste. Während der Kameramann und die Mechaniker sichtlich unter der Hitze leiden, scheint Stinnes immer noch zuversichtlich, dass alles gut geht – trotz Panne und ohne Wasservorräte. Das Tagebuchzitat aus dem Off zeigt Söderströms Bewunderung: „Diese Frau muss aus Stahl gemacht sein. So wie sie alles erträgt, ohne zu klagen." (F.CS 21:27–21:32) Doch im weiteren Verlauf der fiktiven Szene folgt er Stinnes und beobachtet, wie sie etwas abseits an eine Mauer gelehnt sitzt und weint (F.CS 21:58–22:47). Indem die Kamera dem Blick des Begleiters folgt, erfüllt dieser im Film die in Voglers Figurentypologie beschriebene Aufgabe, beim Helden menschliche Gefühle zum Vorschein zu bringen.[95]

Des Weiteren schließt von Moellers Präsentation der Heldin die Betonung exzeptioneller Eigenschaften und Leistungen ein. Dass Stinnes' Weltreise als zukunftsweisende Pionierleistung zu werten ist, suggeriert schon das Motto am Anfang des Films, Henry Fords berühmter Satz: „Erst kommt das Auto und dann der Weg." (F.CS 00:09 f.) Indem von Moeller an die in Kapitel 3.1 vorgestellten zeitgenössisch virulenten Diskurse anknüpft, verdeutlicht sie die sozialpolitischen und technischen Dimensionen der wegbereitenden Unternehmung. Wie auch in den anderen Texten der Selbst- und Fremdinszenierung der Technikpionierin-

---

[95] Vgl. Vogler 2007, S. 71.

nen (vgl. vor allem 4.1.1 und 7.2.3) fällt vor allem Stinnes' unweibliche Art auf. In den meisten Szenen trägt sie maskuline Kleidung und tritt selbstbewusst als unabhängige Frau auf. Zudem beweist sie an vielen Stellen technisches Verständnis, etwa als sie einem Reporter zu Beginn der Reise erklärt: „Ich werde nicht mit Benzin fahren, sondern mit Benzol. Wegen der höheren Energiekraft." (F.CS 07:56–08:02)

Während Stinnes in ihrer Autobiografie jedoch nicht darauf eingeht, wie außergewöhnlich ihr Eindringen in die Welt des Motorsports damals war, kommt Clärenore im Film immer wieder auf diese Tatsache zu sprechen. Mehrfach erzählt sie, wie sie als einzige Frau an der Allrussischen Tourenfahrt teilgenommen und gewonnen hat. Zusätzlich ermöglichen die bereits erwähnten Textinserts eine retrospektive Bewertung der Reise. Im Kontext der präsentierten Zeitgeschichte, insbesondere des geschilderten Grads der Technisierung in weiten Teilen der Welt sowie der noch nicht oder wenig emanzipierten Stellung der Frau in vielen Ländern, muss die Autofahrt um die Welt als außergewöhnliche Leistung anerkannt werden.

Von Moeller greift in ihrem Film folglich auf verschiedene typische Heroisierungsstrategien zurück, um die Protagonistin als Heroine zu inszenieren. Darüber hinaus erweist sich Söderström als heimlicher Held der Reise. Sowohl die fiktiven Szenen als auch die als Off-Kommentar zitierten Tagebucheinträge demonstrieren, dass Söderström ebenso viel Ausdauer und Stärke beweist wie Stinnes, und auch der bereits zitierte letzte Satz des Films verweist auf den heroischen Einsatz des Kameramanns für das Gelingen der Fahrt.[96] Die Regisseurin setzt mit *Fräulein Stinnes fährt um die Welt* so das in *Im Auto durch zwei Welten* verwendete Personalpronomen „wir" um, indem sie sowohl die Automobilistin als auch ihren Begleiter als Helden inszeniert. Zugleich rückt von Moeller die private Seite der Weltreise in den Fokus. So ist am Ende des Films, während der Zuschauer von Stinnes' und Söderströms Hochzeit erfährt und historische Fotografien sieht, Andreas Schillings und Verena Guidos *Stay, little darling, with me* zu hören: Der Text des Liedes legt die Interpretation nahe, dass das eigentliche Ziel der Helden-

---

96 Im Hinblick auf die historischen Aufnahmen, die immerhin etwa die Hälfte des Films ausmachen, kann analog zu den Analyseergebnissen in Kapitel 4.1.1 zusätzlich eine Heroisierung des Autos festgestellt werden.

reise nicht die erfolgreiche Weltumrundung, sondern vielmehr das Zueinanderfinden der beiden Protagonisten war:

> I crossed the earth and all the seven seas, my love.
> I crossed the desert on my hands and knees, my love.
> I faced a storm all night and day, I almost fell apart.
> I did all this to find a way into your stubborn heart.
> [F.CS 01:27:12 ff.]

Wie Michael Winter nutzt also auch von Moeller das der Lebensgeschichte inhärente narrative Potenzial und arbeitet die private Ebene der Weltreise heraus.

Zusätzlich zur Anlehnung an das Handlungsschema und die Figurentypologie des Monomythos erweist sich die Kombination fiktiver und dokumentarischer Szenen, die beim Rezipienten unterschiedliche Erfahrungsmodi aufrufen, als wesentlicher Faktor für die Inszenierung bzw. Heroisierung der Protagonistin. Während bei fiktiven Szenen für gewöhnlich die Wahrnehmung als Erzählung im Vordergrund steht, dominiert bei dokumentarischen Aufnahmen der Verweis auf eine dem Film zugrundeliegende Realität. So demonstrieren Söderströms Originalaufnahmen, wie beschwerlich das Vorankommen mit dem Auto tatsächlich war, die fiktiven Episoden dagegen machen das der Unternehmung inhärente narrative Potenzial sichtbar. Durch die gespielten Szenen rückt von Moeller die Weltreisenden selbst in den Fokus und legt so monomythische Strukturen offen, die im Dokumentarfilm von 1930 nur wenig zum Tragen kommen, da dieser vor allem den Wagen und kaum die Personen zeigt (vgl. Kapitel 4.1.1).

Fräulein Stinnes fährt um die Welt kann in dieser Hinsicht als Personalisierung von Geschichte verstanden werden. Von Moeller setzt in den gespielten Szenen „Alltagshelden als Perspektive-Träger"[97] ein und fokussiert damit die Menschen, die hinter der Pionierleistung stehen. Die Originalaufnahmen garantieren dagegen die Wahrnehmung der Protagonistin als „Real-World Hero".[98] Die für die weibliche Hauptrolle besetzte Sandra Hüller weist eine gewisse Ähnlichkeit mit Clärenore Stinnes auf, die im ersten Erzählabschnitt durch verschiedene historische Fotografien (F.CS 03:39–03:55) vorgestellt wird. Zusätzlich ermöglichen

---

97 Erll 2011, S. 224.
98 Allison/Goethals 2011, S. 36 ff.

Kleidung und Habitus der Schauspielerin eine Identifikation mit der Frau aus den schwarz-weiß-Aufnahmen. Dem Zuschauer wird so bewusst gemacht, dass es sich bei Clärenore nicht um eine rein fiktive Heldin handelt.[99]

Indem die Regisseurin den realweltlichen Bezug des Films offenlegt, präsentiert sie Stinnes also eindeutig als Teil einer gemeinsamen deutschen Vergangenheit, der Rezipient kann sich somit als Erbe dieser mutigen jungen Frau sehen. Ähnlich wie in der gegenwärtigen journalistischen Inszenierung aktiviert die Regisseurin des Films so das gesellschaftsstabilisierende Potenzial der Frauenbiografie. Dabei fällt auf, dass in *Fräulein Stinnes fährt um die Welt* keine nationalpolitische Funktionalisierung stattfindet, die Weltumrundung also nicht als Propagandafahrt für die deutsche Industrie interpretiert wird. Der Film zeigt die Fahrt als völkerverständigendes Projekt: Die Reise, die Stinnes und Söderström durch höchst unterschiedliche Länder führt und mit unterschiedlichen politischen Systemen und Kulturen konfrontiert, stellt eine große Herausforderung dar, nur aufgrund von Söderströms Treue sowie des Zusammenhalts und Durchhaltevermögens der Reisegefährten gelingt das Vorhaben. Stinnes' Geschichte vermittelt dadurch positive Werte und weckt beim Zuschauer den Stolz auf die gemeinsame Vergangenheit mit der Heldin bzw. den Helden des Films.[100]

7.3.4 Zwischenfazit

Anhand der Analyse dreier ausgewählter fiktionaler Texte über Leni Riefenstahl, Marga von Etzdorf sowie Clärenore Stinnes konnten verschiedene gegenwärtige Heroisierungs- und Funktionalisierungsstrategien erarbeitet werden. Wie in den in Kapitel 7.1 analysierten Biografien ist auch in den fiktionalen Inszenierungen keine einheitliche Linie zu erkennen. Uwe Timm und Erica von Moeller rekurrieren auf die Strukturen des Monomythos, indem sie auf typische Erzählmuster und Strategien der Figurengestaltung zurückgreifen, um ihre Technikpionierinnen als Heroinen zu inszenieren. Die Regisseurin nutzt das inhärente narrative Potenzial der ihr vorliegenden Frauenbiografie und präsentiert

---

99 Anders als in anderen fiktiven Inszenierungen von Technikpionierinnen wie etwa Uwe Timms *Halbschatten* (vgl. Kapitel 7.2.2).
100 Vgl. Allison/Goethals 2011, S. 188.

Stinnes auf professioneller und privater Ebene als siegreiche Heldin. Die Frauenbiografie erfährt dabei eine neuerliche Bedeutungsaufladung und verweist auf ein übergeordnetes Konzept von Fortschrittsglauben und selbstbewusster Weiblichkeit. Mittels der Montage fiktiver und dokumentarischer Szenen identifiziert sie ihre Protagonistin als reale Heldin und weckt damit beim Rezipienten Stolz auf die gemeinsame Vergangenheit. Stinnes' Lebensgeschichte entfaltet so gesellschaftsstabilisierendes Potenzial, kann also als Mythos im Barthesschen Sinne verstanden werden.

Auch Uwe Timm nutzt typische Heroisierungsstragien für seine Inszenierung Marga von Etzdorfs, präsentiert sie in *Halbschatten* jedoch nicht als siegreiche, sondern als gescheiterte Heldin. Dennoch fügt sich auch Timms Fliegerin in Barthes' Mythenkonzept: Indem der Autor die Lebensgeschichte seiner Protagonistin als außergewöhnliches Beispiel für ein friedliches Konzept von Heroismus ausarbeitet, unterzieht er die ihm vorliegende Lebensgeschichte einer neuerlichen Bedeutungsaufladung. Von Etzdorfs Biografie verweist dadurch auf eine kritische Reflexion historischer und aktueller Heroisierungsprozesse sowie ein Konzept des friedenstiftenden Helden. Durch das Setting des Romans und verschiedene Referenzen auf historische Personen und Ereignisse interpretiert Timm die Geschichte der Fliegerin als relevanten Teil der deutschen Vergangenheit und kommuniziert von Etzdorf mittels verschiedener Verfahren als Monument. Auch *sein* Text entfaltet so eine gesellschaftsstabilisierende Wirkung.

Anders verhält es sich mit Dorns Theaterstück. Die Autorin verweigert eine Heroisierung ihrer Protagonistin Leni Riefenstahl bewusst und zeigt stattdessen die Effekte und persönlichen Konsequenzen eines Mythisierungsprozesses auf. Indem die Autorin durch ihren kritischen Blick auf die bisherige (De-)Heroisierung Leni Riefenstahls ein bestehendes Feindbild der Gesellschaft ins Wanken bringt, wirkt *Marleni* eher destabilisierend und kann insofern als erinnerungs- und mythenkritischer Text interpretiert werden.

8. Fazit

Die einleitend formulierte Frage, ob die Technikpionierinnen als Mythen im Sinne von Roland Barthes inszeniert wurden, um das herrschende System zu stabilisieren sowie mit Modernisierungsschüben zu versöhnen, kann nach der Analyse verschiedener Zeugnisse der Selbst- und Fremdinszenierung – in fast allen Fällen – bejaht werden. Indem die Biografien der Frauen im öffentlichen Diskurs kommuniziert werden, sind sie bereits potenzielle Mythen. Das publizistische System stellt die Lebensläufe der Fliegerinnen, Automobilistinnen und Regisseurinnen als Themen zur Verfügung. Im Prozess der doppelten Bedeutungsaufladung werden die Themen mit zeitstabilen Sinnkonzepten verbunden und damit zusätzlich symbolisch konnotiert, was die Aktualisierung des Sinns in eine konkrete ideologische Richtung lenkt und alternative Deutungsoptionen einschränkt oder sogar ausschließt. Dabei fundieren spezifische Darstellungsverfahren die Mythisierung. Gerade in den längeren Texten, also den Autobiografien, Biografien und fiktionalen Texten, werden die Elemente des bei Joseph Campbell formulierten Monomythos aufgegriffen und auf Basis dieser kulturellen Bausteine die Lebensgeschichten der Technikpionierinnen konstruiert. Zudem schließen insbesondere die journalistischen Texte, die Biografien und teilweise auch die fiktionalen Texte an virulente Diskurse, insbesondere zu vorherrschenden Geschlechterbildern oder dem weiblichen Verhältnis zur Technik, an.

Clärenore Stinnes und Marga von Etzdorf, in Teilen auch Leni Riefenstahl und Annemarie Schwarzenbach (vgl. Kapitel 4.1) greifen in ihren Texten zumindest teilweise Dramaturgie und typischen Aufbau des Monomythos sowie charakteristische Handlungselemente wie vor allem den Weg der Prüfungen auf. Als Protagonistinnen der eigenen Lebensgeschichte nehmen sie in ihren Texten die zentrale Rolle der Heldin ein. Sie heben verschiedene positive Eigenschaften – ihren Pioniergeist, die eigene Vorbildfunktion und ihre außergewöhnlichen Leistungen – hervor und inszenieren sich dadurch in unterschiedlichem Maße als *Real-World-Heroes*. Die Technikpionierinnen konstruieren so ihre eigene Lebensgeschichte als Heldengeschichte.

Zusätzlich zur Überformung im Sinne mythischer Erzählungen verankern die Autorinnen ihren Lebenslauf im historischen Kontext, indem sie die Stationen ihrer Biografie mit konkreten Daten verknüpfen. Etablierte zeitgenössische Diskurse wie die Frauenemanzipation und den technischen Fortschritt greifen sie eher indirekt auf; die Genderproblematik dominiert keinen der längeren Texte des untersuchten Korpus. Eventuell mit dem eigenen Geschlecht einhergehende Probleme thematisieren die Autorinnen nur selten und in sehr spezifischen Situationen, die zudem meist außerhalb des Alltagserlebens stattfinden. Dieser Befund deutet auf ein Selbstverständnis und -bewusstsein hin, aus dem heraus es die Autorinnen für unnötig gehalten haben mögen, dauerhaft über ihre Rolle oder ihr Geschlecht zu reflektieren. Bestehende Normen sowie das Geschlecht bestimmen insgesamt eher eine Grundhaltung als die explizite ‚Handlung' in den autobiografischen Texten.

Auch das Thema Technik bleibt in den Autobiografien stets eine Randnotiz. Die Pionierinnen gehen darauf ein, dass ihre Berufe technisches Wissen erfordern, welches sie sich selbst aneignen mussten, doch die damit verbundenen Schwierigkeiten beschreiben sie selten. Ihre technischen Kompetenzen beweisen sie anhand spezifischer Arbeitsabläufe in den autobiografischen Texten mehr oder weniger explizit, etwa bei den Schilderungen aufwendiger Autoreparaturen oder der Planung einer Filmaufnahme. Ausführungen über Details zur Bau- und Funktionsweise von Flugzeugen, Autos oder Kameras finden sich jedoch kaum. Es scheint, als ob die Autorinnen Technik als einen für sie selbstverständlichen Funktionsträger begreifen, der keinen Selbstzweck darstellt, sondern ihnen die Entfaltung in ihren jeweiligen Interessensbereichen ermöglicht.

In den Quellen zur zeitgenössischen journalistischen Inszenierung (vgl. Kapitel 4.2) wurde die Präsentation der Technikpionierinnen der 1920er und 1930er Jahre sehr unterschiedlich umgesetzt, dennoch konnten einige wesentliche Tendenzen der Heroisierung und Mythisierung herausgearbeitet werden. Vor allem in den journalistischen Texten rufen die Autoren typische heroische Eigenschaften wie Opferbereitschaft und Mut auf, betonen im Gegensatz zur stereotypen Vorstellung weiblicher Passivität die Taten der Frauen und erschaffen so ein positives Bild heldenhafter Weiblichkeit. Weiter zeigte sich, dass die Journalisten den Heldenmut der Frauen häufig in einen nationalen Kontext stellen, also den Einsatz der Technikpionierinnen für Deutschland hervorheben. Zum einen erschienen die Ausnahmefrauen in den Medien als Werbeträger für die deutsche Technik und Industrie, zum anderen als Aushängeschild für die sozialpolitische Modernität Deutschlands, dessen liberale Einstellung gegenüber berufstätigen Frauen durch die Berichterstattung national und international propagiert wurde.

Wie schon in den Autobiografien spielt Technik als eigenständiges Sujet auch in zeitgenössischen journalistischen Texten eine untergeordnete Rolle. Es prägt jedoch durchaus die visuelle Inszenierung: Um die Faszination für die Ausnahmefrauen zu verstärken, bilden Journalisten diese häufig in technischen Kontexten ab; sie erzielen bestimmte Bildwirkungen, indem sie die mechanische Eleganz und Dynamik der Technik einerseits mit der Femininität der dargestellten Frauen andererseits kombinieren. So konnte als dominante Inszenierungskategorie für alle visuellen Medien eindeutig das Geschlecht herausgearbeitet werden. Das Eindringen von Frauen in die klassische Männerdomäne wird als physischer und sozialer Normbruch wahrgenommen und mitunter auch als solcher kommuniziert. Im Zentrum steht dabei oft das Faszinosum der technikaffinen Frau: In den meisten Fällen beruht der eigentliche Nachrichtenwert der Texte eben auf der Tatsache, dass eine Frau in einem technischen Beruf Karriere macht und damit in die Öffentlichkeit tritt. Diese Beobachtung trifft besonders auf die Fliegerinnen und Automobilistinnen zu. Die Regisseurinnen – die ohnehin deutlich weniger in den Medien präsent waren – wurden eher als Künstlerinnen denn als Technikerinnen inszeniert, was mit dem gängigen Frauenbild im Grunde genommen vereinbar war.

Die meisten Journalisten registrieren dabei, dass sich diese Frauen dem jeweils zeitgenössischen Weiblichkeitsstereotyp entziehen und wenigstens partiell typisch maskuline Eigenschaften aufweisen. In einzelnen Fällen löst dieser Normbruch ambivalente Gefühle aus. Als Reaktion darauf reihen Journalisten häufig stereotype maskuline und feminine Eigenschaften aneinander – und erzeugen so kognitive Dissonanz. Im Umgang mit dieser Unstimmigkeit ließen sich verschiedene Ausweichbewegungen feststellen, um die Dissonanz zu reduzieren bzw. Konsonanz zu restaurieren: Manche Autoren attestieren den Technikpionierinnen eine ‚doppelte Persönlichkeit', andere behaupten, der eigentliche Normbruch habe bereits früher stattgefunden, Frauen in technischen Berufen seien also nichts besonderes mehr. Wieder andere spielen die Profession der Frauen an sich herunter und erkennen den Pionierinnen so ihre außergewöhnliche Leistung ab.

In den meisten Texten fällt die Reaktion auf den Normbruch jedoch positiv aus. Obwohl die Verletzung präskriptiver Elemente der Geschlechterstereotypie für gewöhnlich Ablehnung oder Bestrafung auslöst, finden sich in den vorliegenden Texten nur wenige negative Stimmen, die das Verhalten der Technikpionierinnen kritisieren. Vielmehr entwickeln die Autoren Strategien zur Naturalisierung des abweichenden Weiblichkeitskonzepts und schaffen ein Substereotyp, das dem gängigen Frauenideal – der Neuen Frau bzw. der nationalbewussten Frau – als eigene Kategorie neben- oder untergeordnet wird. Dieses Idealbild der Technikpionierin bündelt die positiven Eigenschaften männlicher Tatkraft und weiblicher Sanftmütigkeit. Hinzu kommt die Etablierung entsprechender Attribute: Die Arbeitskleidung der Fliegerinnen und Autofahrerinnen, die in den meisten Fällen nicht dem traditionellen Frauenbild entspricht, sowie die technischen Geräte wie Flugzeuge, Autos und Kameras werden zu Kennzeichen des neuen Leitbilds. Als visuelle Symbole entwickeln sie eine eigene Ikonographie, die in der Inszenierung kontinuierlich wiederholt und dadurch gefestigt wird.

Die Analyse der zeitgenössischen Inszenierung hat folglich gezeigt, dass spezifische Darstellungsverfahren die Präsentation der Frauen maßgeblich prägen. Sowohl die Technikpionierinnen selbst als auch die Journalisten der 1920er und 1930er Jahre knüpfen in ihren Texten einerseits an tradierte kulturelle Erzählmuster, andererseits an den damaligen Gender- und Technikdiskurs an. Die eingearbeiteten Meme rufen mythische oder aktuelle Konzepte von Heroismus, weiblichem Selbstverständnis und Modernität auf. Auf diese Weise reproduzieren die Texte nicht einfach Stationen eines Lebenslaufs, sondern werden zusätzlich mit symbolischen Konnotationen versehen, sodass sie auf übergeordnete Themen wie das neue Selbstverständnis der Frau verweisen. Diese doppelte Bedeutungsaufladung der Biografien bzw. einzelner Berichte fundiert die Selbst- wie Fremdmythisierung praktisch aller in Teil I analysierten Technikpionierinnen.

Die nach 1945 entstandenen Autobiografien von Hanna Reitsch und Leni Riefenstahl (vgl. Kapitel 5) haben andere Grundvoraussetzungen als die in Kapitel 4.1 analysierten Texte, da sich beide Frauen nach dem Weltkrieg mit ihrem eigenen Medienimage konfrontiert sehen, das sie – basierend auf ihrem Beruf während der Naziherrschaft sowie dem damit verbundenen Engagement für das Regime – als Mitschuldige ausweist. Sowohl die Fliegerin als auch die Regisseurin haben das Bedürfnis, dieses Image zu korrigieren, beide nutzen die Autobiografie als Medium, um sich zu verteidigen und gegen den eigenen Mythos anzuschreiben bzw. diesen zu korrigieren. Sie präsentieren sich als Opfer von Falschaussagen oder sogar Rufmordkampagnen, auf denen ihr Medienimage basiert. Mit den bekannten Heroisierungsstrategien überschreiben sie das bestehende *life script* und inszenieren sich in einem anderen Licht: als Unwissende und vor allem als Unpolitische. Hanna Reitsch zeigt sich als Person, die das Regime nur aus allgemeiner (nicht per se nationalsozialistischer) Vaterlandsliebe unterstützt habe, Leni Riefenstahl als Künstlerin, die immer nur versucht habe, persönliche (künstlerische) Interessen und Ideale durchzusetzen. Darüber hinaus verankern die Frauen ihre Lebensgeschichte im sozialgeschichtlichen Kontext und betonen so, dass ihre Karriere in der Männerdomäne Technik in dieser Zeit als außergewöhnliche Leistung zu bewerten ist. Dieses Verhalten kann als Versuch gewertet werden, die eigene Biografie mit zusätzlichen Konnotationen zu versehen und auf übergeordnete Themen wie das emanzipierte weibliche Selbstverständnis zu verweisen.

Die in den zeitgenössischen journalistischen Texten und Filmen dominierenden Inszenierungsstrategien finden sich auch in den nach 1990 veröffentlichten Zeitschriftenartikeln und Dokumentarfilmen (vgl. Kapitel 7.1). Die Autoren rekurrieren auf die Elemente des Monomythos und zeigen die Technikpionierinnen als Heldinnen. Auch sie verknüpfen die Lebensgeschichten mit den Diskursen zum Geschlechterbild und zur Technik, jedoch übertragen in die Gegenwart. Im Gegensatz zur zeitgenössischen Funktionalisierung erfolgt also ein erinnernder Zugriff auf das Thema: Die Technikpionierinnen der 1920er und 1930er werden als Initialfiguren gezeichnet, die eine jahrzehntelange Entwicklung hin zum aktuellen gesellschaftlichen Status Quo ins Rollen gebracht haben. Indem Journalisten solche Heroinen der Technik als Anfangspunkt einer nunmehr abgeschlossenen Entwicklung hin zu einer gerechteren Gesellschaft inszenieren, entfalten die Texte ihre herrschafts- bzw. systemstabilisierende Wirkung. Der Rezipient kann sich – dieser Lesart des Mythos folgend – als Erbe mutiger Pionierinnen sehen und stolz sein, selbst Teil dieser Gesellschaft zu sein.

Von dieser Beobachtung ausnehmen muss man die Texte über Leni Riefenstahl, die auch nach 1945 durchgehend in den Medien präsent war. Ihre Biografie musste folglich nicht wie bei den anderen Technikpionierinnen reaktiviert, also wieder ins Gedächtnis gerufen werden. In journalistischen Texten wird Riefenstahls Biografie oft auf zwei Episoden reduziert: ihre Rolle als ‚Hitlers Regisseurin' sowie ihre Verweigerung nach dem Weltkrieg, eine Mitschuld anzuerkennen. Oft kommentieren die Autoren Riefenstahls mediale Selbstinszenierung und enttarnen diese als stark geschönte Version eines außergewöhnlichen Lebenslaufs, wenn nicht gar als Lüge oder Erfindung. Darauf aufbauend liefern sie eine konkurrierende Erinnerungsversion, in der sie die Regisseurin eher negativ, als „Monument des Starrsinns und der Uneinsichtigkeit"[1] präsentieren. Andere Autoren rücken dagegen von der Dämonisierung Riefenstahls ab und schlagen einen versöhnlicheren Ton an. Sie erkennen die künstlerische Leistung an, manchmal auch ihre Leistung als starke Frau in einer Männerdomäne und legitimieren damit ansatzweise eine Heroisierung. Während jedoch die anderen Technikpionierinnen zu Gründungsmythen unserer Gesellschaft stilisiert werden, scheint eine derartige Bewertung als positives Vorbild, dessen Erbe wir antreten, in Riefenstahls Fall unmöglich.

Ähnlich ist auch Jürgen Trimborns Biografie *Riefenstahl. Eine deutsche Karriere* (B.LR) einzuschätzen (vgl. Kapitel 7.2.1). Auch diese zeigt Riefenstahl, gestützt auf die schon in den zeitgenössischen Texten dominierenden Inszenierungsstrategien, als Heldin, wenn auch mit Blick auf negative Eigenschaften. Mit seiner detaillierten Aufarbeitung ihrer Biografie problematisiert er die komplexitätsreduzierende Tendenz heroisierender Erinnerung. Riefenstahls Lebensgeschichte und der öffentliche Umgang mit derselben wird bei Trimborn zum Plädoyer für eine differenzierte Auseinandersetzung mit widersprüchlichen Lebensläufen.

---

1 Jens Jessen: Triumph des Willens über das Gewissen. In: Die Zeit. 11.9.2003, Nr. 38, o. S.

Diese Art der Gedächtnisreflexion bewirkt eine erinnernde Auseinandersetzung mit der gemeinsamen Vergangenheit sowie aktuellen Methoden und Tendenzen der Einschreibung ins kulturelle Gedächtnis. Der Autor erzeugt so ein Bewusstsein für Erinnerungsprozesse und deren Auswirkungen auf die Gesellschaft

Michael Winter liefert mit seiner Romanbiografie *PferdeStärken* (vgl. Kapitel 7.2.3) dagegen eine Heroisierung bzw. Mythisierung par excellence: Er zeigt Clärenore Stinnes als mutige, selbstbewusste Frau, die sich für den technischen und sozialpolitischen Fortschritt einsetzt und zugleich private Selbstbestimmung lebt. *PferdeStärken* entfaltet sein gesellschaftsstabilisierendes Potenzial also vor allem über den evozierten Stolz auf die gemeinsame Vergangenheit mit der Heldin. Die grundlegenden Aufgaben der Biographie in der Erinnerungskultur, nämlich „die Beantwortung von Fragen nach gemeinsamer Herkunft, die Stiftung nationaler Identität und die Vermittlung bestimmter Werte und Normen"[2] können bei Trimborn und Winter als erfüllt betrachtet werden.

Anders verhält es sich mit der Schwarzenbach-Biografie *Auf der Schwelle des Fremden* vgl. Kapitel 7.2.2). Der Autor verzichtet weitgehend auf eine heroisierende Inszenierung Annemarie Schwarzenbachs. Statt die technikaffine Reisejournalistin zur Emanzipationsikone zu stilisieren, zeichnet er das Psychogramm einer Frau, die am Leben leidet und an persönlichen Konflikten zerbricht. Mit *Auf der Schwelle des Fremden* entzieht der Autor die Frauenbiografie so in weiten Teilen einer gesellschaftlichen Funktionalisierung.

Die Analyse der aktuellen biografischen Auseinandersetzung mit den Frauenbiografien zeigt, dass in den nach 1990 veröffentlichten Rezeptionsdokumenten keine eindeutige Linie zu erkennen ist. Zu demselben Ergebnis führte auch die nähere Betrachtung dreier fiktionaler Texte über verschiedene Technikpionierinnen (vgl. Kapitel 7.3). Uwe Timm rekurriert in seinem Roman *Halbschatten*, in dem es um die Fliegerin Marga von Etzdorf geht, ebenso auf die Strukturen des Monomythos wie auch Erica von Moeller in ihrem Film *Fräulein Stinnes fährt um die Welt*. Beide greifen auf typische Erzählmuster und Strategien der Figurengestaltung zurück, um ihre Technikpionierinnen als Heroinen zu

---

2 Erll 2009, S. 79.

inszenieren. Von Moeller nutzt das inhärente narrative Potenzial der ihr vorliegenden Frauenbiografie und präsentiert Stinnes auf professioneller und privater Ebene als siegreiche Heldin. Die Frauenbiografie erfährt dabei eine neuerliche Bedeutungsaufladung und verweist auf ein übergeordnetes Konzept von Fortschrittsglauben und selbstbewusster Weiblichkeit.

Uwe Timm zeigt seine Protagonistin dagegen nicht als siegreiche, sondern als gescheiterte Heldin. Dennoch fügt sich auch Timms Fliegerin in Barthes' Mythenkonzept: Indem der Autor die Lebensgeschichte seiner Protagonistin als außergewöhnliches Beispiel für ein friedliches Konzept von Heroismus ausarbeitet, unterzieht er die ihm vorliegende Lebensgeschichte einer neuerlichen Bedeutungsaufladung. Von Etzdorfs Biografie verweist dadurch auf eine kritische Reflexion historischer und aktueller Heroisierungsprozesse sowie ein Konzept des friedensstiftenden Helden. Durch das Setting des Romans sowie verschiedene Referenzen auf historische Personen und Ereignisse interpretiert Timm die Geschichte der Fliegerin als relevanten Teil der deutschen Vergangenheit und kommuniziert von Etzdorf mittels verschiedener Verfahren als Monument.

Anders verhält es sich mit Thea Dorns Theaterstück *Marleni*. Die Autorin verweigert eine Heroisierung ihrer Protagonistin Leni Riefenstahl bewusst und zeigt stattdessen die Effekte und persönlichen Konsequenzen eines Mythisierungsprozesses auf. Indem die Autorin durch ihren kritischen Blick auf die bisherige (De-)Heroisierung Leni Riefenstahls ein bestehendes Feindbild der Gesellschaft ins Wanken bringt, wirkt *Marleni* eher destabilisierend und kann insofern als erinnerungs- und mythenkritischer Text interpretiert werden.

Mit meiner Untersuchung der Inszenierungsstrategien in zeitgenössischen und gegenwärtigen Texten von bzw. über die Technikpionierinnen zwischen 1918 und 1945 konnte ich feststellen, dass die meisten Texte spezifische Strategien verfolgen, um die Frauen als Heroinen zu präsentieren. Verschiedene Eigenschaften und Handlungsmuster, die mit der archetypischen Vorstellung vom Helden verknüpft sind, werden aufgerufen, das Schema des Helden dadurch beim Rezipienten reaktiviert und die Person folglich als Held wahrgenommen. Die ständige Reaktualisierung bzw. Rekonstruktion des Themas durch die Medien basiert folglich im Wesentlichen auf überzeitlich stabilen Symbolen, die die Interpretation – oder vielmehr die Konstruktion – des Gegenstands oder Phänomens im ‚mythischen' Sinne provozieren.

Die zur Inszenierung eingesetzten Elementarbausteine des Monomythos fungieren dabei als Meme, die sich flexibel an verschiedene Kontexte anpassen. So variiert die Mythisierung je nach gesellschaftlichem Bezugsrahmen und trägt zur Stabilisierung des aktuellen Herrschaftssystems bei. Die mythische Bedeutungsaufladung der Frauenbiografien wird somit vom jeweils herrschenden System instrumentalisiert: In der Weimarer Republik erscheinen die Frauen als Heldinnen der Emanzipation und stehen sinnbildlich für den sozialpolitischen Fortschritt in Deutschland. Im Dritten Reich lenken die Mythen dagegen von Missständen ab. Die Heroinen werden in den Medien als emanzipierte Vorzeigefrauen kommuniziert, um das rückschrittliche Frauenbild der Nationalsozialisten zu verschleiern. Gegenwärtig zeigen viele Autoren die Fliegerinnen und Automobilistinnen als frühe Kämpferinnen für die Emanzipation und präsentieren die heutige Gesellschaft als fortschrittlich, was auf dem mutigen Handeln der Technikpionierinnen gründet. Die Frauenbiografien erfahren also wiederum eine doppelte Bedeutungsaufladung im Barthesschen Sinne und repräsentieren die historische Dimension einer liberalen, emanzipierten Gesellschaft.

Das meiner Arbeit zugrundeliegende Konzept hat sich als ergiebige Methode für die Analyse medialer Mythisierungsprozesse erwiesen, sodass verschiedene weitere Untersuchungen im Anschluss an diese Arbeit denkbar wären: So wäre z. B. eine Untersuchung des hier ausgeklammerten Zeitraums zwischen 1945 und 1990 interessant, besonders im Hinblick auf möglicherweise differierende Inszenierungsstile in der BRD und der DDR. Eine Analyse der gegenwärtigen Inszenierung weiblicher Technikpionierinnen im Internet könnte Aufschluss über Mythisierungsprozesse in diesem Medium geben und zeigen, ob sich Aufladungs- und Umdeutungsprozesse durch die exponentiell gestiegene Anzahl der Textproduzenten verändert oder beschleunigt haben. Schließlich ist eine Einbettung des Themas in einen größeren Kontext denkbar: Anhand der Analyse weiblicher Partizipation an Wissen und Technologie sowie deren medialer Konnotation könnte der Wechsel emanzipativer und restaurativer Phasen der deutschen Gesellschaft im 20. Jahrhundert sichtbar gemacht werden.

9. Siglenverzeichnis

Folgende Siglen wurden zum Nachweis für häufig zitierte Primärtexte eingesetzt. Die Siglen kennzeichnen zum einen die Textsorte (A = autobiografischer Text, B = Biografie, F = fiktionaler Text), zum anderen die Person, mit der sich der jeweilige Text beschäftigt (Initialen der jeweiligen Technikpionierin).

A.CS1 = Clärenore Stinnes: Im Auto durch zwei Welten. Text von Clärenore Stinnes. Photos von Carl Axel Söderström. Berlin: Reimar Hobbing 1929.

A.CS2 = Clärenore Stinnes u. Carl-Axel Söderström: Im Auto durch zwei Welten. Originalfilm der Expedition 1927–1929. taglicht media 2009. [Erstveröffentlichung 1931]

A.HR = Hanna Reitsch: Fliegen – mein Leben. München/Berlin: Herbig 1979. [Erstveröffentlichung 1951]

A.ME = Marga von Etzdorf: Kiek in die Welt. Als deutsche Fliegerin über drei Erdteilen. Berlin: Union Deutsche Verlagsgesellschaft 1931.

A.LR1 = Leni Riefenstahl: Kampf in Schnee und Eis. Leipzig: Hesse & Becker Verlag 1933.

A.LR2 = Leni Riefenstahl: Hinter den Kulissen des Reichsparteitag-Films. München: Zentralverlag der NSDAP Franz Eher Nachf. 1935.

A.LR3 = Leni Riefenstahl: Memoiren. Köln: Evergreen (Taschen) 2000 [Erstveröffentlichung 1987].

A.AS1 = Annemarie Clark: Neben dem Orientexpress. In: National-Zeitung, 18.7.1939, Nr. 326, S. 1.

A.AS2 = Annemarie Clark: Trapezunt: Abschied vom Meer. In: Der Bund. 31.10.1939, Nr. 509, S. 1 f.

A.AS3 = Annemarie Clark: Die Steppe. In: National-Zeitung. 1.11.1939, Nr. 508, S. 2 f.

A.AS4 = Annemarie Clark: Dreimal der Hindukusch. In: National-Zeitung. 1.12.1939, Nr. 560, S. 2 f.

A.AS5 = Annemarie Clark: Mobilisiert in Kabul ... In: Die Weltwoche. 1.12.1939, Nr. 316, S. 9, 13.

A.AS6 = Annemarie Clark: Der Friedensmonat. In: National-Zeitung. 5.2.1940, Nr. 59, S. 2 f.

A.AS7 = Annemarie Clark-Schwarzenbach: Zwei Frauen allein in Afghanistan. In: Thurgauer Zeitung. 16.2.1940, Nr. 4 und Thurgauer Zeitung. Frauenblatt. 17.2.1940, Nr. 4, o. S.

A.AS8 = Annemarie Clark: Turkestan, vergessene Tage. In: National-Zeitung. 14.3.1940, Nr. 125, S. 2.

A.AS9 = Annemarie Clark: Die Schweiz Asiens: Afghanistan. In: Zürcher Illustrierte. 15.3.1940, Nr. 11, S. 284–285.

A.AS10 = Annemarie Clark: Vorderasiatische Auto-Anekdoten. In: Zürcher Illustrierte. 29.3.1940, Nr. 13, S. 316–317.

A.AS11 = Annemarie Clark: Die Frauen Afghanistans. In: National-Zeitung. Die Seite der Frau. 14.4.1940, Nr. 172, o. S.

A.AS12 = Annemarie Clark: Die Frauen von Kabul. In: National-Zeitung. Die Seite der Frau. 28.4.1940, Nr. 196, o. S.

A.AS13 = Annemarie Clark-Schwarzenbach: Zwei Schweizerinnen und ein Ford auf den Straßen Afghanistans. In: Auto. 7.5.1940, S. 9–11, 21, 37–38.

A.AS14 = Annemarie Clark-Schwarzenbach: Das Antlitz des Großen Buddha. In: Thurgauer Zeitung. 18.5.1940, Nr. 115, S. 2.

A.AS15 = Annemarie Clark: Nach Peshawar. In: Die Tat. 18./19.5.1940, Nr. 118, o. S.

A.AS16 = Annemarie Clark: Plaza Hotel. In: National-Zeitung. 1.8.1940, Nr. 354, S. 2 f.

A.AS17 = Annemarie Clark: Welt-Landschaft. In: National-Zeitung. 6.9.1940, Nr. 415, S. 2 f.

Siglenverzeichnis

B.AS = Alexis Schwarzenbach: Auf der Schwelle des Fremden. Das Leben der Annemarie Schwarzenbach. Überarb. Ausg. München: Collection Rolf Heyne 2001.

B.CS = Michael Winter: PferdeStärken. Die Lebensliebe der Clärenore Stinnes. Hamburg: Hoffmann und Campe 2001.

B.LR = Jürgen Trimborn: Riefenstahl. Eine deutsche Karriere. Berlin: Aufbau 2002.

F.CS = Erica von Moeller: Fräulein Stinnes fährt um die Welt. Deutschland: taglicht media/WDR 2008. Realfiction 2010.

F.LR = Thea Dorn: Marleni. Preußische Diven blond wie Stahl. Frankfurt a. M.: Verlag der Autoren 2000.

F.ME = Uwe Timm: Halbschatten. München: dtv 2008.

10. Bibliographie

Im ersten Teil der Bibliografie führe ich nach Kapiteln geordnet die Primärtexte auf, die meiner Analyse zugrunde liegen: Quellen zur zeitgenössischen Selbstinszenierung (autobiografische Texte), Quellen zur zeitgenössischen Fremdinszenierung, Autobiografien nach 1945, Quellen zur journalistischen Inszenierung nach 1989, Biografien nach 1989 und Quellen zur fiktionalen Inszenierung nach 1989. Zu vielen der recherchierten Quellen, vor allem bei den zeitgenössischen Zeitungs- und Zeitschriftenartikeln und Filmen, liegen nur unvollständige Informationen vor. Fehlende Angaben wurden mit der Abkürzung o. Q. (ohne Quelle) bzw. o. D. (ohne Datum) gekennzeichnet; die Texte, bei denen kein Autor zu ermitteln war, wurden nicht gesondert gekennzeichnet und alphabetisch nach Titeln in die Liste einsortiert. Ungesicherte Informationen wie Bleistiftnotizen, die auf Quelle und Datum eines Textes verweisen, oder aber anhand bestimmter Ereignisse rekonstruierte Daten stehen in eckigen Klammern. Handelt es sich bei Quellen nicht um einen Text, sondern eine einzelne Fotografie oder einen Film, ist das ebenfalls in eckigen Klammern notiert. Viele der zeitgenössischen Texte habe ich in verschiedenen Archiven recherchiert. Die entsprechenden Archivsiglen führe ich nach der bibliografischen Angabe in runden Klammern an. Die Abkürzungen vor der Sigle verweisen auf das jeweilige Archiv (DMA = Archiv des deutschen Museums München, SM = Stadtarchiv Mülheim a. d. Ruhr, BArch = Bundesarchiv Berlin).

Primärliteratur

Quellen zur zeitgenössischen Selbstinszenierung

Beinhorn, Elly: Berlin – Kapstadt – Berlin. Mein 28000 km Flug nach Afrika. Berlin: Militärverlag Karl Siegismund 1939.

Beinhorn, Elly: Ein Mädchen fliegt um die Welt. Berlin: Reimar Hobbing 1932.

Clark, Annemarie [Annemarie Schwarzenbach]: Die Frauen Afghanistans. In: National-Zeitung. Die Seite der Frau. 14.4.1940, Nr. 172, o. S.

Clark, Annemarie [Annemarie Schwarzenbach]: Die Frauen von Kabul. In: National-Zeitung. Die Seite der Frau. 28.4.1940, Nr. 196, o. S.

Clark, Annemarie [Annemarie Schwarzenbach]: Die Schweiz Asiens: Afghanistan. In: Zürcher Illustrierte. 15.3.1940, Nr. 11, S. 284–285.

Clark, Annemarie [Annemarie Schwarzenbach]: Die Steppe. In: National-Zeitung. 1.11.1939, Nr. 508, S. 2 f.

Clark, Annemarie [Annemarie Schwarzenbach]: Der Friedensmonat. In: National-Zeitung. 5.2.1940, Nr. 59, S. 2 f.

Clark, Annemarie [Annemarie Schwarzenbach]: Dreimal der Hindukusch. In: National-Zeitung. 1.12.1939, Nr. 560, S. 2 f.

Clark, Annemarie [Annemarie Schwarzenbach]: Mobilisiert in Kabul ... In: Die Weltwoche. 1.12.1939, Nr. 316, S. 9, 13.

Clark, Annemarie [Annemarie Schwarzenbach]: Nach Peshawar. In: Die Tat. 18./19.5.1940, Nr. 118, o. S.

Clark, Annemarie [Annemarie Schwarzenbach]: Neben dem Orientexpress. In: National-Zeitung, 18.7.1939, Nr. 326, S. 1.

Clark, Annemarie [Annemarie Schwarzenbach]: Plaza Hotel. In: National-Zeitung. 1.8.1940, Nr. 354, S. 2 f.

Clark, Annemarie [Annemarie Schwarzenbach]: Trapezunt: Abschied vom Meer. In: Der Bund. 31.10.1939, Nr. 509, S. 1 f.

Clark, Annemarie [Annemarie Schwarzenbach]: Turkestan, vergessene Tage. In: National-Zeitung. 14.3.1940, Nr. 125, S. 2.

Clark, Annemarie [Annemarie Schwarzenbach]: Vorderasiatische Auto-Anekdoten. In: Zürcher Illustrierte. 29.3.1940, Nr. 13, S. 316–317.

Clark, Annemarie [Annemarie Schwarzenbach]: Welt-Landschaft. In: National-Zeitung. 6.9.1940, Nr. 415, S. 2 f.

Clark-Schwarzenbach, Annemarie [Annemarie Schwarzenbach]: Das Antlitz des Großen Buddha. In: Thurgauer Zeitung. 18.5.1940, Nr. 115, S. 2.

Clark-Schwarzenbach, Annemarie [Annemarie Schwarzenbach]: Zwei Frauen allein in Afghanistan. In: Thurgauer Zeitung. 16.2.1940, Nr. 4 u. Thurgauer Zeitung. Frauenblatt. 17.2.1940, Nr. 4, o. S.

Clark-Schwarzenbach, Annemarie [Annemarie Schwarzenbach]: Zwei Schweizerinnen und ein Ford auf den Straßen Afghanistans. In: Auto. 7.5.1940, S. 9–11, 21, 37–38.

von Etzdorf, Marga: 8000 km im Sportflugzeug über Wüste und Ozean. O. Q. [26.1.1931]. (DMA:PERS/F 10082/2).

von Etzdorf, Marga: Abenteuer beim Kunstflug. In: [Tempo]. o. D. (DMA:NL 075/007 GF).

von Etzdorf, Marga: Ein lächelndes Volk, das Krieg führt. Marga von Etzdorf berichtet über ihre japanische Flugvisite. In: [Der Weltspiegel. 7.2.1932]. (DMA:NL 075/011).

von Etzdorf, Marga: Kiek in die Welt. Als deutsche Fliegerin über drei Erdteilen. Berlin: Union Deutsche Verlagsgesellschaft 1931.

von Etzdorf, Marga: Korea – und Japan! Das Ende meines Fluges. O. Q. (DMA:NL 075/008).

von Etzdorf, Marga: Mein Flug nach Tokio. In: [Tempo. 1931]. (DMA:NL 075/008).

von Etzdorf, Marga: Mit Blumen überschüttet. Wie Tokio Frl. v. Etzdorf feiert. O. Q. (DMA:NL 075/007 GF).

von Harbou, Thea: „Eine Szene wird geprobt" – Drei Uhr nachts auf dem Ufa-Gelände in Neubabelsberg bei Berlin: Nachtaufnahme der Hexenverbrennung in dem Film „Metropolis". In: Uhu. 2 (1925/1926), H. 11, S. 52–61.

Maillart, Ella: Der bittere Weg. Mit Annemarie Schwarzenbach unterwegs nach Afghanistan. Aus dem Englischen von Carl Bach. Basel: Lenos 2003.

O. A.: Frankreich hat mehr Autolenkerinnen als Österreich Autolenker. In: Allgemeine Automobil-Zeitung (1927), Nr. 2, S. 12.

Rasche, Thea: ... und über uns die Fliegerei. Berlin: Schützen-Verlag 1940.

Riefenstahl, Leni: Hinter den Kulissen des Reichsparteitag-Films. München: Zentralverlag der NSDAP Franz Eher Nachf. 1935.
Riefenstahl, Leni: Ich filme mit Sarntaler Bauern. In: Scherl's Magazin. 8 (1932), H. 2, S. 102–109.
Riefenstahl, Leni: Kampf in Schnee und Eis. Leipzig: Hesse & Becker Verlag 1933.
Riefenstahl, Leni: Memoiren. Köln: Evergreen (Taschen) 2000.
Riefenstahl, Leni: Werkaufnahmen [zum Olympiafilm] [Film] (K 52723).
Schwarzenbach, Annemarie: Alle Wege sind offen. Die Reise nach Afghanistan 1939/1940. Ausgewählte Texte. Mit einem Essay von Roger Perret. Basel: Lenos 2003 (= Ausgewählte Texte von Annemarie Schwarzenbach 7).
Schwarzenbach, Annemarie: Auf der Schattenseite. Ausgewählte Reportagen, Feuilletons und Fotografien. 1933–1942. Hg. von Regina Dieterle u. Roger Perret. Basel: Lenos 1990.
Schwarzenbach, Annemarie: Balkan-Grenzen. In: Dies.: Alle Wege sind offen. Die Reise nach Afghanistan 1939/1940. Ausgewählte Texte. Mit einem Essay von Roger Perret. Basel: Lenos 2003, S. 9–13.
Schwarzenbach, Annemarie: Herat, am 1. August 1939. In: Dies.: Alle Wege sind offen. Die Reise nach Afghanistan 1939/1940. Ausgewählte Texte. Mit einem Essay von Roger Perret. Basel: Lenos 2003, S. 51–53.
Schwarzenbach, Annemarie: Orientreisen. Reportagen aus der Fremde. Hg. von Walter Fähnders. Berlin: edition ebersbach 2010.
Schwarzenbach, Annemarie: „Wir werden es schon zuwege bringen, das Leben". Annemarie Schwarzenbach an Erika und Klaus Mann. Briefe 1930–1942. Pfaffenweiler: Centaurus-Verlagsgesellschaft 1993.
Stinnes, Clärenore: Im Auto durch Zentralasien. In: Der Querschnitt. 8 (1928), H. 11, S. 765–768.
Stinnes, Clärenore: Im Auto durch zwei Welten. Text von Clärenore Stinnes. Photos von Carl Axel Söderström. Berlin: Reimar Hobbing 1929.
Stinnes, Clärenore: Wie ich mit kleinem Wagen durch Rußland fuhr. In: Uhu. 2 (1925/1926), H. 3, S. 82–85.

Quellen zur zeitgenössischen Fremdinszenierung

Allgemeine Texte

Frauen unserer Zeit. In: Illustrierter Beobachter, 3.12.1932, Nr. 49, S. 1182–1184.

Holzapfel, Carl Maria, Käte u. Rudolf Stocks: Frauen Fliegen. Sechzehn deutsche Pilotinnen in ihren Leistungen und Abenteuern. Berlin: Deutsche Verlagsgesellschaft 1931.

Italiaander, Rolf: Fliegende Frauen. In: Ders.: Drei deutsche Fliegerinnen. Elly Beinhorn. Thea Rasche. Hanna Reitsch. Drei Lebensbilder. 2., verb. Aufl. Berlin: Gustav Weise Verlag 1940, S. 9–15.

Pripram, Hilde: Die Dame, ihr Wagen und ihre Kleidung. In: Allgemeine Automobil-Zeitung, Berlin. 29 (1928), Nr. 14, S. 28.

Schäffer, Ernst: „Bitte, lieber Papa, laß mich fliegen ...". Das Luft-Girl, ein neuer Modetyp. In: Uhu. 8 (1931/1932), H. 10, S. 8–14 u. 110 f.

Elly Beinhorn

Bei den deutschen Kolonisten in Südwest-Afrika [Film]. Deutschland [1934].(BArch K 200902).

Elly Beinhorns Flug nach Indien. In: Berliner Illustrirte Zeitung. 41 (7.2.1932), Nr. 5, S. 137.

Emelka-Tonwochenschau-Sujets, etwa 1930/31 [Film]. (BArch B 125641).

Fox tönende Wochenschau Einzelsujets [Film]. (BArch K 197129).

Gildehof-Flugtag der Hans Bergmann Zigarettenfabrik A.G. Dresden mit Gerhard Fieseler und Elly Beinhorn, Dresden, 26.7.1931 (1931) [Film]. (BArch K 11399).

Glaß, Z.: Zwei lernen Fliegen. Interviews der fliegenden Weiblichkeit. In: Das Magazin. 9 (1932/33), H. 105, S. 51–54.

Hellwig, L. W.: Elly Beinhorn. In: Ders. (Hg.): Persönlichkeiten der Gegenwart. Luftfahrt – Wissenschaft – Kunst. Berlin: Verlag Dr. Richard Pape 1940, S. 49–56.

Italiaander, Rolf: Elly Rosemeyer. In: Ders.: Drei deutsche Fliegerinnen. Elly Beinhorn. Thea Rasche. Hanna Reitsch. Drei Lebensbilder. 2., verb. Aufl. Berlin: Gustav Weise Verlag 1940, S. 16–42.

P. E.: Menschen – Wie noch nie! In: Leben. 10 (1932/33), H. 4, S. 28–31.

Pioniere des Deutschtums im Ausland. In: Das Magazin. 11 (1934/35), Nr. 132, S. 40 f.

von Podewils, Hildegard: Bekannte Unbekannte. Frauen am Rande der Geschichte. Dresden: Verlagshaus Franz Müller 1941, S. 387–402.

von Reznicek, Paula: Fliegerinnen. In: Leben. 9 (1931/32), H. 10, S. 25–27.

Ufa-Tonwoche, Nr. 103/1932 [Film]. (BArch B 109930).

Ufa-Tonwoche, Nr. 387/1938 [Film]. (BArch B 110726).

Zuerl, Walter: Deutsche Mädel fliegen. In: Die deutsche Frau. Wochenbeilage zum Völkischen Beobachter. 4.4.1934/Folge 14.

Marga von Etzdorf

„Afrika ist das Ziel meiner Sehnsucht". Gespräch mit der Weltfliegerin Marga von Etzdorf – Sie fliegt heute nach Berlin. O. Q. [18.7.1932]. (DMA:NL 075/007GF).

„Kiek in die Welt" fliegt in die Welt. Marga von Etzdorf zum Japanflug gestartet. In: BZ am Mittag. 18.8.1931. (DMA:NL 075/007 GF).

Abenteuerliche Reise. O. Q. (DMA:NL 075/010).

Aero-Club ehrt Marga von Etzdorf. O. Q. (DMA:NL 075/008).

Allein im Kleinflugzeug von Berlin nach Teneriffa [Fotografie]. O. Q. (DMA:NL 075/007 GF).

Amazonen der Luft [Fotografie]. O. Q. (DMA:NL 075/007 GF).

Aufbruch und Ende. O. Q. (DMA:PERS/F 10082/2).

Bang! Goes Another Record [Fotografie]. In: [New York American. 14.9.1931]. (DMA:NL 075/009).

Beinahe konnte es schief gehen! [Fotografie]. O. Q. (DMA:PERS/F 10082/2).

Cato: Marga von Etzdorf. O. Q. (DMA:NL/008).

Das Junkers-Ganz-Metall-Leicht-Flugzeug A 50/Fräulein v. Etzdorf (im Fliegerdress) [Fotografien]. In: [Deutsch-chinesische Nachrichten. 29.8.1931]. (DMA:NL 075/009).

Der Fliegerin letztes Interview. Abschied von Marga. O. Q. (DMA: PERS/F10082/2).

Deutscher fliege! (Klemm Flugzeuge) [Film]. (BArch B 91507).

Die deutsche Fliegerin Marga von Etzdorf [Film] (BArch B 2573).

Die deutsche Fliegerin Marga v. Etzdorf [Fotografie]. O. Q. [1931]. (DMA:PERS/F 10082/2).
Die deutsche Sportfliegerin bei Aleppo verunglückt. Eine verhängnisvolle Landung. Kein Selbstmord – auf dem Transport ins Krankenhaus gestorben. In: [Berliner Illustrierte Nachtausgabe. 29.5.1933]. (DMA:PERS/F 10082/2).
Die Geschichte des letzten Startes. O. Q. (DMA:PERS/F 10082/2).
Die Kunstfliegerin Marga v. Etzdorf [Fotografie]. O. Q. (DMA:NL 075/007 GF).
Die Weltfliegerin Marga von Etzdorf erzählt. In acht Tagen von Bangkok nach Dresden. In: „Dresdner Nachrichten". 19.7.1932. (DMA:NL 075/011).
Die zarte Frau, Marga von Etzdorf [Fotografien]. O. Q. (DMA:NL 075/007).
Die zwei erfolgreichsten deutschen Frauen des Jahres [Fotografien]. In: [Tempo]. O. D. (DMA:NL 075/007 GF).
E. B.: Ein Fräulein fliegt nach Teneriffa. Die Flugmaschine und die schöne Marga von Etzdorf. In: [Rheinischer Anzeiger]. 13.12.1930. (DMA:NL 075/007 GF).
Eine deutsche Berlin-Tokio Fliegerin. In: [Deutsch-chinesische Nachrichten. 20.8.1931]. (DMA:NL 075/010).
Eine Frau als Kunstpilotin! [Fotografie]. In: [Dortmunder Mittagsblatt. 18.3.1928]. (DMA: PERS/F 10082/1).
Eine Kunstpilotin [Fotografie]. In: [Der Berliner Mittag. 20.3.1928]. (DMA:PERS/F 10082/1.
Empfang im Aero-Club. O. Q. (DMA:NL 075/011).
Energie! In: Berliner Illustrirte Zeitung. O. D. (DMA:NL 075/007 GF).
v. Etzdorf am Ural. In: [Tempo. 21.8.1931]. (DMA:NL 075/007 GF).
v. Etzdorf in Sibirien. In: [Tempo]. O. D. (DMA:NL 075/007 GF).
Fliegerinnen [Fotografien]. In: [Berliner Börsen-Courir. 28.12.1930]. (DMA:NL 075/007 GF).
Flug in den Tod [Fotografie]. O. Q. (DMA:PERS/F 10082/2).
Frauen als Fliegerinnen. O. Q. [10.8.1931]. (DMA:NL 075/007 GF).
Frl. Marga v. Etzdorf [Fotografie]. O. Q. (DMA:PERS/F 10082/2).
Frl. Marga v. Etzdorf [Fotografie]. O. Q. [1930]. (DMA:PERS/F 10082/2).

Glück und Erfolg ist bei den Fliegerinnen. Die Frauen machen den Männern etwas vor. O. Q. [7.2.1931]. (DMA:NL 075/007 GF).

Goldene Nadel für Frl. v. Etzdorf. In: [Tempo]. O. D. (DMA:NL 075/007 GF).

Großflugtag. O. Q. [24.9.1928]. (DMA:NL 075/010).

Gut Luft! [Fotografie]. O. Q. (DMA:NL 075/007 GF).

H. W.: Gewitterstürmer. Ein Kapitel aus dem Leben Marga von Etzdorfs. In: [Leipziger Neueste Nachrichten. 31.5.1933]. (DMA:PERS/F 10082/2).

Heidrich, Katja: Der tapferen Marga zum Geleit! O. Q. (DMA:NL 075/012).

Ikarus' Töchter. O. Q. (DMA:NL 075/007 GF).

Joel, Hans Theodor: Deutsche Mädchen fallen vom Himmel. Berlin – Madrid – Marokko im Kleinflugzeug. – Begegnung mit Adlern. – Strümpfe-Stopfen und Kochen. – Afrika. In: Berliner Tagblatt. [21.12.1930]. (DMA:NL 075/007 GF).

Kiehl, Walter: Aufbruch und Ende. O. Q. (DMA:PERS/F 10082/2).

Kor.: Marga v. Etzdorfs Beisetzung. In: [DAZ. 11.4.1933]. (DMA:PERS/F 10082/2).

La aviadora alemana Magda Von Etzdorf [Fotografie]. O. Q. (DMA:NL 075/007 GF).

Letzter Flug ... Zum Tode Marga v. Etzdorfs. In: Die Frau. [4.7.1933]. (DMA:PERS/F 10082/2).

m. m.: Fliegendes Fräulein über Asien. [Tempo. o. D.] DMA NL 075/007 GF.

Marga am Ziel. In: [Anh. Anz. 29.8.1931]. (DMA:PERS/F 10082/1).

Marga v. Etzdorf. Emelka-Wochenschau. http://youtu.be/tC5h0cM2o9I [zuletzt aufgerufen am 04.06.2013]

Marga immer weiter nach Osten. In: [L. Z.]. O. D. (DMA:NL 075/007 GF).

Marga von Etzdorf am Ziel. O. Q. [30.8.1931]. (DMA:PERS/F 10082/1).

Marga von Etzdorf hat sich in ihrem Zimmer erschossen. O. Q. (DMA:075/012).

Marga von Etzdorf heute früh nach Australien gestartet! In: [12 Uhr. 27.5.1933]. (DMA:PERS/F 10082/2).

Marga von Etzdorf in Japan gelandet. In: [Kölnische Zeitung. 28.8.1931]. (DMA:NL 075/011).
Marga von Etzdorf in Tokyo. In: [Deutsch-chinesische Nachrichten. 9.9.1931]. (DMA:NL 975/008).
Marga v. Etzdorf in Wien. Gespräch mit der Ostasienfliegerin. In: [Neues Wiener Tagblatt. 17.7.1932]. (DMA:NL 075/007 GF).
Marga von Etzdorf sprach in einem Vortragsabend des Volksbildungsverbandes in Milspe. O. Q. [18.1.1933]. (DMA:NL 075/011).
Marga von Etzdorf zum Fluge nach Tokio aufgestiegen. In: [Leipziger Neueste Nachrichten. 19.8.1931]. (DMA:NL 075/009).
Marga v. Etzdorf tot? In: [Leipziger Neue Nachrichten. 29.5.1933]. (DMA:PERS/F 10082/2).
Marga v. Etzdorf zum Australienflug gestartet. Abflug 3 Uhr morgens von Staaken. In: [DAZ. 27.5.1933]. (DMA:PERS/F 10082/2).
Marga v. Etzdorfs Start zum 10 000 km-Flug. Aber nicht ohne Hutschachtel ... In: Tempo. 18.8.1931. (DMA:NL 075/007 GF).
Marga v. Etzdorfs Todessturz. Auf dem Flugplatz Mouslimich [sic]. In: [BZ am Mittag. 29.5.1933]. (DMA:PERS/F 10082/2).
Marga v. Etzdorfs tragisches Ende. Kein Selbstmord sondern Unglücksfall. In: [Tempo. 29.5.1932]. (DMA:PERS/F 10082/2).
Marga von Etzdorf, die bekannte Fliegerin [Cover]. In: Funk-Woche. 12. bis 18.6.1932. (DMA: NL 075/007 GF).
Marga von Etzdorf, die deutsche Fliegerin, hat den Tod gefunden [Fotografie]. O. Q. (DMA:NL 075/012).
Marga von Etzdorf, die erste Kunstfliegerin in Berlin [Fotografie]. O. Q. (DMA:PERS/F 10082/2).
Marga von Etzdorf, die von Berlin nach den Kanarischen Inseln flog [Fotografie]. O. Q. (DMA:PERS/F 10082/2).
Marga von Etzdorfs Flugleistung. In 12 Tagen 11 000 Kilometer zurückgelegt. O. Q. (DAM: PERS/F 10082/2).
Mein tollstes Flugerlebnis. Margarete von Etzdorf. In Rückenlage gefangen. In: Scherl's Magazin. 4 (1928), H. 10, S. 1086–1096.
Miss Etzdorf Follows Miss Johnson's Route. In: [Mainichi. 20.8.1931]. (DMA:NL 075/008).
Miss von Etzdorf arrives at Kazan. In: [Japan Times. 20.8.1931]. (DMA:NL 075/010).

Neuer deutscher Sport-Fernflug. Marga von Etzdorf nach Australien gestartet. In: [Kölnische Zeitung. 27.5.1933]. (DMA:PERS/F 10082/2).
Permit to Land in Japanese Territory Granted to German Girl on Solo Flight zu Tokyo. In: [Japan Times. 27.8.1931]. (DMA:NL 075/010).
Rasche, Thea: Luftrennen England–Australien. Bordtagebuch der Etappen Rom–Athen–Aleppo–Bagdad. O. Q. (DMA:NL 075/009 GF).
Sachsenwerk Radio [Film]. (BArch K 317931).
Sibirien-Abenteuer Marga v. Etzdorfs. Landung bei den Kirgisen. In: Tempo. 23.8.1931. (DMA:NL 075/007 GF).
Sie steht ihren Mann. Interview mit der Fliegerin Marga Etzdorf. In: [Neue Leipziger Zeitung. 20.12.1930]. (DMA:PERS/F 10082/2).
St.: Marga von Etzdorf. Werdegang der ersten Verkehrs-, Kunst- und Sportfliegerin. In: [Tempo]. O. D. (DMA:NL 075/007 GF).
Tragischer Verlust der deutschen Fliegerei. Die einzige Frau mit Segel [sic], Sport-, Kunst- und Verkehrsflugexamen. Marga von Etzdorf abgestürzt. In: [Kölnische Zeitung]. O. D. (DMA: PERS/F 10082/2).
Tragisches Ende der Australienfliegerin Marga von Etzdorf. O. Q. (DMA:PERS/F 10082/2).
Trauerfeier für Marga v. Etzdorf in der Invaliden-Kirche Berlin [Fotografie]. In: [Hamburger Fremdenblatt. 11.7.1933]. (DMA:NL 075/012).
Two Air Enthusiasts Meet [Fotografie]. In: [Jap. Adv. 3.9.1931]. (DMA:NL 075/010).
Venzmer, Gerhard: Was der Körperbau der Frau verrät. In: Der Bazar. O. D. (DMA:NL 075/007 GF).
Volksflugtag in Berlin. O. Q. (DMA:NL 075/010).
von Salomon, Horst: Kameradin Marga! Ein Fliegerschicksal. In: Berliner Lokal-Anzeiger. O. D. (DMA PERS/F 10082/2).
von Salomon, Horst: Fliegende Frauen. O. Q. [1933]. (DMA:PERS/F 10082/2).
W. W.: Marga v. Etzdorf tödlich verunglückt. Bei einer Zwischenlandung auf dem Flugplatz Mouslimieh. In: [DAZ]. O. D. (DMA: PERS/F10082/2).
Zum Tode Marga von Etzdorfs. O. Q. (DMA:PERS/F 10082/2).
[O. T.]. [O. Q.] (DMA:NL 075/009).

Thea von Harbou

Film-Puzzle. In: Revue des Monats. 3 (1928/1929), H. 10, S. 1128.
Hanneles Himmelfahrt. Illustrierter Film-Kurier (1934), o. Nr.
Koebner, F. W.: Anonyme Schönheit. Die Frauen unserer Filmregisseure. In: Das Magazin. 8 (1931/1932), H. 94, S. 42–45.
Mondflug im Film. In: Scherl's Magazin. 5 (1929), H. 5, S. 558 f.
o. T. [Fotografie]. In: Revue des Monats. 1 (1926/1927), H. 2, S. 115.
Revue. In: Revue des Monats. 2 (1927/1928), H. 6, S. 655.
Tod den Maschinen! „Metropolis" von Thea von Harbou. In: Der Querschnitt. 7 (1927), H. 2, S. 144 u. 146.
Wendriner, Erna: Frauen, die wir täglich lesen. Thea von Harbou. In: Leben. 9 (1931/32), H. 5, S. 20–26.

Hanna Reitsch

Balkin, S.: Flugkapitän Hanna Reitsch. O. Q. (DMA:NL130 Reitsch 003, 50).
Besuch bei der Schutztruppe des Aethers. Forschung für die Sicherheit des Fliegens – Pioniere des Segelns und Flugkapitän „Hanna". O. Q. (DMA:NL Reitsch 003, 50).
Brütting, Georg: Hanna Reitsch, der Welt beste Segelfliegerin. In: Walter Wienrich (Hg.): Luftfahrer voran! Ein Volksbuch vom Fliegen in aller Welt. Stuttgart: Franck'sche Verlagsbuchhandlung 1936, S. 99–104.
Buresch-Riebe, Ilse: Die deutsche Sportfliegerin. Bedeutende Erfolge der weiblichen Fliegerei – Schwierigkeiten in der Ausbildung. In: [Salzburger Landeszeitung. 3.9.1938]. (DMA:NL130 Reitsch 003, 50).
Bursche-Riebe, Ilse: Die deutsche Sportfliegerin. O. Q. [27.8.1938]. (DMA:NL130 Reitsch, 003, 50).
Der „Motor-Segler" flog über Berlin [Fotografien]. O. Q. (DMA:NL130 Reitsch 003, 50).
Die Frau, die als erste das Leistungsabzeichen errang [Fotografien]. In: [Berliner Illustrierte Zeitung. 5.12.1935]. (DMA:NL130 Reitsch 003, 50).
Die letzten Tage Adolf Hitlers. Die Fliegerin Hanna Reitsch berichtet – Der gebrochene Mann im Berliner Luftschutzkeller – Himmlers und Görings Verrat – Goebbels tobte – Die Missionen des Ritters von

Greim. In: [Schwarzwälder Post. 11.12.1945]. (DMA:NL130 Reitsch 003, 52).

Deulig Tonwoche Nr. 393/1939 [Film]. (BArch K 188530).

Utopie und Wirklichkeit. In: Das Magazin. 11 (1934/35), Nr. 129, S. 51.

Fliegen – Sport der Männer? Auch die Frau steht ihren „Mann" im Motor- und Segelflugzeug. O. Q. (DMA:NL130 Reitsch 003, 22).

Flugkapitän ‚Hanna' – ein fixes Mädel. Sie muß neue „Kisten" einfliegen – Schwere Alltagspflichten einer Frau. O. Q. (DMA:NL130 Reitsch 003, 50).

Flugkapitän Hanna Reitsch [Fotografie]. In: [Niederbarnimer Nachrichten Rüdersdorf. 4.6.1937]. (DMA:NL130 Reitsch 003, 50).

Flugkapitän Hanna Reitsch [Fotografie]. In: [Völkischer Beobachter München. 2.12.1943]. (DMA:NL 130 Reitsch 003, 51).

Flugkapitän Hanna Reitsch. In: [Germania. 18.5.1937]. (DMA:NL130 Reitsch 003, 50).

Fox tönende Wochenschau. 12 (1938) [Film]. (BArch K 89970).

Frauen am Steuerknüppel. Deutsche Fliegerinnen, die weltbekannt wurden. In: Schlesische Sonntagspost. 13.4.1941. (DMA:NL 130 Reitsch 003, 51).

Frauen erobern die Luft. Wilhelmine Reichardt flog schon 1810 – Deutschlands Fliegerinnen 1933. O. Q. [8.9.1933]. (DMA:NL130 Reitsch 003, 50).

Fräulein Flugkapitän mit dem Schifferklavier [Cover]. In: Illustrierte für Jedermann. O. D. (DMA:NL130 Reitsch 003, 50).

Gespräche mit schaffenden Frauen. Fräulein Flugkapitän ... Ein Gespräch mit Hanna Reitsch. In: [Hamburger Anzeiger. 29.6.1937]. (DMA:NL130 Reitsch 003, 50).

Hanna, der Flugkapitän. Ein Mädel, das seinen Mann stellt. In: Leipziger Neueste Nachrichten. 12.5.1937. (DMA:NL130 Reitsch 003, 50).

Hanna Reitsch erzählt ... Hanna »das Heldenweib« – der Schreck des Fahrstuhlführers. O. Q. (DMA:NL130 Reitsch 003, 51).

Hanna Reitsch Flugkapitän [Fotografie]. In: [Düsseldorfer Nachrichten. 19.5.1937]. (DMA: NL130 Reitsch 003, 50).

Hanna Reitsch zum Flugkapitän ernannt [Fotografie]. In: [Deutsche Fleischer-Zeitung Berlin. 18.5.1937]. (DMA:NL130 Reitsch 003, 50).

Hanna Reitsch, die Fliegerin [...] Besuch in ihrer Heimatstadt – Das Bild einer genialen Fliegerin [...]. O. Q. [1941]. (DMA:NL130 Reitsch 003, 51).

Hanna Reitsch: Rivalen der Luft. In: Deutsche Flugillustrierte. H. 8. 1935. (DMA:NL130 Reitsch 003, 50).

Hanna Reitsch. Fliegerin im Dienst für das Reich. In: [Das NS-Flieger-Korps. Mai 1944]. (DMA:NL130 Reitsch 003, 51).

Hanna Reitsch. In: [Der Segelflieger. Nr. 7. 1933]. (DMA:NL130 Reitsch 003, 50).

Hanna Reitschs Sturmflug. BLA-Gespräch mit der erfolgreichen Pilotin. In: [Berliner Lokalanzeiger. 2.7.1938]. (DMA:NL130 Reitsch 003, 50).

Hanna spielt mit der Schwerkraft. In: Koralle. Wochenschrift für Unterhaltung, Wissen, Lebensfreude. Neue Folge. 6 (1938), Nr. 11, S. 373.

Italiaander, Rolf: Hanna Reitsch. In: Ders.: Drei deutsche Fliegerinnen. Elly Beinhorn. Thea Rasche. Hanna Reitsch. Drei Lebensbilder. 2., verb. Aufl. Berlin: Gustav Weise Verlag 1940, S. 72–92.

Italiaander, Rolf: Hanna Reitsch. O. Q. (DMA:NL130 Reitsch 003, 50).

Italiaander, Rolf: Hanna Reitsch. Die beste Segelfliegerin der Welt. In: Nordbayerische Frauen-Zeitung. O. D. (DMA:NL130 Reitsch 003, 50).

Junges Europa. Nr. 6 [Film]. (BArch K 188430).

Karlson, P.: Mädchen im Segelflugzeug. In: Uhu. 10 (1934), H. 8, S. 8 f.

Klein – aber oho! [Fotografie]. In: [O. Q. 12.7.1937]. (DMA:NL130 Reitsch 003, 50).

Magaß, Bernhard: „Hanna Reitsch! Wie Reitschule ohne ule!" Ein Mädel brach den Weltrekord – Flugkapitän Hanna Reitsch an der Strippe in Rossitten. In: [Preussische Zeitung Königsberg. 20.5.1937]. (DMA:NL130 Reitsch 003, 50).

Mantler, F.: Fräulein Flugkapitän ... Ein Gespräch mit Hanna Reitsch auf dem Flugplatz – Die bekannte Fliegerin erzählt aus ihrem Leben. – Vorbereitung zur Teilnahme am Alpensegelflug. O. Q. (DMA:NL130 Reitsch 003, 50).

Meyer, Sidi: Flugkapitän Hanna Reitsch besuchte uns. O. Q. (DMA:NL130 Reitsch 003, 51).

Mit Decken und Kissen [Fotografie]. O. Q. (DMA:NL130 Reitsch 003, 50).

v. Ove, Wilfred: Fräulein Flugkapitän – zierlich und zäh. BLA-Unterredung mit Hanna Reitsch zwischen zwei Etappen des Segelflugwettbewerbs. In: [Berliner Lokal-Anzeiger. 10.7.1938]. (DMA:NL130 Reitsch 003,50).

Reichsparteitag d. NSDAP 1938 [Film]. (BArch K 41825).

Rhönvater Ursinus, Flugkapitän Hanna Reitsch und NSDAP-Gruppenführer v. Schwege vor dem Führersitz einer „Horten III" [Fotografie]. O. Q. [1938]. (DMA:NL130 Reitsch 003, 50).

[Stelle fehlt] Segelflug! Reichsluftfahrtminister Generaloberst Göring hat Hanna Reitsch zum Flugkapitän ernannt. In: Illustrierter Beobachter. O. D. (DMA:NL130 Reitsch 003, 50).

Segelflug-Kameradinnen in der Rhön 1937 [Cover]. In: BilderWelt. 25.7.1937. (DMA:NL130 Reitsch 003, 50).

Senckpiehl, Joachim: Sie haben keine Konkurrentinnen. 10 Frauen vertreten als einzige ihren Beruf. In: Illustrierter Beobachter Berlin. 11 (1938), Nr. 49, S. 2062 f.

Sport- und Militärfliegerei [Film]. (BArch B 73609).

Till, Charlotte: Hanna Reitsch. Ein Leben für die Fliegerei. In: [Koralle]. O. D. (DMA:NL130 Reitsch 003, 51).

von Ue.: Heldenhafte deutsche Frauen. Hanna Reitsch, die kühne Fliegerin. In: [Der Westen, Berlin. 30.3.1941]. (DMA:NL130 Reitsch 003, 51).

von Uechtritz, Ulrich: Frauen, ausgezeichnet von Staat und Volk. O. Q. (DMA:NL130 Reitsch 003, 50).

Ufa-Tonwoche. Nr. 374/1937 [Film]. (BArch B 110723).

Une exhibition sensationelle des planeurs allemands. In: [L'Aéro. 9.12.1938]. (DMA:NL130 Reitsch 003, 50).

Unser Sturm 11/M 21 [Film]. (BArch B 51618).

Vom Fliegerbaby zum Flugkapitän. Hanna Reitsch plauderte auf dem Fliegerfest im Stadtpark über ihre Erlebnisse. O. Q. (DMA:NL130 Reitsch, 003, 50).

von Fritsch, A.: Fliegerinnen fliegen wirklich! In: Uhu. 10 (1934), H. 8, S. 6–8.

von Rentzell, Waltraut: Durch die Wolken segeln! O. Q. (DMA:NL130 Reitsch 003, 50).

Wir stellen Ihnen vor: Hanna Reitsch die Hirschberger Motor- und Segelfliegerin. In: Deutsche Flugillustrierte. 3.12.1933. (DMA:NL130 Reitsch 003, 50).

Leni Riefenstahl

„SOS Eisberg" [Fotografien]. In: Revue des Monats. 7 (1932/1933), H. 12, S. 1136.

Allgeier, Sepp: Filmarbeit in der weissen Hölle. In: Scherl's Magazin. 5 (1929), H. 10, S. 1054–1061.

Altgelt, S.: Der Olympia-Film. Das Werk einer Frau. Gespräch mit Leni Riefenstahl. In: NS-Frauen-Warte. 5 (1936), H. 5, S. 148 f.

Behrens, Otto: Filmstars im Flügelkleide. In: Leben. 6 (1928/29), H. 3, S. 15–23.

Bergtragödie [Fotografie]. In: Revue des Monats. 3 (1928/1929), H. 11, S. 1234.

Cremer, H. M.: Die Musik zum Olympia-Film. Eine Schöpfung von Herbert Windt. In: Völkischer Beobachter, 27.4.1938, Nr. 117, S. 5.

Deckwaschen (Leni Riefenstahl) [Fotografie]. In: Scherl's Magazin. 4 (1928), H. 8, S. 845.

Der beste Film des Monats. In: Revue des Monats. 4 (1929/1930), H. 3, S. 319.

Der Weg zu den Sternen [Fotografie]. In: Revue des Monats. 5 (1930/1931), H. 5, S. 522.

Die Spitzenmaske. In: Uhu. 6 (1929/1930), H. 6, S. 18.

Deulig Tonwoche, Nr. 331/1938 [Film]. (BArch B 118580).

Deutsche Wochenschau Nr. 547/1941 [Film]. (BArch B 126672).

Fanck, Arnold: Am Montblanc wird gefilmt. In: Scherl's Magazin. 6 (1930), H. 10, S. 1005–1013.

Freunde des Lebens. Lenchen Riefenstahl [Fotografie]. In: Leben. 6 (1928/1929), H. 11, S. 100.

Grau, Georg: Das Mikrophon als Erzieher. Stimmbandtraining für den Sprechfilm. In: Scherl's Magazin. 6 (1930), H. 5, S. 506–508.

höm: „Ich heiße Leni Riefenstahl ...". In: Völkischer Beobachter. 23.4.1938, Nr. 113, S. 2.

Kleine Sphinx [Fotografie]. In: Scherl's Magazin. 6 (1930), H. 2, S. 201.

Leni macht einen „tiefen Eindruck". In: Leben. 9 (1931/32), H. 8, S. 21.

Leni Riefenstahl auf dem Montblanc. In: Der Querschnitt. 11 (1931), H. 3, o. S.

Leni Riefenstahl in der Sonne von St. Moritz. In: Leben. 6 (1928/29), H. 7, S. 19.

Leni Riefenstahl. „Au fein – alles Pulverschnee da draußen!" [Fotografie]. In: Scherl's Magazin. 7 (1931), H. 12, S. 1142.

Loos, Anni: Du bist wie eine Blume ... Ein botanisches Gesellschaftsspiel. In: Das Magazin. 9 (1932/33), Nr. 97, S. 19–22.

LR Werkaufnahmen zum Olympiafilm [Film]. (BArch K 52723).

Magnus, Max: 12 Stunden über den Wolken. In: Revue des Monats. 5 (1930/1931), H. 1, S. 81–84.

Profile [Fotografie]. In: Uhu. 5 (1928/1929), H. 11, S. 31.

Rausch. Mimische Studie der Filmschauspielerin Leni Riefenstahl [Fotografie]. In: Revue des Monats. 3 (1928/1929), H. 5, S. 541.

Senckpiehl, Joachim: Sie haben keine Konkurentinnen. 10 Frauen vertreten als einzige ihren Beruf. In: Illustrierter Beobachter Berlin. 11 (1938), Nr. 49, S. 2062 f.

Triumph des Willens. Illustrirter Film-Kurier (1935), Nr. 2302.

Ufa-Tonwoche. Nr. 223/1934 [Film]. (BArch B 110678).

Ufa-Tonwoche. Nr. 263/1935 [Film]. (BArch B 110377).

Ufa-Tonwoche. Nr. 400/1938 [Film]. (BArch K 177594).

Wendl, Ery: Leni Riefenstahls Weg zur Höhe. In: Oestergaards Monatshefte. September 1933, H. 9, S. 179–189.

Wer hat die schönsten Augen? In: Scherl's Magazin. 4 (1928), H. 9, S. 978 f.

Annemarie Schwarzenbach

Die Schriftstellerin Annemarie Schwarzenbach. In: Uhu. 9 (1932/1933), H. 13, S. 86.

Clärenore Stinnes

Arnau, Frank: Das Gesicht des Autos. In: Revue des Monats. 2 (1927/1928), H. 1, S. 50.

Autoweltreise einer Stinnes-Tochter. Ein kühner Plan der weltbekannten Automobilistin Clairenore Stinnes. In: [Mühlheimer Zeitung. 4.2.1927]. (SAM:1440/90.00).

Autoweltreise von Clairenore Stinnes. In: Allgemeine Automobil-Zeitung, Berlin. 28 (1927), Nr. 6, S. 20.
Bilder von der Weltreise. Clärenore Stinnes im Adler Standard 6. In: Auto-Magazin. 1929, Nr. 20, o. S.
Bilder zur Russischen Zuverlässigkeitsfahrt. In: Allgemeine Automobil-Zeitung, Berlin. 26 (1925), Nr. 36, S. 31.
Clairenore Stinnes, auf „Adlers Flügeln". O. Q. (SAM:1440/90.00).
Clairenore Stinnes, die Tochter des verstorbenen Großindustriellen [...] [Cover]. In: Die Illustrierte der Mühlheimer Zeitung. Nr. 46, 1927. (SAM:1440/90.00).
Clärenore Stinnes [...] im Kostüm eines Indianerhäuptlings [Fotografie]. In: Revue des Monats. 2 (1927/1928), H. 1, S. 98.
Clärenore Stinnes auf ihrer Weltreise im Auto [Fotografien]. In: Der Querschnitt. 8 (1928), H. 11, o. S.
Clärenore Stinnes mit ihrem Aga-Wagen, mit dem sie an der Rußlandfahrt teilnahm [Fotografie]. In: Der Querschnitt. 6 (1926), H. 5, o. S.
Clärenore Stinnes tritt demnächst [...] eine zweijährige Fahrt rund um die Welt an [Fotografie]. O. Q. (SAM:1440/90.00).
Die Rückkehr der Clärenore Stinnes von ihrer Autoweltreise [Fotografie]. In: Der Querschnitt. 9 (1929), H. 8, o. S.
Die russische Tourenfahrt. In: Allgemeine Automobil-Zeitung, Wien. 26 (1925), Nr. 19, S. 13 f.
Die Weltreise einer Automobilistin. In: Allgemeine Automobil-Zeitung, Wien. 28 (1927), Nr. 12, S. 1938.
Die Weltreise von Clärenore Stinnes [Fotografie]. In: Allgemeine Automobil-Zeitung, Wien. 29 (1929), Nr. 14, S. 37.
Doerschlag, Siegfried: Deutsche Dauerprüfungsfahrt. Westdeutschlands große Autozuverlässigkeitsfahrt. In: Allgemeine Automobil-Zeitung, Berlin. 27 (1926), Nr. 30, S. 20 f.
Doerschlag, Siegfried: Durch Schlesiens Berge. In: Allgemeine Automobil-Zeitung, Berlin. 27 (1926), Nr. 34, S. 20.
Doerschlag, Siegfried: Internationales Klausenrennen. Das Bergderby der Welt. In: Allgemeine Automobil-Zeitung, Berlin. 27 (1926), Nr. 33, S. 18–20.
Ein Damenpreis. In: Allgemeine Automobil-Zeitung, Wien. 26 (1925), Nr. 14, S. 10.

Fräulein Clärenore Stinnes als Sioux-Indianer [Fotografie]. In: Der Querschnitt. 7 (1927), H. 4, o. S.

Fräulein Clärenore Stinnes und ihr Adlerwagen [...] [Fotografie]. In: Allgemeine Automobil-Zeitung, Berlin. 27 (1926), Nr. 35, S. 14.

Fräulein Clärenore Stinnes und ihr Adlerwagen [Fotografie]. In: Allgemeine Automobil-Zeitung, Berlin. 27 (1926), Nr. 35, S. 14.

Frl. Clärenore Stinnes, der Mechaniker und der Kontrolleur der Aga [Fotografie]. In: Allgemeine Automobil-Zeitung, Berlin. 26 (1925), Nr. 36, S. 31.

Heuser, H.: Porträt eine jungen Dame (schräg von hinten gesehen, weil die Sitze im Sportwagen gestaffelt sind). O. Q. (SAM:1440/90.00).

Im Auto durch zwei Welten. Die Leistung einer deutschen Frau. O. Q. (SAM:1550/10 Stinnes).

von Lengerke, B.: Unsere siegreichen Automobilistinnen 1926. In: Allgemeine Automobil-Zeitung, Berlin. 28 (1927), Nr. 7, S. 20.

Nachträgliches vom Klausen-Rennen. Die Schnellsten. – der Kilometer Lancé. In: Allgemeine Automobil-Zeitung, Wien, 26 (1926), Nr. 17, S. 38.

Neue Rußlandfahrt von Clairenore Stinnes. In: [Rhein. Westf. Ztg. 18.5.1927]. (SAM:1440/ 90.00).

Opel-Deulig-Ufa-Wochenschau Sujets aus den 20er Jahren [Film] (BArch B 110525).

Unsere „Amazone auf Gummi". Clairenore Stinnes auf großer Fahrt / 60 000 Kilometer, um die Welt kennen zu lernen. O. Q. [1927]. (SAM:1550/110 Stinnes).

Weltreise im Auto. O. Q. [26.5.1927]. (SAM:1440/90.00).

Quellen zur Selbstinszenierung nach 1945

Beinhorn, Elly: Alleinflug. Mein Leben. München: Langen Müller 1977.
Beinhorn, Elly: Ein Mädchen und fünf Kontinente. Bericht einer Vierundzwanzigjährigen. Essen: Hobbing 1956.
Reitsch, Hanna: Das Unzerstörbare in meinem Leben. Stegen am Ammersee: Druffel & Vowinckel-Verlag 2008. [München: Herbig 1992]
Reitsch Hanna: Höhen und Tiefen. 1945 bis zur Gegenwart. München: Herbig 1978.
Reitsch, Hanna: Fliegen – mein Leben. Stuttgart: Deutsche Verlagsanstalt 1951.
Riefenstahl, Leni: Memoiren. München/Hamburg: Albrecht Knaus Verlag 1987.
Leni Riefenstahl: Memoiren. Köln: Evergreen (Taschen) 2000.

Quellen zur gegenwärtigen journalistischen Inszenierung

Elly Beinhorn

Abenteuer Ehe. In: Der Spiegel. 2009, Nr. 9, S. 123.
Die Himmelsbotin. In: Der Spiegel. 2007, Nr. 22, S. 148.
Geitel, Klaus: Pionierin der Lüfte. In: Die Welt. 03.12.2007, o. Nr., o. S.
Gestorben. Elly Beinhorn. In: Der Spiegel. 2007, Nr. 50, S. 182.
Osteroth, Reinhard: Abenteuer Himmel. In: Die Zeit. 16.5.2007, Nr. 21, o. S.
Seythal, Thomas: Elly Beinhorn, die Pionierin der Lüfte. In: Die Welt. 1.12.2007, o. Nr., o. S.

Marga von Etzdorf:

Andresen, Karen: Stimmen über den Gräbern. In: Spiegel Special. 2008, Nr. 6, S. 97.
Behrendt, Meike: Keine Angst vorm Fliegen. In: Die Zeit. 4.8.1989, Nr. 32, o. S.
Bota, Alice: Der Flug ist das Leben wert. In: Die Zeit. 23.1.2014, Nr. 5, S. 57.
Greiner, Ulrich: Deutsches Requiem. In: Die Zeit. 17.10.2008, Nr. 42, o. S.

Kaack, Johanna u. a. (Redaktion): Himmelsstürmerinnen. In: Guido Knopp u. Annette Tewes: ZDF-History. ZDF 2011.
Pilotinnen: Wenn Frauen in die Luft gehen. In: Emma. 2004, Nr. 4, o. S.

Thea von Harbou

Blumenberg, Hans-Christoph: Hier spricht der deutsche Mensch. In: Der Spiegel. 1992, Nr. 49, S. 161–182.
Ein tödlicher Schuß aus Fritz Langs Pistole. In: Der Spiegel. 1997, Nr. 29, S. 161.
Winkler, Willi: Ein Schlafwandler bei Goebbels. In: Der Spiegel. 1990, Nr. 48, S. 236–243.

Hanna Reitsch

Bönisch, Georg: „Habt keine Angst". In: Der Spiegel. 2009, Nr. 41, S. 58–60.
Broder, Henryk M.: Keine Blumen für Hitler. In: Der Spiegel. 2002, Nr. 6, S. 206 f.
Fest, Joachim: Das Ende. In: Der Spiegel. 2002, Nr. 12, S. 68–78.
Hinrichs, Per: „Heller Wahnsinn". In: Der Spiegel. 2005, Nr. 2, S. 196 f.
Hitlers Höllenfahrt. Teil I. In: Der Spiegel. 1995, Nr. 14, S. 170–187.
Hitlers Höllenfahrt. Teil II. In: Der Spiegel. 1995, Nr. 15, S. 172–186.
Jelinek, Gerhard u. Fritz Kalteis: Hanna Reitsch – Hitlers Fliegerin. [Film] Deutschland 2010.
Leinemann, Susanne: Tollkühne Fliegerinnen für Kaiser und Vaterland. In: Die Welt. 20.08.2013, o. Nr., o. S.
Meyer, Fritjof u. Klaus Wiegrefe: Die Schlacht der Frauen. In: Der Spiegel. 2000, Nr. 47, S. 140–146.
Rainer, Paul: Schnurrender Zwitter. In: Der Spiegel. 1997, Nr. 43, S. 178 f.
Seeßlen, Georg: Das faschistische Subjekt. In: Die Zeit. 16.9.2004, Nr. 39, o. S.
Wiegrefe, Klaus: Im Bunker des Bösen. In: Der Spiegel. 2004, Nr. 35, S. 52–68.
Wiegrefe, Klaus: Jetzt wird der Chef verbrannt. In: Der Spiegel. 2004, Nr. 35, S. 61 u. 64 f.

Leni Riefenstahl

Armer Kandinsky. In: Der Spiegel. 2008, Nr. 52, S. 125.
Ausstellungen. In: Der Spiegel. 2003, Nr. 1, S. 26–28.
Beier, Lars-Olav u. Hilmar Schmundt: Der vertikale Western. In: Der Spiegel. 2007, Nr. 49, S. 212–215.
Bönisch, Georg: Ins rechte Licht gerückt. In: Der Spiegel. 2006, Nr. 37, S. 188 f.
Broder, Henryk M.: Lieber Täter als Opfer. In: Der Spiegel. 2003, Nr. 46, S. 36 f.
Bronfen, Elisabeth: Die zerkratzte Schallplatte. In: Die Zeit. o. D., o. S.
Bronfen, Elisabeth: Triumph der Verführung. In: Die Zeit. 19.10.2000, Nr. 43, o. S.
Dieckmann, Christoph: Olympia-Spezial II: Die Spiele 1936 und der Nationalsozialismus. Eine Ausstellung in Berlin. In: Die Zeit. 19.6.1996, o. Nr., o. S.
Diven im Doppelpack. In: Der Spiegel. 2011, Nr. 45, S. 123.
Ertel, Manfred: Die Gladiatoren des Diktators. In: Der Spiegel. 2008, Nr. 1, S. 126–128.
Falksohn, Rüdiger u. a.: Olympia in Ketten. In: Der Spiegel. 2008, Nr. 15, S. 111–120.
Festenberg, Nikolaus u. Martin Wolf: Helden, bitte melden! In: Der Spiegel. 2003, Nr. 49, S. 166–168.
Gestorben. In: Der Spiegel. 2003, Nr. 38, S. 178.
Halmburger, Oliver: Hitlers nützliche Idole. Leni Riefenstahl – Die Regisseurin, Künstlerin und Opportunistin. [Film] Deutschland 2007.
Hart wie Riefenstahl. In: Focus. 2002, Nr. 34, o. S.
Hitlers Regisseurin. Riefenstahls Leben wird verfilmt. Focus. 2008, o. Nr., o. S.
Hornig, Frank: Muskeln brauche ich nicht. In: Der Spiegel. 2005, Nr. 41, S. 159 f.
Jessen, Jens: Triumph des Willens über das Gewissen. In: Die Zeit. 11.9.2003, Nr. 38, o. S.
Kloft, Michael: Der blaue Beton. In: Der Spiegel. 2002, Nr. 4, S. 34 f.
Knöfel, Ulrike: Geschrumpfte Germanen. In: Der Spiegel. 2006, Nr. 20, S. 128–131.

Knöfel, Ulrike u. Martin Wolf: Wo es nur geht, stehlen wir. In: Der Spiegel. 2001, Nr. 48, S. 180–185.
Leni Riefenstahl. In: Der Spiegel. 2001, Nr. 35, S. 213.
Martin, Uli: Riefenstahl-Film im Olympiastadion. In: Focus. 2010, Nr. 7, o. S.
Matussek, Matthias: Nazi-Fritz und Friedens-Jürgen. Wie Briten die Deutschen sehen. In: Der Spiegel. 2005, Nr. 4, S. 54–56.
„Meine Bilder sind Fremdkörper". In: Der Spiegel. 2007, Nr. 44, S. 210–213.
Meine Jahre mit Kracht. In: Der Spiegel. 2012, Nr. 9, S. 124–128.
Messner ohne Seilschaft. In: Der Spiegel. 2003, Nr. 32, S. 17.
Müller, Ray: Der Besuch der alten Dame. In: Stern. 2000, H. 14, S. 62–70.
Müller, Ray: Die Macht der Bilder. 2 Teile. [Film] Deutschland 1993.
Nazikulturfregatte. In: Die Zeit. 5.9.2002, Nr. 37, o. S.
Nicodemus, Katja: Eisenstahl und Riefenstein. In: Die Zeit. [2002], o. Nr., o. S.
Oehmke, Philipp u. Wolf Martin: Meine eigene Welt. In: Der Spiegel. 2009, Nr. 32, S. 120 f.
Pauli, Harald: „Ich bin nicht panisch. Noch nicht." In: Focus. 2011, Nr. 42, S. 112 ff.
Reif für Riefenstahl. In: Der Spiegel. 1995, Nr. 42, S. 256.
Reuter, Wolfgang: Ein Schicksal in 100 deutschen Jahren. In: Focus. 2003, Nr. 38, o. S.
Ruppert, Wolfgang: In Stein gehauener Rassenwahn. In: Die Zeit. 17.9.1993, Nr. 38, o. S.
Sager, Peter: Jenseits von Afrika. In: Die Zeit. 10.3.1995, Nr. 11, o. S.
Seeßlen, Georg: Globalisierte Körper. In: Der Spiegel. 2008, Nr. 43, S. 74–76.
Schlueter, Christian: Zwei Diven, blond wie Stahl. Thea Dorns „Marleni" im Hamburger Schauspielhaus. In: Die Zeit. 20.1.2000, Nr. 4, o. S.
Schmitter, Elke: Triumph des Widerwillens. In: Der Spiegel. 2002, Nr. 34, S. 157 f.
Schreiber, Mathias u. Susanne Weingarten: Realität interessiert mich nicht. In: Der Spiegel. 1997, Nr. 34, S. 202–205.

Schwarzer, Alice: Leni Riefenstahl: Auf dem Gipfel. In: Emma 2002, Nr. 5, S. 18 f.
Schwarzer, Alice: Leni Riefenstahl: Propagandistin oder Künstlerin? In: Emma. Januar/Februar 1999, S. 32–47.
Stehle, Hans Jakob: Hitler Forschung I. Der flammende Blick. In: Focus. 2001, Nr. 2, o. S.
Stumme Heroine. In: Der Spiegel. 2002, Nr. 4, S. 151.
Supp, Barbara: Das Jahrhundert der Befreiung. Die Emanzipation der Frau. In: Der Spiegel. 1999, Nr. 9, S. 129–142.
Thea Dorn. In: kulturSpiegel. 2000, Nr. 1, S. 30.
Thielke, Thilo: Wie in der Steinzeit. In: Der Spiegel. 2002, Nr. 38, o. S.
Triumph des Bildes. In: Der Spiegel. 1998, Nr. 49, S. 251.
Trübe Lichtgestalt. In: Der Spiegel. 1998, Nr. 44, S. 304.
Umbach, Klaus: Schaf im Wolfspelz. In: Der Spiegel. 1996, Nr. 45, S. 288–291.
Wolf, Martin: Hollywood, made in China. In: Der Spiegel. 2012, Nr. 6, S. 107 f.
Wolf, Martin: Prinzenrolle mit Edelrost. In: Der Spiegel. 2003, Nr. 27, S. 146 f.
Zeitlese. Veredelt. In: Die Zeit. 18.9.1992, Nr. 39, o. S.

Annemarie Schwarzenbach

Behrendt, Meike: Photographiertes Schreiben. In: Die Zeit. 22.3.1991, Nr. 13, o. S.
Beyer, Susanne: Du bist am Ende. Kehre um. Annemarie Schwarzenbachs Werk in der Gesamtausgabe von Stefan Berkholz. In: Die Zeit. 20.5.2008, Nr. 16, o. S.
Beyer, Susanne: Hundert Jahre Weiblichkeit. In: Der Spiegel. 2008, Nr. 16, S. 174–176.
Frauen fahren Ford. In: Die Zeit. 30.10.1992, Nr. 45, o. S.
Leißner, Hella: Eine Frau zieht durch die Welt. In: Die Zeit. 28.1.1994, o. S.
Obermüller, Klara: Die Legende Schwarzenbach. In: Emma. 2005, Nr. 6, o. S.
Radke-Gerlach, Tina: Grenzgängerinnen. In: Emma. 2000, o. Nr., o. S.

Reichart, Manuela: Das Geheimnis des eingefangenen Augenblicks. In: Die Zeit. 17.11.1989, NR. 47, o. S.
Schmitt, Cosima: Ganz weit weg. In: Die Zeit. 24.9.2010, Nr. 37, o. S.
Schwarzenbach, Alexis: Dieses bittere Jungsein. In: Die Zeit. 22.5.2008, Nr. 21, o. S.
Titelgeschichte: Annemarie Schwarzenbach. In: Emma. 2008, o. Nr., o. S.

Clärenore Stinnes

Adler Standard 6 trug Mühlheims Autopionierin rund um die Welt. In: WAZ. 1996, Nr. 307, o. S. (SAM: 1440/90.00).
Eine Frau, moderner als ihre Zeit. In: Neue Ruhr Zeitung. 13.10.2001, Nr. 239, o. S. (SAM: 1440/90.00).
Hetzer, Heidi: Autos sind nicht nur Männersache. In: Die Welt. 29.01.2009, o. S.
Kreitling, Holger: Sie umrundete als erster Mensch per Auto die Welt. In: Die Welt. 20.08.2009, o. S.
Vor 80 Jahren um die Welt. In: Die Welt. 03.03.2007, o. S.

Biografien

Collignong, Ilse: „Liebe Leni". Eine Riefenstahl erinnert sich. München: Langen Müller 2003.
Georgiadou, Areti: „Das Leben zerfetzt sich mir in tausend Stücke". Annemarie Schwarzenbach. Eine Biographie. Frankfurt/New York: Campus 1995.
Kinkel, Lutz: Die Scheinwerferin. Leni Riefenstahl und das „Dritte Reich". Hamburg/Wien: Europa Verlag 2002.
Lavizzari, Alexandra: Fast eine Liebe. Annemarie Schwarzenbach und Carson McCullers. Berlin: edition ebersbach 2008.
Leis, Mario: Leni Riefenstahl. Reinbek bei Hamburg: Rowohlt Taschenbuch 2009 (= rowohlts monographien 50682).
Linsmayer, Charles: Annemarie Schwarzenbach. Ein Kapitel tragische Schweizer Literaturgeschichte. Frauenfeld/Stuttgart/Wien: Huber 2008.
Medicus, Thomas: Melitta von Stauffenberg. Ein deutsches Leben. 2. Aufl. Berlin: Rowohlt Berlin Verlag 2012.

Pfister, Gertrud: Marga von Etzdorf – der Flug ist das Leben wert. In: Dies.: Fliegen – ihr Leben. Die ersten Pilotinnen. Berlin: Orlanda Frauenverlag 1989, S. 156–163.

Probst, Ernst: Marga von Etzdorf. Die tragische deutsche Fliegerin. München: GRIN 2010.

Rother, Rainer: Leni Riefenstahl. Die Verführung des Talents. München: Wilhelm Heyne Verlag 2002 (= Heyne Sachbuch 19/812).

Schwarzenbach, Alexis: Auf der Schwelle des Fremden. Das Leben der Annemarie Schwarzenbach. Überarb. Ausg. München: Collection Rolf Heyne 2001.

Sigmund, Anna Maria: Hanna Reitsch. In: Dies.: Die Frauen der Nazis II. Wien: Ueberreuter 2000, S. 127–159.

Sigmund, Anna Maria: Leni Riefenstahl. In: Dies.: Die Frauen der Nazis. Wien: Ueberreuter 1998, S. 99–117.

Taschen, Angelika: Leni Riefenstahl. Fünf Leben. Köln u. a.: Taschen 2000.

Trimborn, Jürgen: Riefenstahl. Eine deutsche Karriere. Berlin: Aufbau 2002.

Wieland, Karin: Dietrich & Riefenstahl. Der Traum von der neuen Frau. München: Hanser 2011.

Winter, Michael: PferdeStärken. Die Lebensliebe der Clärenore Stinnes. Hamburg: Hoffmann und Campe 2001.

Fiktionale Inszenierung

Dorn, Thea: Marleni. Preußische Diven blond wie Stahl. Frankfurt a. M.: Verlag der Autoren 2000.

Dubini, Fosco u. Donatello: Die Reise nach Kafiristan. Deutschland: Dubini Filmproduktion 2001.

Lipki, Edgar: Massai Hitler. WDR 2005.

Hartmann, Christine: Elly Beinhorn – Alleinflug. Deutschland: UFA 2014.

Hirschbiegel, Oliver: Der Untergang. Deutschland: Constantin Film 2004.

von Moeller, Erica: Fräulein Stinnes fährt um die Welt. Deutschland: taglicht media/WDR 2008. Realfiction 2010.

Thurn, Hansjörg: Beate Uhse – Das Recht auf Liebe. ZDF 2011.

Timm, Uwe: Halbschatten. München: dtv 2008.

Sekundärliteratur

Aichinger, Ingrid: Probleme der Autobiographie als Sprachkunstwerk. In: Günter Niggl (Hg.): Die Autobiographie. Zu Form und Geschichte einer literarischen Gattung. 2. Aufl. Darmstadt: Wissenschaftliche Buchgesellschaft 1998, S. 170–199.

Alfermann, Dorothee: Geschlechterrollen und geschlechtstypisches Verhalten. Stuttgart/Berlin/Köln: W. Kohlhammer 1996.

Allison, Scott T. u. George R. Goethals: Heroes. What They Do & Why We Need Them. New York: Oxford University Press 2011.

Alt, Peter-André: Mode ohne Methode? Überlegungen zu einer Theorie der literaturwissenschaftlichen Biographik. In: Christian Klein (Hg.): Grundlagen der Biographik. Theorie und Praxis des biographischen Schreibens. Stuttgart/Weimar: Metzler 2002, S. 23–39.

Anselm, Sigrun: Emanzipation und Tradition in den 20er Jahren. In: Dies. u. Barbara Beck (Hg.): Triumph und Scheitern in der Metropole. Zur Rolle der Weiblichkeit in der Geschichte Berlins. Berlin: Dietrich Reimer Verlag 1987, S. 253–274.

Assmann, Aleida u. Jan: Das Gestern im Heute. Medien und soziales Gedächtnis. In: Klaus Merten, Siegfried J. Schmidt u. Siegfried Weischenberg (Hg.): Die Wirklichkeit der Medien. Eine Einführung in die Kommunikationswissenschaft. Opladen: Westdeutscher Verlag 1994, S. 114–140.

Assmann, Aleida: Erinnerungsräume. Formen und Wandlungen des kulturellen Gedächtnisses. 5. Aufl. München: C. H. Beck 2010.

Assmann, Aleida: Kultur als Lebenswelt und Monument. In: Dies. u. Dietrich Harth (Hg.): Kultur als Lebenswelt und Monument. Frankfurt a. M.: Fischer Taschenbuch 1991, S. 11–25.

Assmann, Jan: Das kulturelle Gedächtnis. Schrift, Erinnerung und politische Identität in frühen Hochkulturen. 6. Aufl. München: C. H. Beck 2007.

Assmann, Jan: Kollektives Gedächtnis und kulturelle Identität. In: Ders. u. Tonio Hölscher (Hg.): Kultur und Gedächtnis. Frankfurt a. M.: Suhrkamp 1988, S. 9–19.

Aulenbacher, Brigitte: Technologieentwicklung und Geschlechterverhältnis. In: Dies. u. Monika Goldmann (Hg.): Transformationen im

Geschlechterverhältnis. Beiträge zur industriellen und gesellschaftlichen Entwicklung. Frankfurt/New York: Campus 1993, S. 17–46.

Aumüller, Matthias: Poetizität/Literarizität. In: Chistian Klein (Hg.): Handbuch Biographie. Methoden, Traditionen, Theorien. Stuttgart/Weimar: Metzler 2009, S. 28–31.

Barndt, Kerstin: Sentiment und Sachlichkeit. Der Roman der Neuen Frau in der Weimarer Republik. Köln: Böhlau 2003 (= Literatur – Kultur – Geschlecht 19).

Barthes, Roland: Mythen des Alltags. Vollständige Ausgabe. Aus dem Französischen von Horst Brühmann. Berlin: Suhrkamp 2010.

Bauer, Kurt: Nationalsozialismus. Ursprünge, Anfänge, Aufstieg und Fall. Wien/Köln/Weimar: Böhlau 2008.

Becker, Sabina: Neue Sachlichkeit. Bd. 1: Die Ästhetik der neusachlichen Literatur (1920–1933). Köln/Weimar/Wien: Böhlau 2000.

Berghaus, Margot: Luhmann leicht gemacht. Eine Einführung in die Systemtheorie. 3., überarb. u. erg. Aufl. Köln/Weimar/Wien: Böhlau 2011 (= UTB 2360).

Bertschik, Julia: Mode und Moderne. Kleidung als Spiegel des Zeitgeistes in der deutschsprachigen Literatur (1770–1945). Köln/Weimar/Wien: Böhlau Verlag 2005.

Bilden, Helga: Geschlechtsspezifische Sozialisation. In: Klaus Hurrelmann u. Dieter Ulich (Hg.): Neues Handbuch der Sozialisationsforschung. 4., völlig neu bearb. Aufl. Weinheim/Basel: Beltz 1991, S. 279–301.

Blöbaum, Bernd: Journalismus als soziales System. Geschichte, Ausdifferenzierung und Verselbständigung. Opladen: Westdeutscher Verlag 1994.

Blumer, Herbert: Der methodologische Standort des symbolischen Interaktionismus. In: Alltagswissen, Interaktion und gesellschaftliche Wirklichkeit. Bd. 1. Symbolischer Interaktionismus und Ethnomethodologie. Hg., verfaßt u. übersetzt von einer Arbeitsgruppe Bielefelder Soziologen. Reinbek bei Hamburg: Rowohlt 1973, S. 80–146.

Blunck, Lars: Fotografische Wirklichkeiten. In: Ders. (Hg.): Die fotografische Wirklichkeit. Inszenierung – Fiktion – Narration. Bielefeld: transcript 2010, S. 9–36.

Bock, Gisela: Frauen und ihre Arbeit im Nationalsozialismus. In: Annette Kuhn u. Gerhard Schneider (Hg.): Frauen in der Geschichte. Frauenrechte und die gesellschaftliche Arbeit der Frauen im Wandel. Fachwissenschaftliche und fachdidaktische Studien zur Geschichte der Frauen. Düsseldorf: Pädagogischer Verlag Schwann 1979 (= Geschichtsdidaktik. Studien. Materialien 6), S. 113–149.

Bock, Gisela: Ganz normale Frauen. Täter, Opfer, Mitläufer und Zuschauer im Nationalsozialismus. In: Kirsten Heinsohn, Barbara Vogel u. Ulrike Weckel (Hg.): Zwischen Karriere und Verfolgung. Handlungsräume von Frauen im nationalsozialistischen Deutschland. Frankfurt a. M./New York: Campus 1997 (= Geschichte und Geschlechter 20), S. 245–277.

Bock, Petra: Zwischen den Zeiten – Neue Frauen und die Weimarer Republik. In: Dies. (Hg.): Neue Frauen zwischen den Zeiten. Ein studentisches Projekt an der FU Berlin in Zusammenarbeit mit der Gedenkstätte Deutscher Widerstand. Berlin: Hentrich 1995, S. 14–37.

Breckner, Roswitha: Sozialtheorie des Bildes. Zur interpretativen Analyse von Bildern und Fotografien. Bielefeld: transcript 2010.

Brenner, Hildegard: Die Kunstpolitik des Nationalsozialismus. Reinbek bei Hamburg: Rowohlt 1963.

Brenner, Peter J.: Der Mythos des Reisens. Idee und Wirklichkeit der europäischen Reisekultur in der Frühen Neuzeit. In: Michael Maurer (Hg.): Neue Impulse der Reiseforschung. Berlin: Akademie Verlag 1999 (= Beiträge zum 18. Jahrhundert), S. 13–61.

Brenner, Peter J.: Reisebericht. In: Walther Killy (Hg.): Volker Meid (Hg.): Literaturlexikon. Bd. 14: Begriffe, Realien, Methoden. Les – Z. München: Bertelsmann Lexikon Verlag 1993, S. 281–287.

Brenner, Peter J.: Schwierige Reisen. Wandlungen des Reiseberichts in Deutschland 1918–1945. In: Ders. (Hg.): Reisekultur in Deutschland: Von der Weimarer Republik zum ‚Dritten Reich'. Tübingen: Niemeyer 1997, S. 127–176.

Bruss, Elizabeth W.: Die Autobiographie als literarischer Akt. In: Günter Niggl (Hg.): Die Autobiographie. Zu Form und Geschichte einer literarischen Gattung. 2. Aufl. Darmstadt: Wissenschaftliche Buchgesellschaft 1998, S. 258–279.

Burdorf, Dieter, Christoph Fasbender u. Burkhard Moennighoff (Hg.): Metzler Lexikon Literatur. Begriffe und Definitionen. 3., völlig neu bearb. Aufl. Stuttgar/Weimar: Metzler 2007.

Burkhard, Roland: Kommunikationswissenschaft. Grundlagen und Problemfelder. Umrisse einer interdisziplinären Sozialwissenschaft. 4., überarb. u. erw. Aufl. Wien/Köln/Weimar: Böhlau 2002 (= UTB 2259).

Büttner, Frank u. Andrea Gottdang: Einführung in die Ikonographie. Wege zur Deutung von Bildinhalten. 2. Aufl. München: C. H. Beck 2009.

Campbell, Joseph: Der Heros in tausend Gestalten. Aus dem Amerikanischen von Karl Koehne. Berlin: Insel 2011.

Campbell, Joseph: Die Kraft der Mythen. Bilder der Seele im Leben des Menschen. In Zusammenarbeit mit Bill Moyers. Aus dem Amerikanischen übertragen von Hans-Ulrich Möhring. München/Zürich: Artemis Verlag 1989.

Campbell, Joseph: Lebendiger Mythos. Aus dem Englischen übersetzt von Johannes Wilhelm. München: Dianus-Trikont Buchverlag 1985.

Campbell, Joseph: The Power of Myth. With Bill Moyers. The Seminal PBS Series on World Mythology. Apostrophe S Productions, Inc., and Public Affairs Television, Inc. 1988. Acorn Media 2010.

Cockburn, Cynthia: Die Herrschaftsmaschine. Geschlechterverhältnisse und technisches Know-how. Berlin/Hamburg: Argument-Verlag 1988.

Dawkins, Richard: The Selfish Gene. New edition. Oxford/New York: Oxford University Press 1989.

Decock, Sofie: Papierfähnchen auf einer imaginären Weltkarte. Mythische Topo- und Tempografien in den Asien- und Afrikaschriften Annemarie Schwarzenbachs. Bielefeld: Aisthesis Verlag 2010.

Decock, Sofie u. Uta Schaffers: Reise-Schreiben im Fortgang der Moderne. Annemarie Schwarzenbachs Orient- und Afrikaschriften. In: Simon Huber u. a. (Hg.): Das riskante Projekt. Die Moderne und ihre Bewältigung. Bielefeld: Aisthesis 2011, S. 187–211.

Deilmann, Astrid: Nationale Orientierung und Möglichkeitssinn. Technik- und Wissenschaftsfotografie in Illustrierten am Beispiel der Luftfahrt in *Berliner Illustrirter Zeitung* und *Kölnischer Illustrierter Zei-*

tung 1919–1932. In: Diethart Kerbs u. Walter Uka (Hg.): Fotografie und Bildpublizistik in der Weimarer Republik. Bönen: Kettler 2004, S. 97–111.

Delabar, Walter: Klassische Moderne. Deutschsprachige Literatur 1918–33. Berlin: Akademie Verlag 2010.

Demps, Laurenz: Der Invalidenfriedhof. Denkmal preussisch-deutscher Geschichte in Berlin. Berlin: Brandenburgisches Verlagshaus 1996.

Doelker, Christian: Ein Bild ist mehr als ein Bild. Visuelle Kompetenz in der Multimedia-Gesellschaft. Stuttgart: Klett-Cotta 1997.

Eckes, Thomas: Geschlechterstereotype: Von Rollen, Identitäten und Vorurteilen. In: Ruth Becker u. Beate Kortendiek (Hg.): Handbuch Frauen- und Geschlechterforschung. Theorie, Methoden, Empirie. 3., erw. u. durchges. Aufl. Wiesbaden: VS Verlag für Sozialwissenschaften 2010 (= Geschlecht & Gesellschaft 35), S. 178–189.

Eifert, Christiane: Die neue Frau. Bewegung und Alltag. In: Manfred Görtemaker (Hg.): Weimar in Berlin. Berlin: be.bra 2002, S. 82–103.

Ellwood, Robert: The Politics of Myth. A Study of C. G. Jung, Mircea Eliade, and Joseph Campbell. New York: State University of New York 1999.

Emmerich, Wolfgang u. Carl Wege: Einleitung. In: Dies. (Hg.): Der Technikdiskurs in der Hitler-Stalin-Ära. Stuttgart/Weimar: Metzler 1995, S. 1–14.

Engelberg, Ernst u. Hans Schleier: Zu Geschichte und Theorie der historischen Biographie. Theorieverständnis – Biographische Totalität – Darstellungstypen und -formen. In: Zeitschrift für Geschichtswissenschaft. 38 (1990), H. 1, S. 195–217.

Erll, Astrid: Biographie und Gedächtnis. In: Christian Klein (Hg.): Handbuch Biographie. Methoden, Traditionen, Theorien. Stuttgart/Weimar: Metzler 2009, S. 79–86.

Erll, Astrid: Erinnerungshistorische Literaturwissenschaft: Was ist ... und zu welchem Ende ...? In: Ansgar Nünning u. Roy Sommer (Hg.): Kulturwissenschaftliche Literaturwissenschaft. Disziplinäre Ansätze – Theoretische Positionen – Transdiziplinäre Perspektiven. Tübingen: Narr 2004, S. 115–128.

Erll, Astrid: Kollektives Gedächtnis und Erinnerungskulturen. Eine Einführung. 2., aktualis. u. erw. Aufl. Stuttgart/Weimar: Metzler 2011.

Esposito, Elena: Soziales Vergessen. Formen und Medien des Gedächtnisses der Gesellschaft. Aus dem Italienischen von Alessandra Corti. Mit einem Nachwort von Jan Assmann. Frankfurt a. M.: Suhrkamp 2002 (= suhrkamp taschenbuch wissenschaft 1557).

Faulstich, Werner: Die Mediengeschichte des 20. Jahrhunderts. München: Wilhelm Fink 2012.

Faulstich, Werner: Einführung: „Ein Leben auf dem Vulkan". In: Ders. (Hg.): Die Kultur der zwanziger Jahre. München: Wilhelm Fink 2008 (= Kulturgeschichte des zwanzigsten Jahrhunderts), S. 7–20.

Fetz, Bernhard: Biographisches Erzählen zwischen Wahrheit und Lüge, Inszenierung und Authentizität. In: Christian Klein (Hg.): Handbuch Biographie. Methoden, Traditionen, Theorien. Stuttgart/Weimar: Metzler 2009, S. 54–60.

Fleischmann, Ute: „Unser Leben gleicht der Reise". Die Schweizer Schriftstellerin Annemarie Schwarzenbach (1908–1942) im Spiegel ihrer Briefe an Erika und Klaus Mann 1930–1942. Oldenburg: Bibliotheks- und Informationssystem der Universität Oldenburg 1993 (= Bibliotheksgesellschaft Oldenburg. Vorträge – Reden – Berichte 10).

Flemming, Jens: „Neue Frau"? Bilder, Projektionen, Realitäten. In: Werner Faulstich (Hg.): Die Kultur der zwanziger Jahre. München: Wilhelm Fink 2008 (= Kulturgeschichte des zwanzigsten Jahrhunderts), S. 55–70.

Frauengruppe Faschismusforschung: Mutterkreuz und Arbeitsbuch. Zur Geschichte der Frauen in der Weimarer Republik und im Nationalsozialismus. Frankfurt a. M.: Fischer 1981.

Freund, Gisèle: Photographie und Gesellschaft. Reinbek bei Hamburg: Rowohlt 1979.

Frevert, Ute: Frauen-Geschichte. Zwischen Bürgerlicher Verbesserung und Neuer Weiblichkeit. Frankfurt a. M.: Suhrkamp 1986 (= es 284).

Frevert, Ute: Kunstseidener Glanz. Weibliche Angestellte. In: Kristine von Soden u. Maruta Schmidt (Hg.): Neue Frauen. Die zwanziger Jahre. BilderLeseBuch. Berlin: Elefanten Press 1988, S. 25–30.

Frevert, Ute: Vom Klavier zur Schreibmaschine – Weiblicher Arbeitsmarkt und Rollenzuweisungen am Beispiel der weiblichen Angestellten in der Weimarer Republik. In: Annette Kuhn u. Gerhard Schneider (Hg.): Frauen in der Geschichte. Frauenrechte und die gesellschaftliche Arbeit der Frauen im Wandel. Fachwissenschaftliche und fachdidaktische Studien zur Geschichte der Frauen. Düsseldorf: Pädagogischer Verlag Schwann 1979 (= Geschichtsdidaktik. Studien. Materialien 6), S. 82–109.

Gay, Peter: Die Republik der Außenseiter. Geist und Kultur in der Weimarer Zeit: 1918–1933. Aus dem Amerikanischen übersetzt v. Helmut Lindemann. Frankfurt a. M.: S. Fischer 1970.

Georgen, Jeanpaul: Im Schatten von Reiniger und Riefenstahl. Filmwege von Frauen im deutschen Animations-, Dokumentar- und Kulturfilm bis 1945. In: Bundesarchiv-Filmarchiv Berlin (Hg.): Frauen – Film – Frauen. Deutsche Dokumentar-, Animations- und Kulturfilme bis 1954. Retrospektive des Bundesarchivs-Filmarchivs während des 45. Internationalen Leipziger Festivals für Dokumentar- und Animationsfilm. Berlin: o. V. 2002, S. 5–18.

Glasenapp, Jörn (Hg.): Riefenstahl revisited. München: Fink 2009.

Gombrich, Ernst H.: Aby Warburg. Eine intellektuelle Biografie. Aus dem Englischen von Matthias Fienbork. Hamburg: Europäische Verlagsanstalt 1992 (= Europäische Bibliothek 12).

Grittmann, Elke: Fotojournalismus und Ikonographie. Zur Inhaltsanalyse von Pressefotos. In: Werner Wirth u. Edmund Lauf (Hg.): Inhaltsanalyse: Perspektiven, Probleme, Potentiale. Köln: Herbert von Halem 2001, S. 262–279.

Grossmann, Atina: *Girlkultur* or Thoroughly Rationalized Female. A New Woman in Weimar Germany? In: Judith Friedlander (Hg.): Women in Culture and Politics. Bloomington: Indiana University Press 1986, S. 62–80.

Gründel, E. Günther: Die Sendung der Jungen Generation. Versuch einer umfassenden revolutionären Sinndeutung der Krise. München: E. H. Beck'sche Verlagsbuchhandlung 1932.

Gudehus, Christian, Ariane Eichenberg u. Harald Welzer (Hg.): Gedächtnis und Erinnerung. Ein interdisziplinäres Handbuch. Stuttgart/Weimar: Metzler 2010.

Gundler, Bettina: Geschlechterverhältnisse in der Luftfahrt bis zum Zweiten Weltkrieg. In: Christoph Meinel u. Monika Renneberg (Hg.): Geschlechterverhältnisse in Medizin, Naturwissenschaft und

Technik. Bassum/Stuttgart: Verlag für Geschichte der Naturwissenschaft und der Technik 1996, S. 245–252.

Güssow, Ingeborg: Kunst und Technik in den 20er Jahren. Einführung. In: Helmut Friedel (Hg.): Kunst und Technik in den 20er Jahren. Neue Sachlichkeit und Gegenständlicher Konstruktivismus. 2. Juli–10. August 1980. München: Städtische Galerie im Lenbachhaus 1980, S. 30–45.

Hake, Sabine: In the Mirror of Fashion. In: Katharina von Ankum (Hg.): Women in the Metropolis. Gender and Modernity in Weimar Culture. Berkeley/Los Angeles/London: University of California Press 1997, S. 185–201.

Halbwachs, Maurice: Das Gedächtnis und seine sozialen Bedingungen. Übersetzt von Lutz Geldsetzer. Frankfurt a. M.: Suhrkamp 1985 (= suhrkamp taschenbuch wissenschaft 538).

Halbwachs, Maurice: Das kollektive Gedächtnis. Stuttgart: Ferdinand Enke 1967.

Heintz, Bettina: Geschlecht als (Un-)Ordnungsprinzip. Entwicklungen und Perspektiven der Geschlechtersoziologie. In: Dies. (Hg.): Geschlechtersoziologie. Wiesbaden: Westdeutscher Verlag 2001 (= Kölner Zeitschrift für Soziologie und Sozialpsychologie. Sonderhefte), S. 9–29.

Heinzelmann, Herbert: Die Heilige Messe des Reichsparteitags. Zur Zeichensprache von Leni Riefenstahls „Triumph des Willens". In: Bernd Ogan u. Wolfgang W. Weiß (Hg.): Faszination und Gewalt. Zur politischen Ästhetik des Nationalsozialismus. Nürnberg: W. Tümmels 1992, S. 163–168.

Herf, Jeffrey: Der nationalsozialistische Technikdiskurs: Die deutschen Eigenheiten des reaktionären Modernismus. In: Wolfgang Emmerich u. Carl Wege (Hg.): Der Technikdiskurs in der Hitler-Stalin-Ära. Stuttgart/Weimar: Metzler 1995, S. 72–93.

Herf, Jeffrey: Reactionary modernism. Technology, culture, and politics in Weimar and the Third Reich. Cambridge u. a.: Cambridge University Press 1984.

Hermand, Jost: Stile, Ismen, Etiketten. Zur Periodisierung der modernen Kunst. Wiesbaden: Akademische Verlagsgesellschaft Athenaion 1978 (= Athenaion Literaturwissenschaft 10).

Hermand, Jost u. Frank Trommler: Die Kultur der Weimarer Republik. München: Nymphenburger Verlagsbuchhandlung 1978.

Hertling, Anke: Eroberung der Männerdomäne Automobil. Die Selbstfahrerinnen Ruth Landshoff-Yorck, Erika Mann und Annemarie Schwarzenbach. Bielefeld: Aisthesis 2013.

Holdenried, Michaela: Autobiographie. Stuttgart: Reclam 2000.

Holdenried, Michaela: Biographie vs. Autobiographie. In: Christian Klein (Hg.): Handbuch Biographie. Methoden, Traditionen, Theorien. Stuttgart/Weimar: Metzler 2009, S. 37–43.

Holl, Mirjam-Kerstin: Semantik und soziales Gedächtnis. Die Systemtheorie Niklas Luhmanns und die Gedächtnistheorie von Aleida und Jan Assmann. Würzburg: Königshausen & Neumann 2003 (= Epistemata. Würzburger wissenschaftliche Schriften. Reihe Literaturwissenschaft 433).

Holl, Mirjam-Kerstin: Systemtheorie, Gedächtnis und Literatur. In: Astrid Erll u. Ansgar Nünning (Hg.): Gedächtniskonzepte in der Literaturwissenschaft. Theoretische Grundlegung und Anwendungsperspektiven. Berlin/New York: de Gruyter 2005 (= Media and Cultural Memory/Medien und kulturelle Erinnerung 2), S. 97–122.

Holtz-Bacha, Christina: Falsche (Vor)Bilder? Frauen und Männer in der Werbung. In: Dies. (Hg.): Stereotype? Frauen und Männer in der Werbung. 2., aktualis. u. erw. Aufl. Wiesbaden: VS Verlag für Sozialwissenschaften 2011, S. 9–24.

Huber, Simon: „Luftfahrt ist not!" Fliegen als Schule der Moderne bei Ernst Jünger, Heinrich Hauser, Hans Bertram und Marga von Etzdorf. In: Ders., Behrang Samsami, Ines Schuber u. Walter Delabar (Hg.): Das riskante Projekt. Die Moderne und ihre Bewältigung. Bielefeld: Aisthesis 2001 (= Moderne-Studien 8), S. 117–130.

Huisstede, Peter van: Der Mnemosyne-Atlas. Ein Laboratorium der Bildgeschichte. In: Robert Galitz u. Brita Reimers (Hg.): Aby M. Warburg. „Ekstatische Nymphe ... trauernder Flußgott". Porträt einer Gelehrten. Hamburg: Dölling und Galitz 1995 (= Schriftenreihe der Hamburgischen Kulturstiftung 2), S. 130–171.

Jäger, Ludwig: Gedächtnis als Verfahren – zur transkriptiven Logik der Erinnerung. In: Stephanie Wodianka u. Dietmar Rieger (Hg.): Mythosaktualisierungen. Tradierungs- und Generierungspotentiale einer alten Erinnerungsform. Berlin/New York: de Gruyter 2006 (= Medien und kulturelle Erinnerung 4), S. 57–79.

Jung, Carl Gustav: Über die Archetypen des kollektiven Unbewussten. In: Ders.: Bewusstes und Unbewusstes. Beiträge zur Psychologie. Frankfurt a. M.: Fischer 1957, S. 11–53.

Kaes, Anton: Film in der Weimarer Republik. Motor der Moderne. In: Wolfgang Jacobsen, Anton Kaes u. Hans Helmut Prinzler (Hg.): Geschichte des deutschen Films. 2., aktualis. u. erw. Aufl. Stuttgart/Weimar: Metzler 2004, S. 39–98.

Kannsteiner, Wulf: Wonderful, Horrible Lies: Riefenstahl Memory and Riefenstahl History in Germany. In: Neil Christian Pages, Mary Rhiel u. Ingeborg Majer-O'Sickey (Hg.): Riefenstahl Screened. An Anthology of New Criticism. New York/London: continuum 2008, S. 98–129.

Kaufmann, Brigitta: Nachwort. In: Ella Maillart: Der bittere Weg. Mit Annemarie Schwarzenbach unterwegs nach Afghanistan. Aus dem Englischen von Carl Bach. Basel: Lenos 2003, S. 253–273.

Kessemeier, Gesa: Sportlich, sachlich, männlich. Das Bild der ‚Neuen Frau' in den Zwanziger Jahren. Zur Konstruktion geschlechtsspezifischer Körperbilder in der Mode der Jahre 1920 bis 1929. Dortmund: edition ebersbach 2000.

Kilb, Andreas: Ein deutsches Requiem. Uwe Timms Roman *Halbschatten* (2008). In: Olaf Kutzmutz (Hg.): Uwe Timm – lauter Lesarten. Beiträge zur Poetik der Gegenwartsliteratur. Wolfenbüttel: Bundesakademie für kulturelle Bildung 2009 (= Wolfenbütteler Akademie-Texte 45), S. 70-79.

Kisch, Egon Erwin: Vorwort. In: Ders.: Der rasende Reporter. Berlin: Aufbau 1995 [Erstveröffentlichung 1925], S. 7 f.

Klein, Christian u. Matías Martínez: ‚Discours': Das ‚Wie' der Erzählung – Darstellungsformen. In: Ders. (Hg.): Handbuch Biographie. Methoden, Traditionen, Theorien. Stuttgart/Weimar: Metzler 2009, S. 213–219.

Kliewer, Annette: Zwischen dem „Aufbruch ins neue Zeitalter" und dem „Störfall". Technik in der Literatur von Frauen. In: Liesel Hermes, Andrea Hirschen u. Iris Meißner (Hg.): Gender und Interkulturalität. Ausgewählte Beiträge der 3. Fachtagung Frauen-/Gender-

Forschung in Rheinland-Pfalz. Tübingen: Stauffenberg 2002 (= Frauen-/Gender-Forschung in Rheinland-Pfalz 4), S. 49–58.

Kolb, Eberhard u. Dirk Schumann: Die Weimarer Republik. 8., überarb. u. erw. Aufl. München: Oldenburg 2013 (= Oldenburger Grundriss der Geschichte 16).

Kuball, Michael u. Clärenore Söderström (Hg.): Söderströms Photo-Tagebuch 1927–1929. Die erste Autofahrt einer Frau um die Welt. Frankfurt a. M.: S. Fischer 1981.

Leed, Eric J.: Die Erfahrung der Ferne. Reisen von Gilgamesch bis zum Tourismus unserer Tage. Aus dem Englischen von Hans-H. Harbort. Frankfurt/New York: Campus 1993.

Lehmann, Jürgen: Autobiographie. In: Reallexikon der deutschen Literaturwissenschaft. Neubearbeitung des Reallexikons der deutschen Literaturgeschichte. Hg. v. Klaus Weimar u. a. Band I: A–G. Berlin/New York: Walter de Gruyter 2007, S. 169–173.

Lehmann, Jürgen: Bekennen – Erzählen – Berichten. Studien zu Theorie und Geschichte der Autobiografie. Tübingen: Max Niemeyer 1988 (= Studien zur deutschen Literatur 98).

Lethen, Helmut: Der Habitus der Sachlichkeit in der Weimarer Republik. In: Rolf Grimminger (Hg.): Hansers Sozialgeschichte der deutschen Literatur vom 16. Jahrhundert bis zur Gegenwart. Bd. 8: Literatur der Weimarer Republik 1918–1933. Hg. von Bernhard Weyergraf. München: dtv 1995, S. 371–445.

Lethen, Helmut: Neue Sachlichkeit. In: Horst Albert Glaser (Hg.): Deutsche Literatur. Eine Sozialgeschichte. Bd. 9: Weimarer Republik – Drittes Reich: Avantgardismus, Parteilichkeit, Exil. Reinbek bei Hamburg: Rowohlt 1983, S. 168–179.

Link, Jürgen u. Ursula Link-Heer: Diskurs/Interdiskurs und Literaturanalyse. In: Zeitschrift für Literaturwissenschaft und Linguistik (1990), H. 77: Philologische Grundbegriffe, S. 88–99.

Lünenborg, Margreth: Journalismus als kultureller Prozess. Zur Bedeutung von Journalismus in der Mediengesellschaft. Ein Entwurf. Wiesbaden: VS Verlag für Sozialwissenschaften 2005.

Luhmann, Niklas: Die Realität der Massenmedien. 4. Aufl. Wiesbaden: VS Verlag für Sozialwissenschaften 2009.

Luhmann, Niklas: Sinn als Grundbegriff der Soziologie. In: Jürgen Habermas u. Niklas Luhmann (Hg.): Theorie der Gesellschaft oder Sozialtechnologie – Was leistet die Systemforschung? Frankfurt a. M.: Suhrkamp 1974, S. 25–100.
Luhmann, Niklas: Was ist Kommunikation? In: Fritz B. Simon (Hg.): Lebende Systeme. Wirklichkeitskonstruktionen in der systemischen Therapie. Frankfurt a. M.: Suhrkamp 1997, S. 19–31.
Marcinkowski, Frank: Publizistik als autopoietisches System. Politik und Massenmedien. Eine systemtheoretische Analyse. Opladen: Westdeutscher Verlag 1993.
Markwart Herzog u. Mario Leis: Das „Leni-Riefenstahl-Syndrom". Künstlerischer Eigensinn in politischem Kontext. In: Dies. (Hg.): Kunst und Ästhetik im Werk Leni Riefenstahls. München: edition text + kritik 2011, S. 9–22.
Matuschek, Stefan: Mythos. In: Dieter Burdorf u. a. (Hg.): Metzler Lexikon Literatur. Begriffe und Definitionen. 3., völlig neu bearb. Aufl. Stuttgart/Weimar: Metzler 2007, S. 524 f.
Mead, George Herbert: Geist, Identität und Gesellschaft aus der Sicht des Sozialbehaviorismus. Mit einer Einleitung hg. von Charles W. Morris. Frankfurt a. M.: Suhrkamp 1968.
Merki, Christoph Maria: Der holprige Siegeszug des Automobils 1895–1930. Zur Motorisierung des Straßenverkehrs in Frankreich, Deutschland und der Schweiz. Wien/Köln/Weimar: Böhlau 2002.
Meyer-Büser, Susanne: Bubikopf und Gretchenzopf. Die Frau der Zwanziger Jahre. Eine Ausstellung des Museums für Kunst und Gewerbe Hamburg vom 1. September bis 5. November 1995. Heidelberg: Braus 1995.
Michalski, Sergiusz: Neue Sachlichkeit. Malerei, Graphik und Photographie in Deutschland 1919–1933. Köln: Benedikt Taschen 1992.
Mitchell, W. J. T.: Was ist ein Bild? In: Volker Bohn (Hg.): Bildlichkeit. Aus dem Amerikanischen von Jürgen Blasius. Frankfurt a. M.: Suhrkamp 1999 (= es 1475), S. 17–68.
Möser, Kurt: Geschichte des Autos. Frankfurt a. M./New York: Campus 2002.

Mühlen Achs, Gitta: Frauenbilder: Konstruktion des *anderen* Geschlechts. In: Dies. u. Bernd Schorb (Hg.): Geschlecht und Medien. München: KoPäd 1995 (= Reihe Medienpädagogik 7), S. 13–37.

Mühlen Achs, Gitta: Wie Katz und Hund. Die Körpersprache der Geschlechter. München: Verlag Frauenoffensive 1993.

Müller, Marion G.: Grundlagen der visuellen Kommunikation. Konstanz: UVK Verlagsgesellschaft 2003 (= UTB 2414).

Mundt, Barbara (Hg.): Metropolen machen Mode. Haute Couture der 20er Jahre. Bestandskatalog von Mode der 20er Jahre im Kunstgewerbemuseum Berlin, Staatliche Museen Preußischer Kulturbesitz. 3., veränd. Aufl. Berlin: Reimer 1989.

Murdock, Maureen: The Heroine's Journey. Woman's Quest for Wholeness. Boston/London: Shambhala 1990.

Nadel, Ira Bruce: Biography. Fiction, Fact and Form. London/Basingstoke: Macmillan 1984.

Nestvogel, Renate: Sozialisationstheorien: Traditionslinien, Debatten und Perspektiven. In: Ruth Becker u. Beate Kortendiek (Hg.): Handbuch Frauen- und Geschlechterforschung. Theorie, Methoden, Empirie. 3., erw. u. durchges. Aufl. Wiesbaden: VS Verlag für Sozialwissenschaften 2010 (= Geschlecht & Gesellschaft 35), S. 166–177.

Neverla, Irene: Männerwelten – Frauenwelten. Wirklichkeitsmodelle, Geschlechterrollen, Chancenverteilung. In: Klaus Merten, Siegfried J. Schmidt u. Siegfried Weischenberg (Hg.): Die Wirklichkeit der Medien. Eine Einführung in die Kommunikationswissenschaft. Opladen: Westdeutscher Verlag 1994, S. 257–276.

Ní Dhúill, Caitríona: Intermediale Biographik (Bild und Biographie). Aus dem Englischen von Wolfgang Kreutzer. In: Christian Klein (Hg.): Handbuch Biographie. Methoden, Traditionen, Theorien. Stuttgart/Weimar: Metzler 2009, S. 190–193.

Nisbett, Richard E., Timothy DeCamp Wilson: The Halo Effect: Evidence for Unconscious Alteration of Judgements. In: Journal of Personality and Social Psychology 35 (1977), Nr. 4, S. 250–256.

Noble, David F.: A world without women. The Christian Clerical Culture of Western Science. New York: Alfred A. Knopf 1993.

Nora, Pierre: Zwischen Geschichte und Gedächtnis. Aus dem Französischen von Wolfgang Kayser. Berlin: Klaus Wagenbach 1990 (= Kleine kulturwissenschaftliche Bibliothek 16).

Nünning, Ansgar: Fiktionalität, Faktizität, Metafiktion. In: Christian Klein (Hg.): Handbuch Biographie. Methoden, Traditionen, Theorien. Stuttgart/Weimar: Metzler 2009, S. 21–27.

Nünning, Ansgar (Hg.): Metzler Lexikon Literatur- und Kulturtheorie. 4., aktualis. u. erw. Aufl. Stuttgart: Metzler 2010.

Nünning, Vera und Ansgar (Hg.): Erzähltextanalyse und Gender Studies. Unter Mitarbeit von Nadyne Stritzke. Stuttgart/Weimar: Metzler 2004 (= SM 344).

Ogan, Bernd: Faszination und Gewalt – Ein Überblick. In: Ders. u. Wolfgang W. Weiß (Hg.): Faszination und Gewalt. Zur politischen Ästhetik des Nationalsozialismus. Nürnberg: W. Tümmels 1992, S. 11–38.

Opitz, Alfred: Die gnadenlose Reise. Zur Topik des Schreckens in den Reportagen von Annemarie Schwarzenbach. In: Sofie Decock u. Uta Schaffers (Hg.): inside out. Textorientierte Erkundungen des Werks von Annemarie Schwarzenbach. Bielefeld: Aisthesis 2008, S. 173–191.

Opitz, Alfred: Reiseschreiber. Variationen einer literarischen Figur der Moderne vom 18.–20. Jahrhundert. Trier: Wissenschaftlicher Verlag Trier 1997 (= Grenzüberschreitungen. Studien zur europäischen Reiseliteratur 8).

Orland, Barbara: Geschlecht als Kategorie in der Technikhistoriographie. In: Christoph Meinel u. Monika Renneberg (Hg.): Geschlechterverhältnisse in Medizin, Naturwissenschaft und Technik. Bassum/Stuttgart: Verlag für Geschichte der Naturwissenschaft und der Technik 1996, S. 30–42.

Panofsky, Erwin: Ikonographie und Ikonologie. In: Ikonographie und Ikonologie. Theorien – Entwicklung – Probleme. Bildende Kunst als Zeichensystem. Bd. 1. 6., überarb. Aufl. Köln: DuMont 1994, S. 207–225.

Panofsky, Erwin: Zum Problem der Beschreibung und Inhaltsdeutung von Werken der bildenden Kunst. In: Ikonographie und Ikonologie.

Theorien – Entwicklung – Probleme. Bildende Kunst als Zeichensystem. Bd. 1. 6., überarb. Aufl. Köln: DuMont 1994, S. 185–206.

Pelz, Annegret: Reisen durch die eigene Fremde. Reiseliteratur von Frauen als autogeographische Schriften. Köln/Weimar/Wien: Böhlau 1993 (= Literatur – Kultur – Geschlecht. Studien zur Literatur- und Kulturgeschichte 2).

Pelz, Annegret: Reisen Frauen anders? In: Hermann Bausinger, Klaus Beyrer u. Gottfried Korff (Hg.): Reisekultur. Von der Pilgerfahrt zum modernen Tourismus. München: C. H. Beck 1999, S. 174–178.

Perlmutter, David D.: Photojournalism and Foreign Policy. Icons of Outrage in International Crises. Westport, London: Praeger 1998 (= Praeger Series in Political Communication).

Pethes, Nicolas u. Jens Ruchatz (Hg.): Gedächtnis und Erinnerung. Ein interdisziplinäres Lexikon. Reinbek bei Hamburg: Rowohlt 2001.

Peukert, Detlev J. K.: Die Weimarer Republik. Krisenjahre der Klassischen Moderne. Frankfurt a. M.: Suhrkamp 1987 (= es 1282).

Pfister, Gertrud: Fliegen – ihr Leben. Die ersten Pilotinnen. Berlin: Orlanda Frauenverlag 1989.

Pfister, Gertrud: Ikarus' Töchter – Marga von Etzdorf und andere Pilotinnen. In: Sozial- und Zeitgeschichte des Sports. (1988), H. 2, S. 86–105.

Poeschel, Sabine: Handbuch der Ikonographie. Sakrale und profane Themen der bildenden Kunst. 4. Aufl. Darmstadt: WBG 2011.

Pohl, Rüdiger: Das autobiographische Gedächtnis. In: Christian Gudehus, Ariane Eichenberg u. Harald Welzer (Hg.): Gedächtnis und Erinnerung. Ein interdisziplinäres Handbuch. Stuttgart/Weimar: Metzler 2010, S. 75–84.

Porombka, Stephan: Populäre Biographik. In: Christian Klein (Hg.): Handbuch Biographie. Methoden, Traditionen, Theorien. Stuttgart/Weimar: Metzler 2009, S. 122–131.

Prinz, Michael: Die soziale Funktion moderner Elemente in der Gesellschaftspolitik des Nationalsozialismus. In: Ders. u. Rainer Zitelmann (Hg.): Nationalsozialismus und Modernisierung. Darmstadt: Wissenschaftliche Buchgesellschaft 1991, S. 297–327.

Quadflieg, Dirk: Roland Barthes: Mythologie der Massenkultur und Argonaut der Semiologie. In: Stephan Moebius u. Dirk Quadflieg (Hg.):

Kultur. Theorien der Gegenwart. 2., erw. u. aktual. Aufl. Wiesbaden: Springer VS Verlag für Sozialwissenschaften 2011, S. 17–29.

Radkau, Joachim: Technik in Deutschland. Vom 18. Jahrhundert bis heute. Frankfurt a. M./New York: Campus 2008.

Rapp, Friedrich: Technik als Mythos. In: Theo Elm u. Hans H. Hiebel (Hg.): Medien und Maschinen. Literatur im technischen Zeitalter. Freiburg: Rombach 1991, S. 27–46.

Reese-Nübel, Dagmar: Kontinuitäten und Brüche in den Weiblichkeitskonstruktionen im Übergang von der Weimarer Republik zum Nationalsozialismus. In: Hans-Uwe Otto u. Heinz Sünker (Hg.): Soziale Arbeit und Faschismus. Volkspflege und Pädagogik im Nationalsozialismus. Bielefeld: KT-Verlag 1986 (= Kritische Texte. Sozialarbeit/Sozialpädagogik. Sozialpolitik. Kriminalpolitik), S. 223–241.

Reichel, Peter: Der schöne Schein des Dritten Reiches. Faszination und Gewalt des Faschismus. München/Wien: Carl Hanser 1991.

Roloff, Christine: Weiblichkeit und Männlichkeit im Feld der Technik. Zum Erwerb technischer Kompetenz. In: Brigitte Aulenbacher u. Monika Goldmann (Hg.): Transformationen im Geschlechterverhältnis. Beiträge zur industriellen und gesellschaftlichen Entwicklung. Frankfurt a. M./New York: Campus 1993, S. 47–70.

Rösch, Perdita: Aby Warburg. Paderborn: Wilhelm Fink 2010.

Rose, Arnold M.: Systematische Zusammenfassung der Theorie der symbolischen Interaktion. In: Heinz Hartmann (Hg.): Moderne amerikanische Soziologie. Neuere Beiträge zur soziologischen Theorie. 2., umgearb. Aufl. Stuttgart: Ferdinand Enke 1973, S. 266–282.

Rosenberg, Alfred: Der Mythus des 20. Jahrhunderts. Eine Wertung der seelisch-geistigen Gestaltenkämpfe unserer Zeit. München: Hoheneichen 1934.

Rühl, Manfred: Journalismus und Gesellschaft. Bestandsaufnahme und Theorieentwurf. Mainz: v. Hase & Koehler 1982.

Sachs, Wolfgang: Die Liebe zum Automobil. Ein Rückblick in die Geschichte unserer Wünsche. Reinbek bei Hamburg: Rowohlt 1984.

Said, Edward W.: Orientalismus. 2. Aufl. Frankfurt a. M.: S. Fischer 2010.

Sautermeister, Gert: Uwe Timms *Halbschatten*. Zur Erzähltechnik, Thematik und zur Protagonistin des Romans. In: Peter-Weiss-Jahrbuch für Literatur, Kunst und Politik im 20. und 21. Jahrhundert. Bd. 23 (2014), S. 149–170.

Schade, Sigrid: Körper – Zeichen – Geschlecht. „Repräsentation": zwischen Kultur, Körper und Wahrnehmung. In: Dies. u. Ina Härtel (Hg.): Körper und Repräsentation. Opladen: Leske + Budrich 2002 (= Schriftenreihe der Internationalen Frauenuniversität „Technik und Kultur" 7), S. 77–87.

Scheffer, Bernd: Interpretation und Lebensroman. Zu einer konstruktivistischen Literaturtheorie. Frankfurt a. M.: Suhrkamp 1992 (= suhrkamp taschenbuch wissenschaft 1028).

Scheuermann, Barbara J.: Narreme, Unbestimmtheitsstellen, Stimuli – Erzählen im fotografischen Einzelbild. In: Lars Blunck (Hg.): Die fotografische Wirklichkeit. Inszenierung – Fiktion – Narration. Bielefeld: transcript 2010, S. 191–205.

Schmidt, Siegfried J.: Die Wirklichkeit des Beobachters. In: Ders., Klaus Merten u. Siegfried Weischenberg (Hg.): Die Wirklichkeit der Medien. Eine Einführung in die Kommunikationswissenschaft. Opladen: Westdeutscher Verlag 1994, S. 3–19.

Schmidt-Waldherr, Hiltraud: Konflikte um die „Neue Frau" zwischen liberal-bürgerlichen Frauen und den Nationalsozialisten. In: Lerke Gravenhorst u. Carmen Tatschmurat (Hg.): Töchter-Fragen. NS-Frauen-Geschichte. Freiburg: Kore 1990 (= Forum Frauenforschung 5), S. 167–181.

Schneider, Wolfgang: Frauen unterm Hakenkreuz. Hamburg: Hoffmann und Campe 2001.

Schröter, Jens: Fotografie und Fiktionalität. In: Lars Blunck (Hg.): Die fotografische Wirklichkeit. Inszenierung – Fiktion – Narration. Bielefeld: transcript 2010, S. 143–158.

Schütz, Erhard: Autobiographien und Reiseliteratur. In: Rolf Grimminger (Hg.): Hansers Sozialgeschichte der deutschen Literatur vom 16. Jahrhundert bis zur Gegenwart. Bd. 8: Literatur der Weimarer Republik 1918–1933. Hg. von Bernhard Weyergraf. München: dtv 1995, S. 549–600.

Schweiger, Hannes: ‚Biographiewürdigkeit'. In: Christian Klein (Hg.): Handbuch Biographie. Methoden, Traditionen, Theorien. Stuttgart/Weimar: Metzler 2009, S. 32–36.

Segeberg, Harro: Erlebnisraum Kino. Das Dritte Reich als Kultur- und Mediengesellschaft. In: Ders. (Hg.): Mediengeschichte des Films. Bd. 4: Mediale Mobilmachung I. Das Dritte Reich und der Film. München: Wilhelm Fink 2004, S. 11–42.

Shirer, William L.: Aufstieg und Fall des Dritten Reiches. Aus dem Amerikanischen von Wilhelm und Modeste Pferdekamp. Köln/Berlin: Kiepenheuer & Witsch 1961.

Soltau, Heide: Moderne Heldinnen. „Frauenlektüre als Spiegel weiblichen Seins". In: Kristine von Soden u. Maruta Schmidt (Hg.): Neue Frauen. Die zwanziger Jahre. BilderLeseBuch. Berlin: Elefanten Press 1988, S. 20–24.

Stephan, Inge: Literatur in der Weimarer Republik/Literatur im ‚Dritten Reich'. In: Wolfgang Beutin u. a. (Hg.): Deutsche Literaturgeschichte. Von den Anfängen bis zur Gegenwart. 6., verb. u. erw. Aufl. Stuttgart/Weimar: Metzler 2001, S. 387–450.

Stryker, Sheldon: Die Theorie des Symbolischen Interaktionismus. In: Manfred Auwärter, Edit Kirsch u. Klaus Schröter (Hg.): Seminar: Kommunikation, Interaktion, Identität. Frankfurt a. M.: Suhrkamp 1976 (= suhrkamp taschenbuch wissenschaft 156), S. 257–274.

Tatschmurat, Carmen: „Wir haben keinen Beruf. Wir haben Arbeit". Frauenarbeit in der Industrie der zwanziger Jahre. In: Kristine von Soden u. Maruta Schmidt (Hg.): Neue Frauen. Die zwanziger Jahre. BilderLeseBuch. Berlin: Elefanten Press 1988, S. 32–38.

Thamer, Hans-Ulrich: Von der „Ästhetisierung der Politik": Die Nürnberger Reichsparteitage der NSDAP. In: Bernd Ogan u. Wolfgang W. Weiß (Hg.): Faszination und Gewalt. Zur politischen Ästhetik des Nationalsozialismus. Nürnberg: W. Tümmels 1992, S. 95–104.

Trevor-Roper u. Hugh R.: The Last Days of Hitler. New York: Macmillan 1947.

Vogler, Christopher: The Writer's Journey. Mythic Structure for Writers. Third Edition. Studio City: Michael Wiese Productions 2007.

Vondung, Klaus: Der literarische Nationalsozialismus. Ideologie, politische und sozialhistorische Wirkungszusammenhänge. In: Horst Denkler u. Karl Prümm (Hg.): Die deutsche Literatur im Dritten Reich. Themen – Traditionen – Wirkungen. Stuttgart: Reclam 1976, S. 44–65.

Wagner-Egelhaaf, Martina: Autobiographie. 2., aktualis. u. erw. Aufl. Stuttgart/Weimar: Metzler 2005 (= sm 323).

Wagner, Leonie: Mutterschaft und Politik – Nationalsozialistinnen und die Ordnung der Geschlechter im politischen Raum. In: Annette Bertrams (Hg.): Dichotomie, Dominanz, Differenz. Frauen plazieren sich in Wissenschaft und Gesellschaft. Weinheim: Deutscher Studien Verlag 1995, S. 71–87.

Wänke, Michaela, Herbert Bless u. Silja Wortberg: Der Einfluss von „Karrierefrauen" auf das Frauenstereotyp. Die Auswirkungen von Inklusion und Exklusion. In: Zeitschrift für Sozialpsychologie. 34 (2003), H. 3, S. 187–196.

Walter, Christine: Bilder erzählen! Positionen inszenierter Fotografie: Eileen Cowin, Jeff Wall, Cindy Sherman, Anna Gaskell, Sharon Lockhart, Tracey Moffatt, Sym Taylor Wood. Weimar: VDG 2002.

Warburg, Aby: Dürer und die italienische Antike. In: Ders.: Ausgewählte Schriften und Würdigungen. Hg. von Dieter Wuttke. 3., durchges. u. durch ein Nachwort erg. Aufl. Baden-Baden: Valentin Koerner 1992 (= Saecula Spiritalia 1), S. 125–130.

Warburg, Aby: Gesammelte Schriften. Studienausgabe. Hg. von Horst Bredekamp u. a. Zweite Abteilung, Bd. II.1: Der Bilderatlas Mnemosyne. Hg. von Martin Warnke unter Mitarbeit v. Claudia Brink. Berlin: Akademie 2000.

Warnke, Martin: Vier Stichworte: Ikonologie – Pathosformel – Polarität und Ausgleich – Schlagbilder und Bilderfahrzeuge. In: Ders. u. a. (Hg.): Die Menschenrechte des Auges. Über Aby Warburg. Hamburg: Europäische Verlagsanstalt 1980 (= Europäische Bibliothek 1), S. 53–83.

Wege, Carl: Buchstabe und Maschine. Beschreibung einer Allianz. Frankfurt a. M.: Suhrkamp 2000 (= es 2147).

Weigel, Sigrid: Hinterlassenschaften, Archiv, Biographie. Am Beispiel von Susan Taubes. In: Bernhard Fetz u. Hannes Schweiger (Hg.): Spiegel und Maske. Konstruktionen biographischer Wahrheit. Wien: Paul Zsolnay 2006 (= Profile 13), S. 33–48.

Weiß, Matthias: Was ist ‚inszenierte Fotografie'? Eine Begriffsbestimmung. In: Lars Blunck (Hg.): Die fotografische Wirklichkeit. Inszenierung – Fiktion – Narration. Bielefeld: transcript 2010, S. 37–52.

Wessels, Wolfram: Die Neuen Medien und die Literatur. In: Rolf Grimminger (Hg.): Hansers Sozialgeschichte der deutschen Literatur vom 16. Jahrhundert bis zur Gegenwart. Bd. 8: Literatur der Weimarer Republik 1918–1933. Hg. von Bernhard Weyergraf. München: dtv 1995, S. 65–98.

Wex, Marianne: „Weibliche" und „männliche" Körpersprache als Folge patriarchalischer Machtverhältnisse. Frankfurt a. M.: Verlag Marianne Wex 1980.

Wiederkehr-Benz, Katrin: Sozialpsychologische Funktionen der Kleidermode. Zürich: Verlag Zürich 1973.

Wilhelms, Kerstin: Frauenzeitschriften in der Weimarer Republik. In: Kristine von Soden u. Maruta Schmidt (Hg.): Neue Frauen. Die zwanziger Jahre. BilderLeseBuch. Berlin: Elefanten Press 1988, S. 65–72.

Witte, Karsten: Film im Nationalsozialismus. Blendung und Überblendung. In: Wolfgang Jacobsen, Anton Kaes u. Hans Helmut Prinzler (Hg.): Geschichte des deutschen Films. 2., aktualis. u. erw. Aufl. Stuttgart/Weimar: Metzler 2004, S. 117–166.

Wodianka, Stephanie: Mythos und Erinnerung. Mythentheoretische Modelle und ihre gedächtnistheoretischen Implikationen. In: Günter Oesterle (Hg.): Erinnerung, Gedächtnis, Wissen. Studien zur kulturwissenschaftlichen Gedächtnisforschung. Göttingen, Vandenhoeck & Ruprecht 2005, S. 211–230.

Wolfzettel, Friedrich: Zum Problem mythischer Strukturen im Reisebericht. In: Xenja von Ertzdorff u. Gerhard Giesemann (Hg.): Erkundung und Beschreibung der Welt. Zur Poetik der Reise- und Länderberichte. Vorträge eines interdisziplinären Symposiums vom 19. bis 24. Juni 2000 an der Justus-Liebig-Universität Gießen. Amsterdam/New York: Rodopi 2003, S. 3–30.

Wysocki, Gisela: Der Aufbruch der Frauen: verordnete Träume, Bubikopf und „sachliches Leben". Ein aktueller Streifzug durch SCHERL'S Magazin, Jahrgang 1925, Berlin. In: Dieter Prokop (Hg.): Massenkommunikationsforschung. Bd. 3: Produktanalysen. Frankfurt a. M.: Fischer 1977, S. 295–305.

Zegenhagen, Evelyn: „Schneidige deutsche Mädel". Fliegerinnen zwischen 1918 und 1945. Göttingen: Wallstein 2007 (= Deutsches Museum. Abhandlungen und Berichte. Neue Folge 22).

Zegenhagen, Evelyn: Vom Aufwind in den Sturzflug. Rollenbild, Chancen und Beschränkungen deutscher Sportfliegerinnen der Zwischenkriegszeit. In: Wolfgang Meighörner u. Zeppelin Museum Friedrichshafen (Hg.): Frau und Flug. Die Schwestern des Ikarus. Marburg: Jonas Verlag für Kunst und Literatur 2004, S. 86–109.

von Zimmermann, Christian: Biographische Anthropologie. Menschenbilder in lebensgeschichtlicher Darstellung (1830–1940). Berlin/New York: Walter de Gruyter 2006 (= Quellen und Forschungen zur Literatur- und Kulturgeschichte 41).

Zimmermann, Clemens: Die politischen Dokumentarfilme von Leni Riefenstahl. *Sieg des Glaubens* (1933) – *Triumph des Willens* (1935) – *Tag der Freiheit: Unsere Wehrmacht* (1935). In: Markwart Herzog u. Mario Leis (Hg.): Kunst und Ästhetik im Werk Leni Riefenstahls. München: edition text – kritik im Richard Boorberg Verlag 2011, S. 59–82.